古代歷史文化_{研究輯刊}

古代歷史文化 研究輯刊

十八編

王明蓀 主編

第 4 冊

漢唐「匿哀」等罪研究

倪彬 著

國家圖書館出版品預行編目資料

漢唐「匿哀」等罪研究／倪彬 著 — 初版 — 新北市：花木蘭文
化事業有限公司，2017〔民 106〕
序 4+ 目 4+280 面；19×26 公分
（古代歷史文化研究輯刊 十八編；第 4 冊）
ISBN 978-986-485-183-6（精裝）
1. 喪葬習俗 2. 漢代 3. 唐代
618   106014290

ISBN-978-986-485-183-6

9 789864 851836

古代歷史文化研究輯刊
十八編　第 四 冊　　　　　ISBN：978-986-485-183-6

漢唐「匿哀」等罪研究

作　　者　倪 彬
主　　編　王明蓀
總 編 輯　杜潔祥
副總編輯　楊嘉樂
編　　輯　許郁翎、王筑　美術編輯　陳逸婷
出　　版　花木蘭文化事業有限公司
社　　長　高小娟
聯絡地址　235 新北市中和區中安街七二號十三樓
　　　　　電話：02-2923-1455／傳眞：02-2923-1452
網　　址　http://www.huamulan.tw 信箱 hml810518@gmail.com
印　　刷　普羅文化出版廣告事業
初　　版　2017 年 9 月
全書字數　260161 字
定　　價　十八編 18 冊（精裝）台幣 36,000 元　　　　版權所有·請勿翻印

漢唐「匿哀」等罪研究

倪彬 著

作者簡介

倪彬，1981 年生於河北石家莊市。於河北師範大學獲得歷史學學士、碩士學位，師從邢鐵教授。後考入南開大學歷史學院攻讀博士學位，師從李治安教授。現爲河北省社會科學院哲學研究所助理研究員。主要研習領域爲中古時期政治史、制度史及出土文書研究。在《史學集刊》、《西夏學》、《寧夏社會科學》、《歷史教學》、《文物春秋》等刊物發表論文數篇。

提　　要

　　本書從「事死之孝」的意義入手，探究《唐律疏議》中「匿哀」、「釋服從吉」、「冒哀求仕」、任官避家諱等條的發展脈絡及其法律化的過程。

　　儒家喪祭之禮，從感情上說是在節制悲痛；從社會意義上說，是在借助禮儀等差來重新安排宗族之內的等級秩序。官員居喪、避家諱等行爲會對政務運作帶來不便。因而，在「匿哀」等罪的產生、發展過程中，宗族形態與君臣關係是貫穿其中的兩條線索。

　　宗法制下喪祭之禮是喪主特權，秦漢時期喪禮虛儀化，才會出現「匿哀」、「釋服從吉」等社會現象。秦漢制度「重生不重死」，而魏晉南北朝的居喪則越禮無序，這是社會變遷的反映。隋唐時期力圖通過在禮、法、制上全面規範而將舉哀、居喪納入平衡的軌道。君臣關係是居喪出仕問題的主導，禮中「喪不二事」和「金革之事無辟」爲歷代討論此問題的正當性來源。兩漢大臣居喪無定制，反映了制度的「霸道」本色。魏晉南北朝時期則屢見「哀毀」之舉，隋唐時期力圖依靠制度和法律來規範官員的服喪行爲。任官避家諱問題上，孝子避家諱之心與維護君權之尊的矛盾推動著此問題的發展。

　　自秦漢之後，皇帝之「天下」與大臣之「私家」分屬於兩個體系。皇權要融合「忠」、「孝」，只有在「國法」之內吸收大臣私家之「禮」。這與其說是「家國同構」，不如說是在「國法」與「家禮」的「複合結構」下，大臣的私家傾向與皇帝的專制傾向互相妥協。

序

李治安

　　倪彬博士所著《漢唐「匿哀」等罪研究》即將在臺北花木蘭文化出版社
付梓，囑我作序。我欣然命筆，談一些感想，與讀者共同分享這部書的獨特
文化內涵。

　　「以禮入法」，既是中國古代法制的基本特徵之一，也是學界關注的熱點
問題。自 20 世紀前葉以來，此類論說迭出，然迄無定論。作者以「匿哀」等
罪爲切入點，詳細考察漢唐相關法律規定及演變，進而梳理其與禮制、政治、
社會等多方面的關聯，取得了如下三項顯著建樹。

第一，禮與法相結合的探研

　　作者的博士論文研究方向是政治制度史，漢唐法律無疑是與專業方向相
符的考察對象。然而，中華法系與西方及其他法系有明顯的不同，自古以來
我國就不是法治國家。相反，「以禮入法」、「法律儒學化」等文化傳統，卻是
根深蒂固。作者以見於《唐律疏議》的「匿哀」與「釋服從吉」、「居喪求仕」
和「冒榮居官」等罪爲重點，展開漢唐禮與法相結合的探研，跨越禮、政、
法三領域，抽絲剝繭，層層深入，又緊扣宗族形態和君臣關係、家禮與國法
博弈的兩條線索。這就是抓住了漢唐時期的「國情」。還認爲：「宗族形態的
演變貫穿著「匿哀」等罪由禮入律過程的始終，而不同政體下的君臣關係則
是制約私人喪祭行爲的政治因素」；「死後之「孝」的變化與入律，始終伴隨
著宗族形態和君臣關係的發展演變過程」；「『忠』與『孝』的矛盾是推動『匿
哀』等罪演變的動力，關注『忠』、『孝』之間的衝突與融和，可以爲更客觀
地認識中國古代王朝統治模式中的「家國同構」問題提供新視角」。據我所知，

這是較新穎而有價值的觀點，率多發前人未發之覆，從而將相關認識在以往成果的基礎上向前推進了一步。

第二，貫通漢唐以考竟源流的良好嘗試

「匿哀」等罪「以禮入法」本身，就是一個較長的歷史過程，需要進行長時段的觀察和解析。作者沒有拘泥於政治制度史按斷代選題的一般模式，而是從「匿哀」等罪的實際需要出發，進行貫通漢魏隋唐的考察，緊密聯繫特定時代背景展開深入探析，得出了一系列重要認識。指出，在西周宗法制下，主持喪禮抑或葬後祭祀都宣示喪主繼承權，故不會產生不舉哀或者居喪違禮。秦漢法律「重生不重死」，不強制官員居喪。魏晉南北朝舉哀、居喪之制紊亂無序，恰反映了門閥士族在禮、制、法上的強勢。隋唐全面將舉哀、居喪從禮、法、制納入規範有序的軌道。「喪不二事」和「金革之事無辟」，是與西周分封制和宗法制相匹配。秦漢為求官而不服喪開始出現，朝廷最初採用短喪之制，對服喪並無強制規定。魏晉南北朝形成了穩定的終喪之制，居喪及「哀毀」受到鼓勵和保護，若居喪求仕就要受到嚴厲的懲罰。隋唐矯正前代弊端，主要依靠日趨完善的制度和法律來規範官員的服喪行為。換言之，先秦時期家禮與國法相一致，秦漢家禮讓位於國法，魏晉家禮凌駕於國法之上，隋唐以折衷方式使二者融為一體。作者的上述工作，考察不同社會歷史背景，尋找《唐律》「匿哀」等罪的源頭及其從無到有、由禮入律的演變過程。這就從家禮與國法博弈的邏輯層面，廓清了《唐律疏議》的「匿哀」等罪的由來，對揭示《唐律疏議》集漢唐法律之大成的歷史角色，頗有裨益。貫通漢魏隋唐以考竟「匿哀」等罪源流，說起來簡單，但絕非易事。因時間空間跨度大，涉及問題及史料複雜多樣，研究難度和工作量增加，需要廣泛閱讀、全面綜述、熟悉掌握國內外學術研究動態，需要具備堅實寬廣的基礎理論和系統深入的專門知識，具備較強的獨立從事科研工作能力。稍不留心，就容易失真出錯，偏離古史真相。這恰凸顯該書難能可貴的學術貢獻。

第三，既有宏觀關照，又不乏細微考據

作者的論述沒有止步於「就事論事」，而是有一種較為宏大的視野，即將論題放入到漢唐社會的大背景下，進行宏觀的溯源研究，並對秦漢以後「國法」與「家禮」，「家國同構」等重大問題，提出了頗有見地的看法。同時，正像匿名評審專家所云，作者對相關細節的考證也頗精彩。譬如服喪期間「凶

服不入公門」的隋唐之別，服喪期的數閏規定，奪情起復在唐代的推行，任官避家諱中「父祖」指高祖、祖父和父親的考證，避諱不避「嫌名」、「二名」的分析，《唐律》規範避家諱的標準而不是糾正不避家諱，等等，不僅反映出作者紮實的史料功底和考辨能力，也使所論有本有據，堅實有力，令人折服，至少可成一家之言。

鑒於以上卓有成效的探索，該書在博士論文答辯過程中受到評審專家們的高度評價，不約而同地稱贊其「研究成果有一定的創造性」，「是一篇很有創見的優秀學位論文」，「堪稱一篇非常優秀的博士論文」。這是對該書恰如其分的肯定與鞭策！

期盼作者以該書出版為新起點，再接再厲，在探研學術的道路上勇攀高峰，不斷超越自我，不斷收穫豐碩成績。

目次

序　李治安

緒　論 ……………………………………………………… 1

　一、緣　起 ……………………………………………… 1

　二、研究綜述 …………………………………………… 4

　三、結構與主旨 ………………………………………… 11

第一章　「匿哀」與「釋服從吉」罪研究 …………… 13

　第一節　「匿哀」、「釋服從吉」產生的社會條件 …… 15

　一、禮制中「喪主」與個人獨立主喪的權力 …… 16

　　（一）嫡子的喪主特權 ……………………………… 16

　　（二）嫡子喪主特權的意義 ………………………… 18

　二、除喪之制與個人獨立主祭的權力 ………… 21

　　（一）除喪之制與葬後祭祀 ………………………… 22

　　（二）葬後祭祀上的喪主 …………………………… 24

　三、「禮崩樂壞」後的匿哀與釋服從吉 ………… 27

　第二節　兩漢的「匿哀」與「釋服從吉」 ………… 31

　一、兩漢王朝針對不舉哀、釋服從吉的規定 … 32

　　（一）兩漢針對不舉哀的刑罰規定 ………… 32

　　（二）兩漢關於不舉哀的行政性規定 ……… 34

　　（三）「以私妨公」矛盾之下的舉哀奔喪
　　　　　之制 ………………………………………… 36

　　（四）兩漢對於釋服從吉的規定 …………… 39

二、兩漢時期匿哀與釋服從吉發展的特點……42

（一）兩漢社會舉哀與居喪的風氣………42

（二）重視喪禮的制度與社會背景………44

（三）法律對匿哀與釋服從吉的規定逐漸

與社會脫節………46

第三節　魏晉南北朝的「匿哀」與「釋服從吉」…47

一、忠孝之序──魏晉南北朝對匿哀與釋服

從吉的規定………48

（一）不葬遭廢與東關之制──兩晉南朝

的相關規定………50

（二）輒去奔喪──兩晉南朝的匿哀與

釋服從吉………53

（三）十六國北朝對匿哀與釋服從吉的

規定………56

二、禮俗無定則法無定法──魏晉南北朝

舉哀、居喪的禮與俗………61

（一）禮無定禮………61

（二）俗無定俗………63

第四節　隋唐時期的「匿哀」與「釋服從吉」……66

一、隋唐時期舉哀、奔喪、居喪的禮與制……67

（一）隋唐時期的舉哀、居喪之禮………67

（二）隋唐時期的舉哀、奔喪、居喪之制

………81

二、不舉哀、居喪的懲罰──《唐律疏議》中

的「匿哀」與「釋服從吉」………96

（一）「匿哀」罪………97

（二）「釋服從吉」罪………106

小　結………109

第二章　「居喪求仕」罪研究………113

第一節　「金革之事無辟」──「禮」中的居喪與

出仕………115

一、居喪與出仕的矛盾………115

（一）「喪不貳事」………115

（二）「吉凶不相干」………118

二、「禮」中的居喪大臣與君主‥‥‥‥‥‥120
（一）喪禮中所規定的君臣關係‥‥‥‥120
（二）居喪中的出仕條件‥‥‥‥‥‥‥123
三、禮中居喪與出仕關係產生的基礎‥‥‥125
（一）宗法制對居喪與出仕關係的影響‥125
（二）「封建」對居喪與出仕關係的影響‥127
第二節　「迄無定制」──秦漢的居喪與出仕‥‥‥129
一、「迄無定制」──秦漢對居喪的政策‥‥‥129
二、秦漢制度對居喪政策的影響‥‥‥‥‥134
（一）官員管理制度對居喪的抑制‥‥‥135
（二）選官制度對居喪的推動‥‥‥‥‥139
三、秦漢不同類型官員對居喪的選擇與心態‥142
（一）王、侯的居喪‥‥‥‥‥‥‥‥‥143
（二）初入仕途者的居喪‥‥‥‥‥‥‥146
（三）脫離體制的居喪行為‥‥‥‥‥‥148
第三節　「哀毀不仕」──魏晉南北朝的居喪與出仕
‥‥‥‥‥‥‥‥‥‥‥‥‥‥‥‥‥‥‥‥152
一、「終喪」與「奪情起復」──魏晉南北朝
的居喪與喪中出仕制度‥‥‥‥‥‥‥153
（一）兩晉南朝的終喪之制‥‥‥‥‥‥154
（二）十六國、北朝的終喪之制‥‥‥‥157
（三）「禍酷薦臻」──遭喪後的「奪情
起復」之制‥‥‥‥‥‥‥‥‥‥161
二、「哀毀過禮」──制度保障下的居喪‥‥‥165
（一）服闋復官──官員居喪期滿後的
安排‥‥‥‥‥‥‥‥‥‥‥‥‥165
（二）「人品」與「官品」──士族居喪
的保障‥‥‥‥‥‥‥‥‥‥‥‥170
第四節　穩定化與法制化──唐代的居喪與出仕‥174
一、依輕重解官──唐代的遭喪解官之制‥‥‥175
二、「風教頹紊，起復為榮」──唐代的「奪情
起復」‥‥‥‥‥‥‥‥‥‥‥‥‥‥181
三、「冒哀求仕」──唐律對居喪求仕的規定‥185
小　結‥‥‥‥‥‥‥‥‥‥‥‥‥‥‥‥‥188

第三章 「冒榮居官」罪研究 …………………………… 191
第一節 漢唐間避諱之禮的若干原則 …………… 192
一、避諱的原則 …………………………… 193
二、避家諱的場合 ………………………… 198
三、家諱與孝的聯繫 ……………………… 200
第二節 任官避家諱的開端與泛濫 ……………… 202
一、秦漢時期避諱的最初實踐 …………… 203
（一）觸諱有罪與易帝諱——兩漢帝諱之
制 ……………………………… 203
（二）不敢諱於尊者之前——兩漢官員的
避家諱 ………………………… 205
二、「君臣同諡非嫌」與「以字行」——魏晉
南北朝之帝諱 ………………………… 207
三、魏晉南北朝的任官避家諱 …………… 211
（一）魏晉南北朝避家諱的風氣 ……… 211
（二）犯諱改官 ………………………… 214
（三）屬下避長官家諱 ………………… 218
第三節 家諱入律與冒榮居官法的出現 ………… 220
一、示寬而實嚴——唐、五代的皇帝之諱 … 221
二、「冒榮居之」條與任官避家諱 ………… 228
三、避諱風氣之變 ………………………… 238
第四節 「冒榮居官」在宋代的發展 …………… 243
一、冒榮居官法在宋初的演變 …………… 243
二、宋代中期以後冒榮居官法的轉折與發展 · 250
小 結 ……………………………………… 258
結 語 ……………………………………………… 261
一、秦漢以後「國法」與「家禮」的「複合
結構」……………………………… 262
二、秦漢以後「國法」與「家禮」關係的調融
與演進 ……………………………… 263
三、「家國同構」說反思 ………………… 265
參考文獻 …………………………………………… 267
後 記 ……………………………………………… 277

緒　論

一、緣　起

　　法制史是一個頗爲複雜的研究領域，橫跨法學與史學兩大專業體系，所造成的實際問題之一就是在學科體系與專業訓練上的紛擾。法學與歷史學學者均從事法制史的研究，前者受過完整的法學訓練，並以法學背景的知識體系來分類排比史料，形成了今天依據法學知識體系來安排的法制史，歷史學者更多情況是在這個既有的法學框架內開展工作。〔註1〕儘管如此，由於學科的專業訓練各有偏重，還是呈現出了不同類型的「法制史」：法學的專業思維較強，擅長於借助法學概念思考問題；歷史學的長處是對史料的分析與考辨，而且對法制以外的歷史發展掌握較多。〔註2〕遺憾的是，限於學科間的藩籬，兩個學科的長處往往難以得到互補。

　　依據西方法學體系構建的法制史框架存在一個問題，就是中西學術對應上的柄鑿難副。最明顯地體現在，傳統文化中的一些特殊內容難以比附和納入西方法學體系之中，「禮」就是最重要的一項，「中華法系」、「以禮入法」、「法律儒家化」等觀點早已是法制史研究的基本出發點。如果說具體的制度和條文是中國古代法制史的骨肉的話，那麼「禮」就是它的靈魂。不過，「禮」

〔註1〕 這一趨勢發端於中國法制史研究的源頭。沈家本精通傳統律學，又接受了西方法律體系，既是清末新刑律的編纂者，也是用律學方法研究傳統法律的繼承者。近代史學大家梁啓超，是最早按西式法學體系來排比傳統法律史料的史學學者。

〔註2〕 這個簡單劃分只是就學科的總體特點而言，學者的學識經常會超越學科界限，歷史學學者在法學概念問題上當然也會有所建樹，但需要學習並借鑒法學專業知識與思維。同理，法學學者也有長於史料者，但也要具備史學的校勘、考證等工夫。

作為傳統社會的意識形態，在今天的學科體系中已無一席之地。這導致今天法學和歷史學學者在研究法制史時沒有禮學系統可以依靠，只能本著已有的法制史問題意識去尋找禮制材料，而難以從禮學視角來發現新的法制史問題。

雖然法制史研究涉及多個學科和領域，每個學科和領域也都有各自的長處和獨特的視角，但這些優勢並沒能很好地結合起來，形成一個多視角的、更全面的法制史研究，各學科在開展研究時都只是關注各自所側重的領域，這就產生了一些「三不管」的盲點。比較典型的一個例子就是有關「匿哀」等罪的探討。此類條文分別記載於《唐律疏議》、《宋刑統》等法典中，無疑屬於「法」的範疇。然而，儘管同處刑律之中，「匿哀」等罪和諸如「賊盜」〔註3〕等犯罪在性質上明顯有很大區別，難以歸入今日概念之刑事犯罪一類。不僅如此，其與一併歸入《職制律》的條文，如「增乘驛馬」、「乘驛馬枉道」〔註4〕等純粹的行政規定，也性質有異，也難以簡單歸入行政法規；與「戶婚」等調整社會經濟關係的條文相比，相差更遠，更難以歸入民事法規。這樣，既非刑事、也非民事、也不屬於純粹行政條例的「匿哀」等罪，在現今法制史編纂體例中難有一席之地。而且，「匿哀」等罪的規定更多是意識形態上的提倡，史料中的案例極為少見，因而在歷史學的制度史論著中也難佔有太大篇幅。禮學的研究又主要關注《禮記》、《儀禮》、《大唐開元禮》、《政和五禮新儀》等文獻，很難重視法典中「匿哀」等寥寥幾條規定。

《唐律疏議》中最早出現以「匿哀」為罪名的法律條文，針對的是「諸聞父母若夫之喪，匿不舉哀」〔註5〕行為。在《宋刑統》中，「匿哀」成為一系列罪行的總稱，即「匿哀門」，包括「匿哀」、「聽樂從吉」、「冒榮居官」、「委親之官」、「冒哀求仕」、「父母被囚禁作樂」等數項罪名。〔註6〕《宋刑統·匿哀門》下的這些罪名在《唐律疏議》中本已存在，〔註7〕《宋刑統》只是按照自身體例將其彙在一起，並按慣例選起首之罪名「匿哀」作為一門之名罷了。本書題目中「匿哀」之意取《宋刑統》總括的說法，而非單指「匿哀」一罪。

〔註3〕 《唐律疏議》卷十七《盜賊》，中華書局，1983年，第321頁。

〔註4〕 《唐律疏議》卷十《職制》，第210～211頁。

〔註5〕 《唐律疏議》卷十《職制》，第204頁。

〔註6〕 「聞父母若夫之喪，匿不舉哀」；「喪制未終，釋服從吉，若忘哀作樂」；「諸府號官稱犯祖父名而冒榮居之」；「祖父母、父母老疾無侍，委親之官」；「父母喪，禫制未除，及在心喪內（而求官）」；「祖父母、父母及夫犯死罪被囚禁而作樂者」。見《宋刑統》卷十《職制律》，北京：中華書局，1984年，第163～165頁。

〔註7〕 《唐律疏議》卷十《職制》，第204～206頁。

既然這些罪名最早見於《唐律疏議》，《宋刑統》中又以「匿哀門」概括諸罪，本書似應題爲《〈唐律疏議〉「匿哀」等罪研究》或者《〈宋刑統〉「匿哀門」研究》，但是基於下面兩條原因，筆者並未如是命題。

首先，如果本書的主要內容限於法典中「匿哀」等罪的條文，那麼無疑應該以法典冠名。但是，本書側重考查「匿哀」等幾項罪名產生、發展、演變的歷史過程，實際是對《唐律疏議》中「匿哀」等罪的一種溯源性研究。「匿哀」等罪發源於「禮」，經過兩漢時期的孕育，在魏晉南北朝時期逐漸成爲制度和法律，經過反覆調整，最後才形成《唐律疏議》中的條文。可見，《唐律疏議》、《宋刑統》中的條文雖是「匿哀」等罪的最後成熟形態，但並不能概括長時段歷史時期內諸罪複雜的形成過程。因而，本書不宜以法典冠名。

由於《唐律疏議》之前的法典均已散佚，無法系統整理各時期「匿哀」等罪的法律條文，所以本書著力考察與「匿哀」等罪相關的制度與社會背景，力圖通過對相關背景的考察還原「匿哀」等罪從無到有的發展過程，以及推動其發展的動力。「匿哀」等罪涉及禮、法、社會等多方面內容，其內涵已遠遠超出法典的範圍。有鑒於此，本書選取材料的範圍超出法律史料的局限，法典的條文也並不一定是論述的中心。即便是對唐代「匿哀」等罪的考察過程中，《大唐開元禮》、《唐六典》的重要性均不亞於《唐律疏議》。又兼之「匿哀」等罪主要涉及官員管理制度，因而即便在法律史料內，現存《唐令》的重要性也不亞於《唐律疏議》，這是不以法典冠名的另一個原因。

綜上，本書選擇了籠統的「匿哀」等罪爲主題，可以涵蓋更多的內容。儘管「匿哀」等罪最早見於《唐律疏議》，但如往前追述，則兩漢已有產生的趨勢，南北朝時期開始有零星的類似條文出現。若要弄清條文背後的社會原因，則更爲久遠。向後探尋，則宋、元、明、清諸朝皆祖述《唐律》。對「匿哀」等罪進行專題研究，最理想的情況無疑是完全理清這個問題的來龍去脈。不過，鑒於筆者學力淺薄，目前還無法全面加以考察，因而在時段上必然會有所取捨。雖然「匿哀」等罪以法律的形式體現出來，但本質上是刑律對違反喪禮行爲的懲罰，是「刑」與「禮」的交叉。因而，「匿哀」等罪的發展，取決於「禮」與「刑」兩者的發展情況。唐代無疑是這兩者的集大成者，《大唐開元禮》、《唐律疏議》，既是對前代的總結，也是後代王朝模仿的典範。本書因條件所限，只能較多關注「來龍」，而捨棄「去脈」，如第一、二章的時段下限定到唐代。

二、研究綜述

梳理以往有關「匿哀」等罪的研究，面臨著一個尷尬的局面。首先，這些條文涉及的內容廣泛，跨越法制史、制度史、文化史、宗族史等多個領域。以「匿哀」為例，最直接的考察無疑是，圍繞律文內容及其實施情況等與法制有關的問題展開。但從源頭上看，「匿哀」又是違背喪禮的行為，關係到孝德的評判，也影響到朝廷行政制度對官員的管理。這就從律法中的一個罪名引出了關涉禮、政、法三個方面的內容，即「匿哀」從無到有、由禮入律的過程，也可以被看作禮、制、法逐漸融彙以及三者關係發展演變的趨勢。

已有論著在對這一問題的討論上，大多只是點到為止，尚未結合禮、法關係挖掘法律、制度背後的深層意義，因而呈現出內容細碎、鋪敘羅列史料等缺點，這也為綜述前人成果增加了難度。不僅如此，本書待考察的「匿哀」、「釋服從吉」、「冒哀求仕」、「冒榮居官」等罪之間雖存在內在聯繫，但在禮、制、法中呈現的形式各異，也難以彙成一文加以綜述。有鑒於此，本書儘量將與諸法條直接相關的論著散入各章節中，更有針對性地加以總結和評述。在這部分回顧中，則主要從禮、法關係的角度進行綜述。

「匿哀」等罪包括若干法律條文，且內容各不相同，但各項內容間也有一條「禮」與「法」糾葛的主線，不同條文所涉及的各個小問題都是同一個主線散發出來的若干枝葉。因而，「匿哀」等罪的核心問題，其實是禮、法關係。各時代的「禮」與「法」呈現怎樣的形態和關係，決定著「匿哀」等罪的形成和發展。因而，筆者認為，以往對禮、法關係的研究才真正構成本論題的研究背景，下面就從這個角度對已有成果展開評述。

中國法制史研究的興起，很大程度上是西方法學大舉傳入的一種反映。梁啟超、楊鴻烈〔註8〕最早利用西方法學框架梳理了中國歷史上成文法典的編纂歷史。不過，早期著作有著明顯的注重刑法典傾向，並帶有一定的民族主義情緒，這可以說是西學強勢的反映，也可以說是早期學人挖掘民族傳統，提高民族自信的手段。在經過了最初的將中國法律材料與西方法學體系簡單比附的階段之後，很快，學者就不滿足於這種表面現象的對比了。楊鴻烈分別著有《中國法律發達史》和《中國法律思想史》〔註9〕，後者就著重分析了歷代儒家思想對法律的影響。陳顧遠 1935 年出版了《中國法制史》一書，體

〔註8〕楊鴻烈：《中國法律發達史》，上海：上海書店，1984 年。
〔註9〕楊鴻烈：《中國法律思想史》，北京：中國政法大學出版社，2004 年。

例新穎，著意挖掘「中國法制」有異於世界其他法系的特點，他將中國法制「質的問題」和「量的問題」分別考察。「量的問題」指歷代具體的立法形式，「質的問題」包括「家族」、「階級」、「儒家思想」，指出「最使中國法制受其影響者，非宗教，乃儒家思想也」。〔註10〕在西方法學占居全面優勢的條件下，固然不能完全繞開，但是陳氏在研究中努力追尋中國法制的特點，看出了歷代律文中與西方法系看上去形似的條文背後，「質」的不同，這可以說在禮、法關係研究上邁進了一大步。

陳顧遠的研究中已經提出「家族」、「階級」、「儒家思想」為中國法制的「質」，但畢竟這是一部法制通史，對上述內容的討論還稍嫌不夠。真正使這些問題發揚光大的要等到瞿同祖《中國法律與中國社會》的出版。從標題即可看出，該書的立意與其他法制史著作專注於「法制」不同，而是將「中國法律」與「中國社會」一併考察，認為法律不是孤立的，「任何社會的法律都是為了維護並鞏固其社會制度和社會秩序而制定的，只有充分瞭解產生某一種法律的社會背景，才能瞭解這些法律的意義和作用」。〔註11〕作者認為，中國社會最基本的結構就是「家族」和「階級」，二者表現在意識形態上就是儒家思想，中國古代的法律自然要維護這一基本結構，同時也自然與儒家思想相結合。法律為儒家思想所支配的過程，就是所謂「以禮入法」和「法律儒家化」的過程。作者進一步指出，儒家思想和法家思想的區別在於對社會秩序的看法，「儒家否認社會是整齊平一的」，因而要借助禮來實現「貴賤」、「親疏」、「尊卑」、「長幼」的分別，主張用差異性的禮來達到理想社會秩序。法家雖不否認社會成員之間的區別，但更專注於治國，如何能夠「刑、賞均平」才是其更關心的問題，這就與「貴賤」、「親疏」等原則有了矛盾。

《中國法律與中國社會》的影響深遠，其主要觀點被廣泛接受，以《劍橋中國秦漢史》〔註12〕為代表的海外著作都吸收了其觀點，國內著作更是難以計數。

瞿同祖先生在論述儒、法二家的區別時，其實已經指出二者的關注點不同，一個注重社會、一個注重治國，但遺憾的是沒能深入論述。在上古家國不分、國家與社會不分的時代裏，家族之內的「禮」既是家法也是國規，因

〔註10〕陳顧遠：《中國法制史》，上海：上海書店，影印商務印書館1935年本，第54頁。
〔註11〕瞿同祖：《中國法律與中國社會》導論，北京：中華書局，1981年，第207頁。
〔註12〕崔瑞德、魯惟一編：《劍橋大學秦漢史》，北京：中國社會科學出版社，1992年。

為這二者本來就是一體，所以禮是合理的秩序。但在春秋戰國時期，舊的宗法制崩潰之後，新的官僚制國家模式產生，舊的禮已無法約束「家國分立」的情況。需要提到的是，這時社會仍然不是「整齊平一」的，但之前是宗法制一體之內的差別，而之後是社會和國家二分下的差別，儒家誤在過份注重社會的差別而忽略官僚制國家所需要的同一性，法家誤在過份注重國家的同一性而忽略社會的差別。社會和國家都需要新的秩序，但是禮、法是社會不同發展階段中前後相繼的兩種純粹形式，禮是宗法制家國合一情況下的理想秩序，法是新出現的官僚制國家的理想秩序；純儒家、純法家，一個關注社會，一個關注國家，即一個反映了社會現狀，一個反映了新的政治制度，只有調和二者才可能達到較為理想的社會秩序。因而，所謂「以禮入法」、「法律儒家化」，應從社會與國家調融這個意義上去理解。但稍顯遺憾的是，瞿先生未能順著「國家社會相分」這個思路論述下去，而是抓住是否認同「貴賤」、「親疏」等問題作為二者的區別，專注於討論儒、法二家的社會主張，這就使其對儒、法分合的論述稍有缺陷了。這個缺陷也為後人研究抓住把柄，相繼提出商榷和質疑，甚至有著作還對「法律儒家化」的觀點予以否定。

質疑者的邏輯是，既然秦朝、漢初的法律均是法家所著，那麼其中就不應該有「家族」、「階級」等反映社會差別的內容。但是，建國後出土的若干秦漢法律文書都證明，這些原則在秦漢律中也是存在的。孫家洲通過考察《雲夢秦簡》，指出秦律中「也融彙了儒家以『孝』為中心的綱常倫理思想」，因而，「儒家因素即已存在」。〔註13〕崔永東在《簡帛文獻與古代法文化》，第三章《從竹簡看儒法兩家法律思想的法律化》中也表達了類似的看法。〔註14〕這些論著所提論點均是據實所發，為我們提供了重新審視秦漢律的角度，但都只是就「儒家化」的細節有所商榷，即，將儒家化的開始從「獨尊儒術」提前到秦漢，為全面認識瞿同祖先生的觀點做了貢獻。

不過，也有不太嚴謹的著作，貿然全盤推翻「儒家化」的定論。如郝鐵川《中華法系研究》，完全否認儒家思想對法典的影響，認為歷代對禮的崇奉只是陽儒陰法罷了。〔註15〕其理論太過顛覆性且論據不足，難以憑信，范忠

〔註13〕孫家洲：《試論戰國、秦、漢時期立法指導思想的演變》，《杭州師院學報（社會科學版）》1986年第1期。

〔註14〕崔永東：《簡帛文獻與古代法文化》，武漢：湖北教育出版社，2003年。

〔註15〕郝鐵川：《中華法系研究》，上海：復旦大學出版社，1997年。

信先生有專文批駁。〔註16〕

　　儘管有一些紮實的著作部分質疑了瞿同祖先生的觀點，但他的主要觀點，即禮、法相分的觀點，仍被學界普遍認同。楊振紅先生近年發表《從出土秦漢律看中國古代的「禮」、「法」觀念及其法律體現》一文，質疑禮、法對立之說。楊先生先仔細考察了出土秦漢律資料，發現，瞿同祖所論典型的「儒家化」特徵，如「八議」、「官當」、「十惡」、「不孝」、「留養」、「按服制定罪」、「親屬相隱」、「輿服有制」等內容，在秦漢律中具有不同程度的體現或萌芽，因而，漢唐之間這些內容逐步進入律文稱不上「儒家化」。在此基礎上進一步立論，「禮與法從來不是對立的關係，只是隨著時代的變化，禮與法的內容亦不斷處在調整之中。自秦以來，中國古代法律所體現的禮的內容，其實就是李悝、商鞅等創制的不同於西周舊禮的新『禮』，但在這套新禮中，中華民族自古以來形成的祖先崇拜、重視血緣的家族主義和等級分明的『階級』觀念並沒有丟棄，它依然是構成其框架的棟樑，只是相較舊禮它做了重大改變而已。」〔註17〕

　　楊文論據充分、立論紮實，極見功力，是近年以來禮、法關係研究上的力作，將禮、法關係的研究推進了一大步。尤其是她主張法是新時代的新「禮」的觀點極具啓發性。但其說也有可商榷之處，秦漢律中已有「儒家化」諸特徵之萌芽並不假，這是已經被出土材料所證明的客觀史實，但是據此否認禮、法對立則不確。先秦的禮和刑確實是統一的，刑也是廣義的禮的一種，都是家國合一體制下維護社會秩序的手段，其本質也都在維護等差，包括統治氏族之內的等差和統治氏族內外之別。〔註18〕春秋戰國以後的禮仍是主張社會等差並沒有改變，然而春秋戰國之際的變法之「法」與之前之「刑」有了本質區別。因為從這個時期開始，封邦建國的體制瓦解，在新興起的國家形式下，社會成員面臨重新編組，「新法」是為應對這個趨勢而制定的。新

〔註16〕范忠信：《中華法系法家化駁議──〈中華法系研究〉之商榷》，《比較法研究》1998 年第 3 期。

〔註17〕楊振紅：《從出土秦漢律看中國古代的「禮」、「法」觀念及其法律體現──中國古代法律之儒家化說商兌》，《中國史研究》2010 年第 4 期。

〔註18〕馬小紅先生指出，以往對「禮不下庶人，刑不上大夫」的解釋注重於「階級」，其實這個區別是體現了氏族內外之血緣。參見馬小紅：《釋「禮不下庶人，刑不上大夫」》，楊一凡總主編，馬小紅卷主編：《中國法制史考證》，甲編，第一卷，北京：中國社會科學出版社，2003 年，第 354～360 頁。

型的君主專制官僚制國家與封邦建國體制的不同，表現在兩個方面：一是在社會整合上，封邦建國體制家國一體，國家社會一體；君主專制官僚體制下國家與社會兩分。〔註19〕二是在集權程度上，封建體制分權重，君主專制官僚體制集權重。新法既然要滿足官僚制國家對社會的控制，所希望的理想情況是「編戶齊民」，〔註20〕而不是「貴賤」之別；要滿足集權的要求，「新法」就不能像「舊禮」那樣尊重貴族特權。因而，春秋戰國之後禮、法又是對立的，前者體現了社會現實，後者體現了官僚制國家的要求。儘管秦漢律中仍然有體現差別的內容，但那只是社會本身不齊的客觀情況在法律中的如實體現，絕非李悝、商鞅等立法者所鼓勵的，更不是受了儒家思想的影響。因而，秦漢律中等差的「萌芽」和西晉之後直至隋唐全面引入等差內容，有的不僅是程度之別，更關鍵的是立法思想有別，即，秦漢律的立法仍體現官僚制國家的意志更多，而儒家化之過程是逐漸將代表社會等差之「禮」更多地融入代表官僚制國家意志的「法」。

「以禮入法」或「法律儒家化」的具體內容包括「八議」、「官當」、「十惡」、「不孝」、「留養」、「按服制定罪」、「親屬相隱」、「輿服有制」等多個方面，其中，「不孝」與「匿哀」等罪的關係最為密切。

「孝」本屬倫理範疇，對於「不孝」法律化過程的研究，最初是運用律令輯佚的方法來進行的。程樹德先生《九朝律考》〔註21〕全面搜集了現存史料中漢至隋的律令遺文。還有戴炎輝先生的長文《唐律十惡之淵源》〔註22〕以「十惡」之罪為綱，搜集整理了漢至隋的有關材料。這兩項成果幾乎全部輯錄現存史料中漢至隋的律令材料，其中也包括「不孝」罪的內容，但這兩部著作主要以收集材料見長，對相關問題的分析略有不足。

有關「不孝」罪名的較大爭議在於，「不孝」是否與漢代之「不道」重

〔註19〕這裡國家與社會二分的說法只代表一個趨勢。因為在中國古代，即便是秦漢帝國，也達不到國家與社會完全兩分的程度，更達不到現代官僚制國家的程度，所以用這個說法只是為了表示與之前封邦建國時代相反的趨勢罷了。

〔註20〕杜正勝指出：「封建城邦時代的刑典是缺乏法律的最基本精神——公開性和一致性的，春秋晚期的變法正是要打破貴族等差，追求法律的公平，建立一個法律面前人人平等的體制。」參見杜正勝：《編戶齊民——傳統政治社會結構的形成》，臺北：聯經出版事業公司，1990年，第236～244頁。

〔註21〕程樹德：《九朝律考》，北京：中華書局，2006年。

〔註22〕戴炎輝：《唐律十惡之淵源》，《中國法制史論文集》，臺北：中國法制史學會出版委員會，1981年，第1～72頁。

罪有關。日本學者大庭脩先生《漢律中「不道」的概念》〔註23〕一文在分析了大量「不道」的實例後指出，漢代的「不道」罪均是危害天子、國家、社會的重大犯罪行為，未見漢人將「不孝」納入此類的用例。尤其需要說明的是，大庭修先生反對那種用唐律補充漢律的做法，在嚴謹的實證背後，是他將漢律、魏晉南北朝諸律、唐律視作不斷變化的體系之思想。不過，他所持違背家族倫理在漢代只屬於禮教範疇的觀點仍欠妥當。崔永東就對此提出了異議，認為自戰國時之秦國開始便有「不孝」之罪名，並一直為漢朝所延續，而且「不孝」是包含在「不道」之中的。〔註24〕兩漢時期「不道」概念的模糊性，是造成以上兩種截然相反觀點的原因。總的來說，「不孝」的罪名雖已經出現在秦漢簡牘之中，仍難以證明其屬於「不道」重罪，大庭修之文也並非否認「不孝」為罪，只是強調「不道」罪是危害國家與社會安全的最重大罪名，但違背家族倫理不在其列。聯繫到《唐律疏議》，則將「不孝」、「不義」均劃為「十惡」之重罪，可以明顯看出，唐代對違背家族倫理之罪的態度要比漢代嚴厲得多。這其實反映了不同時代的法律對家族倫理、「孝」的不同態度，這才是值得關注的問題。鄧奕琦〔註25〕對「不道」罪的看法，很大程度上接續了大庭修的觀點，指出魏晉南北朝時期「不道」罪的概念範圍總體上呈現縮小的趨勢，這反映了立法技術的提高和法律概念的逐漸明晰化。還進一步指出，由於在這個時期引禮入律的深化，「不孝」也逐漸躋身十大重罪之列。

　　儘管漢代時不孝尚不屬於嚴重危害社會的罪行，但漢代法律、制度對此已有較為全面的規定。侯欣一〔註26〕、張功〔註27〕、劉敏〔註28〕、徐世虹〔註29〕、賈麗英〔註30〕等學者的文章對秦漢時期不孝罪的內容及其實施情況做了詳細的

〔註23〕〔日〕大庭脩：《漢律中「不道」的概念》，楊一凡總主編，〔日〕籾山明卷主編：《中國法制史考證》，丙編，第一卷，北京：中國社會科學出版社，2003年，第369～433頁。

〔註24〕崔永東：《「不道」罪考辯》，楊一凡總主編，高旭晨卷主編：《中國法制史考證》，甲編，第三卷，第317～325頁。

〔註25〕鄧奕琦：《北朝法制研究》，北京：中華書局，2005年，第27～34頁。

〔註26〕侯欣一：《孝與漢代法制》，《法學研究》1998年第4期。

〔註27〕張功：《秦漢不孝罪考論》，《首都師範大學學報》2004年第5期。

〔註28〕劉敏：《從二年律令論漢代「孝親」的法律化》，《南開學報》2006年第2期。

〔註29〕徐世虹：《秦漢簡牘中不孝罪的訴訟》，《華東政法學院學院學報》2006年第3期。

〔註30〕賈麗英：《秦漢不孝罪考論》，《石家莊學院學報》2008年第1期。

考察，「不孝」大體包括：不供養、偷盜財物、誣告、謾罵、身體上傷害等內容。值得注意的是，兩漢時期的「不孝」多指生前之「孝」，並沒有像《唐律疏議》中的「匿哀」等罪那樣，將父母死後不舉哀、不居喪、居喪違禮、任官不避父祖名諱等行爲一併列入，這反映了漢、唐之制對待此問題的區別。在眾多研究兩漢不孝行爲的著作中，閻愛民〔註 31〕先生將兩漢「不孝」與唐之「不孝」做了對比。不過，作者是從家長權的角度立意，分析漢、唐「不孝」之區別及原因，未能對生前之「孝」與死後之「孝」的不同做出區分，因而認爲唐代「不孝」是「輕罪重名」。鄧奕琦在研究南北朝「孝」的法律化過程中，結合社會背景與制度變遷指出，宗族的發展是孝德法律化的重要動力，南北朝忠孝次序的不同也是源於門閥士族在南北的地位不同。〔註 32〕這種將「孝」的法律化過程與社會形態演進結合起來考察的方法，對研究律文資料嚴重缺乏的南北朝時期很有意義。特別要指出的是，這個時期的「不孝」，已經不僅是不供養、謾罵、殺傷等問題了，居喪違禮已成爲「不孝」的主流，反映出死後之「孝」的意義已經與秦漢時期不同。

通過以上簡單總結禮、法關係研究的成果，以及梳理「不孝」罪發展的軌跡，可以看出，雖然相關成就顯著，但也存在兩個明顯的問題：一是大部分學者的研究思路仍有「就事論事」的嫌疑，即在律文之內尋找禮制的蛛絲馬跡，藉以判斷是否「以禮入律」。這種方法固然無可厚非，可是無論禮還是法，均因社會現實而設，脫離社會現實而空洞地辨析條文，還是難以得出更爲全面正確的認識。尤其具體到「匿哀」等罪的研究，因爲難以搜尋漢至隋的相關法律條文，所以無法展開以條文爲中心的溯源性研究。正因如此，就更應該再次回覆到瞿同祖《中國法律與中國社會》的研究路徑，將社會發展與禮、法發展結合起來。二是大部分著作未能對生前之「孝」與死後之「孝」的性質做出區分，而是籠統論述。實際上，父母生前之不供養、偷盜、謾罵、誣告乃至殺傷等生前之「不孝」，均屬於小家庭實際生活中的規範；而父母死後不舉哀、居喪違禮、居喪期間求官、任官不避家諱等死後之「不孝」，均超越了小家庭實際生活的需要，更多涉及宗族規範。可見，兩者的性質有所不同，而已有研究多圍繞生前之「孝」展開，對舉哀、居喪等死後之「孝」研究尚少。

〔註31〕閻愛民：《漢晉家族研究》，上海：上海人民出版社，2005 年，第 334～340頁。

〔註32〕鄧奕琦：《北朝法制研究》，第 168～224 頁。

三、結構與主旨

「匿哀」、「釋服從吉」、「冒榮居官」和「冒哀求仕」，看上去都是獨立的罪名，但性質上又有相似之處。總的來看，這些罪名所指向的行爲均從「違禮」行爲逐漸轉變爲「違法」、「違制」，且都體現了制度演變與社會變遷的過程。因此，本文從罪名性質切入，分三個部分考察不同時代背景下，「匿哀」等行爲在禮與法中產生、發展的過程，並分析其變化的意義。

第一章主要探討「匿哀」與「釋服從吉」由「禮」入「律」的過程，以及這一過程中貫穿著的宗族形態變遷。《唐律》「匿哀」、「釋服從吉」條出現之前，對喪祭秩序的維持並無系統性強制規定，尤其針對其中的不當行爲，更多是處於以禮爲標準的道德評判層面。這既與制度完善與否有關，也是宗族形態影響制度發展走向的表現。本章通過分析正史記載中與舉哀、居喪有關的人物、事件，並參照經學典籍對禮文的討論，考察了「匿哀」、「釋服從吉」兩個概念從無到有的過程及原因。指出宗法制的崩潰是促使這些違禮行爲出現的關鍵因素，秦漢小家庭形態的社會背景下不可能將喪祭違禮納入朝廷法令、制度中去；魏晉南北朝受士族勢力對政治的影響而呈現出禮無定禮、法無定法、俗無定俗的局面；隋唐則開啓了從禮、制、法全方位規範喪祭行爲的新時代。在對隋唐有關喪祭的禮儀、制度做了論述和總結之後，接著展開對《唐律》相關條文的分析和比對，從罪行界定、量刑依據等方面考察了唐代律令對匿哀、居喪違禮行爲的懲罰。從「匿哀」、「釋服從吉」的由禮入律可以看出，國家從倫理、制度、法律全方位對喪事中個人情感的干預和抑制，體現了國家全面規範私人事務的背景與意義。

第二章探討禮、制、法對服喪期間求官的規定。主要從兩條線索入手，一是國家政務與私人喪事的矛盾，體現爲法律是否強制服喪。「封邦建國」時代，服喪期間除金革之事外不能處理其他事務；秦漢法律「重生不重死」，對服喪無強制規定；魏晉南北朝極重孝德，對不服喪而求官者懲罰嚴重；隋唐兼顧國事與私喪，對丁憂、奪情之制有了全面規範。二是官員服喪態度的變化。宗法制下身份地位世襲，服喪是禮制的要求，也是宣示繼承的手段；宗法制崩潰後，個人地位全部繫於官位，服喪意義的減弱，開始出現爲求官而不服喪的現象；南北朝士人地位源於門閥等第和個人名望，要求士人重視服喪，因而這一時期重服喪而輕官位；隋唐矯正前代弊端，依靠較爲系統的制度、法律規範官員的服喪行爲。這部分的核心問題是君臣關係。「喪不貳事」、

「金革之事無辟」是禮對居喪出仕的規範，但不同王朝政體下的官員居喪之制又有變化。主要表現爲：從短喪之制，到喪期無定制，再到終喪之制穩固化；從私喪讓位於國事，到鼓勵哀毀不仕，再到律法對「冒哀求仕」罪的界定與處罰。在此過程中，禮的原則逐漸融入國家制度、法規。

第三章主要探討「冒榮居官」法反映的朝廷律令對子孫避長輩名諱這一家內倫理的吸納。首先指出以往研究注重帝王名諱而對君諱與家諱不加區分的不足之處，認爲君諱與家諱的發展過程並不同步。如宋代「公諱」嚴格，「私諱」受限。在這部分論述中，首先梳理了官員避家諱的發展過程及影響因素，在這一問題上，《禮記》的規範和士族文化是朝廷尊重官員在政治場合避家諱的深層原因，但皇權的加強卻又從另一面對任官避家諱施以限制。緊接著，通過將《宋刑統》及其他宋代詔令、律法與《唐律疏議》的內容加以對比，考察了唐代任官避家諱制度化之後的進一步發展，也指出了宋代律令對唐代制度的調整和修正。最後特別指出，宋朝官制的變化與復興宗族運動的曲折反覆，決定其在規範任官避家諱過程中的微妙變化和不斷調整。而士大夫群體的參與和推動，也使得宋代的相關規定更爲細化，並試圖在「尊君」與「孝親」之間尋找平衡，根本上表明政治與社會轉型的深刻內涵。

本書主旨有三：一、將法律條文的演變過程作爲研究對象，通過考察不同社會歷史背景，尋找《唐律》制定「匿哀」等罪的源頭，及其從無到有、由禮入律的演變過程。指出，宗族形態的演變貫穿著「匿哀」等罪由禮入律過程的始終，而不同政體下的君臣關係也是制約私人喪祭行爲的重要因素。二、以往對「不孝」罪的研究多集中在對生前之「孝」的探討，未將其與「事死之孝」做出區分。本文指出，「事死之孝」的變化與入律，始終伴隨著宗族形態和君臣關係的發展演變過程。三、指出「忠」與「孝」的矛盾是推動「匿哀」等罪演變的動力，關注「忠」、「孝」之間的衝突與融和，可以爲更客觀地認識中國古代王朝統治模式中的「家國同構」問題提供新視角。

第一章 「匿哀」與「釋服從吉」罪研究

　　死亡雖是個體生命的終結，但處理喪事是逝者親人的重大事件。孟子曰：「養生者不足以當大事，惟送死可以當大事」，朱熹從人情上解釋其意義為孝子事親的最後機會，「事生固當愛敬，然亦人道之常耳；至於送死，則人道之大變。孝子之事親，舍是無以用其力矣。故尤以為大事，而必誠必信，不使少有後日之悔也」〔註1〕而且在古人看來，妥善地處理喪禮不僅是個人的事，同時也是社會治理的重要手段，所謂「慎終追遠，民德歸厚矣」〔註2〕。正因為喪禮對個人、社會的重要性，其在禮的整個體系中之地位非常重要，「夫禮始於冠，本於婚，重於喪祭，尊於朝聘，和於射鄉，此禮之大體也。」〔註3〕因而，在處理喪事過程中，違背喪禮不僅是私人問題，同時也是社會的公共道德問題。

　　如果違背喪禮的現象只是隨時代不同而小有增減，那都是正常的。不過，若是觸犯到喪禮的核心內容，就不僅是道德問題，而是法律問題了。《唐律》中「匿哀」與「釋服從吉」〔註4〕兩則律條，就是針對嚴重違背喪禮的行為而

〔註1〕 （宋）朱熹：《孟子集注》卷八《離婁章句下》，《四書章句集注》，北京：中華書局，1983年，第292頁。
〔註2〕 （宋）朱熹：《論語集注》卷一《學而》，《四書章句集注》，北京：中華書局，1983年，第50頁。
〔註3〕 （清）阮元校刻：《禮記正義》卷六十一《婚義》，北京：中華書局，1980年，第453頁上。
〔註4〕 「釋服從吉」本身指釋去喪服，穿上吉服，意為結束居喪，並無違禮之意。但如果喪期未畢就釋服從吉則是違禮。《唐律疏議》裏多次提到這一罪名，如

制定的。根據《唐律》：「父母之恩，昊天莫報，荼毒之極，豈若聞喪。婦人以夫爲天，哀類父母。聞喪即須哭泣，豈得擇日待時。」〔註5〕「匿哀」主要指「聞父母若夫之喪，匿不舉哀」，本意指聽聞親人亡故後不立刻放聲哭泣，引申爲官員在親人亡故後不向朝廷報告，不公開於眾，不舉行公開的葬禮等。這則律條針對的是不公開親人喪事而有所規避的現象。

「釋服從吉」指的是「喪制未終，釋服從吉，若忘哀作樂，自作、遣人等，徒三年；雜戲，徒一年；遇樂而聽，及參預吉席者，各杖一百。」〔註6〕即包括爲親人服喪期限未滿就釋服和進行娛樂活動兩方面內容。前者容易理解，後者指的是進行有悖喪禮的娛樂活動，這源於禮制中「父有服，宮中子不與於樂；母有服，聲聞焉不舉樂；妻有服，不舉樂於其側。」〔註7〕這條律法是針對服喪期限內違背服喪之禮的行爲所作的規定。

舉哀與服喪本是家內倫理，屬於「禮」的範疇，但因經歷了制度化、法典化的過程，而具有「制」與「法」的性質，這反映了朝廷制度與法律對倫理的吸收。不過，倫理融入「法」、「制」之中並非朝夕之功，因而在不同歷史時代呈現出不同的面貌。由於更古老法典的散佚，今日看來，這兩條律文的成文最早只可見《唐律》，但事實上此類法律條文的出現可追溯至秦漢帝國時期。而且，在更遙遠的先秦時代，舉哀與否、服喪與否，已經和國家制度及宗族形態緊密聯繫起來。舉哀、居喪制度化、法律化的過程與時代變遷有著密切關係。

從內容來看，這兩項法條的敘述看似簡短，但牽涉的領域廣泛，反映了深刻的社會問題。遺憾的是，儘管在討論禮制、民俗、法制、官制的論著中，相關內容都有提及，〔註8〕但直接針對這兩項條文的專論卻相對寥寥。〔註9〕

「『釋服從吉』，謂喪制未終，而在二十七月之內，釋去衰裳而著吉服者」；「七日不孝……居父母喪，身自嫁娶，若作樂，釋服從吉」；「聞祖父母父母喪，匿不舉哀，詐稱祖父母父母死」；「九日不義……及聞夫喪匿不舉哀，若作樂，釋服從吉及改嫁」。均是指在喪期之內提早釋服的行爲。本文取「釋服從吉」作爲這一罪名的簡稱，而非指正常的釋服之禮。見《唐律疏議》卷一《名例》，第12～15頁。

〔註5〕《唐律疏議》卷十《職制》，第204頁。

〔註6〕《唐律疏議》卷十《職制》，第204頁。

〔註7〕（清）阮元校刻：《禮記正義》卷四十三《雜記下》，第338頁上。

〔註8〕「匿哀」、「釋服從吉」涉及舉哀、居喪之禮，因而會在禮、俗的研究著作中有所反映；朝廷允許官員舉哀、服喪，因而在官員管理上就會有遇喪給假的制度，這在制度類通史中均會提及。

總結以往成果，優點是對史料的挖掘和整理，並對這兩個問題做了初步的描述。但相關研究又分別存在淺嘗輒止、深入挖掘不夠，以學科領域爲限、就事論事，重斷代考察、割裂歷史等缺陷。在前人研究的基礎上，對這兩項條文所涉及的問題進行打通學科、貫通時代的溯源性考察，已成爲推動這個問題向縱深進展的必要手段。

法典中的條文和罪名是對現實的反映，與之相應，社會中必然存在這些法條所指向的特定行爲。另外，法律條文的具體實施情況也很重要。因此，要研究《唐律》中的「匿哀」和「釋服從吉」兩條律文，首先需瞭解「匿哀」和「釋服從吉」作爲兩種社會現象的由來和演變，然後考察這兩條本屬禮制的規定如何法典化，梳理其在歷代法典中的內容演變。最後還應考慮到，律文的實際運用情況，把法律條文實施中的具體問題呈現出來。以上三個方面相互聯繫，缺一不可，下文將圍繞這三個方面展開論述。

第一節 「匿哀」、「釋服從吉」產生的社會條件

作爲社會現象出現的「匿哀」與「釋服從吉」，是在特定社會歷史背景下應運而生的，均是違背喪禮的行爲。細加考辯，又可以發現，兩者的內涵又分別包括親人亡故時不舉哀，以及爲親人服喪過程中違禮。按喪禮進行的過程來說，「匿哀」與「釋服從吉」是先後依次發生的。

不舉哀現象的出現，以個人（或說個體家庭）擁有獨自處分喪禮的權力

〔註9〕「匿哀」、「釋服從吉」雖難以作爲獨立的問題引起學者注意，但其在《唐律疏議》中屬於「十惡」中的「不孝」，無論「十惡」還是「不孝」都受到較多關注。程樹德先生較早對兩漢以來的律令遺文進行挖掘考證，他博引兩漢以來的正史、典制，對隋朝以前「不孝」罪的條文做了系統挖掘，參見程樹德：《九朝律考》，北京：中華書局，2003年。戴炎輝先生曾撰寫專文考察「十惡」之罪的淵源，其對「不孝」罪發展過程的考證可以與程樹德書參看對照，參見戴炎輝：《唐律十惡之淵源》，《中國法制史論文集》，臺北：中國法制史學會出版委員會，1981年，第62～69頁。以上兩位學者對歷代律令遺文的挖掘用力頗勤，基本沒有遺漏，其他著作所引有關條文大體不出其範圍，但二著作均以鈎沈史料見長，分析不多。近年有關「不孝」罪的論文頗多，值得注意的是關於秦漢時期倫理入律的研究，這反映了學者對瞿同祖「秦漢律由法家所製成」說的一個反思。可參看侯欣一：《孝與漢代法制》，《法學研究》1998年第4期；張功：《秦漢不孝罪考論》，《首都師大學報（社會科學版）》2004年第5期；賈麗英：《秦漢不孝罪考論》，《石家莊學院學報》2008年第1期。

爲前提。除此之外，還需要有不舉哀的動機，即「不舉哀」是對個人有利的行爲。只有具備以上兩個條件，才會有此現象存在。

「釋服從吉」現象發生的首要條件是服喪期限確立並成爲禮或法的硬性規定。不過，在歷代有關喪期爭論的背後，實質反映了參與者對有關葬後各項祭祀安排的意見並不統一。葬後安排的各種祭祀活動，情感上的目的是爲了逐漸減殺生者的悲哀，因而每一經次祭祀都相應地更換較輕的喪服，這就是儒家「受服」之制。因此也可以認爲，喪期的問題就是如何安排葬後祭祀的問題。另需指出，個人具有主祭的權力也是「釋服從吉」的前提，因而，違背服喪期限的行爲是在權衡個人利益基礎上做出的選擇。下文將對這些影響因素分別加以考察。

一、禮制中「喪主」與個人獨立主喪的權力〔註10〕

喪禮是一項程序複雜的禮儀活動，也是一項參加人數眾多的社會活動，其形成的基礎不僅建立在情感之上，而既存於現實的社會組織之中，社會關係中的核心力量會成爲喪禮的主持者。換句話說，爲亡者舉辦大型喪葬儀式固然是生者寄託哀思的手段，但又不僅限於發泄情感的手段，大型的喪葬活動與其說是一種對死者的悼念，不如說是生者借儀式來彌補死者在社會組織中造成的空缺。從這個意義上來看，喪禮中的地位展示著新形成的社會組織的權力格局，喪禮的主持者也將是新組織中居於首要地位之人。在儒家喪禮中，多以「喪主」來稱呼這些擁有核心地位的人物。

在文獻記載中，「喪主」又被稱爲「主人」、「主喪者」或簡稱「主」。喪主是喪禮中必須的，「喪有無後，無無主」，〔註11〕「若當家無喪主，或取五服之內親；又無五服親，則取東西家；若無，則里尹主之」。

在非戶絕的情況下，喪主是喪禮中的核心人物，喪禮過程都是圍繞著喪主進行的。其地位重要之處體現爲，喪主的首選是嫡子。

（一）嫡子的喪主特權

儒家經典中，喪禮中爲喪主，是嫡子或嫡長子的特權。《儀禮》有關喪杖使用的記載中提到：

〔註10〕 喪主之禮中還包括尊長爲卑幼主喪的情況，但本文主要關注卑幼主持尊長喪禮的權力。

〔註11〕 （清）阮元校刻：《禮記正義》卷四十四《喪大記》，第1574頁下。

　　　　無爵而杖者何，擔主也；非主而杖者何，輔病也。〔註12〕

疏文解釋為：

　　　　庶人無爵，亦得杖。云，「擔主也」者，答辭也，以其雖無爵
　　　　無德，然以嫡子故，假取有爵之杖，為之喪主，拜賓、送賓，成喪
　　　　主之義也。云「非主而杖者何」，問辭也，「輔病也」，答辭也。鄭云
　　　　謂眾子雖非為主，子為父母致病是同，亦為輔病也。〔註13〕

　　　　無爵而杖者何？擔主也。鄭注云「擔，假也。尊其為主，假之
　　　　以杖。」或曰輔病者。《喪服傳》云：「非主而杖者何？輔病也。」
　　　　謂庶子以下，雖非嫡子皆杖，為其「輔病」故也。〔註14〕

按禮制，無爵者本不可用杖，然而在喪禮中卻有例外。為了隆重喪主的地位，
即使身份為庶人的喪主也可以用杖。從以上兩段解釋可以看出，喪主正是「嫡
子」。「眾子」雖也可以用杖，但並不代表他們是喪主，杖只是用來「輔病」
的，即用杖來支撐悲痛過度的身體。

　　《禮記》還更加直接地闡明了嫡長子的喪主特權：

　　　　大夫之喪，庶子不受弔。〔註15〕

鄭玄注為「不以賤者為有爵者主」，〔註16〕孔穎達進一步解釋為「『不受弔』
者，謂不為主人也。嫡子主喪，受弔拜賓。若嫡子或有他故不在，則雖庶子
不敢受弔，明己卑，辟嫡也」。〔註17〕更明確地指出，喪主必須是嫡子。

　　在討論喪禮中諸人位置時，《禮記》有「以次主人」之說，疏文解釋為：

　　　　以次主人者，謂雖有庶長父兄尊於主人，仍次於主人之下，使
　　　　主人在上，居喪主也。〔註18〕

喪禮中最尊的位置是喪主，這裡與喪主相對的是「庶長父兄」，應指父之兄弟
輩及年長庶兄，那麼喪主無疑是嫡子。雖然這些「庶長父兄」年紀較喪主為
長，但在喪禮中的地位不如身為嫡子的喪主，這清楚地表明了嫡子的喪主特
權。

〔註12〕　（清）阮元校刻：《儀禮注疏》卷二十八《喪服》，第 1097 頁中。
〔註13〕　（清）阮元校刻：《儀禮注疏》卷二十八《喪服》，第 1097 頁下～1098 頁上。
〔註14〕　（清）阮元校刻：《禮記正義》卷六十三《喪服四制》，第 467 頁中。
〔註15〕　（清）阮元校刻：《禮記正義》卷九《檀弓下》，第 1299 頁下。
〔註16〕　（清）阮元校刻：《禮記正義》卷九《檀弓下》，第 1299 頁下。
〔註17〕　（清）阮元校刻：《禮記正義》卷九《檀弓下》，第 71 頁下。
〔註18〕　（清）阮元校刻：《禮記正義》卷二十《文王世子》，第 180 頁中。

東漢禮家在討論王者巡狩之禮時也曾指出：

> 王者巡狩，崩於道，歸葬何？夫太子當爲喪主，天下皆來奔喪。

〔註19〕

太子即爲嫡長子，以太子爲喪主，說明了喪主人選應是嫡長子。

禮文畢竟是後世學者所編，儘管春秋時期史料缺少，但也有事例能夠說明以嫡子爲喪主的禮制確曾實施。

> 冬十月庚申，改葬惠公。公弗臨，故不書。以桓爲大子，故隱
> 公讓而不敢爲喪主。隱攝君政，故據隱而言。〔註20〕

史料中的「冬十月庚申改葬惠公，公弗臨，故不書」，是《左傳》傳文，後面一句爲注文。傳文只說安葬魯惠公時，其子隱公「弗臨」，而注文則指出了具體原因。考察《史記》記載：「四十六年，惠公卒，長庶子息攝當國，行君事，是爲隱公。初，惠公嫡夫人無子，公賤妾聲子生子息。息長，爲娶於宋。宋女至而好，惠公奪而自妻之。生子允。登宋女爲夫人，以允爲太子。及惠公卒，爲允少故，魯人共令息攝政，不言即位。」〔註21〕息是魯惠公的庶子，但年紀較長，惠公死後息成爲魯君，但其以庶子即位於禮有嫌，因而聲稱只是「攝君政」，所以後來諡爲「隱」。魯惠公嫡妻一直無子，直到晚年才又娶宋女，生允，因而允雖然年少，但是魯惠公的嫡子。他後來聯合羽父，殺死隱公，成爲魯君，即桓公，「羽父使賊弑公於寪氏，立桓公」。〔註22〕

在這一事件中，隱公因是惠公庶子，所以雖登上魯國國君之位，也不敢明言「即位」，聲稱只是攝位，甚至也不敢出現在父親惠公的改葬之禮上，這一切都因爲「以桓爲大子，故隱公讓而不敢爲喪主」。這非常生動地證明了嫡子的喪主特權。

（二）嫡子喪主特權的意義

爲了將作爲嫡子或嫡長子的喪主與其他諸子區分開來，喪主在喪禮上的禮儀與眾不同。這體現在很多方面，比如，喪主需負責向各方，尤其是國君

〔註19〕 （清）陳立傳；吳則虞點校：《白虎通疏證》卷六《巡狩》，中華書局，1994年，第296頁。

〔註20〕 （清）阮元校刻：《春秋左傳正義》卷二，隱公元年，北京：中華書局，1980年，第16頁上。

〔註21〕 《史記》卷三三《魯周公世家》，北京：中華書局，1982年，第1528～1529頁。

〔註22〕 （清）阮元校刻：《春秋左傳正義》卷四，隱公十一年，第35頁上。

報喪；喪主在喪禮中的位置，也就是「哭位」，與眾有異；表示哀痛的程度要甚於眾人；喪服的程度要重於眾人；墓地、葬日的選擇，都決於喪主，等等。〔註23〕總之，喪禮過程中的每一個步驟都是圍繞著喪主來進行的。種種特殊的禮儀設置都意在突顯喪主的獨尊地位，其意義不僅是確立其喪禮主持者的身份，更重要的是公開宣示作為「喪主」的嫡子或嫡長子對亡者的繼承。

對太伯讓位於季歷一事，後代注家給予如此評價：

> 太王薨而不反，使季歷主喪，不葬之以禮，二讓也。〔註24〕

據《史記》記載，太伯、仲雍「皆周太王之子，而王季歷之兄也。季歷賢，而有聖子昌，太王欲立季歷以及昌，於是太伯、仲雍二人乃奔荊蠻，文身斷髮，示不可用。」〔註25〕太伯、季歷是周人祖先，當時喪主的真實情況已不可考，但這則材料至少反映了在漢晉學者的觀念中，主喪就代表著繼承。

《尚書》記載：

> 成湯既沒，太甲元年……惟元祀，十有二月，乙丑，伊尹祠於先王。

《孔氏傳》解釋此句為：

> 此湯崩逾月，太甲即位，奠殯而告。

孔穎達進一步解釋：

> 春秋之世既有奠殯即位、逾年即位，此逾月即位，當奠殯即位也。此言伊尹祠於先王，是特設祀也，嗣王祇見厥祖，是始見祖也，特設祀禮，而王始見祖，明是初即王位，告殯為喪主也。〔註26〕

《尚書》所記之事玄遠，且《古文尚書》早已定為偽作，所以不可盡作信史看待，但是偽《古文尚書》連同偽《孔傳》至少反映了魏晉時代經學家的看法。〔註27〕這則史料中記載，即位的太甲以喪主身份參加喪禮，祭告祖先，並宣告正式繼承湯的商王地位。從記載中對「喪主」的用法來看，這樣的表達正反映了漢魏經學家認同「喪主」地位有著宣示繼承權的意義。

〔註23〕彭林：《中國古代禮儀文明》，北京：中華書局，2004 年，第 214～217 頁。

〔註24〕《史記》卷三一《吳太伯世家》，（東晉）江熙注，第 1446 頁。

〔註25〕《史記》卷三一《吳太伯世家》，第 1445 頁。

〔註26〕（清）阮元校刻：《尚書正義》卷八《伊訓》，北京：中華書局，1980 年，第 162 頁下。

〔註27〕歷代經學家對其早有懷疑，但直到清代，經學家閻若璩才最後確定為偽。後來，丁晏更進一步指出正是三國末期經學家王肅所偽造。

　　擔任喪主有著宣示繼承權的意義，並非漢魏學者之空談。春秋時期的事例也可證明。魯國貴族孟莊子死後，無嫡子繼承宗主之位，兩個庶子孺子秩和仲孫羯競爭繼承人，在豐點、公鉏的推動下，仲孫羯得以繼承宗主，並通過喪禮中的喪主之位來顯示其繼承權。《左傳》卷三五載：

　　　　己卯，孟孫卒，公鉏奉羯立於戶側。

杜預解釋爲「戶側喪主」，孔穎達依據《禮記》進一步做出詳細解釋：

　　　　《喪大記》云：「大夫之喪，主人坐於東方」，此立於戶側，則在室戶之東，西面立也，《禮記》云坐此云立者，以季孫來，故立耳。
　　〔註28〕

豐點、公鉏支持仲孫羯，魯國另一貴族季孫氏則支持孺子秩，但是公鉏先下手爲強，在喪禮儀式上形成既定事實。當季孫氏來弔唁時，發現仲孫羯已經「立於戶側」，即代表著仲孫羯已經成爲繼承人，於是季孫氏也只能無可奈何地接受了這樣的結果。

　　《國語‧晉語二》中也記載了一則喪主之禮與繼承權關係的事例。晉獻公死後，里克先後殺死奚齊、卓子，並派遣使者迎接重耳。流亡在外的重耳一直盼望得到晉公之位，但其從臣狐偃的政治智慧更高，較好地認清了當時的政治形勢，「舅犯曰：『不可。夫堅樹在始，始不固本，終必槁落。夫長國者，唯知哀樂喜怒之節，是以導民。不哀喪而求國，難；因亂以入，殆。以喪得國，則必樂喪，樂喪必哀生。因亂以入，則必喜亂，喜亂必怠德。是哀樂喜怒之節易也，何以導民？民不我導，誰長？』重耳曰：『非喪誰代？非亂誰納我？』舅犯曰：『偃也聞之，喪亂有小大。大喪大亂之剡也，不可犯也。父母死爲大喪，讒在兄弟爲大亂。今適當之，是故難。』」〔註29〕狐偃還指出「亡人無親，信仁以爲親，是故置之者不殆。父死在堂而求利，人孰仁我？人實有之，我以僥倖，人孰信我？不仁不信，將何以長利？」〔註30〕重耳最終被說服，堅定了暫不返晉的決定。在面對秦穆公的使者時，「公子重耳出見使者，曰：『君惠弔亡臣，又重有命。重耳身亡，父死不得與於哭泣之位，又何敢有他志，以辱君義？』再拜不稽首，起而哭，退而不私。」〔註31〕

〔註28〕（清）阮元校刻：《春秋左傳正義》卷三五，襄公二十三年，第 1977 頁下。
〔註29〕徐元誥撰：王樹民、沈長雲點校：《國語集解》卷八《晉語二》，中華書局，2002 年，第 292 頁。
〔註30〕徐元誥撰：王樹民、沈長雲點校：《國語集解》卷八《晉語二》，第 295 頁。
〔註31〕徐元誥撰：王樹民、沈長雲點校：《國語集解》卷八《晉語二》，第 295 頁。

同樣流亡在外的夷吾則極力想抓住這次機會,利用晉國內亂和秦穆公的支持返晉為君。同樣是面對秦穆公的使者,「公子夷吾出見使者,再拜稽首,起而不哭」。〔註32〕

公子縶在返秦向秦穆公彙報二公子的言行後,「穆公曰:『吾與公子重耳,重耳仁。再拜不稽首,不役為後也。起而哭,愛其父也。退而不私,不役於利也。』」〔註33〕認為重耳的行為表達了不貪圖君位,但有悲父喪之情,是「仁」的表現。

《儀禮・士喪禮》載:「主人哭拜稽顙,成踊。」〔註34〕「再拜稽首」是喪主才有的儀節。重耳「再拜不稽首」但「起而哭」,表示不願繼承晉君之位,因而不敢行喪主之儀,但仍「起而哭」表示雖不重視君位而只是為喪親而悲痛。夷吾「再拜稽首,起而不哭」則表示其極力追求並自認喪主地位,卻連基本的情感表示都沒有。

在宗法制下,政統與親統合一,嫡子或嫡長子對父親的繼承意味著同時獲得政治上和宗族內的統治權,喪禮正是這一重要繼承過程的外在體現。在理想的宗法制安排下,只有嫡子或嫡長子才擔任喪主,他也正需要借喪禮宣示對權力和地位的繼承,因此,並不是每個人都有獨立為父母主持喪事的權力。即使在宗法制鬆動、禮崩樂壞的春秋戰國時代,喪主之位、喪主之禮仍是潛在繼承人爭奪的對象。在此社會背景下,只會發生爭相舉哀的現象,而不會有匿哀不舉的行為。也可以理解為,只要社會組織中的權力和地位還主要通過血緣來繼承,那麼喪禮中的喪主就必然會成為權力交接的焦點。

二、除喪之制與個人獨立主祭的權力

「釋服從吉」現象的內涵是,在服喪結束前提早除去喪服和服喪期限內參加娛樂活動。可見,服喪期限是本問題的關鍵。但考察經典中喪禮對喪期的規定會發現,服喪遠不只是穿著喪服等待喪期結束那麼簡單,禮文中有關喪期的大部分篇幅都是在討論如何安排葬後的各項祭祀。

葬後祭祀相當於漫長喪期內的各個節點,每一次祭祀都是一個服喪的小結,其目的是逐漸減殺生者的悲哀,因而每一次祭祀都相應地更換較輕的喪

〔註32〕 徐元誥撰;王樹民、沈長雲點校:《國語集解》卷八《晉語二》,第295頁。
〔註33〕 徐元誥撰;王樹民、沈長雲點校:《國語集解》卷八《晉語二》,第297頁。
〔註34〕 (清)阮元校刻:《儀禮注疏》卷三十九《既夕禮》,第1152頁下。

—21—

服。〔註 35〕據禮，理想中的除喪之制是按時間點來進行祭祀，逐漸釋服，那麼，喪期的問題也自然可以轉化爲葬後祭祀問題。

（一）除喪之制與葬後祭祀

在死者剛去世的前幾天，親人並不穿著正式的喪服，正式按照五服等級開始服喪是從大殮之後開始的。《儀禮》規定：「三日，成服，杖」，〔註 36〕是死者去世之日的第三天。〔註 37〕禮的作用在於順應並節制人情，同樣喪禮的意義也是既照顧到人的悲痛，又對之加以節制。三日成服的意義在於「棺柩未安不忍成服於外也」，〔註 38〕表達孝子遭喪之後無暇顧及自身悲痛之意。成服之後可以「始啜粥」，〔註 39〕即慢慢開始進食，目的是爲了逐漸節制喪主的悲痛。同樣，禮制中的除喪也非一蹴而就，有一個逐次進行的過程，這個逐漸釋服的過程，是通過一系列葬後祭祀來實現的。

> 既葬，讀祭禮。

疏文解釋爲：

> 祭禮，虞、卒哭、祔、小祥、大祥之禮也。〔註 40〕

東漢劉熙曾對安葬後的種種儀節做出匯總和解釋：

> 既葬還祭於殯宮，曰虞，謂虞樂安神使還此也。又祭，曰卒哭，卒，止也，止孝子無時之哭，朝夕而已也。又祭，曰祔祭，於祖廟，以後死孫祔於祖也。期而小祥，亦祭名也，孝子除首服，服，練冠也，祥，善也，加小善之飾也。又期而大祥，亦祭名也，孝子除練服，服朝服、縞冠，加大善之飾也。間月而禫，亦祭名也，孝子之意澹然，哀思益衰也。〔註 41〕

安葬之後主要有虞祭、卒哭、祔祭、小祥、大祥、禫制等幾項祭祀，劉熙認爲小祥、大祥都包含了部分除服的內容。實際上，除服從卒哭就開始了。

〔註 35〕彭林：《中國古代禮儀文明》，第 240～253 頁。

〔註 36〕（清）阮元校刻：《儀禮注疏》卷三十七《喪服》，第 197 頁下。

〔註 37〕也有說法認爲應是四日，關鍵是對死之日是否計算入內。見（清）阮元校刻：《儀禮注疏》卷三十七《喪服》，第 197 頁下。

〔註 38〕（清）阮元校刻：《禮記正義》卷十九《曾子問》，第 170 頁中。

〔註 39〕（清）阮元校刻：《儀禮注疏》卷三十七《喪服》，第 197 頁下。

〔註 40〕（清）阮元校刻：《禮記正義》卷四《曲禮下》，第 29 頁下。

〔註 41〕（漢）劉熙撰，（清）畢沅疏證、（清）王先謙證補：《釋名疏證補》卷八《釋喪制》，於玉安、孫豫仁主編：《字典彙編》，北京：國際文化出版公司，影印清光緒二十一年刻本，1993 年，第 22 頁。

斬衰三升，既虞卒哭，受以成布六升，冠七升。〔註42〕

升是計量布匹精粗的單位，「布八十縷爲升」，〔註43〕斬衰服本爲三升布，「既虞卒哭」，即虞祭、卒哭都進行完後，改爲六升布，相應的冠的用料也隨之稍精。

虞祭、卒哭後，喪服依然較重，到小祥祭後，喪服就減輕了一些。《禮記正義》曰：

「練」，小祥也。小祥而著練冠、練中衣，故曰練也。「練衣」者，練爲中衣。「黃裏」者，黃爲中衣裏也。正服不可變，中衣非正服，但承衰而已，故小祥而爲之黃拾裏也。〔註44〕

之前的喪服純用粗薄之布製成，小祥後可換上絲綢材質的冠、服。其中，練冠最爲重要，彭林先生指出：「男子的喪服以首絰最重要；女子則以腰絰爲最重要。所以，脫喪從最重要的地方開始，但要逐步進行。」〔註45〕小祥後，雖然服制中最重要的冠已經減輕，但還是「正服不可變」，眞正除服要到大祥之後。《禮記正義・雜記下》載：

祥，主人之除也，於夕爲期，朝服。祥，因其故服。〔註46〕

大祥祭後，連服喪之禮最重的喪主也要除服，表明服喪到了已進入最後階段。等到禫制之祭後，就徹底恢復常服，「澹澹然平安意也」。〔註47〕

這些葬後祭祀的禮儀並非空談，雖然直接材料稀少，但從《春秋》中的一些事例可以看出，這些禮儀確實起到了約束的作用：

晉文公之季年，諸侯朝晉，衛成公不朝，使孔達侵鄭，伐綿訾，及匡。晉襄公既祥，使告於諸侯，而伐衛。〔註48〕

晉國雖爲霸主，但在晉文公晚年，衛國不朝，因而晉襄公即位後準備討伐衛國。不過，值得注意的是，晉襄公是等到「既祥」才對衛國採取軍事行動，而此時距晉文公去世只有一年，應是小祥。《春秋公羊傳》指出：「已練可以

〔註42〕 （清）阮元校刻：《禮記正義》卷五十七《間傳》，第433頁上。
〔註43〕 （清）阮元校刻：《儀禮注疏》卷二十八《喪服》，鄭玄注，第1098頁下。
〔註44〕 （清）阮元校刻：《禮記正義》卷八《檀弓上》，第1293頁中。此段末「拾」字應爲「袷」，參見十三經注疏整理委員會：《禮記正義》，北京：北京大學出版社，2000年，第287頁。
〔註45〕 彭林：《中國古代禮儀文明》，第251頁。
〔註46〕 （清）阮元校刻：《禮記正義》卷四十二《雜記下》，第1561頁下～1562頁上。
〔註47〕 （清）阮元校刻：《儀禮注疏》卷四十三《士虞禮》，鄭注，第1176頁中。
〔註48〕 （清）阮元校刻：《春秋左傳正義》卷一八，文公元年，第1837頁上。

弁冕，服金革之事。」〔註49〕《禮記》規定：「父母之喪哭無時，使必知其反也」，鄭玄進一步解釋爲「謂既練，或時爲君服金革之事，反必有祭。」〔註50〕可見，在卒哭之後的整個葬後祭祀中，喪主無時無刻不哀痛哭泣的狀態需要加以抑制。《儀禮・既夕禮》鄭注：「至此祭，止也。朝夕哭而已。」〔註51〕小祥祭後，喪服變輕，也相應地要求喪主減輕哀痛之情，可以服「弁冕」進行「金革之事」。對於晉國來說，衛國不過小國而已，不會對其造成威脅，因而，晉襄公選擇嚴格按照禮制行事，在完全遵循了葬後祭祀之禮後，才名正言順地問罪於衛，這樣的做法與其霸主身份相符。〔註52〕

葬後祭祀的另一個意義是，表示逝者的影響力持續存在。孔子所謂：「三年無改於父之道，可謂孝矣。」〔註53〕由於處在宗族之中，對於逝者的影響力，即所謂「父之道」，宗族中也自有其監督的力量。《國語・楚語上》記載了一則葬後祭祀的例子：「屈到嗜芰。有疾，召其宗老而屬之，曰：『祭我必以芰。』及祥，宗老將薦芰，屈建命去之。宗老曰：『夫子屬之。』子木曰：『不然。夫子承楚國之政，其法刑在民心，而藏在王府，上之可以比先王，下之可以訓後世，雖微楚國，諸侯莫不譽。其《祭典》有之曰：『國君有牛享，大夫有羊饋，士有豚犬之奠，庶人有魚炙之薦，籩豆、脯醢則上下共之。』不羞珍異，不陳庶侈。夫子不以其私欲干國之典。』遂不用。」〔註54〕屈建違背屈到對於葬後祭祀的安排，便受到宗老之異議，在以國典爲名加以解釋後，才得以改變。

（二）葬後祭祀上的喪主

祭祀本就是國君及嗣君最重大的權利之一，《周易・震》中提到：「出，可以守宗廟社稷，以爲祭主也。」王弼注解釋爲：「明所以堪長子之義也。」疏文解釋爲：「出，謂君出巡狩等事也。君出，則長子留守宗廟社稷，攝祭主

〔註49〕（清）阮元校刻：《春秋公羊傳注疏》卷十五，宣公元年，北京：中華書局，1980年，第2277頁下。

〔註50〕（清）阮元校刻：《禮記正義》卷八《檀弓上》，第1293頁上。

〔註51〕（清）阮元校刻：《儀禮注疏》卷四十《既夕禮》，第1157頁下。

〔註52〕在此之前，晉文公剛去世，秦、晉便有衝突，剛即位的晉襄公權衡秦國東進的嚴重威脅，最後決定違背喪禮而出兵，是爲秦晉崤之戰。但崤之戰是臨時從權，伐衛之事反映了葬後祭祀的合「禮」辦法。

〔註53〕（清）阮元校刻：《論語注疏》卷四《里仁》，第2471頁下。

〔註54〕徐元誥撰；王樹民、沈長雲點校：《國語集解》卷十七《楚語上》，第488頁。

之禮事也。」〔註55〕

《國語・晉語四》中記載重耳想要借助秦國力量返晉，在雙方會面中趙衰提到：「重耳之仰君也，若黍苗之仰陰雨也。若君實庇蔭膏澤之，使能成嘉穀，薦在宗廟，君之力也。」〔註56〕這段對話用在宗廟主祭來喻指獲得晉君之位。

《國語・晉語一》記載晉獻公利用祭祖暗示繼承人：「驪姬生奚齊，其娣生卓子。公將黜大子申生而立奚齊。……烝於武宮，公稱疾不與，使奚齊蒞事。猛足乃言於太子曰：『伯氏不出，奚齊在廟，子盍圖乎！』」〔註57〕

具體到喪禮過程之中，喪主之禮是宣示繼承的重要儀式，但繼承並不是在安葬後立即實現的，葬後各項祭祀的儀節都圍繞喪主來安排和進行。〔註58〕在長時間的服喪期內的多種祭祀場合中，喪主的繼承地位均滲透其中。

馬端臨曾對君主即位之禮做過總結：

> 先儒言古者天子崩，太子即位，其別有四。始死，則正嗣子之位，《顧命》所謂「逆子釗於南門之外，延入翼室」是也。既殯，則正繼體之位，《顧命》所謂「王麻冕黼裳入即位」是也。逾年，正改元之位，《春秋》所書「公即位」是也。三年，正踐阼之位，「舜格於文祖，及伊尹以冕服奉太甲歸於亳」是也。〔註59〕

馬端臨指出了即位的四個階段，分別為「始死」、「既殯」、「逾年」、「三年」。在他看來，這應該是即位過程中所經歷的四個時間段，而每一段都有相應的服喪之禮。不過，他將各個時代的材料混同論說，並沒有清晰呈現歷史上即位之禮的發展脈絡。

相比之下，顧炎武則對即位之禮的沿革加以析分和梳理。

> 即位者，即先君之位也，未祔則事死如生，位猶先君之位也。故祔廟而後嗣子即位。殷練而祔，即位必在期年之後。周卒哭而祔，故逾年斯即位矣。如魯成公以八月薨，十二月葬，襄公以明年正月即位。有不待葬而即位，如魯之文公、成公者。其禮之末失乎？

〔註55〕（清）阮元校刻：《周易正義》卷五《震》，第 62 頁上。
〔註56〕徐元誥撰；王樹民、沈長雲點校：《國語集解》卷十《晉語四》，第 339 頁。
〔註57〕徐元誥撰；王樹民、沈長雲點校：《國語集解》卷七《晉語一》，第 257～258 頁。
〔註58〕（清）阮元校刻：《禮記正義》卷五十六《奔喪》，第 425 頁中～428 頁上。
〔註59〕《文獻通考》卷一二一《王禮考》，北京：中華書局，1986 年，考一〇九五下。

三年喪畢，而後踐天子位，舜也，禹也。練而祔，祔而即位，殷也。逾年正月即位，周也。世變愈下而柩前即位，爲後代之通禮矣。〔註60〕

顧炎武所依據的材料與馬端臨相同，但看法卻更爲嚴謹。他認爲，君主即位之禮不是一次性的，只是各個時代的即位時間不同。值得注意的是，各個時代的即位時間雖有不同，但都是按照服喪之禮來劃分的。按「三年喪畢」即位的是「舜也、禹也」，因爲舜禹時代較爲樸拙，政務簡單，所以三年喪畢即位。殷商「練而祔，祔而即位」，即在一週年的練祭後才舉行祔廟之禮，相應地，即位時間也至少要到週年之後。周是「卒哭而祔」，即卒哭之祭後才祔廟，「逾年正月即位」。後代便通行「柩前即位」了，這也是作者認爲「世變愈下」的過程。

雖然顧炎武和馬端臨對即爲之禮持有不同觀點，但都指出了一個問題，即，除了「柩前即位」外，即位都不是一個時間點，而是一個過程。顧、馬兩說的分歧只是在於這個過程中的細節，馬說將三年服喪算作整個過程，在其中分出四個時間段；顧說則分時代論述，即便是周代，也要等到「逾年正月」才算作正式即位。此外，顧炎武還指出，不能立刻即位的關鍵在於祔廟之祭。祔祭之所以具有標誌性的意義，在於祔祭前後的祭祀屬性不同。《禮記》：「卒哭曰成事，是日也，以吉祭易喪祭。」〔註61〕卒哭之後，從祔廟之祭開始，祭祀便屬於吉祭，地點在祖廟進行。

喪主需要經歷一部分葬後祭祀才可以正式繼承，這種規定的意義正是《禮記》所說「未沒喪不稱君」〔註62〕之意。

《左傳》的一些敘述，也可以看出這種觀點：

冬，晉里奚克殺其君之子奚齊。獻公未葬，奚齊未成君，故稱君之子奚齊。受命繼位無罪，故里克稱名。〔註63〕

冬十月，里克殺奚齊於次。次喪寢。書曰：殺其君之子，未葬也。荀息將死之，人曰：「不如立卓子而輔之」，荀息立公子卓以葬。十一月，里克殺公子卓於朝，荀息死之。君子曰：「《詩》所謂白圭

〔註60〕 （清）顧炎武著，（清）黃汝成集釋：《日知錄集釋》卷二《惟元祀十有二月》，上海：上海古籍出版社，1985年，第171頁。

〔註61〕 （清）阮元校刻：《禮記正義》卷九《檀弓下》，第1302頁中、下。

〔註62〕 （清）阮元校刻：《禮記正義》卷五十一《坊記》，第1621頁中。

〔註63〕 （清）阮元校刻：《春秋左傳正義》卷十三，襄公九年，第1800頁中。

之玷，尚可磨也。斯言之玷，不可爲也，荀息有焉。」〔註64〕

經十年，春，王正月，……晉里克弑其君卓，及其大夫荀息。

正義曰：「傳於前年甚詳，經以今年書之明，赴以今年弑也。傳稱立
公子卓以葬，是免喪始死，故稱君也。」〔註65〕

晉獻公立幼子奚齊，由親信大臣荀息輔佐。獻公剛死，喪事未辦，奚齊便被
里克殺死。荀息又立奚齊同母兄弟卓，之後又被里克殺死，荀息死難。這是
春秋常見的政變，但要特別指出的是，《左傳》在敘述奚齊與卓被殺時，分別
用的是「君之子奚齊」和「君卓」。之所以有這種分別，正是因爲觀念中即位
之禮過程化的存在。

三、「禮崩樂壞」後的匿哀與釋服從吉

西周宗法制下，一切地位、財產的繼承都源於身份的繼承，而設立各種
禮儀的目的正是爲了凸顯身份繼承。喪祭之禮的重要性體現爲，喪主既是喪
祭之禮中的主導者，也是逝者的繼承人。正因如此，這種體制下只會發生對
主喪、主祭權的爭奪，而不會有匿哀、釋服從吉的現象。到了春秋戰國時期，
社會變動劇烈，舊的禮樂制度的約束力逐漸降低，喪祭之禮逐漸失去原有的
意義，喪主這一地位原有的顯示繼承的意義也漸漸失去了依託。由於奔喪、
舉哀、居喪，從權力傳承的儀式轉變爲空洞的禮儀，不舉哀、不服喪、服喪
違禮的現象也隨之出現。

不過，即使宗法制下的喪祭之禮在新時代失去了約束力，喪祭活動仍然
是社會中客觀存在的行爲，政權仍需要建立規範以界定社會上的喪祭行爲。
這樣一來，「喪祭之法」就取代喪祭之禮，成爲引導喪祭行爲的新規制。下文
先考察春秋戰國時期不舉哀、不居喪、居喪違禮等行爲的出現，然後再探討
喪祭之法與喪祭之禮的區別，以及兩者之間的傳承關係。

喪祭之禮的重要意義在於顯示喪主的繼承，這一意義的生效以穩定的嫡
子繼承制度爲基礎，而嫡子繼承制度又是和整個宗法制相聯繫的。在春秋戰
國整個宗法等級趨於瓦解的形勢下，嫡子繼承的地位更是岌岌可危。《春秋》
開頭記載的第一件大事便是「鄭伯克段於鄢」，〔註66〕鄭武公妻武姜厭惡長

〔註64〕 （清）阮元校刻：《春秋左傳正義》卷十三，襄公九年，第1801頁上。
〔註65〕 （清）阮元校刻：《春秋左傳正義》卷十三，襄公九年，第1801頁中。
〔註66〕 （清）阮元校刻：《春秋左傳正義》卷二，隱公元年，第1714頁中。

子莊公而喜愛幼子叔段，曾試圖勸說武公廢長立幼，雖未能成功，但為後來莊公和叔段的矛盾埋下伏筆。後來，叔段果然聚兵作亂，引發兄弟間的兵戎相見。儘管《春秋》之意在於貶責武姜與叔段意欲廢長立幼之事，但是就事理而言，莊公作為兄長，明知叔段的作亂意圖與準備，不但不公開指責，還採取秘密謀劃的方式加以戒備，這也不是為兄長者的正當作為，所以，《春秋》對莊公的作為也持貶抑態度。「《書》曰：鄭伯克段於鄢，段不弟故不言弟，如二君，故曰克；稱鄭伯，譏失教也，謂之鄭，志不言出奔，難之也。」〔註67〕把這一事件放在《春秋》的開頭，是具有代表性，也有特別意義的。「君臣」、「長幼」、「兄弟」是宗法制中相當重要的倫理等級，在這一事中全部紊亂，預示著從此以後，原有的宗法秩序開始瓦解。整個春秋時期「廢長立幼」、「廢嫡立庶」之事比比皆是，滋不贅舉。

嫡子繼承地位的動搖，自然會影響到喪祭之禮中主持者的意義。齊桓公逝世前「五公子皆求立。冬十月，乙亥，齊桓公卒，易牙入，與寺人貂因內寵以殺群吏，而立公子無詭。孝公奔宋。十二月，乙亥，赴。辛巳，夜殯。」〔註68〕後來，流亡在外的太子呂昭在宋國幫助下回國即位，成為齊孝公，「秋八月，丁亥，葬齊桓公」，原因是「孝公立，而後得葬」。〔註69〕整個事件中，齊國君位的傳承全繫於武力爭奪，齊桓公死後兩個月才殯殮。據《史記》記載：「桓公尸在床上六十七日，尸蟲出於戶。十二月，乙亥，無詭立，乃棺赴。辛巳夜，斂殯。」〔註70〕在這種情況下，舊的喪禮之意義可謂無存，雖然公子無詭仍主持了殮、殯等禮儀，但實際上這時的無詭早已在易牙等人的支持下，通過一系列鬥爭奪得了齊君之位。即便是身為太子的呂昭，如果沒有宋國的幫助，也是不可能即位的。雖然由他主持了桓公的安葬儀式，但真正促使其即位的因素在喪禮之外。

與宗法制脫鉤的喪祭之禮和喪主之禮，只能逐漸淪為空洞的「虛儀」。儘管實際約束力已不復存在，但喪主之禮一直保留著。尤其是在在某些場合，如皇室、貴族中，還遺存有顯示繼承的原始意義。《漢書》卷六三中記載：

> 昌邑哀王髆天漢四年立，十一年薨，子賀嗣。立十三年，昭帝

〔註67〕（清）阮元校刻：《春秋左傳正義》卷二，隱公元年，第1716頁中。

〔註68〕（清）阮元校刻：《春秋左傳正義》卷十四，僖公十九年，第107頁中。

〔註69〕（清）阮元校刻：《春秋左傳正義》卷十四，僖公十九年，第107頁下。

〔註70〕《史記》卷三二《齊太公世家》，第1494頁。

崩，無嗣，大將軍霍光徵王賀典喪。〔註71〕

對「典喪」的意義，顏師古解釋爲：「令爲喪主。」漢昭帝無子，霍光主張立昌邑王劉賀，因而才有了招其主喪之事。雖然劉賀因爲「即位二十七日，行淫亂」〔註72〕很快就被廢黜，但這個事例也能夠說明，皇室喪禮中，喪主地位仍有宣示繼承的意義。

正由於皇室貴族對喪主之禮的重視，《晉書·禮志中》記載有爲喪主之禮而進行的討論：

> 咸寧二年，安平穆王薨，無嗣，以母弟敦上繼獻王後，移太常問應何服。博士張靖答，宜依魯僖服閔三年例。尚書符詰靖：「穆王不臣敦，敦不繼穆，與閔僖不同。」孫毓、宋昌議，以穆王不之國，敦不仕諸侯，不應三年。以義處之，敦宜服本服，一期而除，主穆王喪祭三年畢，乃吉祭獻王。毓云：「《禮》，君之子孫所以臣諸兄者，以臨國故也。《禮》又與諸侯爲兄弟服斬者，謂鄰國之臣於鄰國之君，有猶君之義故也。今穆王既不之國，不臣兄弟，敦不仕諸侯，無鄰臣之義，異於閔僖，如符旨也。但喪無主，敦既奉詔紹國，受重主喪，典其祭祀。『大功者主人之喪，有三年者則必爲之再祭』。鄭氏注云，『謂死者之從父昆弟來爲喪主也。有三年者，謂妻若子幼少也』。『再祭，謂大小祥也』。穆妃及國臣於禮皆當三年，此爲有三年者，敦當爲之主大小兩祥祭也。且哀樂不相雜，吉凶不相干。凶服在宮，哭泣未絕。敦遽主穆王之喪，而國制未除，則不得以己本親服除而吉祭獻王也。」〔註73〕

西晉第一代安平王爲安平獻王司馬孚，第二代安平王穆王司馬隆爲孚之孫，死後無子，由其弟司馬敦充當來繼承安平王爵位。這就引出司馬敦爲其兄服何種喪服的討論。最開始，作爲兄司馬隆之喪的喪主，太常博士張靖認爲應倣仿春秋時魯閔公、僖公兄弟相承服喪三年例子。但司馬敦從世代上是上繼祖父安平獻王爲後，並不是繼承兄穆王司馬隆，而且隆、敦兄弟之間並無君臣關係，所以有人又認爲司馬隆不應爲兄服三年服。兩種處理辦法皆有依據，討論的結果只能是折衷，首先肯定司馬隆不應爲兄服斬衰，但又援引禮文「有

〔註71〕《漢書》卷六三《武五子傳》，北京：中華書局，1962年，第2764頁。

〔註72〕《漢書》卷六三《武五子傳》，第2765頁。

〔註73〕《晉書》卷二〇《禮志中》，北京：中華書局，1974年，第627頁。

三年者則必爲之再祭」和鄭玄的解釋，認爲喪主應該主持小祥、大祥之祭，而不能過早地除服。

貴族尙保持喪主之禮的例子還有如《魏書・高猛傳》記載：「猛，字豹兒。尙長樂公主，即世宗同母妹也。拜駙馬都尉，歷位中書令。出爲雍州刺史，有能名。入爲殿中尙書。卒，贈司空、冀州刺史。出帝時，復贈太師、大丞相、錄尙書事。公主無子。猛先在外有男，不敢令主知，臨終方言之，年幾三十矣。乃召爲喪主，尋卒，無後。」〔註74〕

除皇室貴族之外，講求禮法的世家大族，雖對喪主地位也比較看重，只是性質又略異於皇室貴族。《魏書・高遵傳》載：

> 高遵，字世禮，勃海蓚人。父濟，滄水太守。遵賤出，兄矯等
> 常欺侮之。及父亡，不令在喪位。遵遂馳赴平城，歸從祖兄中書令
> 允。允乃爲遵父舉哀，以遵爲喪主，京邑無不弔集，朝貴咸識之。
> 〔註75〕

渤海高氏是當時高門，但由於高遵「賤出」，爲妾所生，所以常被欺侮，以至於「及父亡，不令在喪位」。這裡的「喪位」應該指庶子在喪禮中的位置。因爲連庶子本有之待遇都得不到，所以促使高遵「馳赴平城，歸從祖兄中書令允」。於是，高允爲遵父單獨在京城舉哀，「以遵爲喪主」，意在爲高遵揚名。這件事起源於喪禮上地位的爭奪，說明在世家大族眼中，「喪位」、「喪主」仍具有較爲重要的意義。需要特別指出的是，這時的「喪主」早已不是嫡子的專有特權了。高允雖是「從祖兄」，但有著「中書令」的官位，他正是憑此幫助庶子高遵「爲喪主」的。由此可見，即便是北朝大族之家，此時的喪主也只是虛禮罷了，不僅與宗法制下的喪主有本質區別，就連皇室喪禮中喪主顯示繼承的意義也不復存在，高遵的「喪主」之位，也只能是借助高允「中書令」官位而強行佔據罷了。

《宋書》中有孟懷玉以主喪爲由上表解官的記載：

> 丁父艱，懷玉有孝性，因抱篤疾，上表陳解，不許。又自陳弟
> 仙客出繼，喪主唯己，乃見聽。〔註76〕

孟懷玉提出的解官理由是，因爲弟仙客已過繼給別人，除了他本人，沒有人

〔註74〕《魏書》卷八三下《高肇傳附兄子猛傳》，北京：中華書局，1974年，第1831～1832頁。

〔註75〕《魏書》卷八九《酷吏・高遵傳》，第1920頁。

〔註76〕《宋書》卷四七《孟懷玉傳》，北京：中華書局，1974年，第1407頁。

擔任「喪主」。言外之意是，若其弟未過繼，則也可以擔任「喪主」。喪主在這裡僅僅是處理喪事的主持人罷了。

至於平民，主喪與否更是與生活無關。《後漢書・桓帝紀》載：「今京師廝舍，死者相枕，郡縣阡陌，處處有之，甚違周文掩骼之義。其有家屬而貧無以葬者，給直，人三千，喪主布三匹；若無親屬，可於官壖地葬之」。〔註77〕說明有的貧民之家即便喪主尚在，卻不（或無力）收斂遺骨，不唯喪主之禮盡失，且人情冷漠至此，因而才官給費用殯葬。

略舉以上幾例可以看出，戰國秦漢以來，「喪主」地位已逐漸「虛儀化」。沒有了西周宗法制下的宗統與親統合一的背景，後世的喪主之禮也不具有強制約束力了。另一個重要因素是，除皇室與有世襲爵位的高級官僚之外，民間的繼承早已是財產繼承重於身份繼承，諸子均分析產成為主要繼承方式，〔註78〕而喪禮中的地位與財產繼承的關係並不密切，嫡子或喪主，也沒有類似於西周宗法制下的唯一繼承權。喪主之禮在皇室貴族之家外，連虛儀也無法維持。因而，依據西周宗法制下的喪主之禮來約束奔喪、舉哀、居喪行為，也不適應「禮崩樂壞」的新社會形態。

自戰國開始的變法運動，使得法令與制度成為國家、社會共同遵循的主要強制性準則，「喪祭之法」逐漸成為國家對奔喪、舉哀、居喪的主要規範。

與先秦「喪祭之禮」不同，秦漢王朝的法令與制度主要關注與王朝行政有關的內容。在這一背景下，官員是否可以（或必須）離任奔喪，如果官員請求奔喪該如何給假，不舉哀、居喪的行為是否應定罪、該如何定罪等一系列問題，就成為王朝體制下「喪祭之法」的主要內容。

第二節　兩漢的「匿哀」與「釋服從吉」

在「封邦建國」的封建體系下，禮刑並用，統治氏族內重禮，氏族外重刑。〔註79〕在舊的社會制度瓦解，尤其是在以皇帝制度、官僚制度、編戶齊民為形態的王朝體制形成的過程中，法取代禮成為主要的社會規範。考察國家對匿哀、釋服從吉的規定，應主要從律令條文入手。因此，以下先考察秦

〔註77〕《後漢書》卷七《桓帝紀》，北京：中華書局，1965年，第294頁。
〔註78〕邢鐵：《家產繼承史論》，昆明：雲南大學出版社，2000年。
〔註79〕馬小紅：《釋「禮不下庶人，刑不上大夫」》，楊一凡總主編，馬小紅卷主編：《中國法制史考證》，甲編，第一卷，第354～360頁。

漢王朝對不舉哀，服喪不謹等行爲的相關條文；然後再結合時代與社會背景，分析兩漢「匿哀」與「釋服從吉」的特點。

一、兩漢王朝針對不舉哀、釋服從吉的規定

漢代對舉哀發喪的規定可分爲兩類，表現爲兩個範疇。首先是對舉哀發喪的性質加以界定，即是否必須舉哀發喪，如果不舉哀是否犯罪並加以刑罰，這屬於刑法範疇；再有就是朝廷對舉哀發喪時的官員給與假期或對平民舉哀時免徭役，這屬於行政規定範疇。下面將分別考察。

（一）兩漢針對不舉哀的刑罰規定

兩漢律令均已散佚，只能通過一些事例間接考察。根據現存史料記載，西漢元帝時的陳湯是較早因不奔喪而受罰的官員。

> 陳湯字子公，山陽瑕丘人也。少好書，博達善屬文。家貧丐貸無節，不爲州里所稱。西至長安求官，得太官獻食丞。數歲，富平侯張勃與湯交，高其能。初元二年，元帝詔列侯舉茂材，勃舉湯。湯待遷，父死不奔喪，司隸奏湯無循行，勃選舉故不以實，坐削戶二百，會薨，因賜諡曰繆侯。湯下獄論。後復以薦爲郎，數求使外國。久之，遷西域副校尉，與甘延壽俱出。〔註80〕

這則史料記載，陳湯因父死不奔喪而遭下獄，舉薦他的張勃也受到了嚴屬懲罰。這表明，在西漢元帝時，以不奔父喪爲由，可以交付司法。但也不能過高估計漢代法律對奔喪的規定，因爲陳湯雖然「下獄」，但不久「復以薦爲郎」，並沒有因不奔父喪而影響授官和官位遷升。再有，文中雖說道「司隸奏湯無循行」，卻未能舉出觸犯的是哪一條律令，也可由此判斷不奔父喪應未列入律令之中。楊樹達先生對這段記載的看法是：「元帝崇儒術，故其時有此事，以前未聞也。」〔註81〕至於西漢元帝之前的情況如何，並無直接記載可尋，但仍可以通過間接的材料推斷出來。張家山二十七號漢墓出土漢簡中提到：

> 律曰：不孝棄市。有生父而弗食三日，吏且何以論子？廷尉穀等
> 曰：當棄市。有（又）曰：有死父，不祠其家三日，子當何論？廷

〔註80〕《漢書》卷七○《陳湯傳》，第3007～3008頁。
〔註81〕楊樹達：《漢代婚喪禮俗考》，上海：上海古籍出版社，2000年，第67頁。

尉毅等曰：不當論。〔註82〕

由這則法律問答，可以瞭解西漢早期對不孝罪的界定。此處假設了兩種情況：一是父親在世期間，兒子連續三天不供其飲食，當如何定罪；一是父親去世三天，兒子不祭祀，應當如何定罪。討論的結果是，不供養生父應「棄市」，即死罪；而不祭祀亡父則「不當論」，即無罪。由此可見，西漢初期，對生前不養與死後不祭的法律規定可謂天壤之別。按禮制，不奔喪與死後不祭，都可歸於喪禮違制，但在漢初法律重生不重死的傾向下，死後不祭無罪，不奔喪也應該與其相同。不過，西漢晚期以後，朝廷開始以不奔喪為理由來懲罰官員。

東漢後期，甄邵就因隱瞞母喪而受到了懲罰。

> 擢遷河南尹。時既以貨賂為官，詔書復橫發錢三億，以實西園。事見《宦者傳》。燮上書陳諫，辭義深切，帝乃止。先是潁川甄邵詔附梁冀，為鄴令。有同歲生得罪於冀，亡奔邵，邵偽納而陰以告冀，冀即捕殺之。邵當遷為郡守，會母亡，邵且埋屍於馬屋，先受封，然後發喪。邵還至洛陽，燮行途遇之，使卒投車於溝中，笞捶亂下，大署帛於其背曰「詔貴賣友，貪官埋母」。乃具表其狀。邵遂廢錮終身。〔註83〕

甄邵在母親亡故時獲得升遷為郡守的機會，他為了順利升遷沒有立即為母發喪，而是先接受委任再發喪。此事被李燮所執，上奏朝廷，甄邵因而禁錮終身。李燮之父李固正是因為與梁冀的政爭下獄而死，李燮變易姓名逃亡方得以免禍，梁冀事敗之後才得以為官。在這個背景下，李燮對詔附梁冀的甄邵的處置不免摻雜了朋黨政爭的內容，不能由此斷定當時制度對所有不舉哀行為均有如此嚴厲的懲罰。

《風俗通義》中記載了東漢末年一次因喪而起的討論：

> 汝南王叔漢，父子方，出遊二十餘年不還，叔漢作尚書郎，有人告子方死於汝南，即遣兄伯三往迎喪，叔漢即發哀，詔書賻錢二十萬。即而子方從蒼梧還，叔漢詣闕乞納賻錢，受虛妄罪。靈帝詔將相大夫會議之，博士任敏議云：「凡人中壽七十，視父同儕亡，可制服也。子方在遠，人指其處，不可驗也，罪不可加焉。」詔書：「還

〔註82〕彭浩、陳偉、〔日〕工藤元男主編：《二年律令與奏讞書：張家山二十七號漢墓出土法律文獻釋讀》，上海：上海古籍出版社，2007年，第374頁。

〔註83〕《後漢書》卷六三《李固傳附李燮傳》，第2091頁。

錢，復本官。」〔註84〕

王叔漢兄弟聞喪即發哀、迎喪，符合禮儀，但其父死訊爲虛，導致其自首虛
妄之罪。可知虛報父母喪在當時已屬「虛妄罪」。

從此事中可以看到孝子、朝廷兩方考慮問題的角度有所不同。朝廷主要
考慮的是「虛妄」之喪所帶來的官員離職尤其是所賜賻錢的損失；王氏兄弟
則以孝心爲本。整件事的重心在王氏兄弟考慮下，則是依禮發喪、迎喪爲重；
朝廷則以制度與財政爲重。

因而，考慮到上文分析，儘管材料沒有顯示，但可推想，假如王叔漢兄
弟聞喪之後置之不理，考慮到其父已經遠遊二十餘年，大概朝廷也不會主動
追究他們是否舉哀。假設當時制度與法律中有聞喪即須舉哀的類似條款，那
麼「將相大夫會議」中理應提出來爲王氏兄弟辯護，可是材料中並沒有提到。

從有限的幾條材料可以推測，兩漢時期，朝廷刑法中應還未出現直接對
不舉哀治罪的法條。通過「無循行」、「貪官埋母」等道德論說加以譴責，只
能看作屬於道德約束的範疇。

（二）兩漢關於不舉哀的行政性規定

在官員管理制度上，兩漢有遇喪給假制度，這屬於行政法範疇。兩漢時
期，有關三年服喪的爭論不休，時行時廢，但不同於長期喪假的是，短期處
理喪事的假期相對固定且較爲完備。〔註85〕

> 律曰：諸有縣官事，而父母若妻死者，歸寧卅日；大父母、同
> 產十五日。〔註86〕

這則材料反映的是秦或西漢早期〔註87〕的制度，親人亡故後據親屬遠近可以

〔註84〕 （漢）應劭撰，王利器校注：《風俗通義校注·佚文》，中華書局，1981 年，
第 586～587 頁。

〔註85〕 以往研究將舉哀發喪的假期和服喪的假期都歸爲一體，籠統加以考察。實際
上，儘管兩者均爲因喪獲假，但有著較大區別。主要是所需時間相距甚遠，
處理喪事的假期最多只需要幾十天，可是居喪動輒數年，兩者對朝廷的官員
管理造成的影響完全不同，因而，兩漢制度對兩者的態度也不同。趙翼「終
漢之世，行喪不行喪迄無定制」（趙翼：《陔餘叢考》卷十六《漢時大臣不服
父母喪》，上海：商務印書館，1957 年，第 306 頁。）只是說三年之喪無定制，
短期的處理喪事的喪假還是較爲穩定的。

〔註86〕 彭浩、陳偉、〔日〕工藤元男主編：《二年律令與奏讞書：張家山二十七號漢
墓出土法律文獻釋讀》，第 374 頁。

〔註87〕 學者對這則規定究竟是秦制還是漢制有爭議。參見：閻步克：《品位與職位：
秦漢魏晉南北朝官階制度研究》，北京：中華書局，2002 年，第 164 頁。

給十五或三十天的假期處理喪事。《漢書》李斐注中提到：「休謁之名。吉曰告，凶曰寧。」〔註88〕

關於喪假期限，後來的制度應該有所更動，漢文帝遺詔：

> 服大紅十五日，小紅十四日，纖七日，釋服。〔註89〕

文帝崇尚簡約，反對厚葬，「當今之世，咸嘉生而惡死，厚葬以破業，重服以傷生，吾甚不取」，〔註90〕故有此制，後來可能成爲定制。這在《漢書·翟方進傳》中得到驗證：

> 方進……身既富貴，而後母尚在，……及後母終，既葬三十六日，除服起視事，以爲身備漢相，不敢逾國家之制。〔註91〕

顏師古注爲：「漢制自文帝遺詔之後，國家遵以爲常。大功十五日，小功十四日，緦麻七日。方進自以大臣，故云不敢逾制。」這裡面提到「國家之制」，說明父母喪有三十六日的喪假已較爲固定。

辦理喪事的假期，之後可能還有變化，三國時期曹魏規定：

> 時制，吏遭大喪者，百日後皆給役。有司徒吏解弘遭父喪，後有軍事，受敕當行，以疾病爲辭。詔怒曰：「汝非曾、閔，何言毀邪？」促收考竟。柔見弘信甚羸劣，奏陳其事，宜加寬貸。帝乃詔曰：「孝哉弘也！其原之。」〔註92〕

說明當時官員遇喪，有一百天的假期來處理喪事，其後就必須「給役」，並沒有長期居喪的時間。這和漢制是相符的。值得注意的是，解弘因哀以至身體虛弱本是孝行，而「汝非曾、閔，何言毀邪」的諷刺反映了三國時人並不相信當代會有這種孝行，哀毀的孝行只能是先秦聖人所爲。

除了父母、妻、祖父母、兄弟之外，漢簡還提供了因其他親屬喪而給假的信息。

> 厚丘左尉陳逢十月十四日子男死，寧。
>
> 曲陽尉夏筐十月廿五日伯父死，寧。〔註93〕

〔註88〕《漢書》卷一上《高祖紀上》，第 6 頁。
〔註89〕《漢書》卷四《文帝紀》，第 132 頁。
〔註90〕《漢書》卷四《文帝紀》，第 132 頁。
〔註91〕《漢書》卷八四《翟方進傳》，第 3416～3417 頁。
〔註92〕《三國志》卷二四《高柔傳》，北京：中華書局，1959 年，第 687 頁。
〔註93〕連雲港市博物館等編：《尹灣漢墓簡牘》，北京：中華書局，1997 年，第 97～98 頁。

這兩處記載至少表明，縣尉之類的低級官員在遇到子、伯父的喪事時，也可以請假治喪。

一般文官之外，軍人在特殊情況下下也可以給假治喪。漢簡中曾提到：「永光二年三月壬戌朔己卯，甲渠士吏彊以私印行候事敢言之。候長鄭赦父望之不幸死，癸巳予赦寧，敢言之。」〔註94〕

如果父子都在軍中，父子一方亡故，另一方可以護喪而歸。《漢書・灌夫傳》載：「漢法，父子俱，有死事，得與喪歸。夫不肯隨喪歸，奮曰：『願取吳王若將軍頭，以報父仇。』於是夫被甲持戟，募軍中壯士所善願從數十人。」〔註95〕

對官員來說，治喪需要請假。對於編戶齊民來說，免除徭役是方便其治喪的方式。《漢書》中也記有個別因喪暫免百姓徭役的事例：

> 詔曰：「導民以孝，則天下順。今百姓或遭衰絰凶災，而吏繇事，使不得葬，傷孝子之心，朕甚憐之。自今諸有大父母、父母喪者，勿繇事，使得收斂送終，盡其子道。」〔註96〕

詔書僅限於父母、祖父母喪而暫免徭役。不過這只是個案，且未注明期限，未見實施情況。且正史中未見關於此事的後續獎懲。因而不應認為百姓普遍具有遇喪免役的權利。似乎只是類似於朝廷在道德層面的號召。

（三）「以私妨公」矛盾之下的舉哀奔喪之制

戰國時期秦的改革目標是建立一套行政效率極高的制度，漢帝國延續秦制而來，而喪禮無疑對於國家制度有影響，這種矛盾可以從漢人對經典的注解與討論中看出。《公羊傳・宣公八年》中記載：

> 大夫以君命出，聞喪，徐行而不反。
>
> 何休注：「聞喪者，聞父母之喪。徐行者，不忍疾行。又為君當使人追代之。」〔註97〕

《春秋繁露》卷三評論此事：「徐行不反者，謂不以親害尊，不以私妨公也。」〔註98〕

〔註94〕 李均明、劉軍主編：《漢代屯戍遺簡法律志》，收入劉海年、楊一凡總主編：《中國珍稀法律典籍集成》甲編第二冊，科學出版社，1994年，第546頁。

〔註95〕 《漢書》卷五二《灌夫傳》，第2382頁。

〔註96〕 《漢書》卷八《宣帝紀》，第250～251頁。

〔註97〕 （清）阮元校刻：《春秋公羊傳注疏》卷一五，宣公八年，第2280頁中。

〔註98〕 蘇輿撰，鍾哲點校：《春秋繁露義證》卷五《精華》，北京：中華書局，1992年，第89頁。

《白虎通・喪服・私喪公事重輕》中也提到：「大夫使受命而出，聞父母之喪，非君命不反者，蓋重君也。故春秋傳曰：『大夫以君命出，聞喪，徐行不反。』」〔註99〕

《春秋繁露》與《白虎通》的議論集中於在「親」、「尊」之間，是在「父母之喪」與「君命」之間尋找平衡。

東漢時代，隨著崇孝風氣與奔喪之風漸盛。舉哀、居喪在東漢被認爲是德行是毫無疑問的。父母之喪外，爲其他親人亡故而離職奔喪的也屢見不鮮，但種種私自奔喪的情況越來越多，朝廷對此的議論與禁止明顯要更嚴厲。《後漢書・安帝紀》載：

（安帝永初元年）詔曰：「……自非父母喪無故輒去職者，劇縣十歲、平縣五歲以上，乃得次用。」〔註100〕

針對安帝此詔，清代學者朱彝尊曾有評論：「東漢風俗之厚，期功之喪，咸得棄官持服，如賈逵以祖父，戴封以伯父，西鄂長楊弼以伯母，繁陽令楊君以叔父，上虞長度尚以從父，韋義、楊仁、劉衡以兄，思善侯相楊著以從兄，太常丞譙玄、槐里令曹全以弟，廣平令仲定以姊，王純以妹，馬融以兄子，陳寔以期喪，皆去官；范滂父字叔矩，以博士徵，因兄喪不行；圉令趙君，司徒楊公辟，以兄憂不至；陳重當遷會稽太守，遭姊憂去官；至晉而嵇紹拜徐州刺史，以長子喪去職；陶潛以程氏妹喪自免；見於史傳及碑版，如此之多。蓋古人尙孝義，薄祿位，故能行其心之所安也。通典曰：『安帝初，長吏多避事去官，乃自非父母之服，不得去職。』自是因咽廢食之見，後人於父母之喪，且有不去官者矣。」〔註101〕

從清人朱彝尊之議論可概見東漢孝行風氣，但東漢名士行孝與入仕的關係有別於後世，朱氏以己意揣測，得出「蓋古人尙孝義，薄祿位」的說法顯然並不完全正確。

安帝此詔的眞實背景是《漢書・左雄傳》中所提到的：「漢初至今三百餘載，俗浸雕敝，巧僞滋萌，下飾其詐，上肆其殘。……姦猾枉濫，輕忽去就，拜除如流，缺動百數……今之墨綬，猶古之諸侯，拜爵王庭，輿服有庸。而齊於匹豎，叛命避負，非所以崇憲明理，惠育元元也。臣愚以爲守相長吏，

〔註99〕　（清）陳立傳：吳則虞點校：《白虎通疏證》卷十一《喪服》，第 528 頁。
〔註100〕　《後漢書》卷五《安帝紀》，第 208 頁。
〔註101〕　（漢）應劭撰，王利器校注：《風俗通義校注》卷五《十反》，注文，第 221 頁。

惠和有顯效者，可就增秩，勿使移徙，非父母喪不得去官。其不從法禁，不式王命，錮之終身，雖會赦令，不得齒列。若被劾奏，亡不就法者，徙家邊郡，以懲其後。鄉部親民之吏，皆用儒生清白任從政者，寬其負算，增其秩祿，吏職滿歲，宰府州郡乃得辟舉。」〔註102〕可見東漢當時基層政治腐敗混亂，官員借居喪之由避事去官，已經造成了基層行政上的部分癱瘓。因而安帝才「感其言，申下有司，考其真偽，詳所施行。雄之所言，皆明達政體，而宦豎擅權終不能用。自是選代交互，令長月易，迎新送舊，勞擾無已，或官寺空曠，無人案事，每選部劇，乃至逃亡。」〔註103〕

　　兩漢對舉哀奔喪的相關制度規定集中體現在行政法上，具體來說就是遇喪給假的制度。不過，這只表明朝廷在崇孝的意識形態下因體恤官員治喪而為其提供方便，應非強制性的要求，甚至非但沒有懲罰不舉哀的措施，反而是對舉哀奔喪有所限制。

　　短期給與喪假對王朝的行政運作影響較小。而動輒為親朋故舊發哀行服則極大影響王朝行政。王利器先生就曾指出「東漢人多為舉主行喪制服」。〔註104〕另外，安帝此詔針對私自去官者的懲罰是依據劇縣、平縣而不同的。說明政務煩巨之地，私自離職奔喪受懲罰重，政務較閒簡之地，則私自離職奔喪懲罰輕。這反映了安帝此詔書仍帶有以王朝行政運作效率為本的性質。此詔書反映了意識形態上的崇孝義與王朝運作崇效率之間的矛盾。兩相對比，朝廷主要在道德層面提倡舉哀奔喪，而對於私自因父母之外喪而離職的行為則有著較為嚴屬的制度懲戒措施。這體現出朝廷視維護行政正常運轉的重要性要遠高於一般性奔喪，當然父母之喪有所例外。

　　對比於眾多名士流傳下來的孝行，《後漢書》的一則記載更說明問題：「順帝時，廷尉河南吳雄季高，以明法律，斷獄平，起自孤宦，致位司徒。雄少時家貧，喪母，營人所不封土者，擇葬其中。喪事趣辦，不問時日，（醫）巫皆言當族滅，而雄不顧。及子訢孫恭，三世廷尉，為法名家。」〔註105〕吳雄少時家貧，處理母喪毫無禮儀可言，但這並不妨礙他仕途亨通。可見對於出身低微的人來說，處理喪事完全以簡單實用為原則，這可能更真實代表了基層社會的實態。

〔註102〕《後漢書》卷六一《左雄傳》，第2018～2019頁。
〔註103〕《後漢書》卷六一《左雄傳》，第2018～2019頁。
〔註104〕（漢）應劭撰，王利器校注：《風俗通義校注》卷五《十反》，注文，第233頁。
〔註105〕《後漢書》卷四六《郭躬傳》，第1546頁。

東漢末，荀爽曾發議論：

　　　　夫喪親自盡，孝之終也。今之公卿及二千石，三年之喪，不得
　　即去，殆非所以增崇孝道而克稱火德者也。往者孝文勞謙，行過乎
　　儉，故有遺詔以日易月。此當時之宜，不可貫之萬世。古今之制雖
　　有損益，而諒闇之禮未嘗改移，以示天下莫遺其親。今公卿群僚皆
　　政教所瞻，而父母之喪不得奔赴。〔註106〕

「父母之喪不得奔赴」云云有誇張成分，兩漢大臣遇喪離職的例子比比皆是。
荀爽此論是針對制度而言，可知文帝時所定三十六日喪假在東漢末仍為原則
性的制度，大臣遇喪後「不得即去」，言下之意是要經過政府批准，才得到短
期喪假。

　　總之，對於不舉哀或延期舉哀的行為，兩漢時期還未見相關法條加以懲
治，更多的還是從道德角度予以譴責，其中一些受到了嚴厲懲罰的人，更主
要的是因為捲入了政治傾軋所致。對官員的管理上，儘管兩漢時期給假制度
充分考慮了喪葬事件，而且至東漢後期，制度也允許官員因父母喪而去職，
但匿哀不舉，尤其是隱匿父母外其他親屬之喪在兩漢時期不但未成為罪行，
而且制度也不十分鼓勵。

（四）兩漢對於釋服從吉的規定

　　以上考察的是兩漢對舉哀發喪的法律和制度規定，下面考察對服喪期間
提早釋服，或從事有悖喪禮的娛樂活動等行為的規定。兩漢時期，儒家提倡
的三年喪期尚未成為定制，〔註107〕提早釋服、服內娛樂等罪更無從談起。《史
記‧魏其武安侯列傳》中就記載了灌夫服中與筵之事：

　　　　灌夫有服，過丞相。丞相從容曰：「吾欲與仲孺過魏其侯，會
　　仲孺有服。」灌夫曰：「將軍乃肯幸臨況魏其侯，夫安敢以服為解！
　　請語魏其侯帳具，將軍旦日蚤臨。」武安許諾。灌夫具語魏其侯如
　　所謂武安侯。魏其與其夫人益市牛酒，夜灑埽，早帳具至旦。平明，
　　令門下候伺。至日中，丞相不來。魏其謂灌夫曰：「丞相豈忘之哉？」
　　灌夫不懌，曰：「夫以服請，宜往。」乃駕，自往迎丞相。丞相特前
　　戲許灌夫，殊無意往。及夫至門，丞相尚臥。於是夫入見，曰：「將
　　軍昨日幸許過魏其，魏其夫妻治具，自旦至今，未敢嘗食。」武安

〔註106〕《後漢書》卷六二《荀淑附子荀爽傳》，第2051頁。
〔註107〕（清）趙翼：《陔餘叢考》卷十六《漢時大臣不服父母喪》，第306頁。

> 鄂謝曰：「吾昨日醉，忽忘與仲孺言。」乃駕往，又徐行，灌夫愈益
> 怒。〔註108〕

灌夫儘管身在服中，但不拒絕丞相武安侯田蚡的建議，共同拜訪魏其侯竇嬰，其中可能有協調二人關係的考慮。灌夫對於自己捨棄喪服而參與田竇之會卻被戲弄，因而對田蚡愈加憤怒。

考慮到竇嬰、田蚡均爲武帝初期極力主張儒家禮制之政治家，而且從灌夫心態中也可窺見，遇喪持服已被認爲是正當行爲，服中與筵是爲其他目的做出了讓步和妥協。但也僅限於此，服中與筵並無涉及律法之事。

《索隱》中提到：「案：服謂期功之服也。故應璩書曰『仲孺不辭同生之服』是也。」〔註109〕司馬貞依據曹魏時代應璩的解釋認爲灌夫所服爲「期功之服」。灌夫之父死於吳楚之亂，灌夫此時之服應非父服，但也無其他材料證明應璩、司馬貞的說法。這個注解似應理解爲禮教興盛之後，後人推崇灌夫而爲其辯護之詞，即釋較輕之服而幫助田竇二人緩和關係。其實灌夫當時人恐怕並不如何看重這些細節。

從現有記載來看，當時學者探討雖多，但幾乎未見刑律或行政性規定，不過也有一些以服喪不謹爲藉口達到其他目的的例子。

雖然在現存漢律中找不到強制服喪的條文，但是不服喪、或者在服喪期間進行有悖喪禮的活動，始終是違背倫理道德的行爲。

> 孝昭皇帝早棄天下，亡嗣，臣敞等議，禮曰「爲人後者爲之子
> 也」，昌邑王宜嗣後，遣宗正、大鴻臚、光祿大夫奉節使徵昌邑王典
> 喪。服斬縗，亡悲哀之心，廢禮誼，居道上不素食，使從官略女子
> 載衣車，內所居傳舍。始至謁見，立爲皇太子，常私買雞豚以食。
> 〔註110〕

正是這些違背喪禮的行爲，直接構成霍光廢立的藉口。可見，喪禮過程中的行爲理應符合哀戚之心情，服喪期間正常生活甚至享樂，是違背當時基本的道德認同的，儘管能夠遵從此道德行事的人應該不多。《漢書・王商傳》中提到：「商少爲太子中庶子，以肅敬敦厚稱。父薨，商嗣爲侯，推財以分異母諸弟，身無所受，居喪哀慼。於是大臣薦商行可以屬群臣，義足以厚風俗，宜

〔註108〕《史記》卷一○七《魏其武安侯列傳》，第 2848 頁。
〔註109〕《史記》卷一○七《魏其武安侯列傳》，第 2848 頁。
〔註110〕《漢書》卷六八《霍光傳》，第 2940 頁。

備近臣。」〔註111〕勘作表率的行爲多半可看做非大眾能夠達到。

《漢書・薛宣傳》所記薛宣兄弟針對服喪問題的爭論值得參考：

> 宣有兩弟，明、修。明至南陽太守。修歷郡守、京兆尹、少府，
> 善交接，得州里之稱。後母常從修居官。宣爲丞相時，修爲臨淄令，
> 宣迎後母，修不遣。後母病死，修去官持服。宣謂修三年服少能行
> 之者，兄弟相駁不可，修遂竟服，縣是兄弟不和。〔註112〕

薛宣後母死，其弟「去官持服」，可是薛宣卻勸他說「三年服少能行之者」，可見當時尚無強制服喪的規定。而從薛修不接受薛宣的提議，堅決去官服喪的舉動又可以判斷，在倫理觀念中，服喪具有正面意義，其在道德上的影響力還是有很強的。也正因爲道德倫理重視服喪，所以有人藉此彈劾薛宣。

> 哀帝初即位，博士申咸給事中，亦東海人也，毀宣不供養行喪
> 服，薄於骨肉，前以不忠孝免，不宜復列封侯在朝省。〔註113〕

「前以不忠孝免」，指之前「邛成太后崩，喪事倉卒，吏賦斂以趨辦」〔註114〕一事。元帝指責薛宣操辦邛成太后喪事考慮不周，在災荒之年賦斂百姓，陷皇帝於不德，因而罷免之。申咸將薛宣不爲後母服喪作爲彈劾的理由，甚至還誣告他不供養後母，原因在於漢代律法對不供養是明確定罪的，這從前文所述漢簡中不供養棄市的律令可知。然而，申咸的誣告還是沒有構成罷免薛宣的有利證據，這從「宣爲丞相時，修爲臨淄令，宣迎後母，修不遣」一句可以看出。朝廷最終罷免薛宣，並非對其不服喪行爲的處置，而是另有由頭，這又牽扯到其子薛況因雇人毆擊申咸獲罪，薛宣因此受到連累才遭罷免，降爲庶人。〔註115〕通過這一事件可以發現，漢律中並無強制服喪的規定。

《後漢書・虞延傳》載：

> （鄧）衍在職不服父喪，帝聞之，乃歎曰：「『知人則哲，惟帝
> 難之。』信哉斯言！」衍慚而退，由是以延爲明。〔註116〕

鄧衍因儀態雍容受到皇帝賞識，而虞延卻預言此人「雖有容儀而無實行」。

〔註111〕《漢書》卷八二《王商傳》，第 3369 頁。
〔註112〕《漢書》卷八三《薛宣傳》，第 3394 頁。
〔註113〕《漢書》卷八三《薛宣傳》，第 3394～3395 頁。
〔註114〕《漢書》卷八三《薛宣傳》，第 3393 頁。
〔註115〕《漢書》卷八三《薛宣傳》，第 3395～3396 頁。
〔註116〕《後漢書》卷三三《虞延傳》，第 1153 頁。

〔註117〕後來，鄧衍果然做出了「在職不服父喪」之事。不過，這僅限於對人品的評價，在皇帝表現出不滿時，鄧衍也只是「慚而退」，未曾受到法律的懲罰。

總的來看，兩漢對不服喪的懲罰主要還是風俗、道德上的評判，並未加以法典化和制度化。

二、兩漢時期匿哀與釋服從吉發展的特點

通過上文的考察可知，兩漢沒有專門的刑事法典對諸如不舉哀、服喪不謹等行為加以規範，有的只是一些行政規章，如對遇喪給假的規定，但也絕不強制官員遇喪必須請假。可以說，兩漢時期，無論從法律還是制度上，都對不舉哀、服喪不謹的行為持漠視態度。不過，國家制度上的漠視並不意味著社會觀念也是如此。

（一）兩漢社會舉哀與居喪的風氣

匿哀與釋服從吉均是對喪禮的違背，律令對此未有明文規定，但與此相反，漢代社會卻向來以厚葬著稱，舉哀發喪和居喪奏樂都反映出漢人重視喪禮。

漢人非常重視舉哀發喪，這從漢人的喪禮儀式可以看出。楊樹達指出，漢人喪禮「以客多為尚」。〔註118〕比如：「劇孟母死，自遠方送喪蓋千乘。」〔註119〕「（樓護）母死，送葬者致車二三千兩。」〔註120〕鄭玄卒，「自郡守以下嘗受業者，縗絰赴會千餘人。」〔註121〕「杜季良豪俠好義，憂人之憂，樂人之樂，清濁無所失。父喪致客，數郡畢至。」〔註122〕

《史記·陸賈傳》記載：「平原君為人辯有口，刻廉剛直，家於長安。行不苟合，義不取容。辟陽侯行不正，得倖呂太后。時辟陽侯欲知平原君，平原君不肯見。及平原君母死，陸生素與平原君善，過之。平原君家貧，未有以發喪，方假貸服具，陸生令平原君發喪。陸生往見辟陽侯，賀曰：『平原君母死。』辟陽侯曰：『平原君母死？何乃賀我乎？』陸賈曰：『前日君侯欲知

〔註117〕《後漢書》卷三三《虞延傳》，第1153頁。
〔註118〕楊樹達：《漢代婚喪禮俗考》，第72頁。
〔註119〕《史記》卷一二四《游俠傳》，第3184頁。
〔註120〕《漢書》卷九二《游俠·樓護傳》，第3707頁。
〔註121〕《後漢書》卷三五《鄭玄傳》，第1211頁。
〔註122〕《後漢書》卷二四《馬援傳》，第845頁。

平原君，平原君義不知君，以其母故。今其母死，君誠厚送喪，則彼爲君死矣。』辟陽侯乃奉百金往稅。列侯貴人以辟陽侯故，往稅凡五百金。」〔註123〕此例可見當時厚葬之風氣及舉哀發喪費用之龐大。不過也說明了如此舉哀發喪，能行之者只可能是顯貴豪富之家。朱建若無資助也只能草草了事。

另從漢代眾多官員棄官奔喪的舉動也可窺見一斑。顧炎武指出：「古人於期功之喪，皆棄官持服。」〔註124〕「期」指服喪一年，「功」是按照五服來劃分親屬，分大功小功，「期功」的親屬有祖父、兄弟、姐妹等。他在後文列舉了諸多兩漢時期因行期功之喪而去官的例證〔註125〕進一步說明，「期功」之喪尚且棄官，更不用說父母之喪了。儘管官員棄官奔喪出於各種各樣的考慮，〔註126〕但透過此類現象也可以想見當時社會喪事之重要。反過來，官員之所以把奔喪作爲棄官的藉口，也正是以重視喪禮的濃厚社會風氣爲前提的，這與法律、制度漠視喪禮的態度截然不同。

與重視舉哀發喪的情況有所不同，兩漢社會對服喪期間娛樂的看法與儒家喪禮有別，這主要是指喪事時吹、奏、歌、舞等娛樂行爲。西漢曾有昌邑王因「大行在前殿，發樂府樂器，引內昌邑樂人，擊鼓歌吹作俳倡」〔註127〕而被廢的事例，但是在民間，喪禮上的娛樂已成習俗。《群書治要‧政論》中提到：

> 送終之家亦無法度，至用輴梓黃腸，多藏寶貨，享牛作倡，高墳大寢。是可忍也，孰不可忍！而俗人多之，咸曰健子。天下跂慕，恥不相逮。〔註128〕

雖然這則材料是以批判的口吻說的，但也恰恰說明喪禮中的僭越與娛樂行爲已紮根於民間，不易爲高層教化所改變。但需要特別指出，喪禮中這些可歸入娛樂的活動，包括準備酒肉，目的不是爲了娛樂或慶祝，應是希望招徠賓

〔註123〕《史記》卷九七《陸賈傳》，第 2702 頁。
〔註124〕（清）顧炎武著，（清）黃汝成集釋：《日知錄集釋》卷十五《期功喪去官》，第 1203 頁。
〔註125〕（清）顧炎武著，（清）黃汝成集釋：《日知錄集釋》卷十五《期功喪去官》，第 1203～1204 頁。
〔註126〕當然，應該看到，官員因喪棄官的原因之一是兩漢大部分時間不允許服三年喪，但背後還有著政治原因，很多官員因爲政見不和，抱負不得施展，逃避責任等原因而藉口奔喪棄官回家。
〔註127〕《漢書》卷六八《霍光傳》，第 2940 頁。
〔註128〕（唐）魏徵等輯：《群書治要》卷四十五《政論》，四部叢刊初編本。

客，是爲讓喪禮更爲隆重所採用的手段。

> 古者鄰有喪，春不相杵，巷不歌謠。孔子食於有喪者之側，未
> 嘗飽也，子於是日，哭則不歌。今俗，因人之喪以求酒肉，幸與小
> 坐而責辨，歌舞、俳優，連笑伎戲。〔註 129〕

這些活動雖然不合禮儀，但其目的只是爲了吸引更多賓客參加喪禮，這是漢
代厚葬的一種體現，也可以視作漢代社會重視喪禮的表現之一。

通過有限的這些事例也能看出，漢代社會舉哀、居喪的特點，一是對喪
禮極爲重視，二是有頗多不符合儒家禮儀的行爲。民風重喪禮固然是好事，
但諸如喪禮娛樂化的趨勢顯然不利於朝廷的移風易俗。漢代沒有相關法令對
這些行爲予以約束，只能停留在道德評判的層面，是制度落後於社會發展的
表現之一。

（二）重視喪禮的制度與社會背景

推動漢代社會重視喪禮的動力有兩點：一是朝廷以孝廉選官的制度，二
是家族倫理的推動。

首先，兩漢朝廷以「孝廉」選官是助長民間重喪禮風氣的。

> 元光元年，冬十一月，初令郡國舉孝廉各一人。〔註 130〕

顏師古解釋孝爲：「孝，謂善事父母者。」〔註 131〕「善事父母」並無具體標
準，而且事父母只在家門之內，外人無從知曉，而父母喪禮則是一種公開展
示孝德的活動，有助於取得「孝」名。如，「子昂，字叔雅，有孝義節行。
初，德被病數年，昂俯伏左右，衣不緩帶；及處喪，毀瘠三年，抱負乃行；
服闋，遂潛於墓次，不關時務。舉孝廉，辟公府。」〔註 132〕雖然他後來沒
有接受辟舉，但也說明其「處喪，毀瘠三年」的孝行容易引起官府注意而易
於入仕。還有，「彪孝行純至，父母卒，哀毀三年，不出廬寢。服竟，羸脊
骨立異形，醫療數年乃起。好學洽聞，雅稱儒宗。建武末，舉孝廉，除郎中。」
〔註 133〕

不過，孝廉得官也派生了非常手段大辦喪禮博取孝名的行爲。《潛夫論》

〔註 129〕 （漢）桑弘羊撰，王利器校注：《鹽鐵論校注》卷六《散不足》，北京：中華
　　　　　書局，1992 年，第 353～354 頁。
〔註 130〕 《漢書》卷六《武帝紀》，第 160 頁。
〔註 131〕 《漢書》卷六《武帝紀》，第 160 頁。
〔註 132〕 《後漢書》卷二九《鮑永傳附子鮑昂傳》，第 1023 頁。
〔註 133〕 《後漢書》卷二六《韋彪傳》，第 917 頁。

曰：「養生、順志，所以爲孝也。今多違志儉養，約生以待終，終沒之後，乃崇飭喪紀以言孝，盛饗賓旅以求名，誣善之徒，從而稱之，此亂孝悌之眞行，而誤後生之痛者也。」〔註 134〕這從側面也說明了孝廉對喪禮的推動作用。

如果說通過孝行選官是重視喪禮的外在推動力，那麼受這一外在誘因的影響，充斥著「約生待終」的造假行爲的喪禮將會占到相當數量，不會眞正成爲社會重視喪禮的長期推動力。因此，支撐兩漢重喪風俗的還有一個更重要內因，就是家族倫理。

對於小家庭而言，喪禮的意義遠不如對於宗族那樣重要。《漢書・禮樂志》：中提到：

> 喪祭之禮廢，則骨肉之恩薄，而背死忘先者眾。〔註 135〕

《漢書》言簡意賅地概括出不循喪禮的嚴重後果，即骨肉親情淡薄，宗族關係疏鬆。所謂「骨肉」，既可以指父子、母子，「閨門之內，母子之間，同氣異息，骨肉之恩，豈可忽哉！」〔註 136〕又可以指兄弟，「三月，詔曰：『蓋聞象有罪，舜封之。』應劭曰：『象者，舜弟也，日以殺舜爲事。舜爲天子，猶封之於有鼻之國。』骨肉之親，粲而不殊。」〔註 137〕「始皇既死，嫡庶相殺，二世即位，殘骨肉，戮將相，……。」〔註 138〕還可以指其他親屬，「武帝擢韓安國於徒中，拜爲梁內史，骨肉以安。師古曰：『言梁孝王得免罪也。』」〔註 139〕「太后問公卿曰：『誠以大司馬有大功當著之邪？將以骨肉故欲異之也？』」〔註 140〕可見，「骨肉」一詞多用以泛指所有父系近親，有時也用來指母系親屬，「骨肉之恩薄」可以理解爲親人之間的情誼淡薄。

至於「背死忘先」。顏師古解釋爲：「先者，先人，謂祖考。」〔註 141〕從《漢書・禮樂志》這句話可以看出，禮制維護「喪祭之禮」的目的是，通過安葬、祭祀的過程來聯絡親屬間的情誼而不使之淡薄。因而，喪祭之禮有著

〔註 134〕（漢）王符：《潛夫論》卷一《務本》，上海：上海古籍出版社，1978 年，第 19 頁。

〔註 135〕《漢書》卷二二《禮樂志》，第 1028 頁。

〔註 136〕《漢書》卷八〇《東平思王劉宇傳》，第 3322 頁。

〔註 137〕《漢書》卷八《宣帝紀》，第 257 頁。

〔註 138〕《漢書》卷二六《天文志》，第 1301 頁。

〔註 139〕《漢書》卷八六《王嘉傳》，第 3489 頁。

〔註 140〕《漢書》卷九九上《王莽傳上》，第 4046 頁。

〔註 141〕《漢書》卷二二《禮樂志》，第 1028 頁。

維繫宗族組織緊密關係的作用。戰國以後，雖然宗法制崩潰，但新的宗族形式也在醞釀中。西漢中期以後，宗族組織和宗法活動發展很快，東漢時期正處在一個世家大族向士族轉化的關鍵時期。〔註142〕社會重視喪祭之禮，符合宗族發展的總體趨勢。

（三）法律對匿哀與釋服從吉的規定逐漸與社會脫節

漢代法律基本漠視喪禮，且沒有明確條文對不舉哀、不服喪、服內娛樂等違背喪禮的行為加以禁止。准許官員短時間的假期處理喪事，是國家僅有的規定，但並不是強制性的。可見，國家對舉哀等禮節的規定仍停留在道德層面，未能轉化為法律和制度。兩漢時期，雖然不時有人提議應該嚴格執行儒家三年之喪的禮制，但國家制度對舉哀與否基本上不鼓勵、不支持，當然在不影響行政效率前提下也不禁止。漢襲秦制，朝廷對舉哀所持態度，可以從秦制中尋找到根源。

春秋以前，族是最基本的社會單位。然而，春秋中葉逐漸開始的革新改變了過去以族為統馭單位的狀況，各諸侯國通過戶籍制度確立了對境內人口的掌管和控制，「統治者掌握人民的方式從血緣族群轉為地著」。〔註143〕這種社會演變趨勢消解了舊式宗族的存在基礎，「編戶齊民」的發展正是和春秋戰國以來舊有宗族的瓦解相同步的。在此背景下，附著於宗族之上的喪祭之禮也隨之瓦解。秦是改革最徹底的諸侯，後世史家考秦代喪禮時就曾感慨：「秦，無禮義者也，其喪禮固無可考」。〔註144〕

喪祭之禮重視死後的安葬和祭祀，這兩種儀式既體現了繼承的過程，也是聯繫族人的必要程序。然而，以「編戶齊民」為社會基礎的專制王朝抵制宗族組織的擴大，所以只會出現「重生不重死」的法律，即，法律重視對生者的侵犯，而忽視對死者的不敬。漢承繼了秦的統治方式，上文引述的生前不供養三日就要判以棄市之罪、而父死不祠則不論的例子，就反映了法律重視生者，忽視死者的原則。這樣的例子還可舉出一些，張家山漢墓出土竹簡中載：

> 有子不聽生父教，誰與不聽死父教罪重？倩等曰：不聽死父教
> 毋罪。有（又）曰：夫生而自嫁，罪誰與夫死而自嫁罪重？廷尉倩等

〔註142〕馮爾康等著：《中國宗族社會》，杭州：浙江人民出版社，1994年，第108～111頁。
〔註143〕杜正勝：《編戶齊民——傳統政治社會結構之形成》，第32頁。
〔註144〕《文獻通考》卷一二一《國恤》，考一〇九〇上。

曰：夫生而自嫁，及取（娶）者，皆黥爲城旦舂。夫死而妻自嫁、

取（娶）者毋罪，有（又）曰：欺生夫，誰與欺死夫罪重？佐等曰：

欺死夫毋論。〔註145〕

可以看出，「不聽死父教毋罪」、「欺死夫毋論」等觀點與儒家「三年無改於父之道，可謂孝矣」，〔註146〕「事死如事生，事亡如事存，孝之至也」〔註147〕的觀點是極其牴觸的。由此也可以得出以下結論：

秦的統治方式只適應特定的歷史時代和秦地獨特的文化，而不適於在東方諸國推行，秦朝的速亡就證明了這一點。西漢雖承襲了秦制，但也在不斷調適，並嘗試新的治理模式。兩漢在舉哀、居喪問題上所持有的態度，既已表明重生不重死的法律理念已經和社會上普遍重喪的觀念越來越不相符。官員需要朝廷從制度上給予和保障更寬的舉哀、奔喪、居喪假期，社會道德也要求法律對不舉哀、不居喪、居喪違禮等行爲予以懲罰。

漢代法律重生不重死的原則根源於秦法耕戰體系，是和瓦解宗族、促進小家庭獨立相對應的，不適應宗族規範。然而，小家庭形態並不穩定，經過兩漢四百餘年的發展，豪族已經成爲社會的主導勢力，逐漸形成中的新的宗族倫理也需要制定相應的法律，以保障法律與社會的良性運作，因此，出臺相關法律就成爲當務之急。

第三節　魏晉南北朝的「匿哀」與「釋服從吉」

儘管魏晉南北朝時間跨度長、政權更迭頻繁，兼之各游牧民族紛紛入主建立政權，歷代史家往往將其評爲亂世，但政治上的亂局也會成爲制度創新的動力，魏晉南北朝的「匿哀」與「釋服從吉」問題就說明了這一點。這一時期的相關問題頭緒較多，但若透過紛繁複雜的表象做深入探究，也仍有規律可循。下文將分別考察魏晉南北朝時期對不舉哀、居喪違禮行爲的制度性規定，以及相關的禮學探討，並對法、禮背後的時代背景做一梳理。

〔註145〕彭浩、陳偉、〔日〕工藤元男主編：《二年律令與奏讞書：張家山二十七號漢墓出土法律文獻釋讀》，第 374 頁。

〔註146〕（清）阮元校刻：《論語注疏》卷一《學而》，北京：中華書局，1980 年，第 2 頁中。

〔註147〕（清）阮元校刻：《禮記正義》卷五十二《中庸》，第 1629 頁。

一、忠孝之序——魏晉南北朝對匿哀與釋服從吉的規定

三國時期政治軍事鬥爭激烈，對違背喪禮的行為無暇顧及，且政治亂局需要的是實際才幹，而非道德楷模。在曹魏「負污辱之名，見笑之行，或不仁不孝而有治國用兵之術：其各舉所知，勿有所遺」〔註 148〕的背景下，儘管也有「夫五刑之罪，莫大於不孝」〔註 149〕的說法，但終因所處動盪的時代，而不可能在喪禮違制問題上超越兩漢，反倒是在禁止私自奔喪方面頗為嚴厲。

東漢時就有擅自去官奔喪的現象，不過，處罰也只是對私自奔喪者今後的仕途有影響。相比之下，三國時期的處罰就嚴厲多了。「是時科禁長吏擅去官，而黃聞司徒趙溫薨，自以為故吏，違科奔喪，為司隸鍾繇所收，遂伏法。」〔註 150〕奔喪是禮制，棄官奔喪更是孝行的反映，嚴厲制裁私自奔喪，反映了當時政權對這種孝行並不認同。孫吳嘉禾六年針對擅自奔喪的討論，集中反映了當時在這個問題上的矛盾衝突：

> 六年春正月，詔曰：「夫三年之喪，天下之達制，人情之極痛也。賢者割哀以從禮，不肖者勉而致之。世治道泰，上下無事，君子不奪人情，故三年不逮孝子之門。至於有事，則殺禮以從宜，要絰而處事。故聖人制法，有禮無時則不行。遭喪不奔，非古也，蓋隨時之宜，以義斷恩也。前故設科，長吏在官，當須交代，而故犯之，雖隨糾坐，猶已廢曠。方事之殷，國家多難，凡在官司，宜各盡節，先公後私，而不恭承，甚非謂也。中外群僚，其更平議，務令得中，詳為節度。」顧譚議，以為「奔喪立科，輕則不足以禁孝子之情，重則本非應死之罪，雖嚴刑益設，違奪必少。若偶有犯者，加其刑，則恩所不忍；有減，則法廢不行。愚以為，長吏在遠，苟不告語，勢不得知。比選代之間，若有傳者，必加大辟，則長吏無廢職之負，孝子無犯重之刑。」將軍胡綜議，以為「喪紀之禮，雖有典制，苟無其時，所不得行。方今戎事軍國異容，而長吏遭喪，知有科禁，公敢干突。苟念聞憂不奔之恥，不計為臣犯禁之罪，此由科防本輕所致。忠節在國，孝道立家，出身為臣，焉得兼之？故

〔註 148〕《三國志》卷一《武帝紀》，第 49～50 頁。
〔註 149〕《三國志》卷四《高貴鄉公髦紀》，第 147 頁。
〔註 150〕《三國志》卷二三《常林傳》，第 661 頁。

爲忠臣，不得爲孝子。宜定科文，示以大辟，若故違犯，有罪無赦。
以殺止殺，行之一人，其後必絕。」丞相雍奏從大辟。其後，吳令
孟宗喪母奔赴，已而自拘於武昌以聽刑。陸遜陳其素行，因爲之請，
權乃減宗一等，後不得以爲比，因此遂絕。〔註151〕

材料開頭雖然肯定了奔喪在禮上的地位，但仍指出在「方事之殷，國家多難」
的情況下，應該「先公後私」，認爲官員爲了國家之事應該放棄奔喪之禮，即
「以義斷恩」。材料後面主要是在探討對私自奔喪行爲的處罰，最後的結論是
應以重刑「大辟」來杜絕此類行爲。這裡特別值得注意的是將軍胡綜的議論，
他直接將「忠臣」、「孝子」對立起來，指出「忠節在國，孝道立家」，將家與
國所需要的不同品質區分開來，所以才「爲忠臣，不得爲孝子」。

　　胡綜的議論實際上點出了朝廷在奔喪、服喪問題上的矛盾所在。一方
面，「孝」作爲家內倫理起到維護家內秩序的作用，而一個個的家正是王朝
統治的基礎，因而作爲家內秩序的「孝」有助於王朝統治，這正是孔子所說
的「孝慈則忠」。〔註152〕但另一方面，從具體的政務運行來看，奔喪、服喪
這些孝行確實對政務運作的效率造成影響，尤其是在「國家多難」的特殊情
況下，孝行對朝廷政務的妨礙就會更大，所以「爲忠臣，不得爲孝子」的觀
點也是成立的。其實，這兩種類型的忠孝關係並不矛盾，只是分別適用的時
代不同。在政治穩定、國家承平的時代，忠孝之間的關係就偏向一體化，孝
於家就相當於忠於國。但在政治動盪、軍事鬥爭嚴峻的局面下，忠孝間的矛
盾就會凸顯，就會爲忠抑孝。魏晉南北朝時期的主要特點是政治動盪，各個
政權對孝道的規定也有一個總體特徵，即，王朝創業階段都會爲忠而抑孝，
而隨著政權穩定，就開始推崇孝道。因而，考察這一時期的不舉哀、服喪違
制等問題，「忠孝之序」〔註153〕是主要線索。

〔註151〕《三國志》卷四七《吳主第二・孫權傳》，第 1141～1142 頁。
〔註152〕（清）阮元校刻：《論語注疏》卷二《爲政》，第 2463 頁上。
〔註153〕唐長孺先生較早考察了魏晉南朝的「忠、孝倫理次序」問題，指出：「漢代人
　　　　在面臨忠孝抉擇時，往往選擇忠。晉以後的觀點則認爲應該先孝後忠，這種
　　　　趨勢緣於門閥制度的逐步確立。」鄧奕琦從律學發展的角度考察了南北朝的
　　　　「忠孝次序」，指出：「北朝法制繼承了忠孝並舉、忠重於孝的原則，這更有
　　　　利於鞏固政權，因而優於南朝法制。」參見唐長孺：《魏晉南北朝的君父先後
　　　　論》，收入《魏晉南北朝史論拾遺》，北京：中華書局，1983 年，第 233～248
　　　　頁；鄧奕琦：《北朝法制研究》，第 169 頁。這種忠、孝二分的分析有其道理，
　　　　尤其是將二者次序演變與門閥制度結合考察更是點出了關鍵所在，但是也要

（一）不葬遭廢與東關之制——兩晉南朝的相關規定

曹魏求「不仁不孝而有治國用兵之術」之人除了戎馬倥傯急求人才的原因外，統治集團的屬性也有關係。陳寅恪先生曾分析魏、蜀、吳、晉統治集團的社會階級，與曹魏皇族曹氏出自寒族不同，司馬氏出身於豪族。這一社會階級「其學爲儒家之學，其行必須符合儒家用來維繫名教的道德標準與規範，即所謂孝友、禮法等等。」〔註154〕因而至少在曹魏後期，孝德已逐漸成爲主要的選官標準。周一良先生指出九品中正以鄉里清議定品，而清議正是以孝德爲先。〔註155〕《晉書・卞壼傳》載：「謂生事不以禮，死葬不以禮者也，……式付鄉邑清議，廢棄終身。」〔註156〕

《晉書・慕容儁載記》中記載前燕曾追述魏晉制度：

> 廷尉監常煒上言：「大燕雖革命創制，至於朝廷銓謨，亦多因循魏晉。唯祖父不殮葬者，獨不聽官身清朝，斯誠王教之首，不刊之式。然禮貴適時，世或損益」……儁曰：「煒宿德碩儒，練明刑法，覽其所陳，良足採也。今六合未寧，喪亂未已，又正當搜奇拔異之秋，未可才行兼舉，且除此條，聽大同更議。」〔註157〕

這則材料反映前燕對魏晉制度的延續與革除，常煒上言要求廢除原魏晉制度中「祖父不殮葬者，獨不聽官身清朝」一條。可見魏晉時期如果祖、父死而未葬，則不可任官。雖然並未見到《魏律》、《晉律》中有相關記載，但至少在選官制度上，「父死不葬不能任官」已經成爲一個硬性的規定。

魏晉制度深受受儒家名教影響，法律制度順應了豪族對孝德的追求，但如嚴格按照魏晉制度，祖、父未葬則極大妨礙兒孫仕宦。尤其在政治軍事情況複雜多變的情況下，需要有變通辦法。「東關之制」是東晉南朝常被引用的歷史依據。

《晉書・文帝紀》載：

> 「尋進號都督，統征東將軍胡遵、鎮東將軍諸葛誕伐吳，戰於

注意到場合與時間問題，在王朝建立階段國事繁多，這時候忠孝倫理就會更多地體現爲矛盾；在王朝穩定階段忠、孝倫理更多則是相輔相成、合二而一的關係。

〔註154〕陳寅恪著；萬繩楠整理：《魏晉南北朝史講演錄》，黃山書社，1987年，第4頁。

〔註155〕周一良：《兩晉南朝的清議》，收入氏著：《魏晉南北朝史論集續編》，北京：北京大學出版社，1991年，第116～124頁。

〔註156〕《晉書》卷七〇《卞壼傳》，第1869～1870頁。

〔註157〕《晉書》卷一一〇《慕容儁載記》，第2838頁。

東關。二軍敗績，坐失侯。」〔註158〕

「東關之役」指曹魏末期司馬昭率軍伐吳失敗之事，是魏軍罕見的大敗。《三國志‧毌丘儉傳》裴注載：「賊退過東關，坐自起眾，三征同進，喪眾敗績，歷年軍實，一旦而盡，致使賊來，天下騷動，死傷流離，其罪三也。賊舉國悉眾，號五十萬，來向壽春，圖詣洛陽，會太尉孚與臣等建計，乃杜塞要險，不與爭鋒，還固新城。淮南將士，衝鋒履刃，晝夜相守，勤瘁百日，死者塗地，自魏有軍已來，為難苦甚，莫過於此。」〔註159〕戰敗而棄屍於敵境，因而無法收斂，這屬於因特殊原因無法安葬父祖的情況，加之影響面廣，所以特別規定這種情況不影響陣亡將士子孫為官。

在重視孝行的風氣下，亂世喪親而長期或終身不仕本就是很多人的選擇。在這個背景下，「東關之制」成為東晉南朝權衡孝道的一個重要的歷史依據。東晉初王敦曾「復申東關之制於中興」。〔註160〕

《晉書‧禮志中》記載，兩晉之際，溫嶠因為母親死於喪亂，要求依禮改葬後才接受官職。司馬睿不以為然：「古人之制三年，非情之所盡，蓋存亡有斷，不以死傷生耳。要経而服金革之役者，豈營官邪？隨王事之緩急也。今桀逆未梟，平陽道斷，奉迎諸軍猶未得徑進，嶠特一身，於何濟其私艱，而以理閡自疑，不服王命邪！」〔註161〕參與討論的大臣援引舊制：「建武元年九月下辛未令書，依禮文，父喪未葬，唯喪主不除。以他故未葬，人子之情，不可居殯而除，故期於畢葬，無遠近之斷也。若亡遇賊難，喪靈無處，求索理絕，固應三年而除，不得故從未葬之例也。若骨肉殲於寇害，死亡漫於中原，而繼以遺賊未滅，亡者無收殯之實，存者又闕於奔赴之禮，而人子之情，哀痛無斷，輒依未葬之義，久而不除，若遂其情，則人居無限之喪，非有禮無時不得之義也。諸如此，皆依東關故事，限行三年之禮畢而除也。」〔註162〕否定了溫嶠的要求，並規定：「諸如嶠比者，依東關故事辛未令書之制。」〔註163〕

這次討論中，多次提到「王命」「王事」與「私情」，顯示了遭喪與出仕

〔註158〕《晉書》卷二《文帝紀》，第32頁。
〔註159〕《三國志》卷二八《毌丘儉傳》，第763～764頁。
〔註160〕《宋書》卷六四《鄭鮮之傳》，第1692頁。
〔註161〕《晉書》卷二○《禮志中》，第641頁。
〔註162〕《晉書》卷二○《禮志中》，第641頁。
〔註163〕《晉書》卷二○《禮志中》，第642頁。

的矛盾焦點所在。溫嶠之例中最終壓抑了其行孝之心。但社會風氣所在，遠遠不是一紙令文能夠徹底解決的。

　　《宋書·鄭鮮之傳》也記載了東晉末期一次關於喪亂中失去親人後是否服喪的討論。引發這次討論的，是放棄長期居喪而不廢仕宦之的人受到了輿論抨擊。「兖州刺史滕恬爲丁零翟遼所沒，屍喪不反，恬子羨仕宦不廢，議者嫌之。」〔註164〕鄭鮮之也提到：「文皇帝以東關之役，屍骸不反者，制其子弟，不廢婚宦。明此，孝子已不自同於人倫，有識已審其可否矣。若其不爾，居宗輔物者，但當即聖人之教，何所復明制於其間哉。及至永嘉大亂之後，王敦復申東關之制於中興，原此是爲國之大計，非謂訓範人倫，盡於此也。」〔註165〕儘管有東關之制爲理由，從「議者嫌之」一語仍可看出當時重居喪之風氣。

　　《陳書·沈洙傳》也記載了一則由沈孝軌迎父喪久而未歸，其諸弟、諸子是否可以解除喪服、恢復正常生活的討論。沈洙認爲「魏氏東關之役，既失亡屍柩，葬禮無期，議以爲禮無終身之喪，故制使除服。晉氏喪亂，或死於虜庭，無由迎殯，江左故復申明其制。李胤之祖，王華之父，並存亡不測，其子制服依時釋縗，此並變禮之宜也。孝軌雖因奉使便欲迎喪，而戎狄難親，還期未克。愚謂宜依東關故事，在此國內者，並應釋除縗麻，毀靈附祭，若喪柩得還，別行改葬之禮。自天下寇亂，西朝傾覆，流播絕域，情禮莫申，若此之徒，諒非一二，寧可喪期無數，而弗除衰服，朝庭自應爲之限制，以義斷恩，通訪博識，折之禮衷。」〔註166〕

　　在兩晉之交和東晉南朝，往往因爲戰爭致使親人之間南北相隔，就造成「或死於虜庭，無由迎殯」的情況。這些情況下，朝廷多援引「東關之制」來解決。如《晉書·李胤傳》：「李胤，字宣伯，遼東襄平人也。祖敏，漢河內太守，去官還鄉里，遼東太守公孫度欲強用之，敏乘輕舟浮滄海，莫知所終。胤父信追求積年，浮海出塞，竟無所見，欲行喪制服，則疑父尚存，情若居喪而不聘娶。後有鄰居故人與其父同年者亡，因行喪制服。燕國徐邈與之同州里，以不孝莫大於無後，勸使娶妻。」〔註167〕《宋書·王華傳》：「（王華父）廞敗走，不知所在……華時年十三，在軍中，與廞相失，……少有志

〔註164〕 《宋書》卷六四《鄭鮮之傳》，第1692頁。
〔註165〕 《宋書》卷六四《鄭鮮之傳》，第1692頁。
〔註166〕 《陳書》卷三三《儒林·沈洙傳》，第437頁。
〔註167〕 《晉書》卷四四《李胤傳》，第1253頁。

行，以父存亡不測，布衣蔬食不交遊，如此十餘年，爲時人所稱美。高祖欲收其才用，乃發廠喪問，使華制服。服闋，高祖北伐長安，領鎮西將軍、北徐州刺史，辟華爲州主簿，仍轉鎮西主簿，治中從事史。歷職著稱。」〔註168〕以上例子都表明，父親不知所終，但孝子由於種種特殊情況（避免無後和才盡其用），只服喪一段時期就釋服，而沒有終生不仕。

在南北分立、親人失散的非常時期，如果執著於禮制，只能終身不仕，這就成爲朝廷用人的障礙。爲避免這一影響，「東關之制」就成爲國家危難之時破除禮制爲國家服務的一個依據，而這個依據的背後正是「以義斷恩」的理論支撐，表明動蕩時期「忠」壓過「孝」的特殊要求。

（二）輒去奔喪——兩晉南朝的匿哀與釋服從吉

「東關之制」體現了兩晉南朝忠孝關係中「忠先於孝」的一面，但是從主體來看這不是主流。《晉書·鄭鮮之傳》記載了當時對奔喪的規定：

> 時新制長吏以父母疾去官，禁錮三年。山陰令沈叔任父疾去職，鮮之因此上議曰：「夫事有相權，故制有與奪，此有所屈，而彼有所申。未有理無所明，事無所獲，而爲永制者也。當以去官之人，或容詭託之事，詭託之事，誠或有之。豈可虧天下大教，以末傷本者乎。且設法蓋以眾范寡，而不以寡違眾，況防杜去官而塞孝愛之實。且人情趨於榮利，辭官本非所防，所以爲其制者，蒞官不久，則奔競互生，故杜其欲速之情，以申考績之實。今省父母之疾，而加以罪名，悖義疾理，莫此爲大。謂宜從舊，於義爲允。」從之。於是自二品以上父母沒者，墳墓崩毀及疾病族屬輒去，並不禁錮屬。
> 〔註169〕

鄭鮮之爲東晉後期人。從這條史料可見，兩晉大部分時間還是不允許隨便去官奔喪的，這和兩漢的規定相合。不過，到東晉末年，已經允許大臣「輒去」而不加罪，且不光是「父母沒」的情況，「墳墓崩毀及疾病族屬」都可以離職。文中雖也指出了離職之人中存在「詭託之事」的情況，但仍主張孝道是「天下大教」，不能因爲防範弄虛作假的個別官員就「以末傷本」。在鄭鮮之看來，朝廷嚴密的去官制度與孝道相比，是末與本的關係，如果爲了嚴密制度，杜絕漏洞而有虧孝道，則是「以末傷本」。這種「省父母之疾，而加以

〔註168〕《宋書》卷六三《王華傳》，第 1675～1676 頁。
〔註169〕《宋書》卷六四《鄭鮮之傳》，第 1695～1696 頁。

罪名，悖義疾理，莫此爲大」的情況，與漢代對私自奔喪的行政處罰和三國時期甚至處以死刑相比，顯示出「孝」在觀念上無疑高過了「忠」。但需要特別指出的是，這種允許「輒去」奔喪的制度僅適用於二品以上的官員，這反映了制度對門閥士族的優待，同時也保障了朝廷政務的基本運行，不會產生大量官員隨意去官奔喪的局面，也是一種折衷的方式。

隨著孝道成爲朝廷與民間的共同主流文化，三年之喪，在這個時期逐漸成爲官方規定，〔註170〕法律對不依禮奔喪，服喪內違禮的處罰，也隨之逐漸多了起來。《宋書·范曄傳》載：

> 母亡，報之以疾，曄不時奔赴，及行，又攜妓妾自隨，爲御史
> 中丞劉損所奏。太祖愛其才，不罪也。〔註171〕

范曄奔嫡母之喪違禮，被御史中丞所論，因才華而幸免於罪，但史料未明言奔喪違禮應受何種懲罰。這可以參考范曄在元嘉元年彭城太妃的喪期內飲酒作樂的懲罰，當時，「義康大怒，左遷曄宣城太守」。〔註172〕可見，仍應是貶官一類的懲罰。

《世說新語·任誕》中記載：

> 後咸兄子簡，亦以曠達自居。父喪，行遇大雪，寒凍，遂詣浚
> 儀令，令爲它賓設黍臛，簡食之，以致清議，廢頓幾三十年。〔註173〕

奔父喪時，只是在路上受到一些較爲豐盛的款待，就「廢頓幾三十年」。可見，當時清議對奔喪之禮的苛刻。

《晉書·陳壽傳》記載：

> （陳壽）遭父喪，有疾，使婢丸藥，客往見之，鄉黨以爲貶議。
> 及蜀平，坐是沉滯者累年。〔註174〕

爲父服喪期間，因患病而接受了女婢的服侍，被視爲違禮行爲。在懲罰方式和手段上，仍是通過清議抑制其仕途。

《晉書·劉隗傳》記載：

〔註170〕《晉書》：「尋拜大鴻臚。遭母喪，舊制，既葬還職，默自陳懇至，久而見許。遂改法定令，聽大臣終喪，自默始也。」見《晉書》卷四四《鄭默傳》，第1252頁。
〔註171〕《宋書》卷六九《范曄傳》，第1820頁。
〔註172〕《宋書》卷六九《范曄傳》，第1820頁。
〔註173〕余嘉錫撰：《世說新語箋疏》卷下之上《任誕》，北京：中華書局，1983年，第735頁。
〔註174〕《晉書》卷八二《陳壽傳》，第2137頁。

　　　　盧江太守梁龕明日當除婦服，今日請客奏伎，丞相長史周顗等
　　　三十餘人同會，隗奏曰：「夫嫡妻長子皆杖居廬，故周景王有三年之
　　　喪，既除而宴，《春秋》猶譏，況龕匹夫，暮宴朝祥，慢服之愆，宜
　　　肅喪紀之禮。請免龕官，削侯爵。顗等知龕有喪，吉會非禮，宜各
　　　奪俸一月，以肅其違。」從之。〔註175〕

梁龕「明日當除婦服」，「請客奏伎」，便遭到免官削爵的懲罰，甚至參與者也
要「奪俸一月」，說明此時朝廷對這類居喪違禮之事並不寬容。

　　　《宋書・謝惠連傳》記載：

　　　　惠連先愛會稽郡吏杜德靈，及居父憂，贈以五言詩十餘首，文
　　　行於世，坐被徙廢塞，不豫榮伍。〔註176〕

爲父服喪期間與友人作詩唱和，會處以「徙廢塞」的重罰。

　　　《宋書・周朗傳》記載：

　　　　朗尋丁母艱，有孝性，每哭必慟，其餘頗不依居喪常節。大明
　　　四年，上使有司奏其居喪無禮，請加收治。〔註177〕

爲母服喪期間「居喪無禮」也會被懲治。

　　　《南史・齊本紀上》記載：

　　　　烏程令吳郡顧昌玄，坐父法秀宋泰始中北征死亡，屍骸不反，
　　　而昌玄宴樂嬉遊，與常人無異。有司請加以清議。〔註178〕

顧昌玄的父親在西晉泰始年間北征時死亡，但屍骸不能返鄉，時間應該已經
過去了很久，這其實可以適用於「東關之制」，然而這裡可能因爲顧昌玄的行
爲過於引人注目，所以也招致清議。

　　　尤其值得注意的是，一些居喪違禮的內容已經明確成爲律的一部分。《晉
書・殷仲堪傳》記載：

　　　　桂陽人黃欽生父沒已久，詐服衰麻，言迎父喪。府曹先依律詐
　　　取父母卒棄市，仲堪乃曰：「律詐取父母寧依驅罝法棄市。原此之旨，
　　　當以二親生存而橫言死沒，情事悖逆，忍所不當，故同之驅罝之科，
　　　正以大辟之刑。今欽生父實終沒，墓在舊邦，積年久遠，方詐服迎

〔註175〕《晉書》卷六九《劉隗傳》，第 1835～1836 頁。
〔註176〕《宋書》卷五三《謝方明傳附子謝惠連傳》，第 1524 頁。
〔註177〕《宋書》卷八二《周朗傳》，第 2101 頁。
〔註178〕《南史》卷四《齊本紀上》，北京：中華書局，1975 年，第 112 頁。

喪，以此爲大妄耳。比之於父存言亡，相殊遠矣。」遂活之。〔註179〕
如果父母未死而詐言死者當棄市，史料中黃欽生之父早已亡故，他只是詐言
剛死而已，這雖然也是詐僞，但從性質上要減輕不少，因而不當死。

　　與兩漢相比，兩晉、南朝對「匿哀」與「釋服從吉」的態度發生了很大
轉變。在漢代，安葬、奔喪、居喪違禮是不道德的行爲，但兩漢制度並未設
立強制性規定，只是在遇喪給假上爲孝子行一些方便。兩漢對喪禮的基本態
度是允許，但不鼓勵，且基本不懲罰違禮行爲。而兩晉、南朝則有所不同，
如果違背喪禮就會受到清議的壓制，從而嚴重影響仕途。不僅如此，清議對
喪禮的維護幾近苛刻，賦詩、接受款待、用女婢都會受到清議。儘管沒有證
據表明安葬、奔喪、居喪等內容是否入律，但已有制度明確規定了父死不葬，
奔喪、居喪違禮的行政處罰。詐言父死已經成爲律的一部分。

　　綜上所述，這一時期的總體趨勢是，朝廷制度逐漸爲孝德讓步，儘管在
政治軍事鬥爭激烈的當口，「忠」會暫時壓倒「孝」，但是亂局畢竟是短暫的，
孝壓過忠的趨勢仍是兩晉南朝的主流。

（三）十六國北朝對匿哀與釋服從吉的規定

　　相比兩晉南朝對安葬、舉哀、居喪的諸多規定，十六國、北朝對這些問
題的規定顯得粗疏得多。十六國時期的史料稀少，只有前述前燕廷尉監常煒
上言與此問題相涉：

> 「大燕雖革命創制，至於朝廷銓謨，亦多因循魏晉，唯祖父不
> 殯葬者，獨不聽宦身清朝，斯誠王教之首，不刊之式。然禮貴適時，
> 世或損益，是以高祖制三章之法，而秦人安之。自頃中州喪亂，連
> 兵積年，或遇傾城之敗，覆車之禍，坑師沈卒，往往而然，孤孫煢
> 子，十室而九。兼三方岳峙，父子異邦，存亡吉凶，杳成天外。或
> 便假一時，或依贏博之制。孝子麋身無補，順孫心喪靡及，雖招魂
> 虛葬以敘罔極之情，又禮無招葬之文，令不此載。若斯之流，抱琳
> 琅而無申，懷英才而不齒，誠可痛也。恐非明揚側陋，務盡時珍之
> 道。吳起、二陳之疇，終將無所展其才幹。漢祖何由免於平城之圍？
> 郅支之首何以懸於漢關？謹案《戊辰詔書》，蕩清瑕穢，與天下更始，
> 以明惟新之慶。五、六年間，尋相違伐，於則天之體，臣竊未安。」
> 儁曰：「煒宿德碩儒，練明刑法，覽其所陳，良足採也。今六合未寧，

〔註179〕《晉書》卷八四《殷仲堪傳》，第 2194～2195 頁。

喪亂未已，又正當搜奇拔異之秋，未可才行兼舉，且除此條，聽大
同更議。」〔註180〕

這則史料中，首先肯定了「唯祖父不殯葬者，獨不聽官身清朝」的合理性，
但也提出了「禮貴適時」的說法，意在反對實行這條魏晉之制。原因主要在
於，當時戰亂的條件下，「坑師沈卒」、「父子異邦」的情況很常見，如果嚴格
遵循此制，則埋沒大量人才，不利於緊迫的軍事鬥爭。當時，前燕雖據有中
原之地，但南有東晉，西有前秦，因而「正當搜奇拔異之秋，未可才行兼舉」，
只好為「才」而屈「行」了，這正是王朝尚未穩定時期「忠」壓過「孝」的
表現。值得注意的是，東晉乃至南朝同樣在處理「坑師沈卒」、「父子異邦」
的情況時一直要援引久遠的「東關之制」來制約孝道，而且即便可以出仕也
要為父祖服喪期滿後才可以為官，為解決這個問題可以說是頗費周折。前燕
雖也照搬了這一制度，但解決上則非常乾脆地「且除此條」，這說明在前燕的
政治中，支持這一孝德的力量遠弱於東晉南朝朝廷中的支持力量，諸如「唯
祖父不殯葬者，獨不聽官身清朝」此類條文，只是前燕朝廷拿來充門面，標
榜漢制的工具罷了。

十六國時期，政局混亂，各個政權存在時間不長，在制度上幾乎無所創
建。下文主要考察北魏制度對安葬、舉哀、服喪問題的規定。《宋書‧索虜傳》
載：

是歲，燾伐芮芮虜，大敗而還，死者十六七。不聽死家發哀，
犯者誅之。〔註181〕

這是南朝宋元嘉二十年，北魏太武帝太平真君四年，伐蠕蠕之役。《魏書》記
載：「真君四年，車駕幸漠南，……車駕至鹿渾谷，與賊將遇，吳提遁走，追
至頽根河，擊破之。車駕至石水而還。五年，復幸漠南，欲襲吳提，吳提遠
遁，乃還。」〔註182〕雖未明言失敗，但這次大舉進攻並未獲重大戰果，只是
逼得蠕蠕「遠遁」，而且「鎮北將軍封沓亡入蠕蠕」，〔註183〕可以想見，這次
戰爭北魏勞師無功卻損失不小。此後北魏連續出擊，最終在太平真君十年取
得「蠕蠕亦怖威北竄，不敢復南」〔註184〕的戰果。由此可以推斷，北魏身處

〔註180〕《晉書》卷一一〇《慕容儁載記》，第2838～2839頁。
〔註181〕《宋書》卷九五《索虜傳》，第2338頁。
〔註182〕《魏書》卷一〇三《蠕蠕傳》，第2294頁。
〔註183〕《魏書》卷四下《太武帝紀》，第96頁。
〔註184〕《魏書》卷一〇三《蠕蠕傳》，第2295頁。

蠕蠕、南朝宋兩面夾擊之下，急切要求解決北部邊境的安全問題，在這種環境下，對於北魏統治者來說，收葬、發哀等禮節幾乎等同於阻礙士氣的繁文縟節，因而會有「不聽死家發哀，犯者誅之」的嚴厲規定，這是在緊急的軍事鬥爭中忽略孝德的表現。

《魏書・張讜傳》所載事例也能說明北魏對於奔喪、居喪等孝行的態度：

> 讜性開通，篤於撫恤，青齊之士，雖疏族末姻，咸相敬視。李
> 敷、李訢等寵要勢家，亦推懷陳款，無所顧避。畢眾敬等皆敬重之，
> 高允之徒亦相器待。延興四年卒。贈平南將軍、青州刺史，諡康侯。
> 子敬伯，求致父喪，出葬冀州清河舊墓，久不被許，停柩在家積五
> 六年。第四子敬叔，先在徐州，初聞父喪，不欲奔赴，而規南叛，
> 爲徐州所勒送。至乃自理，後得襲父爵。〔註185〕

張讜是由宋入魏的重要官員，史載：「東徐州刺史張讜所戍團城，領二郡而已。徐兗降後，猶閉門拒命，授以方岳，始乃歸降。父子二人，並蒙侯爵。」〔註186〕雖祖籍清河，但長期在南方仕宦，因而朝廷對其子「致父喪，出葬冀州清河舊墓」的請求猶豫了很久。這是北魏朝廷對南方降人的政策把握不定的表現，但客觀上也迫使其停喪五六年不得下葬，體現了亂世政局對孝道的壓抑。其子敬叔「初聞父喪，不欲奔赴」，若是在南朝，這種行爲早已置之清議，但並未見北魏朝廷對這種延期奔喪的行爲有任何非議，反而「得襲父爵」，這同樣源於他們南方降人的身份。北魏朝廷爲了懷柔南方降人，對喪禮不謹這種「小事」並不予以責怪。在這種政治環境下，制度上很難仿傚兩晉、南朝對安葬、奔喪的規定。

《魏書・賈禎傳》記載：

> 潤曾孫禎，字叔願。學涉經史，居喪以孝聞。太和中，爲中書
> 博士，副中書侍郎高聰使於江左。還，以母老患，輒過家定省，坐
> 免官。〔註187〕

太和年間，正值文明太后和孝文帝推行漢化改革時期，不光魏晉之制，南朝宋、齊所發展的新制都是北魏的借鑒對象。早在東晉末年，就有「省父母之疾，而加以罪名，悖義疾理，莫此爲大」的觀點，並促成「自二品以上父母

〔註185〕《魏書》卷六一《張讜傳》，第 1369 頁。
〔註186〕《魏書》卷四三《劉休賓傳》，第 967 頁。
〔註187〕《魏書》卷三三《賈彝傳附賈禎傳》，第 794 頁。

沒者，墳墓崩毀及疾病族屬輒去，並不禁錮」的規定。〔註188〕可是到了北魏，仍然對官員私自省母疾加以禁止，並課以免官的責罰。可見北魏漢化對南制吸收的選擇性，至少在官員私自探視親人疾病的問題上，還不能做到像東晉南朝那樣優容孝道。

類似的例子還有《周書·趙剛傳》所記：

> 趙剛，字僧慶，河南洛陽人也。曾祖蔚，魏并州刺史。祖寧，高平太守。父和，太平中，陵江將軍。南討度淮，聞父喪，輒還。所司將致之於法，和曰：「罔極之恩，終天莫報。若許安厝，禮畢而即罪戮，死且無恨。」言訖號慟，悲感傍人。主司以聞，遂宥之。喪畢，除寧遠將軍。〔註189〕

這則材料也反映出，趙剛因「輒還」奔喪差點受到懲罰。

又如《魏書·裴仲規傳》記載：「仲規父在鄉疾病，棄官奔赴，以違制免。久之，中山王英征義陽，引爲統軍，奏復本資。於陳戰歿，時年四十八。」〔註190〕直到北魏後期，因父母重病而棄官奔赴仍屬於違制而受到免官處罰。

在這種環境下，北魏對居喪違禮行爲的規定也不是很嚴格。《魏書·元諡傳》載：

> 諡在母喪，聽音聲飲戲，爲御史中尉李平所彈。遇赦，復封。〔註191〕

史載元諡「世宗初，襲封」，〔註192〕這時的北魏已經歷了孝文帝的漢化改革，對東晉南朝的制度多有吸收，但這個事例所見朝廷對喪中「聽音聲飲戲」的處罰，要遠輕於東晉南朝，這反映出北魏儘管進行了劇烈的改革，但是忠孝並重、忠先於孝的原則仍未改變。

史籍中所記居喪違禮的事例還有如《魏書·夏侯道遷傳》載：「長子夬，字元廷。歷位前軍將軍、鎮遠將軍、南兗州大中正。夬性好酒，居喪不戚，醇醲肥鮮，不離於口。沽買飲啖，多所費用。父時田園，貨賣略盡，人間債負數猶千餘匹，穀食至常不足，弟妹不免飢寒。」〔註193〕

〔註188〕《宋書》卷六四《鄭鮮之傳》，第1696頁。
〔註189〕《周書》卷三三《趙剛傳》，北京：中華書局，1971年，第572頁。
〔註190〕《魏書》卷六九《裴延儁傳附裴仲規傳》，第1533頁。
〔註191〕《魏書》卷二一上《趙郡王幹附子諡傳》，第543頁。
〔註192〕《魏書》卷二一上《趙郡王幹附子諡傳》，第543頁。
〔註193〕《魏書》卷七一《夏侯道遷傳》，第1584頁。

北朝政治相對南朝來說更爲動蕩，因而對舉哀、居喪等孝行往往難以顧及，但畢竟舉哀、居喪是社會最基本的倫理道德，政權一旦穩定下來，還會對其加以規範。《魏書·李彪傳》載：

> （李彪）冒死上封事七條……其七曰：《禮》云：臣有大喪，君三年不呼其門。此聖人緣情制禮，以終孝子之情者也。周季陵夷，喪禮稍亡，是以要絰即戎，素冠作刺，逮於虐秦，殆皆泯矣。漢初，軍旅屢興，未能遵古。至宣帝時，民當從軍屯者，遭大父母、父母死，未滿三月，皆弗徭役；其朝臣喪制，未有定聞。至後漢元初中，大臣有重憂，始得去官終服。暨魏武、孫、劉之世，日尋干戈，前世禮制復廢而不行。晉時鴻臚鄭默喪親，固請終服，武帝感其孝誠，遂著令以爲常。聖魏之初，撥亂反正，未遑建終喪之制。今四方無虞，百姓安逸，誠是孝慈道洽，禮教興行之日也。然愚臣所懷，竊有未盡。伏見朝臣丁父憂者，假滿赴職，衣錦乘軒，從郊廟之祀，鳴玉垂綏，同節慶之宴，傷人子之道，虧天地之經。愚謂如有遭大父母、父母喪者，皆聽終服。若無其人有曠庶官者，則憂旨慰喻，起令視事，但綜司出納敷奏而已，國之吉慶，一令無預。其軍戎之警，墨縗從役，雖愆於禮，事所宜行也。如臣之言少有可採，願付有司別爲條制。高祖覽而善之，尋皆施行。〔註194〕

這則材料很好地總結了北魏對舉哀、居喪等倫理採取政策的轉變過程。北魏初建之時，政治軍事鬥爭嚴峻，因而「未遑建終喪之制」。等到政治局勢穩定後，主要矛盾已不是軍事鬥爭而是社會治理，這就需要弘揚孝德。但是對孝德的推崇也要以保障國家行政效率爲前提，所以在一些繁劇之任上仍要求官員起復視事，只是允許其不參與國家吉慶禮儀罷了。這個例子雖然還嫌簡陋，但已經體現出隋唐舉哀、居喪之制的影子。

十六國北朝對安葬、舉哀、居喪的規定不如兩晉南朝嚴格，究其原因大致有兩點：第一，漢化過程中，對漢、魏、晉的制度兼容並包，不獨取法兩晉南朝。第二，清議不如南朝重要，清議反映的是士族的文化與傳統，因而這背後又透露出南北世家大族對政治之影響力的不同。正是由於北朝「忠先於孝」的特點，使得北朝政權體現爲明顯的進取性和事功性，相比南朝的「爲孝屈忠」，北朝更能在南北對峙格局中佔據優勢。

〔註194〕《魏書》卷六二《李彪傳》，第1388～1389頁。

二、禮俗無定則法無定法——魏晉南北朝舉哀、居喪的禮與俗

通過上文的考察可以看出，魏晉南北朝突破了兩漢制度「重生不重死」的趨向，對安葬、舉哀、居喪的制度規定頗爲繁雜，但南、北有別。在東晉南朝，喪禮中稍有不謹，便會招來清議。北朝對此類問題的規定雖不及南朝，但也有模仿學習的意圖。

值得注意的是，這一時期，南北制度雖然都對安葬、舉哀、居喪等禮節做出了一些規定，但仍很分散，沒有體系，尤其是在現存律令條文中難以找到對這些問題的直接規定。違背喪禮的問題多通過清議的形式解決，這也是北朝在對居喪違禮的處置上不如南朝嚴格的原因之一。

通過清議來處理違背喪禮的事件，特點是靈活機動，可以對不同情況下的違禮行爲給與處罰。然而，律令條文的特點恰在於它的固定化，不可隨意性。多清議而少律令的現象說明，魏晉南北朝時期，還不確定哪些行爲屬於違背喪禮的範疇，因而無法確立相對固定的法條。下面考察魏晉南北朝時期關於安葬、舉哀、居喪等行爲的禮與俗，藉以探究無定法的原因。

（一）禮無定禮

一般認爲，中華法系「儒家化」的高峰從《晉律》開始。〔註195〕的確，從西晉開始，「八議」、容隱、按親屬等級治罪等儒家化色彩濃重的內容逐漸出現在律令之中。不過，還很少發現有明確的法律條文對奔喪、舉哀、安葬、居喪等行爲加以規定，推究其中原因，當時對於舉哀、居喪之「禮」尚無定論是重要影響因素，這最爲明顯地體現在如何對居喪期限加以確定。

《魏書・禮志四》記載了一則事例：

> 延昌二年春，偏將軍乙龍虎喪父，給假二十七月，而虎並數閏月，詣府求上。領軍元珍上言：「案違制律，居三年之喪，而冒哀求仕，五歲刑。龍虎未盡二十七月而請宿衛，依律結刑五歲。」三公郎中崔鴻駁曰：「三年之喪，二十五月大祥。諸儒或言祥月下旬而禫，或言二十七月，各有其義，未知何者會聖人之旨。龍虎居喪已二十六月，若依王、杜之義，便是過禫即吉之月；如其依鄭玄二十七月，

〔註195〕參見陳寅恪：《隋唐制度淵源略論稿》，北京：三聯書店，2001年，第111～112頁。瞿同祖除認同《晉律》儒家化程度明顯外，還指出「儒家化」過程自漢代就開始了，儒家系統地修改法律自曹魏始。參見瞿同祖：《中國法律與中國社會》，第330～337頁。

> 禫中復可以從御職事。《禮》云：『祥之日鼓素琴。』然則大祥之後，
> 喪事終矣。既可以從御職事，求上何爲不可？若如府判，禫中鼓琴，
> 復有罪乎？求之經律，理實未允。」〔註196〕

這件事很典型地反映了禮制未定給此類倫理類案件造成的麻煩。《魏律》所規定的「居三年之喪，而冒哀求仕，五歲刑」，是律令對服喪未滿而求出仕的官員的明文懲罰，爭論者對這點毫無異議。這是一則很好地體現了北魏將儒家久喪之倫理納入律文的例子，卻在執行律文時遇到了難題，也就是在如何界定「三年之喪」上發生了爭論，這源於對《儀禮》和《禮記》所載「中月而禫」〔註197〕的不同理解。「禫」即禫制，是居喪的最後一個祭祀環節，之後生活便恢復正常。東漢鄭玄解釋這句話爲「中猶間也。禫，祭名也，與大祥間一月。自喪至此，凡二十七個月。」〔註198〕也就是說，大祥祭是服喪第二十五個月，間隔一月，第二十七個月禫制，這樣喪期是二十七個月。三國時期，王肅將「中月」理解爲當月之中，〔註199〕這樣就成爲大祥祭當月禫制，喪期是二十五個月。上述史料反映的爭論之所以產生，就是因爲雙方論者分別引述了鄭玄與王肅的理論作爲依據。元珍認同鄭玄的說法，認爲「王、杜，禫祥同月，全乖鄭義」。〔註200〕而崔鴻則不以爲然，認爲「鄭玄以中爲間，王、杜以爲是月之中。鄭亦未爲必會經旨，王、杜豈於必乖聖意」。〔註201〕從此案案情來看，「給假二十七月」說明，北魏時官方設定的喪期應爲鄭玄之論，但雙方爭執不下又說明制度並不穩固，可見這個問題在當時遠非定制。

從元珍的駁議可知，魏晉之際這個問題就有爭論。「檢王、杜之義，起於魏末晉初。及越騎校尉程猗贊成王肅，駁鄭禫二十七月之失，爲六徵三驗，上言於晉武帝曰：『夫禮國之大典，兆民所日用，豈可二哉。今服禫者各各不同，非聖世一統之謂。鄭玄說二十七月禫，甚乖大義。臣每難鄭失，六有徵，三有驗，初未能破臣難而通玄說者。』如猗之意，謂鄭義廢矣。」〔註202〕

〔註196〕《魏書》卷一〇八之四《禮志四》，第 2796 頁。
〔註197〕（清）阮元校刻：《禮記正義》卷五十七《間傳》，第 432 頁下～433 頁上。
〔註198〕（清）阮元校刻：《儀禮注疏》卷四十三《士虞禮》，第 232 頁中。
〔註199〕鄭、王二說針對禫制的矛盾可參見張煥君：《從鄭玄、王肅的喪期之爭看經典與社會的互動》，《清華大學學報（哲學社會科學版）》2006 年第 6 期。
〔註200〕《魏書》卷一〇八之四《禮志四》，第 2797 頁。
〔註201〕《魏書》卷一〇八之四《禮志四》，第 2798 頁。
〔註202〕《魏書》卷一〇八之嘴《禮志四》，第 2797 頁。

王肅極力反對鄭玄觀點，處處標新立異，由於其為司馬氏姻親的政治地位，西晉初年，鄭玄之論就被西晉官方廢除了，但到了南朝，情況又有變化。

> 永初二年，奏曰：「鄭玄注《禮》，三年之喪，二十七月而吉，古今學者多謂得禮之宜。晉初用王肅議，祥禫共月，故二十五月而除，遂以為制。江左以來，唯晉朝施用，縉紳之士，多遵玄義。夫先王制禮，以大順群心。喪也寧戚，著自前訓。今大宋開泰，品物遂理。愚謂宜同即物情，以玄義為制，朝野一禮，則家無殊俗。」
>
> 從之。〔註203〕

這則材料反映出，從西晉至東晉，官方一直採用王肅之論，直到「大宋開泰」才又「以玄義為制」。《晉書‧禮志中》所記載西晉泰始十年的一次討論中也提到「今制，將吏諸遭父母喪，皆假寧二十五月。」〔註204〕值得注意的是，雖然自西晉初已不採用鄭玄之論，但是「江左以來，唯晉朝施用，縉紳之士，多遵玄義」，在東晉百餘年的時間裏，晉朝宗王肅而縉紳則「多遵玄義」。

綜上，可以看出，在居喪之禮上，北魏官方規定的是二十七個月，兩晉規定的是二十五個月，但在北魏有崔鴻對鄭玄之論的質疑，在南朝宋則改變了兩晉的規定而採納鄭玄之論。無論南北王朝，在關於喪期的問題上都不斷出現爭論和改變，而且，西晉以「兆民所日用，豈可二哉」的理由認定王肅，劉宋又以「唯晉朝施用，縉紳之士，多遵玄義」為依據否定王肅，兩者都認為自己所規定的才是符合禮之本意的。鄭、王二論各有依據，無法截然判斷何者更符合經義，更不能據某一則材料就判斷誰更被「縉紳」所認同。但可以明確的是，魏晉南北朝的喪禮理論與縉紳喪禮的實踐皆莫衷一是，因此才會造成無論官方採納何種理論都會與社會脫節的現象。就連最基本的居喪之期都無法達成共識，建立在此之上的居喪違禮、冒哀求仕等罪，自然也就很難落實。「以禮入法」之下，禮無定禮則法無定法。

（二）俗無定俗

禮源於俗，且因俗而定。這一時期，禮無定禮之外，在舉哀、居喪事例中所體現的風俗更是多種多樣，遠超出儒家喪禮的內涵。主要體現在以下幾個方面：

〔註203〕《宋書》卷六○《王准之傳》，第 1624 頁。
〔註204〕《晉書》卷二○《禮志中》，第 620 頁。

一、爲當世所推崇的孝行中夾雜很多儒家儀式以外的內涵。

《魏書·崔浩傳》載:「初,浩父疾篤,浩乃剪爪截髮,夜在庭中仰禱斗極,爲父請命,求以身代,叩頭流血,歲餘不息,家人罕有知者。及父終,居喪盡禮,時人稱之。」〔註205〕將北斗與北極星視作天空的中心並主宰了世間萬物,這種觀念是自遠古以來就有的信仰。〔註206〕《南史·孝義傳下·韓懷明傳》也記載:「韓懷明,上黨人也。客居荊州。十歲,母患尸疰,每發輒危殆。懷明夜於星下稽顙祈禱,時寒甚切,忽聞香氣,空中有人曰:「童子母須臾永差,無勞自苦。」未曉而母平復,鄉里以此異之。十五喪父,幾至滅性,負土成墳,賻助無所受。」〔註207〕「夜於星下稽顙祈禱」很有可能也是斗極信仰的表現。

二、儒家喪禮各項禮儀規定的意義本來在於:「三日而食,三月而沐,期而練,毀不滅性,不以死傷生也。喪不過三年,苴衰不補,墳墓不培,祥之日,鼓素琴,告民有終也,以節制者也。」〔註208〕即對喪禮中的悲哀有所節制,但在南北朝社會極端推崇孝德的背景下,「哀毀過禮」盛行,湧現出很多極端的「孝子」。如《魏書·辛雄傳》載:「父於郡遇患,雄自免歸,晨夜扶抱。及父喪居憂,殆不可識,爲世所稱。」〔註209〕《魏書·辛紹先傳》載:「有至性,丁父憂。三年口不甘味,頭不櫛沐,髮遂落盡,故常著垂裙皂帽。」〔註210〕《魏書·任城王雲傳》載:「以父憂去職,哭泣嘔血,身自負土。時年二十五,便有白髮,免喪抽去,不復更生,世人以爲孝思所致。」〔註211〕《周書·荊可傳》「荊可,河東猗氏人也。性質樸,容止有異於人。能苦身勤力,供養其母,隨時甘旨,終無匱乏。及母喪,水漿不入口三日。悲號擗踊,絕而復蘇者數四。葬母之後,遂廬於墓側。晝夜悲哭,負土成墳。蓬髮不櫛沐,菜食飲水而已。然可家舊墓,塋域極大,榛蕪至深,去家十餘里。而可獨宿其中,與禽獸雜處。哀感遠近,邑里稱之。」〔註212〕《南史·劉慧斐附曇淨傳》載:「子曇淨,字元光,篤行

〔註205〕《魏書》卷三五《崔浩傳》,第812頁。
〔註206〕韋兵:《斗極觀念與晚周秦漢的黃老之學——兼論楚簡「天心」》,四川大學碩士學位論文,2003年。
〔註207〕《南史》卷七四《孝義下·韓懷明傳》,第1842頁。
〔註208〕(清)阮元蹢刻:《禮記正義》卷六十三《喪服》,第467頁上。
〔註209〕《魏書》卷七七《辛雄傳》,第1691頁。
〔註210〕《魏書》卷四五《辛紹先傳》,第1025頁。
〔註211〕《魏書》卷一九中《任城王雲傳》,第481頁。
〔註212〕《周書》卷四六《孝義·荊可傳》,第830頁。

有父風，解褐安成王國左常侍。父卒於郡，曇淨奔喪，不食飲者累日，絕而又蘇，每哭輒嘔血。服闋，因毀成疾。」〔註213〕《南史·吉翂傳》載：「吉翂字彥霄，馮翊蓮勺人也。家居襄陽。翂幼有孝性，年十一遭所生母憂，水漿不入口，殆將滅性，親黨異之。」〔註214〕

還有極端的「孝女」，如《北史·貞孝女宗傳》載：「貞孝女宗者，趙郡柏人人，趙郡太守李叔胤之女，范陽盧元禮之妻也。性至孝，父卒，號慟幾絕者數四，賴母崔氏慰勉之，得全。三年之中，形骸銷瘠，非人不起。及歸夫氏，與母分隔，便飲食日損，涕泣不絕，日就羸篤。盧氏闔家慰喻，不解。因遣歸寧還家，乃復故。如此者八九焉。及元禮卒，李追亡撫遺，事姑以孝謹著。母崔終於洛陽，凶問初到，舉聲慟絕，一宿乃蘇，水漿不入口者六日。其姑慮其不濟，親送奔喪，而氣力危殆，自范陽向都，八旬方達。攀櫬號踴，遂卒。有司以狀聞，詔追號貞孝女宗，易其裏爲孝德里，樹李、盧二門，以敦風俗。」〔註215〕

三、禮文中規定的哀痛程度有等級之別，只有喪主才應表現的最哀痛，其他人的哀痛程度逐次減殺，兒童更是被理智地設定爲因年幼而不知哀痛。可是這個時期，似乎每個人都哀痛至極，更有神奇的兒童天賦異稟，生而知孝。《南史·甄恬傳》載：「甄恬字彥約，中山無極人也，世居江陵。數歲喪父，哀感有若成人。家人矜其小，以肉汁和飯飼之，恬不肯食。年八歲，嘗問其母，恨生不識父，遂悲泣累日。忽若有見，言形貌則其父也，時以爲孝感。家貧養母，常得珍羞。及居喪，廬於墓側，恒有鳥玄黃雜色集於廬樹，恬哭則鳴，哭止則止。又有白鳩、白雀棲宿其廬。州將始興王憺表其行狀，詔旌表門閭，加以爵位。恬官至安南行參軍。」〔註216〕

四、儒家喪禮按照血緣遠近有明顯的等級性，用來體現親屬的遠近。可是，南北朝很多人爲了體現自己的德行，不僅爲父母居喪過禮，甚至旁及兄弟、朋友。《魏書·房法壽傳》載：「景伯性淳和，涉獵經史，諸弟宗之，如事嚴親。及弟妓亡，蔬食終喪，期不內御，憂毀之容，有如居重。其次弟景先亡，其幼弟景遠期年哭臨，亦不內寢。鄉里爲之語曰：『有義有禮，房家兄

〔註213〕《南史》卷七六《隱逸下·劉慧斐附曇淨傳》，第1903頁。
〔註214〕《南史》卷七四《孝義下·吉翂傳》，第1839頁。
〔註215〕《北史》卷九一《列女·貞孝女宗傳》，北京：中華書局，1974年，第3001頁。
〔註216〕《南史》卷七四《孝義下·甄恬傳》，第1841頁。

弟。』延尉卿崔光韶好標榜人物，無所推尚，每云景佰有士大夫之行業。及母亡，景伯居喪，不食鹽菜，因此遂爲水病，積年不愈。孝昌三年，卒於家，時年五十。贈左將軍、齊州刺史。〔註217〕《南史·荀匠傳》：「荀匠字文師，穎陰人，晉太保勖九世孫也。祖瓊，年十五復父仇於成都市，以孝聞，宋元嘉末，度淮，逢武陵王舉義，爲元凶追兵所殺，贈員外散騎侍郎。父法超，仕齊爲安復令，卒官。匠號慟氣絕，身體皆冷，至夜乃蘇。既而奔喪，每宿江渚，商侶不忍聞其哭聲。梁天監元年，其兄斐爲鬱林太守，征俚賊，爲流矢所中，死於陣。喪還，匠迎於豫章，望舟投水，傍人赴救，僅而得全。及至，家貧不得時葬，居父憂並兄服，歷四年不出廬戶。自括髮不復櫛沐，髮皆禿落，哭無時。聲盡則係之以泣，目眥皆爛，形骸枯悴，皮骨裁連，雖家人不復識。郡縣以狀言，武帝詔遣中書舍人爲其除服，擢爲豫章王國左常侍。匠雖即吉，而毀悴逾甚，外祖孫謙誡之曰：『主上以孝臨天下，汝行過古人，故擢汝此職。非唯君父之命難拒，故亦揚名後世，所顯豈獨汝身哉。』匠乃拜，竟以毀卒。」〔註218〕

以上例證只是略舉眾多極端孝行中的一小部分，但也可以管窺南北朝時期舉哀、居喪之風俗。正是因爲全社會對孝極端的推崇，才鼓勵了這些行爲的出現，但這種風俗反而會導致傳統儒家喪禮秩序被衝擊。

第四節　隋唐時期的「匿哀」與「釋服從吉」

魏晉南北朝對舉哀、居喪的禮、制、法都還處在不斷探索變化的過程中，特點是紊亂與創新並存，而且隨著政權更迭頻有反覆。隋唐則不然，長時間的統一王朝使其有充足的時間從禮、制、法各方面對舉哀、居喪問題做一個總結、提煉與昇華。

這個時期在舉哀、居喪上最顯著的制度成就體現爲《唐律疏議》中的匿哀罪與釋服從吉罪。但考慮到舉哀、居喪等制度的源頭在禮，朝廷又參考禮來制定行政規定，這兩者的內容都是正面的設範立制。刑律形式上是對違背規範的懲罰，內容上是對反面現象的懲戒。下文將先從隋唐禮制和行政性規定等正面規範開始，然後再介紹違反這些正面規定後刑律的懲戒方式。

〔註217〕《魏書》卷四三《房法壽傳》，第 977 頁。
〔註218〕《南史》卷七四《孝義下·荀匠傳》，第 1839 頁。

一、隋唐時期舉哀、奔喪、居喪的禮與制

魏晉南北朝舉哀、居喪的核心問題是朝廷行政效率與個人孝行的矛盾。緊張的政治軍事鬥爭要求有較高的行政效率，而世家大族的禮法規範是個人孝行的驅動力。因而，舉哀、居喪之禮的發展伴隨著朝廷與世家大族間的博弈，制度的種種混亂與反覆也伴隨著兩者的鬥爭。正因如此，在軍政事務緊急的情況下，甚至有「不聽死家發哀」〔註219〕的規定，而在承平時又會有孝文帝親講喪服、執意親服三年之喪的孝行，以及多種多樣的超出禮法的孝行。隋唐作爲統一王朝，在舉哀、居喪上應該解決的核心問題是：規範喪禮秩序和國事與私喪的順序。

（一）隋唐時期的舉哀、居喪之禮

要規範喪禮，同時理順國事與私喪的關係，首先必須制定新禮，而由誰掌握制禮的主導權則決定了禮的內容的傾向性。隋初制禮的第一項工作是總結過往之禮：

> 開皇初，高祖思定典禮。太常卿牛弘奏曰：「聖教陵替，國章殘缺，漢、晉爲法，隨俗因時，未足經國庇人，弘風施化。且制禮作樂，事歸元首，江南王儉，偏隅一臣，私撰儀注，多違古法。就盧非東階之位，凶門豈設重之禮？兩蕭累代，舉國遵行。後魏及齊，風牛本隔，殊不尋究，遙相師祖，故山東之人，浸以成俗。西魏已降，師旅弗遑，賓嘉之禮，盡未詳定。今休明啓運，憲章伊始，請據前經，革茲俗弊。」詔曰：「可。」弘因奏徵學者，撰《儀禮》百卷。悉用東齊《儀注》以爲準，亦微採王儉禮。修畢，上之，詔遂班天下，咸使遵用焉。〔註220〕

牛弘所言點出了漢、晉以至隋初禮制的問題。首先，在禮和俗的關係上，「隨俗因時，未足經國庇人，弘風施化」，都指的是禮不能移風易俗，反而被俗牽著走，當然所謂俗更多還是指士族的家法。其次，是制禮之權，「制禮作樂，事歸元首，江南王儉，偏隅一臣，私撰儀注，多違古法」，指在禮的制定上朝廷未能占主導地位，反而將私人撰述長時間奉爲圭臬。所以相應地，隋初制禮的原則也有兩個：一是以「前經」爲依據割除弊俗，二是朝廷將在制定禮儀上佔據主導。可以說，這兩個原則貫穿隋唐制禮的過程。

〔註219〕《宋書》卷九五《索虜傳》，第 2338 頁。
〔註220〕《隋書》卷八《禮儀三》，北京：中華書局，1973 年，第 156 頁。

1、追尋「前經」，居喪、舉哀等禮的有序化

喪祭禮儀本來就有著極為複雜的程序，再加上與先秦巨大時代差異，南北朝禮學家在解釋喪祭之禮時難以統一意見，往往各持一見爭論不下。隋唐對舉哀、奔喪、居喪之禮的處理沒有延續南北朝的爭論，而且還繞過南北朝的繁瑣辯難，加以簡約，這正是牛弘所說「前經」的意義。隋朝的喪禮所存不多，下面就僅存之內容對比南北朝加以討論。

居喪是喪禮中容易產生爭議的環節，〔註221〕其中如何計算服喪期限又是重中之重。古代曆法不精，頻有閏年閏月，因而是否將閏月計入喪期就成為制禮時面臨的一個難題，也就是史籍中所說的「數閏」問題。

數閏的規定，最早可以在《春秋公羊傳》中找到根據。「喪以閏數也」，東漢何休解釋為「喪服大功以下諸喪當以閏月為數」，明確分出了大功之喪作為界限，隨後傳文進一步解釋了大功喪為限的依據，「喪曷為以閏數，喪數略也」，何休解釋為「略猶殺也，以月數恩殺故並閏數」。〔註222〕大功及以下的喪期都不足一年，即「月數」之喪。因為大功以下的喪事相較三年或一年的重喪為輕，即「恩殺」，所以喪期可以將閏月計算在內。這表明，經典著作中早已包含了隨喪事輕重而定不同數閏的安排。

是否數閏取決於喪之輕重也是合乎情理的。不數閏，相當於總的服喪時間加長，適用於重喪；數閏，相當於總的服喪時間不變，適用於大功及以下的輕喪。儘管《公羊傳》記載明確簡練，東晉南朝的禮學家還是能從先秦典籍中找到不同的條文加以辯難。東晉簡文帝崩，一週年之後正是孝武帝寧康二年，即公元374年1月29日至375年2月16日，〔註223〕該年有閏七月，東晉君臣就面臨一個大祥祭日期的問題，是在閏七月舉行還是在正七月舉行，因而引發了巨大的爭論。

博士謝攸、孔粲主張「喪事先遠日」，「祥除應在閏月」；尚書左丞劉遵主張「喪紀之制，歲數者沒閏，而三年之喪閏在始末者，用捨之論，時有不同」，「喪疑從重」，因而「大祥應用閏月晦」；散騎常侍鄭襲也主張「中宗、肅祖皆以閏崩，祥除之變皆用閏之後月，先朝尚爾，閏附七月，用之何疑」，「今者用閏，益合遠日之情也」；吏部郎中劉耽主張「愚謂國祥用閏月晦，既合經

〔註221〕舉哀、奔喪之儀爭議與變化不多，所變者只是「國」變為「州」等。
〔註222〕（清）阮元校刻：《春秋公羊傳注疏》卷二十七，哀公五年，第2347頁下。
〔註223〕陳垣：《二十史朔閏表》，北京：古籍出版社，1956年，第59頁。

傳附前之義，又得遠日伸情之旨。且喪疑從重，古今所同，詳尋理例，謂此
為允」；太常丞殷合主張「忌不可遷，存終月也。祥不必本月，尚遠日也。謂
宜以七月二十八日為忌，閏月晦而祥」。〔註224〕

　　尚書右丞戴謐主張「閏在喪中，略而不計，祥除值閏，外而不取，重周
忌也」；御史中丞譙王臣恬主張「若用閏祥，則虧二十五月之大斷，失周忌之
正典，出於祥月，非卜遠日之謂。二三無據，義實致疑。愚謂正周而除，於
禮為允」。〔註225〕

　　雙方引經據典，爭執不下。按《春秋公羊傳》，重喪不計閏月，祥祭自不
應在閏月，但是東晉禮學家又找到「喪疑從重」、「喪事先遠日」〔註226〕等理
由，因為祥祭後喪服變輕，那麼拖到閏月祥祭則相當於變相地多服了一月喪。
徵引同樣出自先秦經典的記載加以辯駁，顯示了禮學家的學識，不過，也為
國家禮典的制定帶來了困惑。雖然此事的結果是，採用了於正七月祥祭的方
案，但這並不表明當時在數閏問題上已有定論。《通典‧喪遇閏月議》載：

　　　　宋孝武帝孝建元年，湘東國刺稱：「國太妃以去三十年閏六月二
　　十八日薨，未詳周忌當在六月？為取七月？」博士丘邁之議：「閏月
　　亡者，應以本正之月為忌。謂正閏論雖各有所執，商議為允。宜以今
　　六月為忌。」左僕射建平王宏謂：「邁之議不可準據。按晉代及皇代
　　以來，閏月亡者，皆以閏之後月祥。宜以來年七月為祥忌。」〔註227〕

這裡面的問題是，遇有死於閏月的情況，週年的祭祀附於閏之正月，即六月，
還是附於閏之後月，即七月。史料顯示，有人主張應以閏之所附正月為準，
但東晉以來的傳統一直是「閏之後月祥」。這樣，相當於多服了一個月的喪。

　　同是孝武帝時期，還有一次關於這一個問題的爭論：

　　　　大明元年二月，有司又奏：「太常鄱陽哀王去年閏三月十八日
　　薨。今為何月末祥除？」下禮官議正。博士孫休議：「尋三禮，喪遇
　　閏，歲數者沒閏，閏在周內故也。鄱陽哀王去年閏三月薨，月次節
　　物，則是四月之分，應以今年四月末為祥。按晉元、明二帝，並以
　　閏月崩，以閏後月祥。先代成準，則是今比。」太常丞庚蔚之議：「禮，

〔註224〕《通典》卷一○○《喪遇閏月議》，北京：中華書局，1988年，第2651～2653
　　　　頁。
〔註225〕《通典》卷一○○《喪遇閏月議》，第2653～2655頁。
〔註226〕（清）阮元校刻：《禮記正義》卷三《曲禮上》，第1251頁中。
〔註227〕《通典》卷一○○《喪遇閏月議》，第2656頁。

正月存親，故有忌日之感。四時既變，人情亦衰，故有二祥之殺。是則祥忌皆以周月爲議，而閏亡者，明年無其月，不可以無其月而不祥忌，故必宜用所附之月。閏月附正，《公羊》明義，故班固以閏九月爲後九月，月名既不殊，天時亦不異。若用閏之後月，則春夏永革，節候亦殊。縱然人以閏臘月亡者，若用閏後月爲祥忌，則祥忌應在後年正月。祥涉三載，既失周歲之義，冬亡而春忌，又乖致感之本。譬今年末三十日亡，明年末月小，若以去年二十九日親尚存，則應用後年正朝爲忌，此必不然。若其不然，則閏亡者亦可知也。通關並用閏附於正，而正不假閏，得周便祥，何待於閏。且祥忌異月，亦非禮意。」〔註228〕

這次爭論提到了一個論據，即「月次節物」的說法。在閏月附前還是附後的問題上，按照節候來劃分，而太常丞庾蔚之所舉都是一些極端的例子，並非常法，所以會自我矛盾。關於劉宋時的兩次爭論結果都沒有明確記載，退一步講，在各持論據的情形下，即便生硬確定一個結果也無法成爲定制。

齊高帝建元三年，有司奏：「皇太子妃穆以去年七月薨，其年閏九月，未審當數閏月？爲應以閏附正月？若數閏者，南郡王兄弟便應以此四月晦小祥。按杖周服十一月小祥。至於祥月，不爲有疑否？」

左僕射王儉議：「三百六旬，《尚書》明義；文公納幣，《春秋》致譏。《穀梁》云『積分而成月』。先儒咸謂三年周喪，歲數沒閏，大功以下，月數數閏。……今杖周之喪，雖以十一月而小祥，至於祥縞，必須周歲。凡厭屈之禮，要取象正服。」〔註229〕

之前所舉均爲皇帝或其父母的三年重喪，南朝齊的這次爭論則更加複雜，涉及到了期年之服的祥祭之禮。期年之服本來是十一個月小祥，但爭論中對此提出了疑問。有人認爲，十一個月的小祥祭不足一年，應該數閏，也就是需要算上閏九月，於次年四月舉行祥祭。王儉主張「厭屈之禮，要取象正服」，指出雖然「杖周之喪」在第十一個月小祥，不足一年，但總的喪期是滿一年的，即「至於祥縞，必須周歲」，小祥雖不滿一年，但應看作是一種「厭屈」，需按期年之服的規範，不數閏。王儉對禮學十分精通，又在蕭齊建國之初立下大功，因而他的主張得到支持。

〔註228〕《通典》卷一〇〇《喪遇閏月議》，第2656～2657頁。
〔註229〕《通典》卷一〇〇《喪遇閏月議》，第2657頁。

　　陳寅恪先生的指出，蕭梁制度爲南朝後期制度發展的代表，爲北魏孝文帝改革所不及。因而，拿蕭梁的制度和隋制相比，更可以看出隋制的取捨：

　　　　梁天監四年，掌凶禮嚴植之定儀注，以亡月遇閏，後年中祥，
　　疑所附月。帝曰：「閏蓋餘分，月節則各有所隸。若節屬前月，則宜
　　以前月爲忌；節屬後月，則宜以後月爲忌。祥逢閏則宜取遠日。」
　　〔註230〕

蕭梁的規定繼承了南朝禮制注重學術探討的傳統，之前爭論的一個問題是閏月究竟附於前月還是後月，蕭梁則依據「月節則各有所隸」來劃定閏月歸屬。

　　總的來看，南朝對於喪期數閏問題的探討集中在以下兩個問題，一是舉行祭禮是在閏月還是在正月，二是所謂閏月所附之月究竟是前月還是後月，呈現出學術探討爲主、行政規定爲輔的特點。朝廷對待此類問題並不以一刀切式的規定爲準，而是廣泛展開討論，擇善而從。這樣做的好處是，促進了禮學的探討和深入，但缺點是，禮制不定，缺乏一貫的制度規範。

　　北朝見於記載的這方面的爭論則少得多，「延昌二年春，偏將軍乙龍虎喪父，給假二十七月，而虎並數閏月，詣府求上。」〔註231〕應該是三年之喪不數閏月。

　　南北朝，尤其是南朝，對於喪期數閏的問題爭論不休沒有定制，隋初制禮對這個問題加以確定。《隋書》禮儀志中有這樣一項規定：

　　　　三年及期喪，不數閏。大功已下數之。以閏月亡者，祥及忌日，
　　皆以閏所附之月爲正。〔註232〕

隋禮規定三年喪和期年之喪都不計算閏月，大功以下之喪才計算入內。如果去世之日恰在閏月，那麼今後的祭祀之日則以閏月所附之月爲準。隋禮在禮學探討上雖然不如南朝深入，但對統一王朝的行政是有益處的。

　　唐代禮制延續了隋禮對這個問題的規定，《大唐開元禮・王公以下喪通儀》載：

　　　　凡三年周喪不數閏，禫則數之；以閏月亡者，祥及忌日皆以閏
　　所祔之月爲正。〔註233〕

〔註230〕《通典》卷一〇〇《喪遇閏月議》，第2659頁。
〔註231〕《魏書》卷一〇八之四《禮志四》，第2796頁。
〔註232〕《隋書》卷八《禮儀志》，第157頁。
〔註233〕《大唐開元禮》卷一百五十《凶禮・王公以下喪通儀》，北京：民族出版社，
　　　　2000年，第723頁上。

隋唐在居喪數閏問題上的立場反映了重視重喪、限制輕喪的趨勢，尤其是父母之喪，國事可以爲重喪讓路，這個趨勢在其他方面也有顯示。

需要指出的是，所謂「前經」，只是繞過紛繁複雜的南北朝爭論，追溯到東漢經學，絕非更遠的先秦宗法制。西周宗法制下，孝、弟並稱，嫡長子繼承制的目的很大程度是在安排同輩兄弟的地位。因而，西周宗法制下，弟道的實際意義並不弱於孝道。不僅如此，要想維持較大規模的宗族組織，實際需要處理的也更多是同輩兄弟間的關係。從這個意義上來說，孝道是爲了精神上「敬宗」，而弟道是爲了實際生活中的「收族」。先秦的宗法制宗族組織崩潰之後，新建立的秦漢王朝更強調小家庭的倫理，即父子之間的孝道，而排斥弟道。不過，在門閥士族興盛的南北朝，弟道復萌，往往孝悌並稱。如《北史‧竇熾傳》載：「熾事親孝，奉諸兄以悌順聞。」〔註234〕又如《梁書‧始興忠武王憺傳》：「十四年，遷都督荊湘雍寧南梁南北秦七州諸軍事、鎮右將軍、荊州刺史。同母兄安成王秀將之雍州，薨於道。憺聞喪，自投於地，席槁哭泣，不飲不食者數日，傾財產賻送，部伍小大皆取足焉。天下稱其悌。」〔註235〕

針對南北朝時期的無序狀態，唐朝對各等級親屬的舉哀、奔喪做了規範。這從下表所列《大唐開元禮》與《禮記》對奔喪和哭位規定的對比可以看出。

	父 母 之 喪	齊衰之喪	大功之喪	小功之喪	緦麻之喪
禮記	日行百里，不以夜行，唯父母之喪，見星而行，見星而舍。若未得行，則成服而後行。過國至境哭，盡哀而止，哭辟市朝。望其國竟哭。至於家，入門左，升自西階。殯東，西面坐，哭盡哀。括髮袒。降堂東即位，西鄉哭。	齊衰望鄉而哭	大功望門而哭	小功至門而哭	緦麻即位而哭
開元禮	日行百里不以夜行唯父母之喪見星而行見星而舍；過州至境則哭盡哀而止哭避市朝望其州境哭；入門而左，升自西階，殯東，西面憑殯，哭盡哀。少退，再拜，退於序東，披髮，復殯東，西面坐，哭又盡哀。	齊衰望鄉而哭；奔喪者升殯東，西面哭	大功望門而哭	小功至門而哭	緦麻即位而哭

從列表可以清楚看出《開元禮》對《禮記》的模仿，除了將諸侯分封環境下常見的「國」換成「州」之外，實質內容基本因循。從觀念上來看，明

〔註234〕《北史》卷六一《竇熾傳》，第 2176 頁。

〔註235〕《梁書》卷二二《始興忠武王憺傳》，北京：中華書局，1973 年，第 355 頁。

顯地重視父母重喪，對齊衰之下的喪禮各有等差。這相比於魏晉南北朝對父母之外的喪事禮節過度，顯然是一種簡化和規範。

關於三年重喪的月數問題，唐代也大致達成共識。《新唐書・禮樂志十》記載：

> 斬衰三年。正服：子爲父，女子子在室與已嫁而反室爲父。加服：嫡孫爲後者爲祖，父爲長子。義服：爲人後者爲所後父，妻爲夫，妾爲君，國官爲君。王公以下三月而葬，葬而虞，三虞而卒哭。
>
> 十三月小祥，二十五月大祥，二十七月禫祭。〔註236〕

這基本代表了唐代的一般規定。不過唐代也有過關於月數一些爭論，《舊唐書・張柬之傳》記載：「(聖曆初) 時弘文館直學士王元感著論云：『三年之喪，合三十六月。』」〔註237〕王元感爲武后時期大儒，較受武則天賞識，被稱贊爲「究先聖之旨，是謂儒宗，不可多得。」〔註238〕他這次上言意欲變禮暫無資料顯示是何原因，但給了張柬之長文明辨喪期的機會，也使我們能夠瞭解當時唐人關於喪期的一般看法。張柬之首先指出「三年之喪，二十五月，不刊之典也。」〔註239〕隨後援引眾多《春秋》經傳、《尚書》、《禮記》、《儀禮》中的記載來證明。根據漢以來的禮儀傳承，張柬之認爲：「漢初高堂生傳《禮》，既未周備，宣帝時少傅后蒼因淹中孔壁所得五十六篇著《曲臺記》以授弟子戴德、戴聖，慶溥三人，合以正經及孫卿所述，並相符會。列於學官，年代已久。今無端構造異論，既無依據，深可歎息。」〔註240〕

關於長久以來的二十五月與二十七月之爭，張柬之也點出了二者的同質性：「其二十五月，先儒考校，唯鄭康成注《儀禮》『中月而禫』，以『中月間一月，自死至禫凡二十七月』。又解禫云：『言澹澹然平安之意也。』今皆二十七月復常，從鄭議也。踰月入禫，禫既復常，則二十五月爲免喪矣。二十五月、二十七月，其議本同。」〔註241〕張柬之指出當時普遍遵行「鄭議」，即二十七月之制，同時也指出了二十五月後至二十七月內，即「禫制未除」時也屬於免喪，與二十五月之內性質不同。這種細緻的差別也體現在《唐律疏

〔註236〕《新唐書》卷二○《禮樂志十》，第 443 頁。
〔註237〕《舊唐書》卷九一《張柬之傳》，第 2936 頁。
〔註238〕《舊唐書》卷一八九下《王元感傳》，第 4963 頁。
〔註239〕《舊唐書》卷九一《張柬之傳》，第 2936 頁。
〔註240〕《舊唐書》卷九一《張柬之傳》，第 2938 頁。
〔註241〕《舊唐書》卷九一《張柬之傳》，第 2938 頁。

議》之中：「議曰：『冒哀求仕』，謂父母喪，禪制未除及在心喪內者。併合免所居之一官」。〔註242〕說明張柬之這種折衷鄭王的解釋是爲當時所接受的普遍看法。

經過一番駁議，張柬之指責王元感：「今吾子將徇情棄禮，實爲乖僻。」「時人以柬之所駁，頗合於禮典。〔註243〕《新唐書・王元感傳》中也評價此事：「當世謂柬之言不詭聖人，而元感論遂廢。」〔註244〕

《新唐書・韋公肅傳》中一則記載也反映了二十五月爲一服喪結束之重要節點：「初，睿宗祥月，太常奏朔望弛朝，尚食進蔬具，止樂。餘日御便殿，具供奉仗。中書、門下官得侍，它非奏事毋謁。前忌與晦三日、後三日，皆不聽事。忌、晦之明日，百官叩側門通慰。後遂爲常。及是，公肅上言：『《禮》，忌日不樂，而無忌月。唯晉穆帝將納後，疑康帝忌月，下其議有司，於是荀納、王洽等引忌時、忌歲譏破其言。今有司承前所禁，在二十五月限，有弛朝徹樂事。喪除則禮革，王者不以私懷踰禮節，故禪禮徙月樂，漸去其情也，不容追遠，而立禮反重。今茲太常，雖郊廟，樂且停習，是謂反重以慢神也。有司悉禁中外作樂，是謂無故而徹也。願依經誼，裁正其違。』有詔中書門下召禮官、學官議，咸曰宜如公肅所請。制可。」〔註245〕

《因話錄・商部下》中一則記載反映了時人心中對服喪期限的態度：「或傳功曹爲李林甫所召，時在禪制中，謁見，林甫薄之，不復用。蕭遂作伐櫻桃樹賦以刺。此蓋不與者所誣也。功曹孝愛著於士林，李吏部華稱其冒難葬親，豈有越禮之事？此事且下蕭公數等者不爲。余嘗聞外族長老說，林甫聞功曹名，欲見之，知在艱棘。後聞禪制已畢，令功曹所厚之人導意，請於蕭君所居側僧舍一見，遂許之。林甫出中書至寺，自以宰輔之尊，意謂功曹便於下馬處趨見。功曹乃於門內哭以待之。林甫不得已前弔。由此怒其恃才敢與宰相敵禮，竟不問。後余見今丞相崔公鉉，說正同。崔公外祖母柳夫人，亦余族姨，即李北海之外孫也。柳夫人聰明強記，且得於其外族，可爲實錄。」〔註246〕《因話錄》作者不吝筆墨，詳細辯解時間點是「禪制已畢」，地點在「所居側僧舍」，且見面之時「於門內哭以待之」，而絕非傳言「在禪制中，

〔註242〕《唐律疏議》卷三《名例》，第57頁。

〔註243〕《舊唐書》卷九一《張柬之傳》，第2939頁。

〔註244〕《新唐書》卷一九九《王元感傳》，第5668頁。

〔註245〕《新唐書》卷二〇〇《韋公肅傳》，第5721～5722頁。

〔註246〕趙璘：《因話錄》卷三《商部下》，上海古籍出版社，1979年，第90頁。

謁見」。此事孰是孰非已不可確考，但從時人糾結於「禫制」這一時間點的態度來看，服喪二十七月是被普遍接受的觀念。

《新唐書・蔣乂傳》所載張茂宗母喪尚主事中也提到「二十五月而畢」的說法：「張孝忠子茂宗尚義章公主，母亡，遺詔丐成禮。帝念孝忠功，即日召爲左衛將軍，許主下降。乂上疏，以爲：『墨縗禮本緣金革，未有奪喪尚主者。繆盭典禮，違人情，不可爲法。』帝令中使者諭茂宗之母之請，乂意殊堅。帝曰：『卿所言，古禮也。今俗借吉而婚不爲少。』對曰：『偏室窮人子，旁無至親，乃有借吉以嫁，不聞男冒凶而娶。陛下建中詔書，郡、縣主當婚，皆使有司循典故，毋用俗儀。公主春秋少，待年不爲晚，請茂宗如禮便。』帝曰：『更思之。』會太常博士韋彤、裴堪諫曰：『婚禮，主人几筵聽命，稱事立文，謂之嘉，所以承宗廟，繼後嗣也。喪禮，創巨者日久，痛甚者愈遲，二十五月而畢，謂之凶，所以送死報終，示有節也。故大義婦聽，父慈子孝。』」〔註247〕只是在這個例子中，張茂宗母亡而欲尚主，德宗欲結好藩鎮而同欲嫁女，這是政治格局變動而造成的禮制動搖，因而堅持依禮而行的蔣乂等人反而顯得有些迂腐了。

2、「事歸元首」，禮典的官方化

南北朝禮制不穩定，原因很大的程度在於門閥士族的影響，這不僅緣於其在社會和政治上的實力，更是源於其在文化上的優勢。陳寅恪先生指出：「東漢末年，中原喪亂以後，學術重心自京師之太學轉移於地方之豪族。」〔註248〕正說明了這一點。在這種情況下，朝廷並未完全掌握制禮的主導權，如在前述東晉簡文帝之喪是否數閏的問題上，散騎常侍鄭襲就公然引用私家禮法來辯難。《通典・喪遇閏月議》載：

散騎常侍鄭襲議云：「中宗、肅祖皆以閏崩，祥除之變皆用閏之後月。先朝尚爾，閏附七月，用之何疑。荀司徒亦以閏薨，荀家祥亦用閏之後月。諸荀名德相繼，習於禮學，故號爲名宗。」〔註249〕

潁川荀氏興起於東漢，在曹魏、西晉時達到家族鼎盛。〔註250〕荀氏家族內，於禮學最有成就的應首推荀顗。「及蜀平，興復五等，命顗定禮儀。顗上請羊

〔註247〕《新唐書》卷一三二《蔣乂傳》，第4531～4532頁。
〔註248〕陳寅恪：《唐代政治史述論稿》，北京：三聯書店，2001年，第260～261頁。
〔註249〕《通典》卷一○○《喪遇閏月議》，第2652頁。
〔註250〕劉靜夫：《潁川荀氏研究——魏晉南北朝士族門閥個案研究之一》，《西華師範大學學報（哲學社會科學版）》1987年第3期。

祐、任愷、庾峻、應貞、孔顥共刪改舊文，撰定《晉禮》。」後來「以顥爲司徒」。〔註251〕這裡所說的「荀司徒」，應是指荀顥。〔註252〕值的注意的是，對荀氏家禮大加讚賞的鄭襲，實際與荀氏有著緊密的關係。「（荀）羨至鎮，發二州兵，使參軍鄭襲戍淮陰。」〔註253〕荀羨之父荀崧，雖非荀顥的直系後人，但是荀崧「齠齔時，族曾祖顥見而奇之，以爲必興顥門」。〔註254〕鄭襲曾經的直接上司便是「荀司徒」的後人，這就很好理解鄭襲在朝廷議喪禮時爲什麼會盛讚「諸荀名德相繼，習於禮學，故號爲名宗」了。

通過上面的事例，可見南北朝國家禮典的困局。由於禮儀的複雜性和時代的差異性，後世對上古禮文的爭議本來就不可能有一個所謂絕對正確的定論。如果國家禮典不能樹立權威地位，而是放任自由爭論，甚至時時有人公然要以一家之禮來規範國禮，那麼，國家禮典也就只能爭議連連而無法穩固。國家之禮不是學術討論，而是一國之制，要達到定爲一尊的目的，與制禮之權的官方化是分不開的，這正是牛弘所說的「事歸元首」之意。

眞正使朝廷在「禮」上佔據主導，需要從多個方面入手。第一，編纂官方的禮典；第二，在制度上保證禮典的權威性；第三，關於禮的爭論，源於朝廷未能完全控制禮學，因而要從源頭上維護禮典的獨尊地位，就需要朝廷將禮學納入自己的軌道。下面分而述之。

第一，在編纂國家禮典上，隋唐時期先後相繼編修多部禮典。陳寅恪先生曾指出：

> 《唐會要》及《舊唐書》之所謂古禮，……足知即爲隋禮。然則唐高祖時固全襲隋禮，太宗時制定之《貞觀禮》，即據隋禮略有增省，其後高宗時制定之《顯慶禮》，亦不能脫此範圍，玄宗時制定之《開元禮》，乃折中貞觀、顯慶二禮者，故亦仍間接襲用隋禮也。既「後世用之不能大過」，是唐禮不亡即隋禮尤存，其所從出之三源者，亦俱託唐禮而長存也。〔註255〕

這段文字對隋唐幾次修禮的成果和關係做了一個簡單總結。隋唐雖多次修禮，但是體系沒有太大的改變，皆是從隋禮演變而來，而隋禮又源自陳氏

〔註251〕《晉書》卷三九《荀顥傳》，第1151頁。
〔註252〕荀氏家族曾任司徒的還有幾人，但是從時代和禮學成就來看，應指荀顥。
〔註253〕《晉書》卷七五《荀崧傳附子羨傳》，第1981頁。
〔註254〕《晉書》卷七五《荀崧傳》，第1975頁。
〔註255〕陳寅恪：《隋唐制度淵源略論稿》，第68～69頁。

著名的關於隋唐制度淵源「三源說」的論斷。可見，改變內容和體系，並不是隋唐幾次修禮的主要動力。考察幾次修禮的時機可以發現，每次修禮，都伴隨著隋唐王朝高層政治的動向。

《舊唐書》曾簡要回顧隋代制禮的成就，「隋氏平陳，寰區一統，文帝命太常卿牛弘集南北儀注，定《五禮》一百三十篇。煬帝在廣陵，亦聚學徒，修《江都集禮》。由是周、漢之制，僅有遺風。」〔註256〕由於強調「寰區一統」，所以這個總結裏並沒有高祖所修《開皇禮》。史載「（開皇）五年春正月戊辰，詔行新禮。」〔註257〕開皇五年時，隋尚未平陳，但已受周禪，需要新禮來表明新王朝的氣象。而且，北周吞併北齊不久，就面臨周隋禪代，無暇顧及制度修整，開皇修禮也是對北齊制度的一次全面整理和融合。隨著隋朝統一南北，又面臨著一個整合南北禮制的問題，因而會有「（仁壽二年）閏（十）月，甲申，詔楊素、蘇威與吏部尚書牛弘等修定五禮」〔註258〕之舉。關於《江都集禮》的修撰時間，史料記載有異，大約為煬帝即位前後所修。〔註259〕潘徽所做序文尚存，其中充滿了對楊廣的讚頌。「上柱國、太尉、揚州總管、晉王握珪璋之寶，履神明之德，隆化諸傑，藏用顯仁。地居周、邵，業冠河、楚，允文允武，多才多藝。」〔註260〕江都是楊廣經營多年的基地，楊廣選擇在這裡編纂禮典，也是在為自己增加政治資本。

唐代朝廷編修禮典，也是高層政治的反映。通過玄武門之變，唐太宗掌握了政權，此後，他逐漸在各方面將自己塑造為創業之君的形象。〔註261〕高祖朝的制禮成果，僅以「國初草昧，未暇詳定」〔註262〕帶過，《貞觀禮》成為唐代第一部禮典。高宗即位後，「以貞觀禮節文未盡，重加修撰，勒合成百三十卷，至顯慶三年奏上。」〔註263〕這次的成果正是《顯慶禮》。不過，這次修禮從永徽二年開始，直到顯慶三年才結束，遷延日久，原因在於修撰的過程

〔註256〕《舊唐書》卷二一《禮儀志》，北京：中華書局，1975年，第816頁。
〔註257〕《隋書》卷一《高祖紀上》，第22頁。
〔註258〕《資治通鑑》卷一百七十九《隋紀》，北京：中華書局，1956年，第5593頁。
〔註259〕《通典》卷七十《嘉禮》載：「隋大業中，煬帝令學士撰《江都集禮》，只鈔撮禮論，更無異文」，第1926頁；《隋書》卷七六《文學·潘徽傳》載：「晉王廣復引為揚州博士，令與諸儒撰《江都集禮》一部」，第1745頁。
〔註260〕《隋書》卷七六《文學·潘徽傳》，第1746頁。
〔註261〕如唐代官修史籍對李淵、李建成等人功績的抹殺。
〔註262〕《通典》卷四一《禮序》，第1121頁。
〔註263〕《通典》卷四一《禮序》，第1121頁。

中恰好發生了立武則天爲后的爭端。因而，這一次修禮，無論是內容還是主
修人員，處處都體現著高層政治集團間的鬥爭。〔註264〕玄宗開元時期是唐朝
全盛之時，這個時期編修的《開元禮》，也是唐禮的集大成之作，這無疑是當
時長時間政治穩定的反映。

可以看出，隋唐歷次修禮，儘管內容有所損益，但主要還是出自最高統
治者的意願，是高層政治的反映。同時，這也是「事歸元首」的另類表現，
即修禮成爲高層政治鬥爭的一種手段，再也不是世家大族展現禮法門風的形
式了。這種情況下，禮典的「官方化」味道更濃，但是也逐漸形成「禮爲空
名」的趨勢，這是身爲「封建階級」〔註265〕的世家大族在制禮上的影響力消
減造成的後果。

第二，官方化的禮典確定之後，還需要對議禮的活動有所限制，這樣才
能眞正維護禮典的權威。關於議禮的問題，《禮記》曾指出：「非天子不議禮」，
鄭玄解釋作「言作禮樂者必聖人在天子之位。」〔註266〕「天子」意味著政權，
「聖人」代表著文化，《禮記》所論是政統與道統合一的理想狀態，現實中難
以達到。自漢至唐，朝廷一直開放議禮，尤其是南北朝時期，世家大族多以
禮學傳家，乃至出現朝廷議禮時引用家禮的情況。儘管無論從學識還是現實
政治來說，「天子」都必須開放議禮之權，但朝廷對議禮的限制仍體現了「非
天子不議禮」的意義。

唐代對議禮的限制，最明顯地體現在凶禮上。「《周禮》五禮，二曰凶禮。
唐初，徙其次第五，而李義府、許敬宗以爲凶事非臣子所宜言，遂去其《國
恤》一篇，由是天子凶禮闕焉。至國有大故，則皆臨時採掇附比以從事，事
已，則諱而不傳，故後世無考焉。」〔註267〕把凶禮從五禮中的第二位移至末
位，顯示出唐朝對凶禮的規定不同於前代。然而，凶禮的範圍極廣，這裡只
是泛說「凶事非臣子所宜言」。其實，從「初，五禮儀注自前代相沿，吉凶畢
舉，太常博士蕭楚材、孔志約以皇室凶禮爲預備凶事，非臣子所宜言之，義
府深然之，於是悉刪而焚焉」〔註268〕可以看出，爲禁止臣僚平時對皇室喪禮

〔註264〕吳麗娛：《〈顯慶禮〉與武則天》，杜文玉主編：《唐史論叢》，第十輯，西安：
　　　　　三秦出版社，2008年，第1～16頁。
〔註265〕陳寅恪語，見《隋唐制度淵源略論稿》，第7頁。
〔註266〕（清）阮元校刻：《禮記正義》卷五十三《中庸》，第1634頁上。
〔註267〕《新唐書》卷二〇《禮樂志》，北京：中華書局，1975年，第441頁。
〔註268〕《舊唐書》卷八二《李義府傳》，第2768頁。

加以議論，採取了從國家禮典中刪除帝王喪禮，即《國恤》，的方式。相比南北朝對皇室喪祭之禮的紛亂爭論，唐代做了快刀斬亂麻式的處理。刪除《國恤》可以看作限制議禮的一種極端手段。

皇室喪禮雖重要，但畢竟只占禮制中的一小部分，對於其他禮儀，朝廷仍需開放討論。對允許議論之禮，朝廷主要通過限制其議論的依據加以規範。所謂「依據」，即臣僚議禮時所引用的學者或論斷，自漢武帝推崇儒術以來，禮學名家輩出，但經義也隨著禮家各持家法而產生了更多的歧義，同時也成為後人議禮的依據。唐朝從一開始就對這個源頭加以規範，「（貞觀）十四年，詔曰：『梁皇侃、褚仲都，周熊安生、沈重，陳沈文阿、周弘正、張譏，隋何妥、劉炫等，並前代名儒，經術可紀。加以所在學徒，多行其疏，宜加優異，以勸後生。可訪其子孫見在者，錄名奏聞，當加引擢。』二十一年，又詔曰：『左丘明、卜子夏、公羊高、穀梁赤、伏勝、高堂生、戴聖、毛萇、孔安國、劉向、鄭眾、杜子春、馬融、盧植、鄭玄、服虔、何休、王肅、王弼、杜元凱、范甯等二十一人，並用其書，垂於國胄。既行其道，理合襃崇。自今有事太學，可與顏子俱配享孔子廟堂。』」〔註269〕這段材料開列了兩個名單：第一個名單列舉了梁、陳、北周、隋諸朝值得取法的學者，第二個名單列出孔子之後至東晉這個時間段內的學者。這兩份名單可稱得上是官方確定的禮學正統系統，有了這個系統為框架，臣僚在議禮時就難以任由己意加以取捨了。

第三，要從根本上維護禮典權威，規範議禮，還需要從制度上控制禮學。其中，官吏選拔制度是最重要的一環。《北史·房暉遠傳》載：

> 會上令國子生通一經者，並悉薦舉，將擢用之。既策問訖，博士不能時定臧否。祭酒元善怪問之，暉遠曰：「江南、河北，義例不同，博士不能遍涉。學生皆持其所短，稱己所長，博士各各自疑，所以久而不決也。」祭酒因令暉遠考定之，暉遠攬筆便下，初無疑滯。或有不服者，暉遠問其所傳義疏，輒為始末誦之，然後出其所短，自是無敢飾非者。所試四五百人，數日便決。諸儒莫不推其通博，皆自以為不能測也。尋奉詔預修令式。〔註270〕

隋文帝要求薦舉「通一經」之人，但這個簡單的命令竟然許久無法落實，其

〔註269〕《舊唐書》卷一八九上《儒學上》，第 4941～4942 頁。
〔註270〕《北史》卷八二《儒林下·房暉遠傳》，第 2760 頁。

原因正是經學「江南、河北，義例不同」。在這個事例中，房暉遠逐個點評了每個學生的優劣，但依據的是自己博通南北的學識，而非有一個官方定本。據記載，房暉遠「世傳儒學，……太常卿牛弘每稱爲《五經》庫。」〔註271〕這樣的才學是少見的，而經學取士卻又是國家選舉制度的重要一環，因而，僅靠個人學識淵博難以爲繼。

唐初，《五經正義》的編纂和與科舉的結合，使唐朝眞正從制度上統一了禮學。「貞觀十二年，國子祭酒孔穎達撰《五經義疏》一百七十卷，名曰『義贊』，有詔改爲《五經正義》。太學博士馬嘉運每掎摭之，有詔更令詳定，未就而卒。永徽二年三月十四日，詔太尉、趙國公長孫無忌及中書門下及國子三館博士、弘文學士：『故國子祭酒孔穎達所撰《五經正義》，事有遺謬，仰即刊正。』至四年三月一日，太尉無忌、左僕射張行成、侍中高季輔及國子監官，先受詔修改《五經正義》，至是功畢，進之。詔頒於天下，每年明經，依此考試。」〔註272〕《五經正義》借助科舉考試成爲士人修習經學的標準讀本。

《五經正義》成爲標準後，地位還是比較穩固的。史載開元年間「有左衛率府長史魏光乘奏請行用魏徵所注《類禮》，上遽令行沖集學者撰《義疏》，將立學官。行沖於是引國子博士范行恭、四門助教施敬本檢討刊削，勒成五十卷，十四年八月奏上之。尙書左丞相張說駁奏曰：『今之《禮記》，是前漢戴德、戴聖所編錄，歷代傳習，已向千年，著爲經教，不可刊削。至魏孫炎始改舊本，以類相比，有同抄書，先儒所非，竟不行用。貞觀中，魏徵因孫炎所修，更加整比，兼爲之注，先朝雖厚加賞錫，其書竟亦不行。今行沖等解徵所注，勒成一家，然與先儒第乖，章句隔絕，若欲行用，竊恐未可。』上然其奏，於是賜行沖等絹二百匹，留其書貯於內府，竟不得立於學官。」〔註273〕元行沖事後曾著書抱怨，認爲自己的著作更加符合經義，但仍未果。《五經正義》各本一家之注，在禮學探討上必然存在漏洞，但也恰恰說明以《五經正義》爲代表的唐代禮學，其官方制度屬性已超越了學術屬性。因而，雖然在學術上有所欠缺，但從制度層面杜絕了南北朝以來經學不統一的弊端。

〔註271〕《北史》卷八二《儒林下·房暉遠傳》，第 2760 頁。
〔註272〕《唐會要》卷七十七《貢舉下·論經義》，上海：上海古籍出版社，2006 年，第 1661～1662 頁。
〔註273〕《舊唐書》卷一〇二《元行沖傳》，第 3178 頁。

（二）隋唐時期的舉哀、奔喪、居喪之制

制度和禮的關係非常緊密，舉哀、奔喪、居喪之制更是如此，可以說是水乳交融，難分彼此。禮的內容複雜，層次多樣，內核是「禮義」，依據「禮義」精神建立的儀節便是「禮法」。可以說，「禮法」和制度都是廣義的制度，隨著隋唐時期禮學的穩定和官方化，有關喪禮的制度也得以順利開展。而且，在唐代禮學統一的前提下，制度的訂立也有據可循，可以和禮典保持一致。

隋唐禮學的發展趨勢，主要是糾正南北朝以來喪禮混亂的局面，在禮學「事歸元首」之後，喪禮逐漸回歸到尊卑、遠近各有其序的狀態。不過，禮學終歸只是理論指導，現實中還需要具體的制度來施行。涉及到舉哀、奔喪、居喪內容的制度，主要集中在官員的舉哀等級、朝會儀式中遭喪官員的冠服之制和官員管理中的休假制度。下面分別展開論述：

1、重官位之別──官員初終之禮的等級性

唐前期，世家大族的勢力仍較雄厚，高官入士流又嚴重衝擊了舊的世族秩序，故在制度上皆留有印記，官員喪禮等級的不同就是其一。至今系統存留的隋唐禮典只有《大唐開元禮》，下面據其所載官員喪禮加以論述。

喪禮有一定的程序和固定的服喪期限，這些共通的內容主要記載於「王公以下喪通儀」和「五服制度」兩部分中，但更值得注意的是，官員品級不同，喪禮內容也有所不同。《開元禮》將官員分為「三品以上」、「四品五品」、「六品以下」三個等級敘述，其中和舉哀聯繫較為緊密的就是「初終」之禮。

「初終」，顧名思義，是人臨近死亡到剛剛去世的時間段。「初終」之禮，就是規定這個時間段內逝者親人的行為準則。「初終」之禮的主要儀節包括：移病者於正寢、換衣、清掃內外、為病人祈禱、記錄遺言，這些都是臨死之前的工作；至「屬纊以候氣」、「氣絕廢床寢於地」，是已死之後的安排，喪主以下開始哭泣，並初步更換服喪的衣服，喪事就此開展。

「初終」之禮的第一項是，將垂死之人移於正寢。正寢是正性情之地，因而，《士喪禮》開篇就強調「死於適室」。〔註274〕但是，從移於正寢之後，《開元禮》對不同等級官員之喪的安排就不同了。三品以上喪「有疾，丈夫婦人各齋於正寢北墉下東首養者，男子婦人皆朝服齋。」〔註275〕這裡需要指出，「朝服齋」一語。四五品喪只是「皆齋」，六品以下喪也是「皆齋」，均無「朝服」

〔註274〕（清）阮元校刻：《儀禮注疏》卷三十五《士喪禮》，第 184 頁中。
〔註275〕《大唐開元禮》卷一百三十八《凶禮・三品以上喪》，第 654 頁上。

二字。這項規定意味著，只有三品以上的官員可以在死時穿著朝服。

再考察三品以上喪小斂之衣「小斂之禮，喪之明日各陳其斂衣一十九稱，朝服一稱，其餘皆常服。」〔註 276〕四五品小斂衣之制「各陳其斂衣一十九稱，無者各隨所辦，朝服一稱，其餘皆常服。」〔註 277〕這兩者的小斂之衣都有朝服在內。但是，六品以下喪的小斂衣「小斂之禮以喪之明日陳其服一稱……。」〔註 278〕並沒有小斂衣。

從初終、小斂禮的規定可以看出，三品以上喪在初終、小斂時均可服朝服，四五品喪則只有在小斂時有朝服，六品以下喪中均無服朝服之禮。

以上《開元禮》所載的朝服殯葬之禮相比於隋代有關事例，要顯得更加規範制度化，等級較為森嚴。《隋書‧禮儀三》記載了隋朝朝服葬的情況：「其喪紀，上自王公，下逮庶人，著令皆為定制，無相差越。正一品薨，則鴻臚卿監護喪事，司儀令示禮制。二品已上，則鴻臚丞監護，司儀丞示禮制。五品已上薨、卒，及三品已上有期親已上喪，並掌儀一人示禮制。官人在職喪，聽斂以朝服，有封者，斂以冕服，未有官者，白帢單衣。」〔註 279〕《隋書‧明克讓傳》記載了隋代喪禮賜朝服的例子：「於時東宮盛徵天下才學之士，至於博物洽聞，皆出其下。詔與太常牛弘等修禮議樂，當朝典故多所裁正。開皇十四年，以疾去官，加通直散騎常侍。卒，年七十。上甚傷惜焉，賻物五百段，米三百石。太子又贈絹布二千匹，錢十萬，朝服一具，給棺槨。」〔註 280〕又如《周書‧姚僧垣傳》載：「隋開皇初，進爵北絳郡公。三年卒，時年八十五。遺誡衣白帢入棺，朝服勿斂。靈上唯置香奩，每日設清水而已。」〔註 281〕

朝服是朝廷服制中重要的一項。「具服者，五品以上陪祭、朝饗、拜表、大事之服也，亦曰朝服。冠幘，簪導，絳紗單衣，白紗中單，黑領、袖，黑襈、褾、裾，白裙、襦，革帶金鉤鰈，假帶，曲領方心，絳紗蔽膝，白韈，烏皮舄，劍，紛，鞶囊，雙佩，雙綬。六品以下去劍、佩、綬，七品以上以白筆代簪，八品、九品去白筆、白紗中單，以履代舄。」〔註 282〕

〔註 276〕《大唐開元禮》卷一百三十八《凶禮‧三品以上喪》，第 657 頁上。
〔註 277〕《大唐開元禮》卷一百四十二《凶禮‧四品五品喪》，第 680 頁下。
〔註 278〕《大唐開元禮》卷一百四十六《凶禮‧六品以下喪》，第 702 頁下。
〔註 279〕《隋書》卷八《禮儀志三》，第 156 頁。
〔註 280〕《隋書》卷五八《明克讓傳》，第 1416 頁。
〔註 281〕《周書》卷四七《姚僧垣傳》，第 843 頁。
〔註 282〕《新唐書》卷二四《車服志》，第 522 頁。

重要的朝服用在喪禮中，自然不是隨意的。「周制，國君、大夫疾病，外內皆掃。徹懸。寢東首於北牖下，廢床，徹褻衣，加新衣」，注釋爲「徹褻衣，則所加者新朝服矣。加朝服者，明其終於正也。」〔註283〕朝服確有守正的意義。《舊唐書・忠義傳下・盧奕傳》記載：「奕獨正身守位義不去，以死全節誓不辱。勢窮力屈，以朝服就執，猶慷慨感憤，數賊梟獍之罪。觀者股栗，奕不變其色，而北面辭君，然後受害。雖古烈士，方之者鮮矣！」〔註284〕盧奕面臨安史叛軍沒有倉皇出逃，而是「正身守位」，爲了弘揚他的大義凜然，史傳特意描寫了他「以朝服就執」的細節，可見朝服所代表的意義。

用於喪禮時，朝服還意味著一種特殊禮遇。在「周制」中，「初終」之禮時換朝服只是對「國君、大夫」的優待。因而，《開元禮》規定三品以上喪在初終、小斂時均可服朝服，四五品喪則只有在小斂時有朝服，其意義在於分別將其擬作封君和大夫。

作爲「大事之服」的朝服，有著重要的國家公職身份的象徵作用。高級官員之喪的朝服待遇意味著這些高級官員本身與「國家」的聯繫極爲緊密，因而在私喪場合也可使用朝服。

《穀梁傳》卷八載：「王人之先諸侯，何也？貴王命也。朝服雖敝，必加於上；弁冕雖舊，必加於首；周室雖衰，必先諸侯。」〔註285〕《禮記・曲禮上》中提到：「若使人於君所，則必朝服而命之」。孔穎達解釋爲：「此謂臣有故而遣使告君法也。亦有物以將之，敬君，故朝服命使也。然命使者言朝服，則君言至亦朝服受之，互言也。」〔註286〕

《北齊書・趙彥深傳》記載：「母傅氏，雅有操識。彥深三歲，傅便孀居，家人欲以改適，自誓以死。彥深五歲，傅謂之曰：『家貧兒小，何以能濟？』彥深泣言曰：『若天哀矜，兒大當仰報。』傅感其意，對之流涕。及彥深拜太常卿，還，不脫朝服，先入見母，跪陳幼小孤露，蒙訓得至於此。母子相泣久之，然後改服。」〔註287〕此例中，朝服代表所獲得的國家身份，本不應於家見母時穿著，此舉是趙彥深爲表達少蒙母恩養教訓，如今終於成才可以還報的感慨。

〔註283〕《通典》卷八三《喪制》，第 2243 頁。
〔註284〕《舊唐書》卷一八七下《忠義下・盧奕傳》，第 4894 頁。
〔註285〕（清）阮元校刻：《春秋穀梁傳注疏》卷八，僖公八年，第 2395 頁中。
〔註286〕（清）阮元校刻：《禮記正義》卷三《曲禮上》，第 1248 頁中。
〔註287〕《北齊書》卷三八《趙彥深傳》，第 507 頁。

《舊唐書・李勣傳》載其安排後事：「又見人多埋金玉，亦不須爾。惟以布裝露車，載我棺柩，棺中斂以常服，惟加朝服一副，死倘有知，望著此奉見先帝。」〔註288〕

在三個等級官員之喪的祈禱之禮上，也有不同的類比。《開元禮》正文中有「分禱所祀」的記載，注文對此做出了詳細的介紹和解釋，不同等級官員的祭禱之禮不盡相同。三品以上喪「盡孝子之情也，五祀及所封境內名山大川之類。」〔註289〕「五祀」，應是祭祀「住宅內外的五種神」。〔註290〕鄭玄解釋爲「五祀，門、戶、中霤、竈、行也。」〔註291〕四五品喪「盡孝子之情，所祀中霤、門、戶、竈、行。」〔註292〕中霤，是「室的中央」。〔註293〕祭中霤，意在祭土神，「中霤者，象土在中央也。」〔註294〕竈是竈，行是路神。〔註295〕這句話指的是，四五品喪初終時，祈禱於家內的正室、門、窗、竈和路神。相比三品以上的「五祀」，相較祈禱於境內名山大川之禮，已經縮減很多。六品以下喪「孝子之情也，五祀曰門曰行。」〔註296〕就連家內的正室、窗、竈都不是必須祭的了。

鄭玄指出：「祭法曰：天子立七祀，諸侯立五祀，大夫立三祀，士立二祀。」〔註297〕孔穎達進一步解釋爲：「『諸侯方祀』者，諸侯既不得祭天地，又不得總祭五方之神，唯祀當方，故云方祀。」〔註298〕無論是鄭注，還是孔疏，均爲唐代官方認定的禮學正宗，因而，《開元禮》規定三品以上官員喪「初終」時祈禱於境內名山大川，是將其比擬於諸侯。四五品喪「初終」之祭，正符

〔註288〕《舊唐書》卷六七《李勣傳》，第 2489 頁。

〔註289〕《大唐開元禮》卷一百三十八《凶禮・三品以上喪》，第 654 頁上。

〔註290〕漢語大詞典編輯委員會、漢語大詞典編輯處：《漢語大詞典》，第一卷，上海：上海辭書出版社，1986 年，第 360 頁。

〔註291〕（清）阮元校刻：《禮記正義》卷十七《月令》，第 1382 頁上。

〔註292〕《大唐開元禮》卷一百四十二《凶禮・四品五品喪》，第 677 頁下。

〔註293〕漢語大詞典編輯委員會、漢語大詞典編輯處：《漢語大詞典》，第一卷，第 620 頁。

〔註294〕（清）陳立傳；吳則虞點校：《白虎通疏證》卷二《五祀》，第 80 頁。

〔註295〕路神名，即行神，參見漢語大詞典編輯委員會、漢語大詞典編輯處：《漢語大詞典》，第三卷，上海：漢語大詞典出版社，1989 年，第 886 頁；竈，指「竈神」，參見漢語大詞典編輯委員會、漢語大詞典編輯處：《漢語大詞典》，第八卷，上海：漢語大詞典出版社，1991 年，第 487 頁。

〔註296〕《大唐開元禮》卷一百四十六《凶禮・六品以下喪》，第 700 頁下。

〔註297〕（清）阮元校刻：《禮記正義》卷第五《曲禮下》，第 1268 頁中。

〔註298〕（清）阮元校刻：《禮記正義》卷第五《曲禮下》，第 1268 頁下。

合孔穎達「『大夫祭五祀』者，大夫不得方祀及山川，直祭五祀而已」〔註299〕的解釋。可見，是將四五品官員比擬為大夫。六品以下喪「初終」時，只祈禱於門與行，也符合「士立二祀」的說法。

從《開元禮》對官員「初終」之禮的規定可以看出，唐代官員喪禮有著明顯的尊卑有序等級性。這種以朝廷官位高低類比古代諸侯、大夫、士分等的體系，雖然還保留著「貴族社會」的遺跡，但從另一個角度也可以看作是朝廷在將官位系統融入本來源自封建系統的喪禮，並藉此抗衡世家大族的權勢。借助這套體系，門閥士族的社會名望再高，如果沒有朝廷相應的官位，也無法舉辦相應的喪禮。因而，這是唐朝在統一禮學後，在喪禮制度上再次對世家大族的打擊和限制。

2、輕重有序──遭遇不同喪事時的「假寧之節」

遇喪給假是兩漢以來的一貫制度，但是，最初草創階段難免顯得粗陋；南北朝又因禮俗無定，而難以形成有序的給假制度。〔註300〕在長期的政治穩定，並有逐漸官方化的禮學為後盾，唐代官員的遇喪給假制度逐漸變得整齊有序。《開元禮》對遇喪給假的情況做了詳細的總結，下面以《開元禮》為中心，結合《唐令拾遺》、《天聖令》、《唐六典》、《通典》等材料，對唐代官員遇喪給假制度加以論述。

《開元禮》載：

> 凡斬衰三年、齊衰三年者，並解官。齊衰杖周及為人後者，為其父母；若庶子為後為其母，亦解官，申其心喪，皆為生己者。若嫡、繼、慈養、改嫁或歸宗三年以上斷絕者，及父為長子，夫為妻，並不解官，假同齊衰周。凡齊衰周給假三十日，葬五日，除服三日；齊衰三月、五月，大功九月，並給假二十日，葬三日，除服二日；小功五月，給假十五日，葬二日，除服一日。緦麻三月給假七日。出降者，三日，葬及除服各一日。無服之殤，本品〔註301〕周已上給假五日，大功三日，小功二日，緦麻一日。若聞喪舉哀，其假三分減一。師經受業者喪，給假三日；冠，給假三日；婚，給假九日；除程。周親婚，給假五日；大功，三日；小功，一日。周以下，百

〔註299〕（清）阮元校刻：《禮記正義》卷第五《曲禮下》，第1268頁下。
〔註300〕成系統的《假寧令》何時產生還有爭論，參見鄭顯文：《法律視野下的唐代假寧制度研究》，《南京大學法律評論》2008年春秋合卷。
〔註301〕此處「本品」無解，疑應為「本服」。

里内除程。凡私忌日給假一日，忌前之夕聽還。凡內外官三年一給
定省假，三十日；五年一給拜墓假，十五日，並除程。凡遭喪被起
者，以服內忌日給假三日；大、小祥，各七日；禫，五日；每月朔、
望各一日；祥、禫給程。凡私家祔廟，給五日；四時祭，給四日。
〔註302〕

這段記載中，除去若干婚、冠、私祭之假外，大部分篇幅主要是規定官員遭
遇不同的喪事時所給的不同假期，以及給假所涉及的時間計算等問題。其對
給假制度的敘述以給假時間的長短爲序，假期長短的標準複雜，主要標準是
喪服之輕重，也參酌實際的血緣關係。下面分別展開論述：

首先，是最長的假期，即解官，也就是在整個服喪期內離職。〔註303〕斬
衰三年、齊衰三年是最重的喪服，大部分情況下是要解官。〔註304〕次一等的
解官標準有三項，齊衰杖周，「爲人後者」，「庶子爲其母」，而且都強調「生
己」這一血緣條件。齊衰杖周是僅次於斬、齊三年的服制，符合親子關係的
只有其中的降服，即「父卒母嫁及出妻之子爲母」，〔註305〕分別是父死母改嫁
和母被休棄的情況，都要爲母服齊衰杖周。「爲人後者」指離開本生父母過繼
別家情況，出繼之子與本生父母的服制屬於「齊衰不杖周」之內的降服。〔註
306〕「庶子爲其母」服緦麻三月服。〔註307〕這三種情況服制不同，但都是爲
親生之母，其依據的便是血緣標準，即「生己」。

緊接著，《開元禮》又對解官之服做了進一步限定，將三種本屬於上面範
圍的情況排除出來，不允許解官。分別是「嫡、繼、慈改嫁或歸宗三年已上
斷絕者」，「父爲長子」，「夫爲妻」。嫡母、繼母、慈母是三種母子關係，嫡母
是庶子稱父之正妻，繼母是嫡子稱父後娶之妻，慈母是子對曾撫養己身的父
之妾的稱呼。〔註308〕這三種母子關係均屬服制很重，〔註309〕但沒有實際血緣

〔註302〕《大唐開元禮》卷三《序例下》，第34頁下～35頁上。
〔註303〕這實際屬於丁憂制度更貼切，但從廣義上看也屬於「假」的一種。
〔註304〕斬衰三年、齊衰三年主要指子女對父、母、祖、後父所服之服，這些均應解
　　　　官，但是諸如父爲長子也爲斬衰服，就不解官，詳見下文。
〔註305〕《大唐開元禮》卷一百三十二《凶禮・五服制度》，第622頁上。
〔註306〕《大唐開元禮》卷一百三十二《凶禮・五服制度》，第622頁下。
〔註307〕《大唐開元禮》卷一百三十二《凶禮・五服制度》，第626頁下。
〔註308〕「慈母如母。傳曰：慈母者何也？傳曰：妾之無子者。妾子之無母者。父命妾
　　　　曰：女以爲子；命子曰：女以爲母。若是，則生養之，終其身如母，死則喪之
　　　　三年如母。」見（清）阮元校刻：《儀禮注疏》卷三十《喪服》，第159頁下。

關係，即沒有「生己」的情況。因而，在「嫡、繼、慈」改嫁、歸宗已久（三年），且無聯繫（斷絕）的情況下，遇其喪事並不解官。聯繫到庶子為其母喪亦解官的情況，可以明顯看出，解官的標準並不單一，而是綜合考慮服制輕重與血緣遠近。父為長子之服斬衰三年，夫為妻之服齊衰三年，兩者雖屬於最重之喪服，但這兩種服不同於子女為尊長服喪，而屬於尊長為卑幼服喪，所以均不解官。

《開元禮》對遇喪解官的規定，畢竟更多側重從禮的角度來敘述。現存《唐令》，則反映了其在具體行政體制中的一些細節：

> 五乙【開元七年】　諸喪，斬衰三年，齊衰三年，齊衰杖期。
> 為人後者，為其父母並解官（勳官不解），申其心喪。諸軍校尉以下、
> 衛士防人以上，及親勳翊衛備身，假給一百日。父卒母嫁及出妻之
> 子為父後者，雖不服，亦申心喪。其繼母改嫁及父為長子、夫為妻，
> 並不解官，假同齊衰。〔註310〕

這條材料同樣規定了官員遭遇喪事是否解官的問題。其中，對何種喪事應該解官的界定與《開元禮》相同，但是對何種官員能夠享受遇喪解官的待遇加以限制。令文中強調，「勳官」、「諸軍校尉以下、衛士防人以上，及親勳翊衛備身」，即使遭遇應該解官的喪事，也只是給予一段假期處理喪事，不能解官服喪。之所以這樣安排，是由於這些稱號、職位的特殊性。

勳官，是一套表示身份的稱號。「勳官者，出於周、齊交戰之際。本以酬戰士，其後漸及朝流。階爵之外，更為節級。周置上開府儀同三司、開府儀同三司、上儀同三司、儀同三司等十一號。」〔註311〕儘管勳官體系可以與散官、職事官品的體系相比附，〔註312〕但是勳官授予較濫，「戰士授勳者動盈萬計。每年納課，亦分番於兵部及本郡當上省司。又分支諸曹，身應役使，有類僮僕。據令乃與公卿齊班，論實在於胥吏之下，蓋以其猥多，又出自兵卒，

〔註309〕嫡母屬於齊衰三年的正服，繼母、慈母均屬齊衰三年的加服。《大唐開元禮》：「繼母如母，繼母之配父與親母同。慈母如母，妾之無子者，妾子之無母者，父命為母子，生則養之如母，死則喪之如母」。見《大唐開元禮》卷一百三十二《凶禮·五服制度》，第621頁下。

〔註310〕〔日〕仁井田陞著：《唐令拾遺》假寧令第二十九，栗勁、霍存福、王占通、郭延德譯，長春：長春出版社，1989年，第671頁。

〔註311〕《舊唐書》卷四二《職官志一》，第1807頁。

〔註312〕張國剛：《唐代官制》，西安：三秦出版社，1987年，第168頁。

所以然也。」〔註313〕數量多，加上出身士卒，導致勳官體系地位降低。雖然有機會通過番上而獲得散官，提高地位，但是機會較少，整體來看，勳官不受重視。〔註314〕勳官，名為「官」，實則「在於胥吏之下」，因而不能獲得正常官員所應有的解官待遇。

團，是府兵日常各種活動的基本單位。〔註315〕校尉，是團一級編制的長官。衛士，即府兵的稱號。防人，應是執行守衛任務的士兵。從衛士、防人直到校尉，都不能享受遇喪解官的待遇。親勳翊衛是門蔭入仕的捷徑，「擇其資蔭高者，為親衛，其次者，為勳衛及率府之親衛，又次者，為翊衛及率府之勳衛，又次者，為諸衛及率府之翊衛。」〔註316〕親勳翊衛備身，是皇帝或太子的侍從人員。府兵是唐前期所依仗的軍事力量，親勳翊衛備身出身高貴，因而這兩類官員雖然因為人數眾多、品級較低難以遇喪解官，但是朝廷還是給與優待，給假一百日。這遠遠超過除解官之外最長的「齊衰周給假三十日」的標準。

上面是對官員遇到重喪而解官情況的考察，下面接著回到上段《開元禮》的材料中，考察官員遇到較輕的喪事時如何給假。先歸納不同喪事給假，如下表：

	齊衰周	齊衰三月、五月，大功九月	小功五月	緦麻三月	出降者
假	三十日	二十日	十五日	七日	三日
葬	五日	三日	二日		一日
除服	三日	二日	一日		一日
總計	三十八日	二十五日	十八日	七日	五日

由史料所載可知，遇喪給假的假期包括三部分：即假、葬、除服。因而，總的喪假應該是三者之和。從表中可以明顯看出，隨著喪事變輕，給假的長度也明顯縮短。

除列入表內的諸喪，還有無服之殤。「殤者，男女未成人而死可哀傷者。

〔註313〕《舊唐書》卷四二《職官志一》，第 1808 頁。

〔註314〕陳蘇鎮：《北周隋唐的散官與勳官》，《北京大學學報（哲學社會科學版）》1991 年第 2 期。

〔註315〕張國剛：《唐代府兵淵源與番役》，《歷史研究》1989 年第 6 期。

〔註316〕《舊唐書》卷四三《職官志二》，第 1833 頁。

男子已娶，女子許嫁，皆不爲殤。年十九至十六爲長殤，十五至十二爲中殤，十一至八歲爲下殤，八歲以下爲無服之殤。以日易月，本服周者，哭之十三日，大功九日，小功五日，緦麻三日。」〔註317〕「本品周已上給假五日，大功三日，小功二日，緦麻一日。」〔註318〕以正常的原本應服之服制爲標準，如父爲長子本應服斬衰，若長子不足八歲便夭折，因其本品（服）爲斬衰，已超過周服，因而可以獲得五日的假期。

《開元禮》對各種喪事應給假期的規定做了十分詳細的記載，但沒能說明喪假是否給程。這一點可以從現存唐令來考察，「諸給喪葬假，周已上親皆給程。」〔註319〕《天聖令》的規定更詳細「諸給喪葬等假，期以上並給程，大功以下在百里內者亦給程。」〔註320〕

《開元禮》還規定「若聞喪舉哀，其假三分減一。」〔註321〕這應是指官員在接到喪訊後，在住官之地立即舉哀的情況。因爲舉哀之禮會用掉一些時日，因而有此規定。

假期的長短確定之後，緊接著的問題就是假期從什麼時候開始，《唐令拾遺》對此做出推測與構想。《天聖令》提供了證據「諸給喪假，以遭喪日爲始：舉哀者，以聞喪日爲始。」〔註322〕

最後，《開元禮》還針對那些應解官而被起復的官員給與一定的祭祀之假，「凡遭喪被起者，以服內忌日給假三日；大、小祥，各七日；禫，五日；每月朔、望各一日；祥、禫給程。凡私家祔廟，給五日；四時祭，給四日。」
〔註323〕

唐代對官員遇喪給假制度的安排，呈現了一種整齊有序的狀態。其遵循的主要原則，一是喪服輕重，二是血緣。制度主要在按照喪服之輕重來安排喪假之長短，但又不完全拘泥於喪服，還將血緣遠近融合在內，這在「齊衰

〔註317〕《大唐開元禮》卷一百三十二《凶禮·五服制度》，第623頁下。
〔註318〕此處「本品」無解，疑爲「本服」。
〔註319〕〔日〕仁井田陞：《唐令拾遺》假寧令第二十九，栗勁、霍存福、王占通、郭延德譯，第678頁。
〔註320〕天一閣博物館、中國社會科學院歷史研究所天聖令整理課題組校證：《天一閣藏明鈔本天聖令校證》下冊，北京：中華書局，2006年，第324頁。
〔註321〕《大唐開元禮》卷三《序例下·雜制》，第34頁下。
〔註322〕天一閣博物館、中國社會科學院歷史研究所天聖令整理課題組校證：《天一閣藏明鈔天聖令校證》下冊，第324頁。
〔註323〕《大唐開元禮》卷三《序例下·雜制》，第35頁上。

杖周及爲人後者，爲其父母；若庶子爲其母，亦解官」上有明顯體現。同時，也有服制重而不解官的情況，這體現了在血緣上遵循重視「生己」，即親生父母的原則。從時代的縱向對比來看，南北朝或因政治動盪，更多是由於禮制未定而影響到喪假制度的穩定。唐代在禮學官方化、禮制穩定後，假寧制度也隨之穩定下來，這種狀態無疑是對制度的規範化有好處的，實現了禮與制的良性互動。

3、公事與私喪兼顧──朝廷儀式與私家喪事的關係

官員遭遇最重的喪事時有解官之制，但大部分喪事都不能解官，而且即便是重喪也有奪情起復之制。這就會經常性地產生這樣一種情況，即官員雖遭遇喪事，但仍然保留原來的職位。

在這種情況下面臨著一系列問題，官員遭喪不解官時的服制如何安排，雖不離職但在工作場合是否可以穿著喪服，在參加重大朝廷儀式時又該怎麼處理等等。遭遇喪事不能解官居喪，已經是制度對倫理的一種壓制，如果還要求官員冠服、行爲如平常一般，那就顯得太過不近人情。然而，朝廷的重大典禮、儀式是國家權力與威儀的象徵，有著嚴格的冠服制度，如果允許官員因爲私喪而著喪服出入朝堂、典禮儀式，那麼國家制度的嚴肅性將無存。因而，朝廷儀式與私家喪事在這一點上產生了衝突。

隋初的規定爲隋唐兩代對這個問題的處理方式定下了基調。《隋書·禮儀志》記載：

> 凶服不入公門。期喪已下不解官者，在外曹襴緣紗帽。若重喪被起者，皁絹下裙帽。若入宮殿及須朝見者，冠服依百官例。

> 齊衰心喪已上，雖有奪情，並終喪不弔不賀不預宴。期喪未練，大功未葬，不弔不賀，並終喪不預宴。小功已下，假滿依例。居五服之喪，受冊及之職，儀衛依常式，唯鼓樂從而不作。若以戎事，不用此制。〔註324〕

隋禮開頭就規定了「凶服不入公門」。凶服即喪服「凶服，送死之衣物。」〔註325〕這是一個總的準則，著重強調了朝廷的權威。但從後文來看，伸張朝廷權威之餘，也允許遭喪官員在正常的冠服體制內適當減損，部分照顧了

〔註324〕《隋書》卷八《禮儀志》，第157頁。
〔註325〕（清）阮元校刻：《論語注疏》卷十《鄉黨》，何晏集解中引孔安國的解釋，第2496頁上。

人情。

　　冠服制度，顧名思義，最重要的有「冠」和「服」兩方面。遭喪官員的冠、服在這兩方面都有所減損，而且減損程度以遭喪輕重爲標準，也體現了喪制的輕重有序。「重喪被起者」服「皀絹下裙帽」，應該是用皀絹所製的帽、裙；「期喪已下不解官者」服「襀緣紗帽」，「襀緣」應指衣服邊緣的疊縫裝飾，帽爲紗製。「絹之輕細者」〔註326〕爲紗，絹帽比紗帽要粗陋；「襀緣」之裙也比皀群精緻。因而，對比來看，體現了喪事的輕重之別。再將這兩種與隋代朝服之制加以對比，「朝服，亦名具服。冠，幘，簪導，白筆，絳紗單衣，白紗內單，皀領、袖，皀襈，革帶，鉤䚢，假帶，曲領方心，絳紗蔽膝，襪，舄，綬，劍，佩。從五品已上，陪祭、朝饗、拜表，凡大事則服之。六品已下，從七品已上，去劍、佩、綬，餘並同。」〔註327〕可以看出，雖然品級不同而朝服裝飾有別，但首服均有「冠，幘，簪導，白筆」，衣服材質也均是「絳紗」、「白紗」。可見，遭喪官員所服雖非喪服，但相較正常情況已有很大程度的減損。可以說，喪服的部分精神在其中有所體現。但應該注意，這些減損後的「喪服」只能在「外曹」時服之，「若入宮殿及須朝見者，冠服依百官例」依然照應了「凶服不入公門」的總則。

　　在規定了「公門」之內的冠服後，禮繼續規定了遭喪者參與儀式活動的情況。首先，是參與「弔」、「賀」、「宴」等活動的安排。

　　「齊衰心喪已上，雖有奪情，並終喪不弔不賀不預宴」，心喪是西晉以來逐漸形成的，是欲行三年之服而無三年之制的折衷，〔註328〕往往時間較長。「宋元嘉立義，心喪以二十五月爲限。」〔註329〕一些也屬於基本的社會倫理關係，但由於種種緣由而不能服三年，這種情況多爲心喪，如弟子爲師、夫爲妻，子爲母。史料中的「齊衰心喪」難以弄清確指，但很可能是指父在爲母而服的情況。《儀禮・喪服》記載：「父在爲母也。傳曰：何以期也？屈也。至尊在，不敢伸其私尊也。」〔註330〕子爲母本應服齊衰三年，可是在父親健在的情況下，爲了突出父親的獨尊地位，而只爲母服齊衰一年。不過，

〔註326〕漢語大詞典編輯委員會、漢語大詞典編輯處：《漢語大詞典》，第九卷，上海：漢語大詞典出版社，1992年，第756頁。
〔註327〕《隋書》卷一二《禮儀志》，第258頁。
〔註328〕張煥君：《魏晉南北朝喪服制度研究》，清華大學博士學位論文，2005年。
〔註329〕《隋書》卷八《禮儀志》，第152頁。
〔註330〕（清）阮元校刻：《儀禮注疏》卷三十《喪服》，第1104頁中。

這有違孝子之心，因而心喪三年。可見，「齊衰心喪以上」是極重之喪，也只有遭遇齊衰心喪以上的喪事時，才需要在整個喪期之內不得參與「弔」、「賀」、「宴」等活動。相比之下，較輕的期喪只需要「練祭」過後便可以參與弔、賀等活動，更輕的大功之喪只要安葬之後便可，但這兩種情況在喪期之內均不能參與宴席。小功以下喪，假期滿後，三者均可參與。可以看出，「弔」、「賀」、「宴」等行為與不同服喪等級的關係不同。「齊衰心喪」、「期喪」、「大功之喪」，均不允許喪期之內預宴；「期喪」、「大功之喪」，則在一定條件下允許「弔」、「賀」；而「齊衰心喪」則終喪不許。可見，「宴」是最受重視的，「弔」、「賀」則有所放寬。

這樣安排的原因暫時還不可考，只能據「弔」、「賀」、「宴」的禮儀特性來推測。「弔」是凶禮，是弔問災荒、喪事之禮。「賀」、「宴」均是嘉禮，但是性質不同。「賀」是慶賀對方喜慶之禮，「以賀慶之禮，親異姓之國。」〔註331〕「宴」是「以饗燕之禮，親四方之賓客。」〔註332〕是天子招待同姓諸侯之禮。雖然分封制下天子諸侯之制早已改變，但是「賀」、「宴」之禮「內」、「外」之別的意義應該是不變的。宴禮更多是「自己人」間拉攏感情，而「弔」、「賀」則均涉及「外人」。這樣看來，「弔」、「賀」的「公事」屬性更強，而「宴」的私事的屬性更強。如果這個假設成立，那就可以理解為，官員遭遇重喪，為照顧其悲痛心情，可以私事、公事一概不參與；而當遭遇輕喪的時候，雖然也允許其不參與「宴」這樣的私事，但是「弔」、「賀」等「公事」則必須有條件地參加。

還有，官員「受冊」和「到職」時的儀衛制度，也因為遭喪而減損。雖然「儀衛依常式」，但「唯鼓樂從而不作」，不過仍強調「若以戎事，不用此制」，這是延續了自古以來「金革之事」優先的傳統。

總的來看，隋初制禮反映的公事與私喪的關係，呈現出既重視服制與血緣，也重視朝廷權威的趨勢。唐代大體延續了這一趨勢，只是小有變動和略有補充。如《唐六典》對「凶服不入公門」的規定：

> 遭喪被起，在朝者各依本品著淺色絁縵；周已下慘者，朝參起居亦依品色，無金玉之飾。起復者，朝會不預。周喪未練，大功未葬，則亦準比例。〔註333〕

〔註331〕（清）阮元校刻：《周禮注疏》卷十八《大宗伯》，第761頁上。

〔註332〕（清）阮元校刻：《周禮注疏》卷十八《大宗伯》，第760頁下。

〔註333〕（唐）李林甫等撰，陳仲夫點校：《唐六典》卷四《尚書禮部》，北京：中華

這裡主要反映了遭喪官員在參加朝廷朝會時的服制。可以看出，唐制與隋制在原則上是相同的，都是既照顧了朝廷權威，也部分體量人情，給予遭喪者減損冠服的禮遇，且依遭喪輕重禮遇亦有不同。

先分析材料中的第一句話。「朝參」，是君臣正式相見的制度。《周禮》記有「外朝、中朝、內朝」的「三朝」制度。〔註334〕唐代朝參，有「外朝聽政」、「朔望朝參」、「常朝」三種形式。〔註335〕「起居」，是指「以下對上的一種探視和問候的制度，早在秦漢時期就已經產生了」，「唐代起居制度的內容只限於臣下對皇帝及皇室其他成員而言」。〔註336〕從制度設置的初衷來看，「朝參」、「起居」各有用處，但在現實制度發展過程中，功能上會有分合滲透，史料中出現的應是泛指君臣相見的各種場合。在這個場合裏，官員遭遇不同等級喪事，所服也需「依本品」、「依品色」，這和隋代「入宮殿及須朝見者，冠服依百官例」的制度精神是一致的。

與隋制的不同之處是，唐代雖強調「依本品」、「依品色」所服，但允許在「本品」、「本色」上做些微調。遭重喪被起復者「著淺色絁縵」，「淺色」意味著服喪，「絁」是「粗綢」，〔註337〕「縵」是「無文飾的繒帛」。〔註338〕從衣物的顏色到材質，都明顯體現出服喪的特徵。至於較輕的周親以下喪事，材料中只提到「無金玉之飾」。「金玉之飾」，指冠服上所佩之飾物，主要有「玉琪之飾，一品九琪，二品八琪，三品七琪，四品六琪。三品兼有紛、鞶囊，佩於革帶之後，上加玉佩一。鞶囊，二品以上金縷，三品以上銀縷，五品以上綵縷，文官尋常入內及在本司常服之。」〔註339〕從其他材料還可以知道，遭遇周親以下喪事也可以服「絁縵」，但不允許「淺色」。「準式，朝官有週年已下喪者，諸絁縵，不合衣淺色。」〔註340〕因而，只是從材質上與常服區別，

書局，1992年，第118～119頁。
〔註334〕（清）阮元校刻：《周禮注疏》卷三十五《朝士》，第877頁下。
〔註335〕楊希義：《唐代君臣朝參制度初探》，杜文玉主編：《唐史論叢》，第十輯，西安：三秦出版社，2008年，第61～78頁。
〔註336〕杜文玉：《五代十國制度研究》，北京：人民出版社，2006年。第281頁。
〔註337〕漢語大詞典編輯委員會、漢語大詞典編輯處：《漢語大詞典》，第九卷，第791頁。
〔註338〕漢語大詞典編輯委員會、漢語大詞典編輯處：《漢語大詞典》，第九卷，第981頁。
〔註339〕《舊唐書》卷四五《輿服志》，第1930頁。
〔註340〕《舊唐書》卷一四五《董晉傳》，第3935頁。

顏色未變。雖也體現了服喪的特徵，但不如起復者明顯，體現了喪事輕重的差別。

「淺色絁縵」和「無金玉之飾」，相比於在「外曹」所服之「皁絹下裙帽」和「襊緣紗帽」，固然是華麗的多，似乎不合喪服本意。但要注意，這是在君臣相見的場合而服，這個場合官員的衣服、彩飾、飾物有著重要的意義。「朝官皆是綾袍袄，五品已上金玉帶，取其文采畫飾，以奉上也。是以禹惡衣食而致美乎黻冕，君親一致。昔尚書郎含香，老萊彩服，皆此義也。」〔註341〕可見，華美之服不僅是官員等級的象徵，從君臣關係上講也是臣下對君父的尊重。因而，允許遭喪官員以簡化的衣飾面君，即便是一點點簡化，也表明君主對臣下的禮遇，也算是國制對私喪的很大遷就了。正因「文采畫飾」的重要意義，所以只有遭遇重喪被起復者才可以服淺色無紋飾的衣服，而輕喪只能去掉金玉飾物，不能服淺色。顯然，顏色比飾物更重要。

材料中的第二句話，規定了遭喪官員參加朝會之制。「朝會」意義多樣，用法不同。《唐律疏議》裏面解釋「朝會」爲「謂百官朝參、集會。」〔註342〕不過，因爲這段材料中已經提到「朝參起居亦依品色，無金玉之飾」，所以「律疏」的解釋較爲寬泛，並不適用於此。《舊唐書》記有唐令，「令文『期喪、大功未葬，不預朝賀；未終喪，不預宴會』。」〔註343〕這段記載中的朝會，應指朝廷重大的禮儀活動，即冬至和元日的「朝賀」，以及朝賀之後的宴會，並稱朝會，〔註344〕而非一般性的君臣相見。「賀」、「宴」之禮的意義前文已論，茲不贅述。可見，和隋代一樣，唐制重喪起復者不參加朝賀、宴會，周喪練祭之前，大功未葬之前也不參加。

除「凶服不入公門」之外，唐制還對遭喪官員參與國家重大祭祀做出規定。《大唐開元禮·序例下》載：

> 凡散齋有大功以上喪、致齋有周以上喪，並聽赴；即居緦麻以
> 上喪者不得預宗廟之事。〔註345〕

散齋、致齋均是祭祀前清淨身心的手段，其中一個區別是地點不同。「致齋

〔註341〕《舊唐書》卷一四五《董晉傳》，第 3935 頁。

〔註342〕《唐律疏議》卷九《職制》，第 190 頁。

〔註343〕《舊唐書》卷八九《王方慶傳》，第 2900 頁。

〔註344〕〔日〕金子修一：《唐代長安的朝賀之禮》，杜文玉主編：《唐史論叢》，第十一輯，西安：三秦出版社，2009 年，第 129～138 頁。

〔註345〕《大唐開元禮》卷三《序例下》，第 32 頁上。

於內，散齋於外。」〔註346〕即散齋於正寢、致齋於內室。在國家祭祀上「散齋皆於正寢，致齋三日於本司，一日於祀所。其無本司者，皆於祀所焉。」〔註347〕另一個區別是程度不同，「散齋之日，畫理事如舊，夜宿於家正寢，不得弔喪問疾，不判署刑殺文書，不決罰罪人，不作樂，不預穢惡之事。致齋惟爲祀事得行，其餘悉斷。」〔註348〕

齋戒的意義在於排除雜念，誠心於祭祀。散齋齋於正寢，也就是說，雖然是參加國家祭祀，但還是在自己家中齋戒，而且除提到的行爲外，可以處理一些祭祀之外的事務。因爲散齋期間，官員畢竟還在自己家中活動，所以朝廷允許遭遇大功以上喪事時奔赴。

致齋則齋於本司，也就是說官員從家中出來，到朝廷指定場所齋戒，祭祀之外的事一概不能做。因此，致齋的清靜程度要比散齋更深，要求更嚴格，地位更重要，朝廷也更重視。而且，地點已屬於「公門」，所以這個時候如果遭遇喪事，奔赴標準也更嚴格，是由散齋時的大功喪提高到周喪了。

進入齋戒期間，便相當於已經部分參與了國家祭祀的過程。如果恰好遭遇喪事，就形成了國事和私喪的矛盾。如果爲私喪捨棄已經進行的國家祭祀，是對國制不尊；要繼續堅持參與祭祀，則於親喪又有不忍之情。但是，既然兩者相遇，就必須分出主從、有所捨棄。大功以下較輕的喪事必須繼續參與祭祀，這是維護國制權威的必須。大功以上喪事均是近親，可以捨棄散齋而奔赴。周喪以上親更是直系至親，可以捨棄致齋而奔赴，這套是國制照顧了遭遇較重喪事官員的人情，是折衷的處理辦法。制度還規定，齋戒開始前已經處在總麻以上喪事的居喪時期之內的官員，不能參加祭祀之事，這就以官員迴避的方式避開了國家祭祀與私喪的矛盾。

就現有材料來看，相比隋代，唐制更加照顧官員遭喪後的悲痛心情和服喪的願望。如，同是「凶服不入公門」，按隋代規定，官員即便遭喪，也只能在「外曹」辦公時冠服有所減損，以表示象徵性的服喪，但在朝見君主的場合仍要正常，「冠服依百官例」。唐代則允許官員在一般性朝見時對原有冠服加以減損，以象徵服喪，遇到朝廷賀、宴大禮時也可以不參加（起復者）或有條件的不參加（遭周親以下喪者）。可見，隋制雖已在國事與私喪的關係上

〔註346〕（清）阮元校刻：《禮記正義》卷四十七《祭義》，第 1592 頁下。
〔註347〕《唐會要》卷九下《雜郊議下》，第 197 頁。
〔註348〕《舊唐書》卷二一《禮儀志一》，第 819 頁。

採取協調遷就的態度，但在有些制度上，如君臣相見之服，還有點生硬，唐制就顯得更加圓通、成熟，國事與私喪兩者的關係更爲協調有序。

二、不舉哀、居喪的懲罰——《唐律疏議》中的「匿哀」與「釋服從吉」

　　禮、制、刑三者緊密聯繫，不可分離。禮與制是正面、倡導性的規定，刑是反面、懲戒性的恐嚇。只有做出正面的規定，才能界定違反規定的行爲，制定制裁的標準。也正因爲有刑的震懾作用，才能確保禮與制不會成爲空文。從內容上看，禮規定的是社會正常秩序，制是制度化的禮，刑罰是對違反秩序行爲的制裁，三者的關係是相輔相成的，但是最終目的仍是爲了維護社會秩序。因而，禮、制是根本，刑是手段，「德禮爲政教之本，刑罰爲政教之用」正說明了這個意義。

　　就舉哀、居喪的禮與制來說，一貫的趨勢是，在喪禮上強調重喪、輕喪各有等差，避免喪禮無據，或輕喪濫用重禮的現象，目的是實現喪禮的輕重有序。在國事與私喪上，秉承協調折衷的原則，避免爲國事而屈私禮，或爲私喪而誤國事的現象，目的是國制與私喪兼顧。隋唐的禮、制已經爲舉哀、奔喪、居喪做出了詳盡而系統的規定，爲實現喪禮的輕重有序、國制與私喪兼顧兩個目標奠定了基礎。不過，要眞正實現，還是離不開刑罰的威懾力。《唐律》中的「匿哀」、「釋服從吉」等條文，正是因此目的而設。

　　《唐律疏議‧職制律》中對匿哀與釋服從吉的規定，是法律對這兩種行爲最直接的規範。除了這兩條直接規定外，《唐律疏議‧名例律》一、二也分別對匿哀與釋服從吉的性質和易混淆的概念做了界定。除以上直接相關的條文外，《衛禁律》、《職制律》第 99 條、《詐僞律》中，都有與匿哀、釋服從吉相關的法律條文。之所以相關的條文分散於各個部分，主要是《唐律疏議》的體例使然，即各卷雖均涉及匿哀、釋服從吉的主題，但每卷內容各有側重，所以條文之間既有互相交叉重合之處，也有各自獨特的內容。這樣的安排是方便在司法運用中分門別類加以斷罪，但就爲我們今天總結其全面內容造成了麻煩。如果以某一條文爲中心考察，則會忽略一些內容，而逐條考察，則難免重複。爲了既全面又簡練地瞭解《唐律疏議》中的匿哀與釋服從吉罪，本文將多個法律條文綜合分解爲若干犯罪行爲，每個罪行又有三個必備的要素，包括犯罪行爲的列舉及其概念的界定，對不同程度犯罪行爲性質的界定

及量刑，刑罰的實施及種種減贖的規定。在敘述上以一個罪行爲一部分，在每個罪行之內大致按三個要素爲敘述順序，這樣做或許能達到全面而不失簡約的目的。

《唐律疏議》裏有關匿哀與釋服從吉的若干條文，內容雖有相通，但和這兩個主題的關係遠近不同。下面本著先近後遠、先直接後間接的順序論述。

（一）「匿哀」罪

在《唐律疏議》中，「匿哀」罪和「釋服從吉」是歸併在一個條目之下敘述的。但爲了研究方便，下面先據《唐律疏議》卷十，將「匿哀」罪的主要條文摘錄如下：

> 諸聞父母若夫之喪，匿不舉哀者，流二千里；
>
> 聞期親尊長喪，匿不舉哀者，徒一年；……大功以下尊長，各遞減二等。卑幼，各減一等。
>
> 【疏】議曰：「期親尊長」，謂祖父母，曾、高父母亦同，伯叔父母，姑，兄姊，夫之父母，妾爲女君。此等聞喪，即須舉發，若匿不舉哀者，徒一年。
>
> 大功尊長：匿不舉哀，杖九十；……小功尊長：匿不舉哀，杖七十；……緦麻尊長：匿不舉哀，笞五十；……其於卑幼，匿不舉哀及釋服從吉，各減當色尊長一等。……其妻既非尊長，又殊卑幼，在《禮》及《詩》，比爲兄弟，即是妻同於幼。
>
> 問曰：聞喪不即舉哀，於後擇日舉記，事發合得何罪？
>
> 答曰：依《禮》：「斬衰之哭，往而不返。齊衰之哭，若往而返。大功之哭，三曲而偯。小功、緦麻，哀容可也。」準斯禮制，輕重有殊，聞喪雖同，情有降殺。期親以上，不即舉哀，後雖舉記，不可無罪，期以上從「不應得爲重」；大功，從「不應得爲輕」；小功以下，哀容可也，不合科罪。若未舉事發者，各從「不舉」之坐。
>
> 〔註349〕

這裡面基本涵蓋了「匿哀」之罪的定義、概念界定與量刑標準，下文便以這些材料爲中心，逐步分析「匿哀」之罪的各個要素。

首先來看「匿哀」罪的定義。從史料記載很容易總結出來，「匿哀」罪的

〔註349〕《唐律疏議》卷十《職制》，第 204～205 頁。

字面意思就是：在遭遇不同親人的喪事時沒有立即舉哀。

「舉哀」的直接意義是放聲哭泣，《唐律疏議》中依據《禮記》對「舉哀」的意義做了解釋。「依禮：『聞親喪，以哭答使者，盡哀而問故。』父母之喪，創巨尤切，聞即崩殞，擗踊號天。今乃匿不舉哀，或揀擇時日者，並是。」〔註350〕可知，《唐律疏議》的「舉哀」來自禮的規定，指在聞知親人喪訊後，難以抑制悲痛的心情而放聲哭泣。

考諸《禮記》原文，「舉哀」只是「奔喪之禮」的第一部分，即「始聞親喪」〔註351〕之禮，在其後還有奔赴之禮、袒、踊成服之禮、等等。〔註352〕喪禮的整個過程就此展開。由此也可以推斷，所謂「匿不舉哀」並不單指聞喪時是否哭泣，而是以「聞喪舉哀」這一喪禮的第一個部分代指整個喪禮過程。這樣，「匿哀」實際上是指隱瞞或不舉辦喪禮。

「匿哀」從禮發展為制度、法律，有一套行政和司法的處理辦法，但是接到訃告之時是否哭泣只是繫於個人一時的感情，無法記錄和證明，朝廷也無法實時掌握，難以作為行政和司法的依據。因而，只有接到訃聞的官員主動向朝廷彙報，才能夠開啟整個遇喪解官、或奪情、或給假的行政程序。因而，遭喪官員是否向上級或朝廷彙報，才是這一罪名成立與否的關鍵。即使是官員聞喪後曾悲痛哭泣，但只要沒有向上級報告，仍應是構成「匿哀」之罪的。

由此可知，在形式化的「放聲哭泣」之下，「匿哀」之罪的實質意義是指，遭喪官員隱瞞喪事而不向朝廷彙報。

第二，在確定了「匿哀」之罪的定義後，接下來考察它的性質和量刑。從本質上看，「匿哀」罪屬於違背喪禮之罪，不同親人喪禮等級不同，因而「匿哀」之罪的性質和量刑都隨著所匿之「哀」的輕重而有所不同。在「匿哀」罪的處理方式上，按照喪事輕重劃分有四個等級，分別是「父母若夫之喪」、「期親尊長喪」、「大功以下尊長」和「卑幼」，這四種情況下，「匿哀」的性質和刑罰各不相同，下面分而述之。

「父母若夫之喪」，分別指「子」遭遇父母的喪事和妻遭遇夫的喪事。家是社會的基本單位，而父子、母子之倫又是家內最基本的倫理關係，父、母相對子來講是最近、最尊之親人，所以遭遇父母之喪應該「父母之喪，創

〔註350〕《唐律疏議》卷一《名例》，第14頁。
〔註351〕（清）阮元校刻：《禮記正義》卷五十六《奔喪》，第1653頁中。
〔註352〕（清）阮元校刻：《禮記正義》卷五十六《奔喪》，第1653頁中～1656頁上。

巨尤切，聞即崩殞，擗踴號天」。〔註353〕正因爲父、母的尊位，隱匿父母之
喪的犯罪性質也最嚴重，屬於「十惡」中的「不孝」。〔註354〕「十惡」是針
對嚴重危害社會秩序的若干罪行而設立的條目，「五刑之中，十惡尤切，虧
損名教，毀裂冠冕，特標篇首，以爲明誡。其數甚惡者，事類有十，故稱『十
惡』。」〔註355〕對妻子來說，夫的地位等同於父，「夫者，妻之天也。移父
之服而服，爲夫斬衰，恩義既崇，聞喪即須號慟。」〔註356〕因而，妻匿夫
之喪也屬於「十惡」，只是夫妻之間沒有血緣關係，是以義相合，所以屬於
「十惡」中「不義」之條。「十惡」的意義在於遇赦、減贖、官當，後文詳
述。正因爲匿父、母、夫之喪的嚴重性質，律文對其刑罰也最重，即「流二
千里」。考《唐律》「五刑」，流刑僅次於死刑，爲第二重刑罰；流刑又分三
等，三千里、二千五百里、二千里。〔註357〕匿父母夫之喪雖是流刑最末一
等，但也是很重的刑罰。值得注意的是，父、母、夫均是斬、齊衰重喪，但
在這裡並不以喪服爲標準，是因爲斬、齊衰雖是最重之喪，但其中並不只有
父、母、夫三者，這三者只是斬、齊衰諸喪中的最重者。這裡特意強調這三
對關係是體現了其在家庭倫理中的最重要之地位。這裡需要特別指出的是，
非親生父母的情況。「其嫡、繼、慈母，若養者，與親同。【疏】議曰：嫡謂
嫡母，《左傳》注云：『元妃，始嫡夫人，庶子於之稱嫡。』繼母者，謂嫡母
或亡或出，父再娶者爲繼母。慈母者，依《禮》：『妾之無子者，妾子之無母
者，父命爲母子，是名慈母。』非父命者，依禮服小功，不同親母。『若養
者』，謂無兒，養同宗之子者。慈母以上，但論母；若養者，即並通父。故
加『若』字以別之，並與親同。」〔註358〕可見，對於嫡、繼、慈、養的母
或父，只要滿足「父命」或養育等條件，〔註359〕是和親生父母等同的，理
應適用此條。

　　隱匿「期親尊長喪」，是次一等的匿哀之罪。「期」指一年的服喪期限，

〔註353〕《唐律疏議》卷一《名例》，第 14 頁。
〔註354〕《唐律疏議》卷一《名例》，第 13 頁。
〔註355〕《唐律疏議》卷一《名例》，第 6 頁。
〔註356〕《唐律疏議》卷一《名例》，第 16 頁。
〔註357〕《唐律疏議》卷一《名例》，第 5 頁。
〔註358〕《唐律疏議》卷六《名例》，第 137 頁。
〔註359〕這裡沒有提出母、改嫁母、庶子爲其母等情況，但是參考給假制度中這些母
　　　　如滿足一定條件也可以解官。所以推測這些情況也應適用此條。參見前文「輕
　　　　重之序——遭遇不同喪事時的假寧之節」，第 67～72 頁。

考《大唐開元禮》，父母之外的期親以上尊長有，「嫡孫爲祖（斬衰三年）」、「爲祖後者祖卒爲祖母（齊衰三年）」、「爲祖後者祖在爲祖母（齊衰杖周）」、「爲祖父母（庶子爲祖父母）（齊衰不杖期）」、「爲伯叔父（齊衰不杖期）」、「爲兄（齊衰不杖期）」、「爲姑、姊在室或適人無主者（齊衰不杖期）」、「爲伯叔母（齊衰不杖期）」、「妾爲嫡妻（齊衰不杖期）」、「婦爲舅姑（齊衰不杖期）」。〔註360〕與史料綜合對比，可以看出，所謂「期親尊長」有祖父母、伯叔父母、兄。還有「婦爲舅姑」，即史料中所說的「父之父母」。還有「妾爲嫡妻」，即史料中的「妾爲女君」。還有，史料只簡單列舉了「姑」、「姊」，但從《開元禮》可知，必須是在室（或即便出嫁但無喪主）之姑、姊。這些親屬均屬斬齊衰重喪之列，但相較父、母、夫之喪就要輕得多了，這體現在量刑上，均爲「徒一年」。徒刑是次於流刑的一等刑罰，自三年遞減至一年分五等，因而相比「流二千里」，「徒一年」要輕了五個等級。值得注意的是，在這一等級裏，匿祖父母和其他諸喪的刑罰一樣，但性質並不相同。匿祖父母喪屬於「十惡」之列，「七曰不孝……聞祖父母父母喪，匿不舉哀。」〔註361〕雖然匿父母、祖父母喪的刑罰不一樣，但是性質相同，均屬「十惡」。可以看出，法律對父系直系血親倫理的偏重。這裡特別要說明的是，「曾祖父母」爲齊衰五月服，「高祖父母」爲齊衰三月服，〔註362〕不屬於「期親」。不過，《唐律疏議》特別強調：「諸稱『期親』及稱『祖父母』者，曾、高同。【疏】議曰稱期親者，《戶婚律》：『居期喪而嫁娶者，杖一百。』即居曾、高喪，並與期同。『及稱祖父母者』，《戶婚律》云：『祖父母、父母在，別籍、異財，徒三年。』即曾、高在，別籍、異財，罪亦同。故云『稱期親及稱祖父母者，曾，高同』。稱『孫』者，曾、玄同。……嫡孫承祖，與父母同。緣坐者，各從祖孫本法。【疏】議曰：依禮及令，無嫡子，立嫡孫，即是『嫡孫承祖』。若聞此祖喪，匿不舉哀，流二千里。故云『與父母同』。」〔註363〕由此可知，匿高祖父母、曾祖父母之

〔註360〕《大唐開元禮》卷一百三十二《凶禮・五服制度》，第620頁上～622頁下。還有「爲人後者爲所後父」、「父卒母嫁及出妻之子爲母（齊衰杖周）」、「父卒繼母嫁從（即跟隨繼母改嫁）（齊衰杖周）」、「妾爲其父母」、「爲人後者爲其父母（齊衰不杖期）」、「女子適人者爲其父母（齊衰不杖期）」、「爲繼父同居者」等，《唐律疏議》中未提到這些，推測這些應屬於第一等級的條件，相當於親生父母，故不列於此。
〔註361〕《唐律疏議》卷一《名例》，第12頁。
〔註362〕《大唐開元禮》卷一百三十二《凶禮・五服制度》，第623頁上。
〔註363〕《唐律疏議》卷六《名例》，第136頁。

喪，和匿祖父母喪是受相同處罰的；甚至嫡孫承祖者也要接受與匿父母喪一樣的懲罰，這是重視父系直系血親的又一體現。

匿「大功以下尊長」喪，是又次一等匿哀之罪。據《大唐開元禮》，主要有「姑適人者（大功九月）」、「為人後者為其姑在室者（大功九月）」、「為夫之祖父母（大功九月）」、「為夫之伯叔父母（大功九月）」、「夫為人後者其妻為本生舅姑（大功九月）」、「為從祖祖父母（祖父之兄弟）（小功五月）」、「從祖父母（父之堂兄弟）（小功五月）」、「父之堂姊妹（小功五月）」、「祖之姊妹（小功五月）」、「外祖父（小功五月）」、「母之兄弟姊妹（小功五月）」等等，緦麻以下遠親不贅舉。〔註364〕可以看出，這裡面其實不乏非常親近的親屬，如「姑（已適人）」、「外祖父」、「母之兄弟姊妹（即舅、姨）」等等，但已不見父系直系血親了，全部是旁系、母系親屬。儘管這些親屬有的在血緣上很近，但是受到禮制的排斥，服制很低。「匿哀」罪也秉承禮的趨勢，匿這些親屬之喪，比照匿期親喪「各減二等」，即匿大功尊長喪減「徒一年」之二等應為「杖九十」；匿小功尊長喪再減「杖九十」之二等，應為「杖七十」；〔註365〕匿緦麻尊長喪再減「杖七十」的二等，應為「杖五十」。

上文所述均是隱匿各個親屬等級上的「尊長」之喪，可是五服制度各個等級中除「尊長」外均還有「卑幼」。「匿哀」罪針對匿「卑幼」之喪也有量刑，即「各減一等」。「期親以上」的「卑幼」主要有「父為長子（斬衰三年）」、「母為長子（齊衰三年）」、「祖為嫡孫（齊衰不杖期）」「兄為弟（齊衰不杖期）」、「兄為妹在室及適人而無主者（齊衰不杖期）」、「為兄弟之子（齊衰不杖期）」、「妾為其子（齊衰不杖期）」、「為夫之兄弟之子（齊衰不杖期）」。〔註366〕「大功以下」的「卑幼」主要有「未成年之子女（諸殤）（大功）」、「叔父、姑、嫡孫、兄弟之未成年子女（大功）」、「祖為庶孫（大功九月）」等等，遠親不贅述。〔註367〕家的意義在於傳承，因而家庭倫理不能僅限於「尊老」，也包括「愛幼」，因而「卑幼」的意義也很重要，這從父為長子、祖為嫡孫的重服可知。然而，畢竟要考慮長幼有序的原則，所以「匿哀」罪在量刑上，各等級

〔註364〕《大唐開元禮》卷一百三十二《凶禮・五服制度》，第 623 頁下～625 頁下。
〔註365〕《唐律疏議》卷十《職制》，第 205 頁。
〔註366〕《大唐開元禮》卷一百三十二《凶禮・五服制度》，第 620 頁上～622 頁下。還有「妾為其子（齊衰不杖期）」、「為父之兄弟之子（齊衰不杖期）」，但是《唐律疏議》中並未詳細列舉。
〔註367〕《大唐開元禮》卷一百三十二《凶禮・五服制度》，第 623 頁下～624 頁上。

均減匿「尊長」之喪一等。值得注意的是，夫爲妻應服「齊衰杖期」，妻也屬於「卑幼」，夫匿妻之喪應按卑幼減期親尊長一等。

《唐律疏議》裏還規定了一個細節，就是「聞喪不即舉哀，於後擇日舉訖，事發合得何罪？」〔註368〕在解決這個問題時，也充分考慮了喪事輕重的區別。律文引述《禮記》「斬衰之哭，往而不返。齊衰之哭，若往而返。大功之哭，三曲而偯。小功、緦麻，哀容可也。」這是形容哭聲，斬衰之喪聲嘶力竭，齊衰之哭聲跌宕反覆，大功之哭聲婉轉曲折，小功、緦麻只要有哀傷的表情便可。禮文意在以形象的表述說明不同喪事應該體現出的不同心情。聽到斬衰之喪時，應該哭泣的幾乎昏厥才對，豈容「擇日舉訖」，所以「不可無罪」。聽到小功、緦麻之喪，幾乎可以不用哭泣，因而「擇日舉訖」、「不合科罪」。可知，除小功、緦麻喪外，拖延舉哀還是避免不了懲罰。不過，畢竟已經舉哀，再用「匿哀」罪所定諸刑已不合適，所以折衷規定「期以上從『不應得爲重』；大功，從『不應得爲輕』。」「不應得爲」罪是對數量眾多、難以概括的不當行爲的懲罰。〔註369〕「諸不應得爲而爲之者，笞四十；謂律、令無條，理不可爲者。事理重者，杖八十。【疏】議曰：雜犯輕罪，觸類弘多，金科玉條，包羅難盡。其有在律在令無有正條，若不輕重相明，無文可以比附。臨時處斷，量情爲罪，庶補遺闕，故立此條。情輕者，笞四十；事理重者，杖八十。」〔註370〕據此可知，如果「擇日舉訖」，期以上重喪從重杖八十，大功之喪從輕杖四十。條文最後還規定，如果聞喪不立即舉哀，一直拖延，事發之前也沒來得及舉哀，那就只能按不舉哀處理。

第三，罪名和量刑是今天刑法主要的內容，但是傳統社會的法律會給予有官爵者種種不受刑罰的特權。以上的那些量刑標準，更多只是起到一種劃分等級的作用，並不會眞正實行。正如《唐律疏議》中指出的「品官犯流，不合眞配，既須當、贖。」〔註371〕官員獲罪，更多情況下付出的只是部分官位和錢財。因而，下面進一步考察「匿哀」罪在具體實施中的減、贖、官當、除、免等規定。

「減」指「減章」。「諸七品以上之官及官爵得請者之祖父母、父母、兄

〔註368〕《唐律疏議》卷十《職制》，第205頁。

〔註369〕劉俊文撰：《唐律疏議箋解》，北京：中華書局，1996年，第1946頁；徐燕斌：《唐律『不應得爲』罪新探》，《蘭州學刊》2008年第12期。

〔註370〕《唐律疏議》卷二十七《雜律》，第522頁。

〔註371〕《唐律疏議》卷二《名例》，第45頁。

弟、姊妹、妻、子孫，犯流罪已下，各從減一等之例。」「『官爵得請者』謂五品以上官爵。」〔註372〕

「贖」指「贖章」。「諸應議、請、減及九品以上之官，若官品得減者之祖父母、父母、妻、子孫，犯流罪以下，聽贖；若應以官當者，自從官當法。其……不孝流……各不得減贖，除名、配流如法。」〔註373〕

「官當」，指「以官當徒」，即可以用部分官位抵當刑罰。「其有二官，謂職事官、散官、衛官同為一官，勳官為一官」；「用官當徒者，職事每階各為一官，勳官即正、從各為一官」；「先以高者當，次以勳官當」；「五品以上，一官當徒二年；九品以上，一官當徒一年」；「以官當流者，三流同比徒四年」。〔註374〕

「免所居官」，指「免所居之一官」。「若有數官，先追高者；若帶勳官，免其職事；如無職事，即免勳官高者。」〔註375〕「官當」和「免所居官」算是較輕的懲罰，相應的重新敘官的時間也短。「免所居官及官當者，期年之後，降先品一等敘。」〔註376〕

「免官」要比「免所居官」處罰更重，指「二官並免。爵及降所不至者，聽留」。〔註377〕雖將官員所帶「職事官、散官、衛官、勳官」一概免除，但還留有爵。朝廷將官員免官之後，還是給予出路的。「三載之後，降先品二等敘。」〔註378〕「降所不至者」，就是指原品級下降二等後所剩餘的品級，即部分保留之前的任官資歷。

「除名」指「出身以來，官爵悉除」，是最徹底的撤銷一切官位、職務、資歷。但即便這樣還是有一些特權，「課役從本色者，無蔭同庶人，有蔭從蔭例」，又有「依令：『除名未敘人，免役輸庸，並不在雜徭及征防之限。』」除名的懲罰雖嚴屬，但仍有機會重新為官，「六載之後聽敘，依出身法」。〔註379〕

這些規定總體上分為三類：減罪，以銅贖罪，以官抵罪。事實上，這三者很少單獨使用，「除」、「免」的設置正是為了防止「贖」的擴大化，如果一

〔註372〕《唐律疏議》卷二《名例》，第34頁。
〔註373〕《唐律疏議》卷二《名例》，第34～36頁。
〔註374〕《唐律疏議》卷二《名例》，第44～47頁。
〔註375〕《唐律疏議》卷三《名例》，第58頁。
〔註376〕《唐律疏議》卷三《名例》，第60頁。
〔註377〕《唐律疏議》卷三《名例》，第56頁。
〔註378〕《唐律疏議》卷三《名例》，第56頁。
〔註379〕《唐律疏議》卷三《名例》，第58頁。

切罪責均可贖，那麼法律的嚴肅性就不存了。〔註380〕同樣，作爲免刑特權的減、贖、除、免，其輕重程度是不同的，夠得上除、免的罪行就不可再用減、贖。「若應以官當者，自從官當法。【疏】議曰：議、請、減以下人，身有官者，自從官當、除、免，不合留官取蔭收贖。」〔註381〕「其犯除、免者，罪雖輕，從例除、免。」〔註382〕

由於這些規定有相互交叉之處，且官爵體系複雜，具體如何施用自有一套體系。下面分析不同等級「匿哀」之罪的減、贖、除、免辦法。

前文已述，匿父、母、夫之喪，流二千里；匿祖父母之喪，徒一年。這兩者均屬「十惡」，因而可以歸併分析。「十惡」的本意在於，「重罰不赦」，「不准援用議、請、減等特權」。不過，劉俊文先生指出「所謂十惡不赦乃指官人犯十惡諸罪所科之從刑除名而言，至於所科之主刑，則唯列於惡逆之犯罪常赦不原，並非所有列於十惡之犯罪一概不予赦原。」〔註383〕惡逆，是指「毆及謀殺祖父母、父母，殺伯叔父母、姑、兄姐、外祖父母、夫、夫之祖父母、父母」，是嚴重違背了人倫，因而不可僅以「除名」、「免官」塞責。「匿哀」與之相比，性質要輕很多，因而如果官員犯了匿父、母、夫、祖父母喪罪，屬於「十惡」之內，並不必須眞正被處以流、徒之刑。

雖然不會被眞正科以流、徒之刑，但也不意味著可以用減、贖的辦法過關。考察「除名」所涵蓋的範圍，其中包括了「犯十惡」〔註384〕一條，因而匿父、母、夫、祖父母均應處以「除名」的懲罰。此外，匿父、母喪還屬於「不孝流」，特意強調不可以減贖。「不孝流……各不得減贖，除名、配流如法。」〔註385〕前文已述，屬於除免範圍的不適用減贖。因而可以確定，匿父、母、夫、祖父母之喪，應處以「除名」的懲罰，對官員來說也是很重的懲罰了。

劉俊文先生曾引《冊府元龜》中一例來探討匿哀罪的量刑。「代宗永泰元年，殿中侍御史內供奉李鈞、鈞弟京兆府法曹參軍鍔，並不守名教，配鈞

〔註380〕錢大群：《唐律與唐代法制考辨》，北京：社會科學文獻出版社，2009年，第245頁。
〔註381〕《唐律疏議》卷二《名例》，第35頁。
〔註382〕《唐律疏議》卷三《名例》，第64頁。
〔註383〕劉俊文撰：《唐律疏議箋解》，第88頁。
〔註384〕《唐律疏議》卷二《名例》，第47頁。
〔註385〕《唐律疏議》卷二《名例》，第36頁。

於施州，鍔於辰州，縱會非常之赦不在免限。鈞、鍔，溫州人也。天寶中，州舉道舉，咸赴京師。既升第參官，遂割貫長安，與鄉里絕凡二十餘載，母死不舉。溫州別駕知州事嗣曹王皋具以事聞，下憲司訊問，鈞等具伏罪。帝歎息久之曰：三千之刑，莫大於此，合置轘裂，豈止謫竄焉。」〔註386〕這段材料中，李鈞、李鍔兄弟因「不守名教」而受配流之刑，劉先生引此來說明，官員如犯匿哀罪，則真正科以流刑。〔註387〕不過，仔細考察這則材料，可以發現一個細節，就是李氏兄弟自為官後，「與鄉里絕凡二十餘載」。既然與鄉里隔絕，那麼李氏兄弟除了「母死不舉」外，二十年來自然也沒能盡到孝養之責。而且，在如此長久的時間裏與家鄉、父母沒有聯繫，這幾乎等於與父母實質上斷絕關係。因而，李氏兄弟的罪責絕非「匿哀」一罪可以概括，至少還可舉出「祖父母父母在，別籍、異財，若供養有缺」，〔註388〕「祖父母、父母老疾無侍，委親之官」〔註389〕等罪。「別籍」、「異財」、「供養有缺」，每一件都屬「十惡」之罪，「委親之官」罪也要免所居官。可見，由於李氏兄弟二十年與父母不通音訊，觸犯的人倫大罪太多，綜合諸罪才以「不守名教」而配流，並非僅犯「匿哀」一罪。而且，材料裏還提到「縱會非常之赦不在免限」。考慮到《唐律疏議》縱然死罪也有赦免之法，對嚴重犯罪多是「常赦不原」，而這裡是「非常之赦」也不能原免，可見，這並不是按照正常法制來審判的案件，而是對李氏兄弟滅絕人倫行為的特殊處罰。再考《新唐書・嗣曹王皋傳》對此事的記載：「時殿中侍御史李鈞與其弟京兆法曹參軍鍔宦既遂，不肯還鄉，母窮不自給。皋行縣見之，歎曰：『入則孝，出則悌，有餘力則學。若二子者可與事君乎哉？』舉劾之，並錮死。」〔註390〕可見，最初對李氏兄弟做出彈劾的用意，也是「母窮不自給」，而非匿哀不舉。所以綜合考慮後認為，這個例子似乎不能單純作為匿哀罪實科流刑的例證。

　　隱匿期親尊長（除祖父母外）、大功以下尊長、卑幼之喪，不屬於除、免的範圍，〔註391〕推測應該可以適用減贖之制，但無確鑿記載，暫時存疑。

〔註386〕《冊府元龜》卷一百五十二《帝王部・明罰》，北京：中華書局，1960年，第1847頁上。
〔註387〕劉俊文撰：《唐律疏議箋解》，第806頁。
〔註388〕《唐律疏議》卷一《名例》，第12頁。
〔註389〕《唐律疏議》卷三《名例》，第56頁。
〔註390〕《新唐書》卷八○《嗣曹王皋傳》，第3580頁。
〔註391〕「除名」、「免官」、「免所居官」三者涵蓋的範圍，參見錢大群：《唐律與唐代

（二）「釋服從吉」罪

爲方便下文敘述，先據《唐律疏議》卷十，將「釋服從吉」罪的主要條文摘錄如下：

> 喪制未終，釋服從吉，若忘哀作樂，自作、遣人等。徒三年；雜戲，徒一年；即遇樂而聽及參預吉席者，各杖一百。

> 『喪制未終』，謂父母及夫喪二十七月內，釋服從吉，若忘哀作樂，注云『自作、遣人等』，徒三年。其父卒母嫁，及爲祖後者祖在爲祖母，若出妻之子，並居心喪之內，未合從吉，若忘哀作樂，自作、遣人等，亦徒三年。雜戲，徒一年。樂，謂金石、絲竹、笙歌、鼓舞之類。雜戲，謂樗蒲、雙陸、彈棊、象博之屬。「即遇樂而聽」，謂因逢奏樂而遂聽者；『參預吉席』，謂遇逢禮宴之席參預其中者：各杖一百。

> 期親尊長喪……喪制未終，釋服從吉，杖一百。大功以下尊長，各遞減二等。卑幼，各減一等。

> 「期親尊長」，謂祖父母，曾、高父母亦同，伯叔父母，姑，兄姊，夫之父母，妾爲女君……『喪制未終』，謂未踰期月〔註392〕，釋服從吉者，杖一百。大功尊長……未踰九月，釋服從吉，杖八十。小功尊長……未踰五月，釋服從吉，杖六十。緦麻尊長……未踰三月，釋服從吉，笞四十。其於卑幼，匿不舉哀及釋服從吉，各減當色尊長一等。『出降』者，謂姑、姊妹本服期，出嫁九月。若於九月內釋服從吉者，罪同期親尊長科之，其服數止準大功之月。餘親出降，準此。若有殤降爲七月之類，亦準所降之月爲服數之限，罪依本服科之。其妻既非尊長，又殊卑幼，在禮及詩，比爲兄弟，即是妻同於幼。

> 又問：居期喪作樂及遣人作，律條無文，合得何罪？

法制考辨》，第 263～264 頁。

〔註392〕劉俊文先生曾懷疑此處「期月」爲「期年」之誤，見《唐律疏議箋解》，第 802 頁。《漢語大詞典》「期月」條列出若干書證，如《論語·子路》：「子曰：『苟有用我者，期月而已可也，三年有成。』」邢昺疏：『期月，周月也，謂周一年之十二月也。』」可知，「期月」也可以用來表示一整年之意。見漢語大詞典編輯委員會、漢語大詞典編輯處：《漢語大詞典》，第六卷，上海：漢語大詞典出版社，1990 年，第 1306 頁。

答曰：禮云：『大功將至，辟琴瑟。』鄭注云：『亦所以助哀。』
又云：『小功至，不絕樂。』喪服云：『古者有死於宮中者，即三月
爲之不舉樂。』況乎身服期功，心忘寧戚，或遣人作樂，或自奏管
絃，既玷大猷，須加懲誡，律雖無文，不合無罪，從『不應爲』之
坐：期喪從重，杖八十；大功以下從輕，笞四十。緦麻、卑幼，不
可重於『釋服』之罪。〔註393〕

這裡面基本涵蓋了「釋服從吉」之罪的定義、概念界定與量刑標準，下文將
以這些材料爲中心，逐步分析「釋服從吉」之罪的各個要素。

首先來看「釋服從吉」罪成立的條件。從材料中可以看出，這是以「釋
服從吉」爲首的一系列居喪違禮行爲的彙集，還包括「忘哀作樂」、「雜戲」、
「遇樂而聽及參預吉席」。服吉服、做樂、雜戲、聽樂、預宴等行爲，並不構
成犯罪，如果這些行爲構成犯罪，需要滿足的首要條件是「喪制未終」。因而，
如何定義「喪制未終」，成爲「釋服從吉」罪成立的關鍵。

喪制即服喪期限，不同喪事的服喪期限也不一樣。釋服從吉罪對喪事等
級的劃分基本相同，也主要分「父母若夫之喪」、「期親尊長喪」、「大功以下
尊長」和「卑幼」四等，但更加細緻。第一等「父母及夫喪二十七月」；第二
等「期親尊長」，「未踰期月」，即一整年；第三等「大功一下尊長」中，大功
尊長「未踰九月」，小功尊長「未踰五月」，緦麻尊長「未踰三月」。值得一提
的是，「出降」者的喪期按照「出降」後的喪期計算，但違反後的量刑還按照
原服制。比如，在室之姑爲期親尊長，出嫁之姑降服大功九月，一旦違反，
還是要「罪同期親尊長科之」，而不是用大功之罪。因殤而降之服也是一樣，
「準所降之月爲服數之限，罪依本服科之」。

確定了服喪期限之後，一旦在各自服喪期限內出現上述諸服喪違禮行
爲，就構成犯罪了。

第二，在考察了「釋服從吉」罪成立的條件後，下面考察其性質和量刑
標準。與「匿哀」罪不同，「釋服從吉」罪的量刑標準有兩個：一個是喪事等
級，這和匿哀罪是一樣的；另一個是以種種違禮行爲爲標準。綜合考慮兩個
標準，才能得出「釋服從吉」罪的量刑。因而，下文的敘述中將以喪服的四
個等級爲主，並參酌違禮行爲的標準加以敘述。

先來看在「父母及夫喪二十七月內」各種違禮行爲的量刑。「釋服從吉」、

〔註393〕《唐律疏議》卷十《職制》，第 204～206 頁。

「忘哀作樂」「徒三年」；「雜戲」「徒一年」；「遇樂而聽及參預吉席」，「各杖一百」。這裡雖然只提到「父母及夫」，但是「爲祖後者祖在爲祖母」、「出妻之子（爲母）」都可以參照此條實行。關於親人服喪的問題，前文已有詳述，此處不再贅述。可以看出，同爲父母及夫的重喪，各種行爲的量刑大爲不同。徒刑自三年至一年遞減有五等，杖刑亦有五等，杖一百是最高一等杖刑，「徒三年」到「徒一年」相距四等，「徒一年」至「杖一百」只相距一等。可見，對「釋服從吉」、「忘哀作樂」的懲罰，要遠遠超過「雜戲」等，也符合這些行爲的意義。「釋服從吉」指「釋去衰裳而著吉服者」。〔註394〕喪服的意義極爲重要，喪事的輕重、親屬的遠近，均以喪服爲標準，且喪服也是區別居喪與平常最顯著的外在特徵。因而，在各種違禮活動中，「釋服從吉」最爲惡劣，刑律對之所施懲罰也最重。「樂」指「金石、絲竹、笙歌、鼓舞之類」，雜戲指「樗蒲、雙陸、彈碁、象博之屬」。可以很明顯地看出，「樂」，無論是在複雜程度，還是在娛樂性上，都要高於「雜戲」。同理，在喪期之內，做樂（或遣人做樂）的惡劣程度也要高於雜戲，因而，刑律對「忘哀作樂」、「雜戲」的懲罰也有等差。另外，「忘哀作樂」是服喪者主動去「作樂」，而「遇樂而聽及參預吉席」則是「因逢奏樂而遂聽」、「遇逢禮宴之席參預其中」，即沒有主觀聽樂、預宴的動機，只是偶然碰見沒有拒絕而已，因此對其懲罰最低。從性質上看，「居父母喪……若作樂，釋服從吉。」屬於「十惡」中的「不孝」條。〔註395〕「聞夫喪……作樂，釋服從吉。」屬於「十惡」中的「不義」條。〔註396〕「匿哀」罪中，隱匿祖父母之喪也屬十惡，但是在「十惡」條中卻沒有居祖父母喪而釋服從吉、雜戲等行爲。十惡中不包含此條的原因，《唐律疏議》並未明言，只能據《唐律疏議》的製法原則來推斷。在涉及服制、倫理類的律文中，同一罪名下，服制重則罪重，服制輕則最輕；同一服制下，重罪罪名要科以刑罰，輕罪罪名則不科以刑罰。「釋服從吉」諸罪要輕於「匿哀」罪，這從刑罰上可以看出。而祖父母的關係相對父母服制又輕了一層。據此判斷：在重罪（匿哀）的情況下，匿父母、祖父母喪屬十惡；在輕罪（釋服從吉）的情況下，父母喪中釋服屬於十惡，服制較輕的祖父母就不屬於十惡了。不過，這只是推測，並沒有材料支撐，只能暫時存疑。

〔註394〕《唐律疏議》卷一《名例》，第 13 頁。
〔註395〕《唐律疏議》卷一《名例》，第 12 頁。
〔註396〕《唐律疏議》卷一《名例》，第 15 頁。

再來看父、母、夫之外的喪事中居喪違禮的刑罰。「期親尊長喪……喪制未終,釋服從吉,杖一百。大功以下尊長,各遞減二等。卑幼,各減一等。」〔註397〕其中各級喪等的意義,前文已有敘述,在此不贅言。這則史料中值得注意的是,針對居喪違禮行為,只剩下「釋服從吉」一項了,取消了對雜戲、預宴等的刑罰。這也可以理解為,在父、母、夫重喪之中,對雜戲、預宴等的刑罰也只是很輕的「徒一年」、「杖一百」,輕喪中對雜戲、預宴等的刑罰更應輕罰,乃至輕的失去了意義,也就不值得規定了。還有,「期親尊長喪」內「釋服從吉」也才「杖一百」,自大功至緦麻喪內「釋服從吉」分別是杖八十、杖六十和笞四十。對「釋服從吉」的處罰已經到了最輕的笞刑,比「釋服從吉」更輕的雜戲、預宴等也就沒必要再浪費筆墨了。儘管期喪以下雜戲、預宴等行為的處罰至輕,但律文規定服內「作樂」行為比較惡劣,不應該無罰。《唐律疏議》也專門針對期喪以下的居喪作樂做了規定。「律雖無文,不合無罪,從『不應為』之坐:期喪從重,杖八十;大功以下從輕,笞四十。緦麻、卑幼,不可重於『釋服』之罪。」〔註398〕「不應得為」的處理辦法前文已述,此不贅言。這段史料中需要指出的是,「釋服」之罪要重於「作樂」,可是緦麻喪的釋服之罪也只有「笞四十」,為了維護罪行輕重與刑罰輕重相協調的原則,律文強調「緦麻、卑幼,不可重於『釋服』之罪」,也就是不能科以「笞四十」以上的刑罰。

小 結

本章主要探討的是「匿哀」與「釋服從吉」罪由「禮」入「律」的過程,這一過程中又貫穿著宗族形態變遷、發展的趨勢。在西周宗法制下,舉哀與居喪都是喪主特權,而喪主的人選一般為嫡子,身份地位穩固。而且,不管是主持喪禮還是進行葬後祭祀,都為了宣示喪主繼承權,所以不會產生不舉哀或者居喪違禮的現象。宗法制崩潰以後,與之相聯繫的喪祭之禮「虛儀化」,「匿哀」、「釋服從吉」等行為隨之出現,這就要求喪祭之法取代喪祭之禮,成為引導喪祭行為的新規制。秦漢法令、制度與王朝的行政風格有關,在「儒表法裏」背景下,當時的刑法和行政法中都沒有對違背喪禮治罪的條文。加之兩漢時期儒家「三年之喪」說尚未成為定制,因此,朝廷不強制官

〔註397〕《唐律疏議》卷十《職制》,第 204~205 頁。
〔註398〕《唐律疏議》卷十《職制》,第 206 頁。

員居喪，對不舉哀、居喪不謹的行為也只是以道德評判為主，並無法律、制度上的硬性規定，這也是秦漢法律「重生不重死」原則的體現。可是，這樣的法律理念僅適用於小家庭形態為主的社會結構，不適應宗族勢力越來越占主導的社會發展趨勢。

魏晉南北朝制度相對兩漢有了很大突破，主要體現在相關制度規定繁雜，尤其東晉南朝，喪禮行為稍有不當便可招致清議。但這一時期的規定仍然分散，不成體系，造成禮無定禮、法無定法、俗無定俗的局面。不過，這恰恰反映了門閥士族在禮、制、法上的強勢地位，受南北世家大族對政治的不同影響，南、北朝喪制分別呈現出「為孝屈忠」與「忠先於孝」的特點，而後者已顯露出隋唐舉哀、居喪之制的影子。

隋唐繼承了北朝「忠孝並舉」、「忠先於孝」的原則，從禮、法、制全面將舉哀、居喪納入規範有序的軌道。首先，繞過南北朝時期一些爭執不下的問題，直接從東漢經學中尋找依據，簡化並規範喪禮的內容。通過多次修訂禮典，實現政權對禮學正統的干預，禮的規範意義逐漸被架空，禮儀「官方化」的味道越來越濃。國家的官吏選拔制度以經學取士為重要的一環，從制度層面統一了禮，乃至經學的標準。其次，在具體的政治制度運作中表現為，官員的「初終」之禮因官位有別而呈現等級性，按喪服輕重安排給假時間的「假寧之節」，官員遭喪後的解官與奪情起復制度。再次，《唐律》中設立「匿哀」、「釋服從吉」等罪名，進一步通過刑罰的威懾力鞏固禮與制度上的成果，並且將兩條罪名分開放在律文的不同門類中，為司法時斷罪、定罪等程序提供方便。此外，還從細節上對罪行的界定、量刑的依據等加以說明和規定。總之，不管是圍繞禮的學術探討，還是朝廷設範立制的規定，都是從正面為舉哀、居喪之制提供參考和保障。然而，一旦其中的違禮、違制行為被納入刑事處罰範圍內，不僅表明私喪讓位於國事的重大意義，也可以看出，倫理、制度、法律對喪事中個人情感的干預和抑制，體現了禮、制、法全面規範私人事務的背景與意義。

不過，無論是制禮還是立法，只是顯示了朝廷對於此類行為的態度。一些事例能夠反映出實施中的問題。儘管現實中有的居喪違禮行為受到了懲罰，如《舊唐書·皇甫鎛傳》載「鎛貞元初登進士第，登賢良文學制科，授監察御史。丁母憂，免喪，坐居喪時薄遊，除詹事府司直。轉吏部員外郎、

判南曹，凡三年，頗鈐制奸吏。」〔註399〕但鑽空子也很容易，《朝野僉載》卷二載：「御史中丞李謹度，宋璟引致之。遭母喪，不肯舉發哀，訃到皆匿之。官僚苦其無用，令本貫瀛州申謹度母死。尚書省牒御史臺，然後哭。其庸猥皆此類也。」〔註400〕《朝野僉載》卷四載：「周夏官侍郎侯知一年老，敕放致仕。上表不伏，於朝堂踴躍馳走，以示輕便。張悰丁憂，自請起復。吏部主事高筠母喪，親戚為舉哀，筠曰：『我不能作孝。』員外郎張棲貞被訟詐遭母憂，不肯起對。時臺中為之語曰：『侯知一不伏致仕，張悰自請起復，高筠不肯作孝，張棲貞情願遭憂。皆非名教中人，並是王化外物。』獸心人面，不其然乎！」〔註401〕可見，這類倫理性法條在實踐中更多只是一種提倡，真正維護居喪之禮的只能是社會和個人對待喪禮的心態。孝行一旦淪落到要靠法律來維持一個底線時，也就失去其原本意義了。

〔註399〕《舊唐書》卷一三五《皇甫鎛傳》，第 3738～3739 頁。
〔註400〕張鷟：《朝野僉載》卷二，中華書局，1979 年，第 47 頁。
〔註401〕張鷟：《朝野僉載》卷四，第 93 頁。

第二章　「居喪求仕」罪研究

　　「匿哀」與「釋服從吉」罪的內涵豐富，其內容呈現多個方面，從不同的角度考察這些側面，有助於更為全面地理解其在古代制度和社會中的地位。「匿哀」與「釋服從吉」的本質是違背喪禮，喪禮與國法，一屬社會層面，一屬制度層面，作為制度層面的國法，逐漸將社會層面的喪禮納入其中，這正是禮法結合的過程。上文即著重從這個角度考察了「匿哀」與「釋服從吉」罪在歷史上的發展和演變。

　　「匿哀」與「釋服從吉」罪的另一側面反映的是服喪與出仕問題。服喪期間，如果堅持不出仕，則有違君命，但若出仕，卻又是對孝子哀慟之情的一種抑制，這是一對伴隨始終的矛盾。這種情況下，總有一方要做出讓步，或者為忠抑孝，或者為孝屈忠，難以完全協調。

　　在《唐律疏議》中，「匿哀」與「釋服從吉」條的主要內容側重於對違背喪禮行為的處置，並未直接提到居喪與求仕的問題。不過，「冒哀求仕」〔註1〕條是與居喪求仕問題直接相關的條文，只是僅涉及對服喪期限最後一小段時間內求仕〔註2〕的規定。但該條也指出，在不同服喪階段內求仕，適用「不孝」、「釋服從吉」〔註3〕等條的刑罰。因而，本章考察居喪求仕的問題，既包括「冒哀求仕」條的直接規定，也涵蓋其他法條中隱含的與居喪求仕有關的內容。

〔註1〕　《唐律疏議》卷十《職制》：「冒哀求仕者，徒一年」，第206頁。
〔註2〕　《唐律疏議》卷十《職制》：「冒哀求仕者，謂父母之喪，二十五月大祥後、未滿二十七月，而預選求仕」，第206頁。
〔註3〕　《唐律疏議》卷十《職制》：「若釋服求仕，即當『不孝』，合徒三年；其二十五月外，二十七月內，是『禫制未除』，此中求仕，名為『冒哀』，合徒一年；若釋去禫服而求仕，自從『釋服從吉』法」，第207頁。

　　《唐律疏議》這樣的安排有其用意所在，如果說不舉哀、提早釋服、居喪作樂、居喪宴飲等內容具有偏重社會規範的色彩，那麼，居喪與求仕問題則是傾向於體現國家制度層面的內容。因而，《唐律疏議》以不同性質為依據，將同一內容分作兩條敘述。前一部分的「匿哀」、「釋服從吉」，專注於從「禮」的本質出發做出規定，然後又有專門條文針對居喪與求仕的相關問題。

　　居喪求仕的內容只有寥寥幾句，如果就事論事似乎不需太費筆墨。不過，若要追問這些內容的源頭和發展過程，就會發現，還有許多內容值得進一步挖掘，甚至可以與制度、社會發展聯繫起來。

　　居喪求仕問題的發展，首先受制於禮法關係。王朝法律對孝德的吸納程度決定了對居喪求仕問題的處理辦法。但是，朝廷若想對居喪求仕做出法律上的限制，除了「禮」的方面的探討之外，更需要一系列制度保障。其中，最重要的就是，居喪官員服喪期間的待遇和服喪期滿之後重新敘官的問題。

　　官位是官員的權勢所在，如果因為服喪而導致失去官位，或者官位大幅降低，那麼，即便有明文法條要求服喪，也會有大量官員出於現實考慮而不服喪。尤其在秦漢之後，世卿世祿制消亡，出仕成為士人的唯一生計，如果在沒有對居喪官員利益做出基本保障的情況下，就以「孝道」為名嚴厲禁止居喪求仕，那相當於以「孝」的名義剝奪士人的唯一出路。這樣的法律即便制定出來，也是不符合客觀情況的「惡法」。反過來說，如果朝廷在官員管理制度方面對服喪官員的利益已經給予保障，但還是出現了官員居喪求仕的現象，那麼，為了維護「孝」這一基本的社會秩序，這些官員的行為就必須通過法律加以制裁。

　　由此可知，居喪官員管理制度的建立和完善，直接關係到官員對服喪的態度，也決定著對居喪求仕罪懲罰的實施。要完善對居喪官員的管理制度，涉及到一系列問題，比如，居喪官員的身份認定制度、俸祿待遇制度、重新敘用制度等。這一系列制度中，最核心的問題就是官員的身份。朝廷如何認定去職居喪官員的身份，反映了朝廷對待官員的態度。直白地講，就是所謂的君臣關係問題。

　　敘述至此，可以看出，居喪求仕問題的核心，即不同歷史情形的君臣關係下，會產生不同的官員管理制度，由此而決定的居喪求仕的相關制度也會有所不同。宗法、分封制下各級封君的分權體制、秦漢官僚制王朝的君臣關係、魏晉南北朝世家大族興盛之下的君臣關係以及唐朝以後的君臣關係，之

間的差異和變化很大。本章也側重從君臣關係這條線索來分析居喪求仕問題的發展。

第一節 「金革之事無辟」——「禮」中的居喪與出仕

居喪求仕的問題，宏觀上看受制於不同時代君臣關係的發展，在細節方面又涉及到官員管理、俸祿、待遇、遷轉等多項制度的完善過程。先秦時期，史料缺乏，更重要的是由於類似於後世的官僚體系尚未建立，這個時期的制度大都以「禮」的形式出現。因而，瞭解這一時期對居喪與出仕關係的規定，只能從《禮記》、《儀禮》、《左傳》這樣的經典中去尋找線索。

下文首先分析從「禮」的角度來說居喪與出仕有何矛盾；然後考察居喪中的大臣與君主之間的關係，以及在此關係之下居喪與出仕的安排；最後從宗法、封建體制來分析這個時期居喪與出仕的特點。

一、居喪與出仕的矛盾

「居喪求仕」並不是一個新問題，但相關研究易忽略「居喪求仕」之所以構成問題的基礎，即「居喪」與「求仕」為什麼會有矛盾。以往成果多將兩者視為一對不言自明的天生矛盾，大都直接考察歷代對「居喪求仕」的具體規定，並未深入挖掘矛盾形成的原因。當我們對已有成見做進一步的追問，即服喪與出仕不能同時進行的原因何在，為什麼不能在官府任職的同時服喪，就會發現已有認識仍存在語焉不詳之處。因而，在正式考察「居喪」與「求仕」問題之前，有必要先探討一下二者的性質究竟有何差異，矛盾之處何在。

（一）「喪不貳事」

《禮記》中提到：

> 喪不貳事。

注文解釋為：

> 貳之言二也。庶人終喪無二事，不使從政也。〔註4〕

〔註4〕 （清）阮元校刻：《禮記正義》卷一二《王制》，第 1334 頁下。

「貳事」，指其他的活動，意指喪事之外的活動。「從政」，指庶人「從爲政者教令，謂給繇役」。〔註5〕這裡明確指出，處理喪事和服喪期間「不貳事」，即除了喪事之外不應進行其他活動。至於爲什麼不進行其他活動，此處並未明言。

《春秋穀梁傳》記載：

> 毀泉臺，喪不貳事。貳事，緩喪也。〔註6〕（魯文公十六年秋八月）

泉臺是魯莊公時所築。《春秋公羊傳》載：「三十有一年，春，築臺於郎。何以書？譏。何譏爾？臨民之所漱浣也。」〔註7〕此處說的便是泉臺，即「未成爲郎臺，既成爲泉臺。」〔註8〕「臺」用來登高，觀四方之民情，而魯莊公卻用來棲息居處，因而《公羊傳》對魯莊公築臺之事予以抨擊。魯文公十六年「有蛇自泉宮出，入於國，如先君之數。」〔註9〕這似乎是一個不詳的徵兆。後來魯文公之母聲姜死，才出現「秋八月，辛未，聲姜薨，毀泉臺」〔註10〕的事件。《春秋》記載的「毀泉臺」一事，《三傳》各從不同角度對其意義加以引申。《左傳》側重較爲詳細的敘事，褒貶的議論較少。《公羊傳》強調：「毀泉臺，何以書？譏。何譏爾？築之譏。毀之譏。先祖爲之，已毀之，不如勿居而已矣。」〔註11〕認爲，魯文公毀泉臺的行爲是在「暴揚先祖之惡」。〔註12〕《公羊傳》對築泉臺、毀泉臺的評論，均是著眼於其在政治上的影響。築泉臺是將觀民情的「臺」用來享樂，毀泉臺則宣揚先君之惡，也不利於統治。

《穀梁傳》對毀泉臺一事也並非平鋪直敘，同樣側重褒貶。不過，批判的角度卻與《公羊傳》不同，其側重從喪禮的角度來評價，即援引「喪不貳事」爲依據，對毀泉臺一事展開評說。《穀梁傳》裏面提到「喪不貳事，貳事，緩喪也」，明確指出了遭遇喪事後，處理喪事無疑是最急迫的事，而不

〔註5〕（清）阮元校刻：《禮記正義》卷四二《雜記下》，注文，第1563頁下。
〔註6〕（清）阮元校刻：《春秋穀梁傳注疏》卷十一，文公十六年，北京：中華書局，1980年，第2410頁中。
〔註7〕（清）阮元校刻：《春秋公羊傳注疏》卷九，莊公三十一年，第2242頁上。
〔註8〕（清）阮元校刻：《春秋公羊傳注疏》卷十四，文公十六年，第80頁下。
〔註9〕（清）阮元校刻：《春秋左傳正義》卷二十，文公十六年，第156頁下。
〔註10〕（清）阮元校刻：《春秋左傳正義》卷二十，文公十六年，第157頁上。
〔註11〕（清）阮元校刻：《春秋公羊傳注疏》卷十四，文公十六年，第80頁下。
〔註12〕（清）阮元校刻：《春秋公羊傳注疏》卷十四，文公十六年，第80頁下。

能因爲「貳事」對喪事有任何延緩怠慢，尤其值得注意的是此條後的注文：

> 喪事主哀，而復毀泉臺，是以喪爲緩。〔註13〕

注文指出了爲什麼不能「貳事」，即「喪事主哀」，點出了喪不貳事的深層原因。「哀」，指哀慟之情。「喪事主哀」，指喪事中最重要的就是哀慟之情。《禮記》載：「子路曰：『吾聞諸夫子，喪禮，與其哀不足而禮有餘也，不若禮不足而哀有餘也。』喪主哀。」〔註14〕可見，喪事之禮源於哀慟之情，喪服等安排也是爲了激發哀慟之情。「若不肖之屬，本無哀情，故爲衰絰，使其睹服思哀，起情企及也。」〔註15〕如果喪事過程中進行別的活動，就會怠慢哀慟之情，那麼喪禮也就失去意義了。

先秦經典中「喪不貳事」規定，喪禮過程中不能進行喪事以外的活動。漢、晉經學家的注文，從喪事中哀慟之情的角度解釋了專注於喪事的原因。經文的規定和漢、晉經學家從情感入手的解釋，一直爲後世所遵從，成爲喪事中不從事其他活動的理論依據，並被不斷地加以進一步詮釋。如《禮記正義‧王制》孔穎達的解釋：

> 喪不貳事，謂不爲兩事，故讀從二、三之二也。
>
> 庶人既無爵命，更無殊禮，三年之內許其終喪，除居喪之外不
>
> 供他事，故下云：父母之喪，三年不從政也。〔註16〕

唐代孔穎達從文字訓詁上繼續解釋「喪不貳事」的意義，並強調「居喪之外不供他事」。

《白氏六帖事類集》卷十九中提到：

> 父母之喪三年不從政。喪不貳事，不從政也。〔註17〕
>
> 庶人喪不貳事。終喪不從政也。〔註18〕

中唐白居易所做《白氏六帖》，是對當時知識、典故的簡單彙集，並未做過多闡釋，但從這兩條內容也可以看出，「喪不貳事」的說法一直被奉爲經典。

〔註13〕 （清）阮元校刻：《春秋穀梁傳注疏》卷十一，文公十六年，第 46 頁中。
〔註14〕 （清）阮元校刻：《禮記正義》卷七《檀弓上》，第 57 頁上。
〔註15〕 （清）阮元校刻：《禮記正義》卷九《檀弓下》，第 76 頁下。
〔註16〕 （清）阮元校刻：《禮記正義》卷十二《王制》，第 1335 頁上。
〔註17〕 （唐）白居易：《白氏六帖事類集》卷十九《去官第十二》，北京：文物出版
　　　　社，1987 年，影印宋本。
〔註18〕 （唐）白居易：《白氏六帖事類集》卷十九《起復第三十》，影印宋本。

北宋王安石也認同不貳事，以便專一於喪事。他說：「喪不貳事，當連自天子至於庶人爲句，三年不從政，所謂不貳事，使一於喪事也。」〔註 19〕宋代是儒學發展的一個高峰，對很多喪禮問題都有新的發展和闡釋。如北宋學者呂大臨的看法：

> 藍田呂氏曰：「人事之重，莫甚於哀死，故有喪者之毀如不欲生。大功之喪，業猶可廢，喪不貳事。如此，則祭雖至重，亦有所不可行。蓋祭而誠至則忘哀；祭而誠不至，不如不祭之爲愈也。後世哀死不如古人之隆，故多疑於此。」〔註 20〕

呂大臨是北宋新儒學中「關學」的代表人物。這一論述繼承了《穀梁傳》以來從哀痛之情的角度解釋的傳統，並做出進一步的詳細論述。首先，他指出，哀悼死者是最重要的事情，遇到喪事理應痛不欲生，就算是較輕的大功之喪也要廢業治喪，因而應該「喪不貳事」。在強調了「喪事重哀」這個原則之後，呂氏又以祭祀爲例，說明「喪不貳事」的合理性，即「蓋祭而誠至則忘哀；祭而誠不至，不如不祭」。祭祀需要至敬至誠，然而如果做到至誠，則會忘哀；若不忘哀，則無法做到至誠。因而，無法兩全，只能堅持「喪不貳事」的原則。《左傳》記載：「國之大事，在祀與戎。」〔註 21〕即便重要如祭祀這般大事，也應堅持「喪不貳事」，更不用說普通的出仕、「從政」了。

通過以上考察可以看出，《禮記》、《穀梁傳》等經典中規定的「喪不貳事」的原則，是居喪與出仕的矛盾之一。也就是說，在情感上，喪事要有哀痛的心情，而從事喪禮以外的活動則會沖淡哀痛。因而要「喪不貳事」。

（二）「吉凶不相干」

「喪不貳事」是從個人情感的角度進行規定，服喪期間須專心服喪而不能從政。如果從禮的本質來分析的話，居喪與出仕還有更深層的矛盾。

禮的內容複雜，既是國家典制，又是一種政治秩序，還是社會生活的規範，更是文化。比如，有諸侯朝見天子、諸侯間聘問之禮，規定了天子諸侯間的政治關係，屬於「賓禮」；有「天子乃命將帥選士厲兵，簡練桀俊，專任

〔註19〕（宋）衛湜：《禮記集說》卷三十《庶人縣封，葬不爲雨止條》，《景印文淵閣四庫全書》，117 冊，臺北：臺灣商務印書館，1986 年，第 611 頁上。

〔註20〕（宋）衛湜：《禮記集說》卷三十《喪三年不祭條》，《景印文淵閣四庫全書》，117 冊，第 605 頁下。

〔註21〕（清）阮元校刻：《春秋左傳正義》卷二七，成公十三年，第 1911 頁中。

有功，以征不義」〔註22〕的「軍禮」；有祭祀天神、地祇、人鬼的祭祀之禮，即「吉禮」；還有社會生活中的冠禮、婚禮，均屬「嘉禮」。當然，還有喪禮所屬的「凶禮」。「吉」「凶」「軍」「賓」「嘉」五禮都是一系列的行為規範，但因其各自所規範的領域而有本質的不同。這需要從禮的源頭開始分析。

禮的一個重要根源在於人情，〔註23〕既有順乎人情的一面，也有對人情節制的一面，正是「禮因人情而為之節文」〔註24〕之意。最後達到的理想狀態就是，「喜怒哀樂之未發，謂之中；發而皆中節，謂之和。中也者，天下之大本也；和也者，天下之達道也。」〔註25〕因而，不同的禮之間最根本的區別在於，其所順應或限制的情感不同。喪禮，緣自哀慟之情，即「喪主哀」。〔註26〕吉禮，即祭祀之禮則「祭主敬」，〔註27〕「禱祠，祭祀，供給鬼神，非禮不誠不莊」。〔註28〕軍禮，強調組織的紀律性，因而「班朝治軍，涖官行法，非禮威嚴不行」。〔註29〕賓禮，是規範不同地位、等級、身份的人之間相見的禮儀，即「以賓禮親邦國」。〔註30〕不過，賓禮聯絡拉攏感情的同時，也要對尊卑、貴賤的關係做出區分；嘉禮之嘉為「美好」之意，此禮蘊含之用意為「以嘉禮親萬民」。〔註31〕可見，諸禮表面迥異的內容底下所蘊含的意義也大不相同。出仕時，如果參加國家祭祀，則屬吉禮；如果參加朝賀、飲宴，則屬嘉禮；如果朝見君主，則屬賓禮；如果出征，則屬軍禮。出仕過程中所進行的每一項活動，都要遵循「吉」、「賓」、「軍」、「嘉」等規範，而凶禮所主張的原則卻與此截然不同。也可以認為，正是吉、凶殊途，決定了居喪與出仕的根本矛盾。

正是在這個意義上，《禮記》指出，不同類型的禮儀，需要顯示不同的外在表徵：

〔註22〕（清）阮元校刻：《禮記正義》卷十六《月令》，第 1373 頁上。

〔註23〕「禮」作為一個複雜的體系，自然有很多源頭，因俗而制禮、緣情而制禮是被廣為接受的說法。

〔註24〕（清）阮元校刻：《禮記正義》卷五一《坊記》，第 1618 頁中。

〔註25〕（清）阮元校刻：《禮記正義》卷五二《中庸》，第 1625 頁中。

〔註26〕（清）阮元校刻：《禮記正義》卷三五《少儀》，第 1514 頁下。

〔註27〕（清）阮元校刻：《禮記正義》卷三五《少儀》，第 1514 頁下。

〔註28〕（清）阮元校刻：《禮記正義》卷一《曲禮上》，第 1231 頁中。

〔註29〕（清）阮元校刻：《禮記正義》卷一《曲禮上》，第 1231 頁中。

〔註30〕（清）阮元校刻：《周禮注疏》卷一八《大宗伯》，北京：中華書局，1980 年，第 759 頁下。

〔註31〕（清）阮元校刻：《周禮注疏》卷十八《大宗伯》，第 760 頁中。

夫禮，吉凶異道，不得相干，取之陰陽也。〔註32〕

鄭玄解釋爲：「吉禮、凶禮異道，謂衣服、容貌及器物也。」而外在表徵差異，也正是內在情感不同的反映。《禮記》中還記載：

郊之祭也，喪者不敢哭，凶服者不敢入國門，敬之至也。〔註33〕

孔穎達進一步解釋爲：「此一節論祭祀之禮，以是吉禮大事，故喪與凶服皆辟之。」「凶服者不敢入國門，敬之至也」，說明爲了維護吉禮「敬」的原則。凶服不能出現在祭祀的場合，但是國家祭祀又極其重要，所以只好採取凶服避讓祭祀的處理辦法。

除了祭祀吉禮，從禮對爲國出使遭喪的規定也可以看出，喪禮與出仕之間的矛盾。《儀禮》記載：

若有私喪，則哭於館，衰而居，不饗食。〔註34〕

注文對「衰而居」一句的解釋是：「不敢以私喪自聞於主國，凶服干君之吉使。」出使，或屬賓禮，或屬嘉禮，均是天子與諸侯以及諸侯之間交往、聘問、賀、弔之禮，主要起到親善的作用，與喪禮主哀的情感完全迴異，因而不能共存，只能「衰而居」，即「皮弁吉服，故不敢凶服干君之吉使也」。

由此可知，除了個人感情之外，各種禮儀規範的淵源和背景均有不同，之間存在深刻矛盾而無法調融。在這個意義上，居喪與出仕有著不同的情感心境，遵循著不同的行爲準則。也正因如此，兩者才構成了一對矛盾，並需要通過禮、制加以調和。

二、「禮」中的居喪大臣與君主

通過前面的考察，更加具體地瞭解到居喪與從政的矛盾之處。在此基礎上，繼續考察「禮」如何協調二者的關係。

（一）喪禮中所規定的君臣關係

從喪禮中所規定的天子與遭喪大臣的關係，可以看出，天子對大臣之喪的態度以尊重爲主，這首先體現爲處理喪事過程中天子與大臣的關係。

《士喪禮》規定的第一條是「死於適室」，〔註35〕也就是所謂「壽終正

〔註32〕 （清）阮元校刻：《禮記正義》卷六十三《聘義》，第 1694 頁下。
〔註33〕 （清）阮元校刻：《禮記正義》卷四十七《祭義》，第 1594 頁下。
〔註34〕 （清）阮元校刻：《儀禮注疏》卷二十三《聘禮》，第 1069 頁下。
〔註35〕 （清）阮元校刻：《儀禮注疏》卷三十五《士喪禮》，第 1128 頁中。

寢」。再經過「復」、「奠」等禮之後，第一件對外的大事就是向君主報喪。《儀禮・士喪禮》載：

> 赴於君。主人西階，東南面，命赴者拜送。〔註36〕

注文進一步解釋為「赴，告也。臣，君之股肱耳目，死當有恩。」君臣之間雖有尊卑之別，但其間並不僅是冷冰冰的上下級關係，還有一層「恩」的關係在內。也正因如此，在接到臣下的訃告之後，君主需要行「弔」、「贈襚」等禮。《儀禮・士喪禮》載：

> 君使人弔。徹帷。主人迎於寢門外，見賓不哭，先入門右，北
> 面。弔者入，升自西階，東面。主人進中庭，弔者致命。〔註37〕

弔禮也屬凶禮，是表示慰問之禮。君主遣人弔問，正是君臣之間「恩」的體現。《儀禮・士喪禮》載：

> 君使人襚。徹帷。主人如初。襚者左執領，右執要，入，升，
> 致命。主人拜如初，襚者入衣尸出，主人拜送如初。〔註38〕

注文中解釋：「襚之言遺也。衣被曰襚。致命曰君使某襚。」「襚」是送給死者的衣衾，《穀梁傳》中提到：「乘馬曰賵，衣衾曰襚，貝玉曰含，錢財曰賻。」〔註39〕這也是體現君臣之恩的方式。

值得注意的是，「弔」、「贈襚」等禮中均有「徹帷」的細節。「帷」指在堂上設置帷幕，「尸未設飾，故帷堂，小斂而徹帷。」〔註40〕喪禮之所以需要「帷」，一是因為「斂必帷之者，鬼神尚幽暗故也」〔註41〕；再有就是「初死恐人惡之，故有帷也。至小斂衣尸畢，有飾，故除帷也」。〔註42〕可見，帷的作用主要是在遺體未修飾之前起到遮擋的作用。君主遣使來弔，特意強調要「徹帷」。雖然「云『徹帷，屈之』者，謂褰帷而上，非謂全徹去」，〔註43〕但也表明，代表君主的使者一定要親見死者遺體，當面「致命」。即宣佈君主的哀悼之詞。這也是君臣之恩的另一種體現。

〔註36〕　（清）阮元校刻：《儀禮注疏》卷三十五《士喪禮》，第 1129 頁中。
〔註37〕　（清）阮元校刻：《儀禮注疏》卷三十五《士喪禮》，第 1129 頁中～1129 頁下。
〔註38〕　（清）阮元校刻：《儀禮注疏》卷三十五《士喪禮》，第 1129 頁下。
〔註39〕　（清）阮元校刻：《春秋穀梁傳注疏》卷一，隱公元年，第 2366 頁上。
〔註40〕　（清）阮元校刻：《禮記正義》卷八《檀弓上》，第 1291 頁中。
〔註41〕　（清）阮元校刻：《儀禮注疏》卷三十五《士喪禮》，疏文，第 1129 頁中。
〔註42〕　（清）阮元校刻：《禮記正義》卷四四《喪大記》，疏文，第 1573 頁下。
〔註43〕　（清）阮元校刻：《儀禮注疏》卷三五《士喪禮》，疏文，第 1129 頁下。

喪禮還是顯示君臣之恩的獨特場合。「君非問疾弔喪，不入諸臣之家。」〔註44〕除了遣使弔喪之外，一般來說，君主還要親臨大斂之禮。「大夫之喪，將大斂，……君撫之，……君坐撫當心。」〔註45〕

君臣之恩，除了在喪禮中有所體現之外，對於大臣的三年服喪期限，君主也給予充分尊重。《公羊傳》中記載：

> 古者臣有大喪，則君三年不呼其門。

> 注文解釋爲：重奪孝子之恩也。禮，父母之喪，三年不從政；齊衰大功之喪，三月不從政。故孔子曰：「夏后氏三年之喪，既殯而致事；殷人既葬而致事；周人卒哭而致事，君子不奪人之親，亦不可奪親也。」〔註46〕

《公羊傳》中這句話意在追溯古禮。主張在正常情況下，大臣如果遭遇父母重喪，君主應該「三年不呼其門」，即允許其服喪三年而不爲君主服務。《公羊傳》此句只籠統追溯古禮，並未明指。注文中引用孔子的話，敘述了三代「致事」情況的不同，分別是「既殯致事」、「既葬致事」和「卒哭致事」。「致事」指「還其職位於君」，意爲暫時退出職位而居喪。殯，指大斂後停棺待葬，約爲死後數日；安葬，據身份不同大約是死後數月；安葬之後，便是安魂的虞祭，結束後才是卒哭之禮，意爲結束無時之哭，節制哀痛。〔註47〕三代分別於三個時段「致事」，反映了喪禮文化的不同。

不過，在禮的安排中，孝子的喪親之情仍重於「君事」。孔穎達援引皇侃解釋：「『夏后氏尚質，孝子喪親，恍惚君事，不敢久留，故既殯致事還君；殷人漸文，思親彌深，故既葬畢始致事還君；周人極文，悲哀至甚，故卒哭而致事。』知周卒哭致事者，以喪之大事有三，殯也、葬也、卒哭也。夏既殯，殷既葬，後代漸遠，以此推之，故知周卒哭也。」〔註48〕同時，這則史料也表明，重視喪親之情已成爲三代文化由「質」轉「文」的標誌之一。因此，君主理所當然應該體恤大臣的遭喪之情，而「不可奪親」。

由此可知，儘管存在上下尊卑之分，但喪禮中的君臣關係更多還是體現出以禮相待的氛圍，不是死板僵硬的上下之別，而是充滿了人情味。

〔註44〕 （清）阮元校刻：《禮記正義》卷四五《喪大記》，疏文，第1580頁下。
〔註45〕 （清）阮元校刻：《禮記正義》卷四五《喪大記》，第1580頁下。
〔註46〕 （清）阮元校刻：《春秋公羊傳注疏》卷一五，宣公元年，第2277頁中。
〔註47〕 彭林：《中國古代禮儀文明》，第228～245頁。
〔註48〕 （清）阮元校刻：《禮記正義》卷十九《曾子問》，疏文，第1401頁下。

（二）居喪中的出仕條件

通過上文的考察可知，喪禮與其他禮儀有著不同的內在情感根源，而出仕又涉及多種喪禮以外的禮儀，因而居喪與出仕有著內在的矛盾。從喪禮中的君臣關係來看，禮的主要傾向是支持三年終喪，但也在一些情況下有所調整。

「國之大事，在祀與戎。」〔註49〕一般情況下，禮支持三年終喪，甚至在祭祀吉禮上也支持「喪不貳事」的原則。但是，面對關係社稷安危的「金革之事」時，就有了「權禮」之制。對三年終喪做出調整，一個首選的依據就是「金革之事無辟」。《禮記正義·曾子問》中記載：

> 子夏問曰：「三年之喪，卒哭，金革之事無辟也者，禮與？初有司與？」孔子曰：「夏后氏三年之喪，既殯而致事。殷人既葬而致事。《記》曰：『君子不奪人之親，亦不可奪親也。』此之謂乎！」子夏曰：「金革之事無辟也者，非與？」孔子曰：「吾聞諸老聃曰：『昔者，魯公伯禽，有爲爲之也。』今以三年之喪從其利者，吾弗知也。」〔註50〕

遭遇三年重喪，在卒哭之禮後就可以進行「金革之事」。子夏至孝，疑惑「遭父母三年之喪，卒哭之後，國有金革戰伐之事，君使則行，無敢辭辟，爲是禮當然與？爲當初時有司強逼遣之與？」〔註51〕孔子開始並未直接解釋「金革之事」的合理性，而是先引用「君子不奪人之親，亦不可奪親」的理論說明三年之喪應該致事的合理性。「奪人之親」，指「人臣有親之喪，在上君子許其致事，是不奪人喪親之心，此謂恕也」；「奪親」，指大臣「遭喪須致事，是不奪情以求利祿，此謂孝也」，前者是君主之「恕」，即從情感出發，推己及人「以己情恕彼也」。〔註52〕後者是孝子之「孝」。孔子指出，居喪與出仕的關係應是，孝子不壓抑喪親之悲痛而主動致事；君主也應尊重大臣喪親之請，而允許致事，這是二者關係的基調。

孔子在先爲居喪與出仕關係定下基調後，面對子夏「金革之事無辟也者，非與」的追問，提出了直接的解釋。即「昔者，魯公伯禽有爲爲之也」。

〔註49〕（清）阮元校刻：《春秋左傳正義》卷二十七，成公十三年，第209頁中。
〔註50〕（清）阮元校刻：《禮記正義》卷十九《曾子問》，第1401頁下。
〔註51〕（清）阮元校刻：《禮記正義》卷十九《曾子問》，疏文，第1401頁下。
〔註52〕（清）阮元校刻：《禮記正義》卷十九《曾子問》，疏文，第1401頁下～1402頁上。

鄭玄解釋爲「伯禽，周公子，封於魯。有徐戎作難，喪卒哭而征之，急王事也。」〔註53〕《尙書》也記載此事，「徐夷並興，東郊不開，作費誓。」〔註54〕周公是孔子極力追慕的先賢，孔子認爲在周室初建、立足未穩、東方又面臨嚴重軍事威脅的情況下，伯禽爲了屛蔽周室，卒哭行金革之事是正確的。當然，孔子也在最後強調「今以三年之喪從其利者，吾弗知也」，譴責春秋之世許多喊著「金革之事」的口號而不服喪的行爲。

孔子主張在「有爲」的前提下「金革之事無辟」，而這個「有爲」的標準顯然不是春秋時期的互相征伐，而是眞正地維護天子權威。這背後其實也是前面提到過的君臣之恩。君臣之恩在居喪出仕問題上表現爲兩方面：一方面是君主尊重大臣的心情，另一方面也要求大臣即便遭遇重喪，也應有條件地爲君主分擔責任。《禮記‧喪大記》中記載：

> 既葬，與人立。君言王事，不言國事，大夫士言公事，不言家事。君既葬，王政入於國。既卒哭而服王事。大夫士既葬，公政入於家。既卒哭，弁絰帶，金革之事無辟也。〔註55〕

禮制對服喪期間言談舉止的規定本來是「非喪事不言」，「言而不語，對而不問」，但也有例外「君言王事，不言國事；大夫士言公事，不言家事」；「君，諸侯；王，天子也」。〔註56〕既葬之後、卒哭之前，諸侯可以談論天子之事，但不能談論己國之事；同樣，大夫、士可以談論國君之事，但不能談論自己家內之事。這些規定的用意正在於「尊君」。〔註57〕

除了言談之外，既葬之後、卒哭之前，諸侯、大夫、士還可以接受處理相應上級的政務。「若值國家有事，孝子不得遵恆禮，故從權事。」〔註58〕卒哭之後，更是可以出外爲君主行「金革之事」。禮的這個設計也是要求居喪大臣應當承擔部分義務。

之所以做出這樣的要求，正如孔穎達所理解的，是因爲君臣之恩：

> 若士以上，負國恩重，雖在喪中，金革無辟。庶人既無爵命，更無殊禮，三年之內，許其終喪，餘居喪之外，不供他事，故下云

〔註53〕　（清）阮元校刻：《禮記正義》卷十九《曾子問》，第 1401 頁下。
〔註54〕　（清）阮元校刻：《尚書正義》卷二十《費誓》，第 254 頁下。
〔註55〕　（清）阮元校刻：《禮記正義》卷四十五《喪大記》，第 1581 頁中。
〔註56〕　（清）阮元校刻：《禮記正義》卷四十五《喪大記》，疏文，第 1581 頁中。
〔註57〕　（清）阮元校刻：《禮記正義》卷四十五《喪大記》，疏文，第 1581 頁中。
〔註58〕　（清）阮元校刻：《禮記正義》卷四十五《喪大記》，疏文，第 1581 頁中。

「父母之喪，三年不從政」。〔註59〕

士以上貴族的身份與政權聯繫緊密，即「負國恩重」，因而被要求負起更多責任。庶人身份低，與政權聯繫疏遠，從君臣之恩角度上，反而允許三年終喪。

從以上對禮中居喪與出仕關係的考察，可以看出，推動這個問題發展的兩對基本矛盾已經出現：一是居喪與出仕吉凶異途，不可並舉；二是私喪與君恩的矛盾。「居喪不出仕」與「金革之事無辟」是這兩對矛盾共同作用的結果。

三、禮中居喪與出仕關係產生的基礎

禮對待居喪與出仕的問題，總的趨勢是支持終喪不出仕，主張只在一些特殊情況下才有條件地出仕。之所以會如此規定，是與禮所產生時代對應的社會、政治制度分不開的。《禮記》、《儀禮》編定成書的時間雖晚，但是其內容是在追述西周。西周時代最重要的社會、政治制度有二：一為宗法，一為分封。「禮」對居喪出仕問題的規定，是與宗法、分封制的內容緊密聯繫的。下面考察宗法、分封等制度如何影響居喪出仕之禮。

（一）宗法制對居喪與出仕關係的影響

王國維先生在《殷周制度論》中曾分析了殷周之間的制度變革：

> 周人制度之大異於商者，一曰「立子立嫡」之制，由是而生宗法及喪服之制。〔註60〕

認為商周之間最重要的社會變革，在於周人的「立子立嫡」之制。這個變革首先改變了商代傳弟與傳子並立的繼承法，「商之繼統法，以弟及為主，而以子繼輔之，無弟然後傳子」，「舍弟傳子之法，實自周始」。〔註61〕在確立了傳子之制後，才能進一步產生「嫡」、「庶」之分。確立「立子立嫡」之制的意義在於，「天下之大利莫如定，其大害莫如爭。任天者定，任人者爭；定之以天，爭乃不生。」〔註62〕可見，其主要意義在於使權力、利益的傳遞更為有序，在此基礎上乃至「有周一代禮制，大抵由是出也」。〔註63〕「宗法」也隨

〔註59〕 （清）阮元校刻：《禮記正義》卷十二《王制》，疏文，第 1335 頁上。
〔註60〕 王國維：《觀堂集林》，北京：中華書局，1959 年，第 453 頁。
〔註61〕 王國維：《觀堂集林》，第 454 頁。
〔註62〕 王國維：《觀堂集林》，第 457～458 頁。
〔註63〕 王國維：《觀堂集林》，第 458 頁。

之產生，「由嫡庶之制而宗法與服術二者生焉」。〔註64〕

　　「宗法」是後人的稱呼，指「宗子法」，〔註65〕西周宗法制與後世的一點重要區別是區分大宗小宗。《禮記》載：「別子爲祖，繼別爲宗，繼禰者爲小宗。有五世而遷之宗，其繼高祖者也。」〔註66〕又：「別子爲祖，繼別爲宗，繼禰者爲小宗。有百世不遷之宗，有五世則遷之宗。百世不遷者，別子之後也。宗其繼別子之在所自出者，百世不遷者也。宗其繼高祖者，五世則遷者也。」〔註67〕在確定了大宗、小宗宗子之法後，宗法制接著規定大宗、小宗、宗子與非宗子間的行爲規範。「嫡子、庶子，祇事宗子、宗婦。雖貴富，不敢以貴富入宗子之家……終事而後敢私祭。」〔註68〕這裡，「宗子」指大宗，嫡子指小宗，小宗要奉事大宗，而且即便富貴也不能凌駕於大宗之上，在助祭大宗結束之後才能從事私祭，這是奉事大宗的情況，疏文進一步解釋：「大宗之外，事小宗子者亦然」。〔註69〕西周宗法是「立子立嫡」之制確立後形成的新的社會組織方式，其目的是將社會組織、政治組織均納入到宗族之中，並通過大宗的「收族」，最後形成一個層級有序的格局。當然，要達到這樣的目的，需要一系列制度的配合，「服術」就是和「宗法」相表裏的制度之一。

　　服制與服喪期限的安排，既是宗法原則的具體體現，同時也在維護宗法制。首先，宗法最重要的一點是嫡長子繼承，與之相應，「服術」也有意凸顯嫡長子的地位。最明顯的就是，父爲長子服斬衰三年而爲其他眾子服齊衰不杖期。其原因在於，嫡長子「正體於上，又乃將所傳重也。庶子不得爲長子三年，不繼祖也。」注文進一步解釋爲：「重其當先祖之正體，又以其將代己爲宗廟主也。」〔註70〕這樣的安排正是「立子立嫡」之制的反映。

　　除了突出嫡長子地位外，「服術」對大宗、小宗的秩序也有維護。如，齊衰三月的喪服中「丈夫……、婦人爲宗子、宗子之母、妻」，其原因正是

〔註64〕 王國維：《觀堂集林》，第 458 頁。

〔註65〕 北宋張載指出：「管攝天下人心，收宗族，厚風俗，使人不忘本，須是明譜系、世族與立宗子法。」參見（宋）張載著，章錫琛點校：《張載集‧宗法》，北京：中華書局，1978 年，第 258 頁。

〔註66〕 （清）阮元校刻：《禮記正義》卷三二《喪服小記》，第 1495 頁中。

〔註67〕 （清）阮元校刻：《禮記正義》卷三四《大傳》，第 1508 頁上。

〔註68〕 （清）阮元校刻：《禮記正義》卷二七《內則》，第 1463 頁下。

〔註69〕 （清）阮元校刻：《禮記正義》卷二七《內則》，第 1463 頁下。

〔註70〕 （清）阮元校刻：《儀禮注疏》卷二九《喪服》，第 1100 頁下。

「尊祖也。尊祖故敬宗。敬宗者，尊祖之義也」。〔註71〕還有，大夫爲宗子服齊衰三月條，大夫身份高於士，但是如果宗子爲士，大夫依然要爲其服齊衰三月，而不能因爲身份有所降殺，原因正是「尊祖故敬宗，是以大夫雖尊不降」。〔註72〕

　　「宗法」是西周社會組織的主要形式，其核心是嫡長子繼承和宗子之法。正是有了這樣的社會制度，才產生出相應的喪服之禮。可以說，「宗法」與「服術」是互爲表裏、相輔相成的，宗法制下貴族的身份、地位均體現在喪服之中。因而，喪服、喪期制度之重要意義遠遠超過一般的政治制度。在這種情況下，「居喪」取得對「出仕」的優勢地位也就不足爲奇了。

（二）「封建」對居喪與出仕關係的影響

　　與「宗法」一樣，「封建」之制也是由「立子立嫡」生發而來。「與嫡庶之制相輔者，分封子弟之制是也。商人兄弟相及，凡一帝之子，無嫡庶長幼，皆爲未來之儲貳，故自開國之初，已無封建之事……周人即立嫡長，則天位素定，其餘嫡子庶子，皆視其貴賤賢否，疇以國邑。開國之初，建兄弟之國十五，姬姓之國四十，大抵在邦畿之外，後王之子弟亦皆使食畿內之邑。」〔註73〕王國維是從宗法族群的角度來理解「封建」的，許倬雲則從政治權力層級分化的角度來考察，指出，儘管商周之封建有別，但「封建」之本質在於「基本上是政治權力層級分化」，「商周的封建，事實上是基層地方社群政治權力的延續……分封制下的諸侯，一方面保持宗族族群的性格，另一方面也勢須發展地緣單位的政治性格」。〔註74〕二說均有其合理性。具體到居喪出仕問題，前面已經敘述了宗法的影響，下面主要從政治層級的角度來論說。

　　首先，封建制下身份、地位世襲，長期居喪並不會影響自身的利益。從「封建」的體系來看，主要有「天子建國，諸侯立家，卿置側室，大夫有貳宗，士有隸子弟。」〔註75〕對於這些層級，馮天瑜先生指出：「卿大夫采邑並非一級政權單位，西周國家是『王國』與『諸侯國』兩級結構。」〔註76〕因

〔註71〕　（清）阮元校刻：《儀禮注疏》卷三一《喪服》，第 1110 頁中。
〔註72〕　（清）阮元校刻：《儀禮注疏》卷三一《喪服》，疏文，第 1111 頁上。
〔註73〕　王國維：《觀堂集林》，第 465〜466 頁。
〔註74〕　許倬雲：《西周史》，北京：三聯書店，2001 年，第 150〜155 頁。
〔註75〕　《通志》卷九十《晉》，北京：中華書局，1987 年，志一一七一上。
〔註76〕　馮天瑜：《「封建」考論》，武漢：武漢大學出版社，2006 年，第 27 頁。

而，下面將對諸侯與卿大夫分開考察。

諸侯國雖然與周王室有上下之別，但並不如後世郡縣制下嚴格，一些重要諸侯所受禮遇較高，王室與諸侯更像是一種合作的關係。「太公股肱周室，夾輔成王，成王勞之，而賜之盟曰：世世子孫，無相害也。載在盟府，太師職之。」〔註77〕「昔召康公命我先君大公，曰：『五侯九伯，汝實征之，以夾輔周室。』」〔註78〕一般的諸侯也能做到封地世襲，「其後子孫雖有罪而紲，使子孫賢者守其地，世世以祠其始受封之君，此之謂興滅國繼絕世也。」〔註79〕

卿大夫的采邑世襲問題比較複雜。《禮記》載：「諸侯世子世國，大夫不世爵……諸侯之大夫，不世爵祿。」〔註80〕《公羊傳》中也有類似說法：「大夫之義不得世。」〔註81〕但實際情況並不見得如此。《禮記》在另一處記載「國君不名卿老世婦，大夫不名世臣侄娣，士不名家相長妾」，這裡面就提到大夫有「世臣」，也就是「父在時老臣也」。〔註82〕可見，大夫采邑也是有世襲的。孔穎達認為：「大夫不世爵祿。若有大功德，亦得世之。故隱八年『官有世功，則有官族，邑亦如之』，是據諸侯卿大夫也。」〔註83〕侯志義先生由此指出：「凡是勤勞國家，忠於職守的——須知這對一般卿大夫都是適用的，在大夫本人死了以後，其子孫仍然得以繼承采邑。」〔註84〕

從諸侯與卿大夫的角度考慮，其身份地位均為世襲，長期居喪並不像後世官僚那樣會影響仕途。反之，諸侯、卿大夫的繼承原則也適用宗子法，居喪反而是其合法繼承所必須的。因而，如果計算大臣居喪的得失，結果是有利而無弊的。另一方面，封建制下控制鬆散，對於天子和諸侯國君來說，屬下大臣居喪不仕對其影響也不大。以諸侯對天子的義務為例，主要有朝覲、貢納、勤王等。首先，諸侯不必親身供役；其次，如果真遇到勤王之事，禮制中還有「金革之事無辟」的規定為依託。因而，大臣居喪對君主的影響也是微乎其微。

〔註77〕（清）阮元校刻：《春秋左傳正義》卷一六，僖公二十六年，第 1821 頁下。

〔註78〕（清）阮元校刻：《春秋左傳正義》卷一二，僖公四年，第 1792 頁下。

〔註79〕（漢）韓嬰撰，許維遹校釋：《韓詩外傳集釋》卷八，北京：中華書局，1980年，第 287～288 頁。

〔註80〕（清）阮元校刻：《禮記正義》卷一三《王制》，第 1348 頁中、下。

〔註81〕（清）阮元校刻：《春秋公羊傳注疏》卷二四，昭公三十一年，第 2332 頁上。

〔註82〕（清）阮元校刻：《禮記正義》卷四《曲禮下》第 1256 頁下。

〔註83〕（清）阮元校刻：《禮記正義》卷一三《王制》，疏文，第 1348 頁下。

〔註84〕侯志義：《采邑考》，西安：西北大學出版社，1989 年，第 15 頁。

第二節 「迄無定制」——秦漢的居喪與出仕

通過上一節的考察可以看出，如何界定居喪與出仕的關係涉及到多個層面的問題，既有倫理問題，又有制度問題。禮制中理想的居喪與出仕關係是「喪不貳事」與「金革之事無辟」兩個原則的融合，在其背後，首先有著「吉凶異途」的倫理基礎，還有著外在的「宗法」、「分封」等制度保障。

禮的內容只反映先秦時期一段時間內的社會實態，但其作為後世所追述和尊奉的經典，主要意義是，為後世對此問題的進一步規定和討論留下了典範和理論源頭。春秋戰國時期，舊有之制度全盤崩壞，宗法、分封漸衰，新的官僚制逐漸成為國家行政體系的主要形式。因而，儘管舊有之「禮」依然受到尊奉，但是「禮」中所規定的居喪與出仕關係，已經難以在秦漢王朝中實行了。

一、「迄無定制」——秦漢對居喪的政策

歷來有關秦漢律的研究都將「禮」與「法」置於對立面。不過，楊振紅指出：秦代以來的法律「其實就是李悝、商鞅等創制的不同於西周舊禮的新『禮』。」從社會規範角度來看，秦漢之法的地位確實相當於西周之禮的地位，其內容上也如楊文所說「中華民族自古以來形成的祖先崇拜、重視血緣的家族主義和等級分明的『階級』觀念並沒有丟棄」。〔註85〕此文將對秦漢法律的認識提高到一個新的高度，確為不刊之論。不過，儘管後世法律的「儒家化」特徵在秦漢律中已有體現，但具體到居喪與出仕問題，秦漢王朝的居喪出仕政策與前代、後代相比也有其特色。下面首先分析在對居喪與出仕的規定上，作為「新禮」的秦漢法律與「舊禮」有何不同。

「舊禮」中所定的居喪與出仕規範，只能在社會秩序較為穩定的時代行用。戰國時期，舊秩序瓦解，形勢動盪，各國急於用人，士人亦奔競逐利。在這種環境下，舊有的「喪不貳事」等原則的約束力就顯得有些鬆動。吳起「東出衛郭門。與其母訣，齧臂而盟曰：『起不為卿相，不復入衛。』遂事曾子。居頃之，其母死，起終不歸。曾子薄之，而與起絕。」〔註86〕雖然曾子鄙薄吳起的為人，李克也批評其「貪」，指「貪榮名耳，故母死不赴」，

〔註85〕楊振紅：《從出土秦漢律看中國古代的「禮」、「法」觀念及其法律體現——中國古代法律之儒家化說商兌》，《中國史研究》2010年第4期。
〔註86〕《史記》卷六五《吳起傳》，第2165頁。

〔註87〕魯、魏、楚國的統治者卻都曾重用他，且並不在意這一點。由此可以窺見戰國時期居喪與出仕關係之一斑。

不只如此，戰國思想中的居喪與「舊禮」相比，也已經變了味道。《韓非子》中記載：「宋崇門之巷人，服喪而毀，甚瘠，上以爲慈愛於親，舉以爲官師。明年，人之所以毀死者歲十餘人。子之服親喪者，爲愛之也，而尚可以賞勸也，況君上之於民乎！」〔註88〕韓非主張以明賞罰來激勵民眾，乃至繫於感情的居喪也可以通過賞罰來實現。這種功利性明顯的居喪與宗法制下的居喪有了明顯的區別。然而，也不能單憑此例就說明，戰國時期是以官爵鼓勵居喪的。《韓非子》曾質疑當時流行的儒、墨二家之喪禮理論，「服喪三年，大毀扶杖，世主以爲孝而禮之。夫是墨子之儉，將非孔子之侈也；是孔子之孝，將非墨子之戾也。今孝戾侈儉俱在儒、墨。」〔註89〕實際上，在韓非看來，儒家屬於「以文亂法」的「五蠹」〔註90〕之一。法家思想如是，因而在改革最徹底、以耕戰爲立國之本的秦國，對長期居喪之禮不會太尊重。

記載秦國居喪與出仕的傳世文獻較少，但從現有的出土法律文書來看，秦制有著「重生不重死」的傾向。由此可以推測，秦對大臣之出仕應該不會糾結於是否服父母喪。

戰國時期局勢動蕩，秦統一短暫，這兩個時段均處在制度變革的過程中。漢承秦制，而且保持了較長時間的政治穩定，有時間對戰國以來的變革進行總結和消化。因而，兩漢時期居喪與出仕的關係，能夠更多地體現「新禮」和「舊禮」的區別。

清代學者趙翼曾對兩漢時期的居喪問題有過如下概括：

> 漢自孝文帝遺詔以日易月，遂著爲令，凡公卿大臣皆不行父母喪。《漢書·翟方進傳》「方進遭母憂，自以備位宰相，不敢逾制，遂三十六日而除，即起視事」是也。其有欲行喪者，則必須奏請。《後漢書·趙憙傳》：「憙遭母憂，乞身行喪，明帝不許，遣使者爲釋服。」《桓焉傳》：「焉爲太傅，以母憂自乞，詔以大夫行喪，逾年即奪服。」《桓郁傳》：「郁亦以母憂乞身，詔以侍中行服。」鄧

〔註87〕《史記》卷六五《吳起傳》，第2166頁。
〔註88〕（清）王先愼撰，鍾哲點校：《韓非子集解》卷九，北京：中華書局，1998年，第230頁。
〔註89〕（清）王先愼撰，鍾哲點校：《韓非子集解》卷十九，第457～458頁。
〔註90〕（清）王先愼撰，鍾哲點校：《韓非子集解》卷十九，第449頁。

隨遭母憂，乞身行服，章連上乃許也。直至元初中，始改令持服。
《劉愷傳》：「舊制：公卿二千石刺史不得行三年喪，由是並廢喪禮。
元初中，鄧太后朝，詔長吏以下不爲親行服者，不得典城選舉。其
時有上言牧守宜同此制者，詔下公卿議，多以爲不便。愷獨奏曰：
『刺史，一州之表，二千石，千里之師，謂宜以身先之。』而議者
謂不便，是猶濁其源而欲清其流也。太后乃從之。」然《趙岐傳》：
「岐爲司空掾，議二千石得去官爲親行服。」又《荀爽傳》：「爽奏
曰：『孝文皇帝過自謙抑，故遺詔以日易月。今公卿大臣政教所瞻，
而父母喪不得奔赴，何以教天下。』」是元初以後行喪之制又廢。
考安帝建光元年，復斷大臣二千石以上行三年喪。桓帝永興二年，
又聽刺史二千石行喪服。延熙二年復斷此制。是終漢之世，行喪不
行喪迄無定制。〔註91〕

趙翼通盤考察了兩漢大臣居喪與出仕的問題，發現了幾個重要政策轉變的關
節點。下面結合其他兩漢史料逐次解讀。首先，漢文帝短喪之詔爲兩漢喪期
定下了基調，後人對此詔書批評居多，認爲沒能遵循儒家三年之喪。然而，
若將其放在漢初的歷史環境中去理解，就會發現不同。

西晉時，曾有過關於漢文帝短喪之詔的討論。《晉書‧禮志中》載：

秦燔書籍，率意而行，亢上抑下。漢祖草創，因而不革。乃至
率天下皆終重服，旦夕哀臨，經罹寒暑，禁塞嫁娶飲酒食肉，制不
稱情。是以孝文遺詔，斂畢便葬，葬畢制紅禪之除。雖不合高宗諒
闇之義，近於古典，故傳之後嗣。於時預修陵廟，故殯葬得在浹辰
之內，因以定制。〔註92〕

可見，在西漢之初，仍是遵循三年之喪的，而且點明是繼承秦制而來。不過，
秦制三年喪與禮制有所不同。上文說的「秦燔書籍，率意而行，亢上抑下」，
即單方面強調臣民應爲君主服喪三年，而不是主張臣民之喪皆可服喪三年。
這反映了秦國經過嚴厲地改革後，已經極大消除了「宗法」、「分封」之下君
臣以禮相待的精神，片面強調尊君，是所謂「亢上抑下」。這與禮制是有極大
區別的。因而，如從這個意義理解漢文帝短喪之詔，會發現，它實際上是漢
朝部分糾正嚴苛的秦制，從而緩和君臣關係的一種方式。

〔註91〕（清）趙翼：《陔餘叢考》卷十六《漢時大臣不服父母喪》，第305～306頁。
〔註92〕《晉書》卷二○《禮志中》，第621頁。

　　儘管如此，漢制畢竟緣秦制而來。雖然文帝此詔在爲君主居喪的禮儀問題上緩和了君臣關係，但要做到全面吸收儒家禮制仍有待時日，短喪一直是兩漢有效的、上下通行的制度。翟方進就嚴格地依據此規定，遭喪三十六日後便開始視事。事實上，喪期長短看似小事，而在漢初，更改服喪之制卻涉及到了統治思想的問題，以及高層政治的鬥爭。「嬰蚡俱好儒術⋯⋯欲設明堂，⋯⋯以禮爲服制⋯⋯太后好黃老言，而嬰、蚡、趙綰等務隆推儒術，貶道家言，是以竇太后滋不說」，後來因事「罷逐趙綰、王臧，而免丞相嬰、太尉蚡」。〔註 93〕可見，改變服喪期限並不是一件簡單的事。西漢有關官員服喪三年的規定，暫只有哀帝綏和二年六月詔：「博士弟子父母死，予寧三年」〔註94〕這一條，但「博士弟子」的身份只是官學學生罷了，還需要一定的學習年限和考核才能夠補官。〔註95〕也就是說，他們還稱不上正式的官員。

　　王莽主政時，曾恢復爲皇帝服三年喪。「平帝崩，大赦天下，莽徵明禮者宗伯鳳等與定天下吏六百石以上皆服喪三年。」〔註 96〕不過，並不清楚是否允許大臣爲私喪服喪三年。

　　東漢建立後，「光武皇帝絕告寧之典」，固然有「建武之初，新承大亂，凡諸國政，多趣簡易，大臣既不得告寧」〔註97〕的因素存在。但也可以看出，兩漢對居喪與出仕政策的連貫性。

　　儘管儒學早就成爲官方意識形態，而且實際上厚葬、長喪是民間一貫的風俗，〔註98〕但朝廷居喪與出仕的政策一直沒有完全允許。直到東漢安帝元初年間，才有了一番討論，《後漢書・劉愷傳》載：

　　　　舊制，公卿、二千石、刺史不得行三年喪，由是内外眾職並廢喪禮。元初中，鄧太后詔長吏以下不爲親行服者，不得典城選舉。時有上言牧守宜同此制，詔下公卿，議者以爲不便。愷獨議曰：「詔書所以爲制服之科者，蓋崇化屬俗，以弘孝道也。今刺史一州之表，二千石千里之師，職在辯章百姓，宣美風俗，尤宜尊重典禮，以身

〔註93〕《漢書》卷五二《竇嬰田蚡傳》，第 2379 頁。
〔註94〕《漢書》卷一一《哀帝紀》，第 336 頁。
〔註95〕楊鴻年：《漢魏制度叢考》，武漢：武漢大學出版社，2005 年，第 204～222 頁。
〔註96〕《漢書》卷九九上《王莽傳上》，第 4078 頁。
〔註97〕《後漢書》卷四六《陳寵附子忠傳》，第 1561 頁。
〔註98〕楊樹達：《漢代婚喪禮俗考》，第 156～175 頁。

先之。而議者不尋其端，至於牧守則云不宜，是猶濁其源而望流清，

曲其形而欲景直，不可得也。」太后從之。〔註99〕

鄧太后詔書中的「長吏」應是指中下級官吏，「二千石，謂郡守也；長吏，謂縣令、長，及丞尉也。」〔註100〕從《後漢書》中的用例來看，典城也應指縣級主官所掌的職責。「孝廉、廉吏皆當典城牧民，禁姦舉善。」〔註101〕「初舉孝廉、郎中寬博有謀，任典城者，以補長、相。」〔註102〕「有司詳選郎官寬博有謀才任典城者三十人。既而悉以所選郎出補長、相。」〔註103〕「長、相」是對「長謂縣長，相謂侯相」〔註104〕的簡稱。而且可以看出，憑藉「堪任典城」而「補長、相」，是東漢時期通過察舉選拔出的士人或低級小吏的最初入仕門徑。安帝元初年間的這則詔令，是對西漢以來官員居喪與出仕關係的一次小的調整，縣令、長以下的小吏如果不為親人服喪，則無法在仕途上更進一步。

值得注意的是，在元初年間的這次討論中，有人主張刺史、郡守也應居喪不仕。可以看出，截止到東漢安帝時，高級官員的三年服喪仍非制度性規定。這顯然已經與整個時代的風氣不協，而且妨礙朝廷從上到下的教化統一，因而劉愷等人借鄧太后下詔強制小吏居喪之時，製造輿論要求高級官吏也應居喪。但是朝廷公卿多認為不便，最後在劉愷的力爭之下才被允許。《後漢書·安帝紀》載：「（元初三年）冬十一月……丙戌，初聽大臣、二千石、刺史行三年喪。文帝遺詔以日易月，於後大臣遂以為常，至此復遵古制也。」〔註105〕

高官、卑官在居喪政策上的不同，甚至官民之間在居喪上的不同，在元初三年這次討論中也都被提出來成為爭議。《後漢書·陳忠傳》記載：

元初三年有詔，大臣得行三年喪，服闋還職。忠因此上言：「孝宣皇帝舊令，人從軍屯及給事縣官者，大父母死未滿三月，皆勿繇，令得葬送。請依此制。」太后從之。至建光中，尚書令祝諷、尚書

〔註99〕《後漢書》卷三九《劉般附子劉愷傳》，第 1307 頁。
〔註100〕《後漢書》卷一上《光武帝紀上》，第 11 頁。
〔註101〕《後漢書》卷七《桓帝紀》，第 288 頁。
〔註102〕《後漢書》卷三《章帝紀》，第 134 頁。
〔註103〕《後漢書》卷四《和帝紀》，第 180 頁。
〔註104〕《後漢書》卷三《章帝紀》，第 134 頁。
〔註105〕《後漢書》卷五《安帝紀》，第 226 頁。

孟布等奏，以爲「孝文皇帝定約禮之制，光武皇帝絕告寧之典，貽
則萬世，誠不可改。宜復建武故事。」〔註106〕

安帝元初三年的這次居喪政策調整中，經過陳忠建議，甚至一度允許服役之民
也有免徭送喪之期。但建光年間，主張簡約喪禮的一派勢力得勢，儘管陳忠力
爭，但最終還是「宦豎不便之，竟寢忠奏而從諷、布議，遂著於令。」〔註107〕

　　主張行三年之服的政治力量與反對的力量博弈結果，就是安帝建光元年
冬十一月「庚子，復斷大臣二千石以上服三年喪。」〔註108〕

　　刺史、二千石及以上高官居喪問題在桓帝永興二年又被提了出來。朝廷
再一次討論「二千石」的去官行服問題。趙岐於桓帝永興二年「辟司空掾，
議二千石得去官爲親行服，朝廷從之。其後爲大將軍梁冀所辟，爲陳損益求
賢之策，冀不納。」〔註109〕《後漢書・桓帝紀》也記載了：「（永興二年）二
月辛丑，初聽刺史、二千石行三年喪服。」〔註110〕但不久之後「（延熹二年）
三月，復斷刺史、二千石行三年喪。」〔註111〕

　　這次服制討論過程中曾於永壽二年春正月也有「初聽中官得行三年服。中
官，常侍以下。」〔註112〕的規定，在延熹二年禁斷三年喪時未提到中官問題。

　　通過對兩漢居喪與出仕關係的貫通考察，可以看出，兩漢對於官員去官
居喪的政策左右搖擺，而其允許的一面只是臨時性的，從整體趨勢來看還是
偏重禁止去官居喪。雖然東漢安帝開始，強制要求長吏以下低級官吏居喪，
但限制高官居喪的態度基本未變。這個過程反映出，兩漢朝廷對於居喪與出
仕的規定有向三年終喪靠攏的意向，但始終未能形成穩定的政策。因而，趙
翼得出「是終漢之世，行喪不行喪迄無定制」〔註113〕的結論。

二、秦漢制度對居喪政策的影響

　　正如前文所示，秦漢王朝居喪與出仕的關係迥異於「禮」的規定。這一

〔註106〕《後漢書》卷四六《陳寵傳附子陳忠傳》，第 1561 頁。
〔註107〕《後漢書》卷四六《陳寵傳附子陳忠傳》，第 1561 頁。
〔註108〕《後漢書》卷五《安帝紀》，第 234 頁。
〔註109〕《後漢書》卷六四《趙岐傳》，第 2122 頁。
〔註110〕《後漢書》卷七《桓帝紀》，第 299 頁。
〔註111〕《後漢書》卷七《桓帝紀》，第 304 頁。
〔註112〕《後漢書》卷七《桓帝紀》，第 302 頁。
〔註113〕趙翼：《陔餘叢考》卷十六《漢時大臣不服父母喪》，第 306 頁。

方面是因爲西漢繼承了秦朝的法家統治方式，排斥「舊禮」。不過，東漢安帝時「詔長吏以下不爲親行服者，不得典城選舉。時有上言牧守宜同此制，詔下公卿，議者以爲不便。」〔註114〕朝廷既然強制縣令、長以下官吏居喪三年，說明在東漢中期以後，「禮」對居喪的規定得到了官方的認同。然而，這種強制居喪的規定仍未在郡守、刺史以上的高官階層中得以推行，即便一時通過，也沒能長期實施。終漢之世，一直是「迄無定制」的局面。由此可見，除了統治思想上的「禮」、「法」殊途之外，還有其他具體原因妨礙官員，尤其是高級官員按照儒家喪禮居喪。下面就先從與居喪有關的制度入手，考察高官行三年喪究竟有哪些不便之處。

（一）官員管理制度對居喪的抑制

　　處理喪事的短暫假期與長期居喪，對於朝廷官員管理體系的意義是不同的。短期離職處理喪事對公務影響較小，朝廷會爲其保留職務，只是放假的一種形式。如前述翟方進之例，漢成帝永始二年爲丞相，中間後母終，葬後三十六日，即除服起視事，「以爲身備漢相，不敢逾國家之制」，並沒有影響到他繼續擔任丞相一職。

　　但是服喪三年的意義就不同了，意味著官員要長期離職，朝廷不可能如此長久地爲居喪的官員保留其原有職位。出土秦律中就有規定，對出缺的職位需要立即填補。「其有死亡及故有夬（缺）者，爲補之，毋須時。」整理小組指出。「故有缺」的意義就是因故出缺。〔註115〕漢承秦制，也應大致如此。而且，朝廷職位有其晉升序列，一官出缺則逐級遞補。「二千石有治理效，輒以璽書勉厲，增秩賜金，或爵至關內侯，公卿缺則選諸所表以次用之。」〔註116〕重要職位更是不能容忍空缺，填補重要職位正是帝王重要的統治之術。「谷永上疏曰：『帝王之德莫大於知人，知人則百僚任職，天工不曠。故皋陶曰：知人則哲，能官人。御史大夫內承本朝之風化，外佐丞相統理天下，任重職大，非庸材所能堪。今當選於群卿，以充其缺。』」〔註117〕所以，一旦離職，則由他人遞補，這就意味著服喪的官員服喪期滿後也無法回到原有工作崗位去了。這是官僚體制下的必然，與分封制下貴族世職不可同日而

〔註114〕《後漢書》卷三九《劉般附子劉愷傳》，第 1307 頁。
〔註115〕睡虎地秦墓竹簡整理小組：《睡虎地秦墓竹簡・秦律十八種・置吏律》，北京：文物出版社，1990 年，釋文注釋，第 56 頁。
〔註116〕《漢書》卷八九《循吏傳》，第 3624 頁。
〔註117〕《漢書》卷八三《薛宣傳》，第 3391 頁。

語。既然不能保留原有職位，那麼退一步講，官員是否可以在居喪期滿後被安排在其他同等級的職位上呢？史料顯示，這也是比較困難的。《後漢書·陳蕃傳》載：

（陳蕃）初仕郡，舉孝廉，除郎中。遭母憂，棄官行喪。服闋，刺史周景辟別駕從事，以諫爭不合，投傳而去。後公府辟舉方正，皆不就。太尉李固表薦，徵拜議郎，再遷爲樂安太守。〔註 118〕

從陳蕃的履歷來看，他最先是「初仕郡」，應該是被郡守辟召爲吏。「舊制：令六百石以上，尚書調；拜遷四百石長相至二百石，丞相調；除中都官百石，大鴻臚調；郡國百石，二千石調。」〔註 119〕可見，陳蕃在被舉孝廉之前只是祿秩百石的小吏。隨後，他「舉孝廉，除郎中」。郎中，屬光祿勳，是朝廷儲備人才之所，「上應列宿，出宰百里」，〔註 120〕既接近皇帝，又可以隨時補地方長吏之缺，祿秩爲「比三百石」。〔註 121〕這個階段的陳蕃已按部就班地走上了兩漢官員的仕途正道，但也恰在此時遭遇母喪而「棄官行喪」。在服喪期滿後，之前的郎官職務顯然不在，只能另謀出路。此後，他有機會應州刺史之辟召成爲「別駕從事」。「別駕從事」，雖是州刺史比較重要的屬官，〔註 122〕但是從祿秩級別上看，還不及郎中。「元帝時，丞相于定國條州大小，爲設吏員，治中、別駕、諸部從事，秩皆百石，同諸郡從事。」〔註 123〕由此可知，居喪期滿後再仕，並不能保證原有的祿秩等級，相當於重新入仕。陳蕃最後選擇應太尉李固的推薦，「徵拜議郎」。「議郎」與郎中同屬光祿勳。「郎掌守門戶，出充車騎，有議郎、中郎、侍郎、郎中，皆無員，多至千人。議郎、中郎秩比六百石。」〔註 124〕陳蕃經歷了幾年的居喪，再入仕時，已經失去之前的郎中身份，只能重新開始。最後雖然成爲身份稍高一點的「議郎」，那也是因爲身爲三公的李固薦舉，而不是由之前的郎中升任。可見，所謂「棄官」是眞正地拋棄了原有的官員身份。

像陳蕃這樣，因居喪而丟掉原有身份的例子還有不少。典型的有：「（郭

〔註 118〕《後漢書》卷六六《陳蕃傳》，第 2159 頁。
〔註 119〕（清）孫星衍等輯，周天遊點校：《漢官六種·漢官舊儀卷下》，北京：中華書局，1990 年，第 50 頁。
〔註 120〕《後漢書》卷二《明帝紀》，第 124 頁。
〔註 121〕《漢書》卷一九上《百官公卿表上》，第 727 頁。
〔註 122〕安作璋、熊鐵基：《秦漢官制史稿》，濟南：齊魯書社，2007 年，第 525 頁。
〔註 123〕（清）孫星衍等輯；周天遊點校：《漢官六種·漢官儀卷上》，第 150 頁。
〔註 124〕《漢書》卷一九上《百官公卿表上》，第 727 頁。

旻）數遷敬陵園令、廷尉左平、治書侍御史。獄刑無頗，憲臺如砥。以父憂去官，還拜郎中，侍御史。遭母憂，服除，復拜郎中，治書侍御史。」〔註125〕敬陵為東漢章帝陵，園令是管理皇帝陵墓之官，「先帝陵，每陵園令各一人，六百石」。〔註126〕廷平是西漢宣帝時設的廷尉屬官，「其為置廷平，秩六百石，員四人」。〔註127〕治書侍御史是議法之官，祿秩也是「六百石」。〔註128〕可以看出，郭旻在為父服喪之前，其祿秩級別一直保持在六百石，但是去官服喪之後再仕時，開始只能「還拜郎中」，只是比三百石之官，後來才升為「侍御史」，但也不過祿秩「六百石」。〔註129〕而且，雖然祿秩一樣，但實際地位還要略低於「治書侍御史」。更能說明問題的是，在其職務稍有恢復之時又遭母喪，因而服滿之後，仕途又要從郎中開始。

　　陳蕃是東漢後期的名士，再仕時又得到三公的推薦才擔任了比之前略高的職務。而郭旻作為一般官員，居喪再仕時只能接受現實的安排，從頭開始。由以上兩個例子可知，低級官員服滿再仕時，之前職位的祿秩等級並不能保留。

　　下面再來看高級官員服喪期滿後再仕的例子。《後漢書・鄧彪傳載》：

> （鄧彪）永平十七年，徵入為太僕。數年，喪後母，辭疾乞身，詔以光祿大夫行服。服竟，拜奉車都尉，遷大司農。數月，代鮑昱為太尉。〔註130〕

鄧彪是東漢開國功臣鄧禹的後裔，曾因「讓爵位於弟」的美行而受到皇帝的嘉獎。他在服喪之前已經擔任太僕一職，太僕，「秦官，掌輿馬，有兩丞」，〔註131〕是諸卿之一，祿秩很高，「自太常至執金吾，秩皆中二千石，丞皆千石」。〔註132〕鄧彪遭遇後母喪，欲行喪服，但明帝時本無二千石以上高官服喪之制，因而皇帝特許他「以光祿大夫行服」。「（漢武帝）太初元年更名中大夫為光祿大夫，秩比二千石。」〔註133〕光祿大夫是閒職，「凡大夫、議郎

〔註125〕（清）嚴可均校輯：《全後漢文》卷九十九《丹陽太守郭旻碑》，《全上古三代秦漢三國六朝文》，第二冊，上海：上海古籍出版社，2009年，第299頁下。
〔註126〕《後漢書》志第二十五《百官二》，第3574頁。
〔註127〕《漢書》卷二三《刑法志》，第1102頁。
〔註128〕《後漢書》志第二十六《百官三》，第3599頁。
〔註129〕《後漢書》志第二十六《百官三》，第3599頁。
〔註130〕《後漢書》卷四四《鄧彪傳》，第1495頁。
〔註131〕《漢書》卷一九上《百官公卿表上》，第729頁。
〔註132〕《漢書》卷一九上《百官公卿表上》，第733頁
〔註133〕《漢書》卷一九上《百官公卿表上》，第727頁。

皆掌顧問應對，無常事，唯詔令所使。」〔註134〕將其安排在這個職位上居喪，是皇帝對功臣之後的優待，但是祿秩也由中二千石降為比二千石。顏師古曾解釋祿秩等級：「中二千石，實得二千石也。中之言滿也。月得百八十斛，是為一歲凡得二千一百六十石。言二千者，舉成數耳。」〔註135〕中二千石之下為真二千石、二千石、比二千石，級別還是相差不少的。而且，在他服喪完畢之後，所授官職也沒有立即回到中二千石一級，而是稍低的「奉車都尉」，「掌御乘輿車，駙馬都尉掌駙馬，皆武帝初置，秩比二千石」，〔註136〕逐漸才又提拔到中二千石的大司農。可見，高級官員居喪後雖不至於從底層開始重新入仕，但是服滿再仕時，授官也要低於原職。由此例可以看出，鄧彪出身名門，自身又以德行博得過皇帝賞識，才被特准以閒職光祿大夫居喪。而且即便如此，其仕途也因居喪有所曲折，更何況一般的官員。

　　低級官員入仕時間短，政治影響小，服喪後從基層開始再仕的處理方式，對官員和朝廷的觸動都不太大。兩漢官僚制度還遠沒有唐宋以後那麼嚴謹，入仕途徑多樣，除察舉選官外，地方郡守、刺史也都可以自辟僚屬；而且從朝廷到社會都鼓勵孝行，居喪反而有助於形成孝名而被再次察舉或辟召。因而，低級官員不太懼怕從頭再仕，所以兩漢低級官員服喪的現象很多，東漢安帝以後還形成強制低級官員居喪的制度。相比之下，高級官員入仕時間長，地位高，政治影響大，居喪後再仕就困難得多，不但原職不保，也不可能從基層開始再去應州郡辟召。這對高官的居喪意願來講是阻礙，而且對朝廷也是個難題。安排鄧彪以光祿大夫服喪只是特例，對於更多的普通二千石官員，朝廷還是沒有一個既保障其地位，又滿足其居喪的辦法。因而兩漢高官服三年喪的現象極少。

　　究其原因，正如閻步克先生所指出的：「在非因罪過而去官再仕的情況之中，再任官的官秩低於原官絕不稀罕。儘管原官較高者的再任官往往也會較高，但無論如何，官員離職後便喪失了舊日秩位，『若干石』的祿秩等級並沒有跟隨官員本人走，它是附麗於職位的。你當下被安排在哪個職位，你就是哪個秩次。」〔註137〕可見，如果官員居喪，除不能保有原來的職位外，再仕後也不能保證擔任與原來祿秩相同的職位了。而從根本上講，這種官員管理上的設計，是因為

〔註134〕《後漢書》志第二十五《百官二》，第3577頁。
〔註135〕《漢書》卷九七上《外戚上》，第3936頁。
〔註136〕《漢書》卷一九上《百官公卿表上》，第739頁。
〔註137〕閻步克：《品味與職位：秦漢魏晉南北朝官階制度研究》，第183頁。

「至少在秦與西漢之時，官僚機構還是相當地精幹，以『霸道』治天下的帝國統治者並不怎麼情願白白向人奉送名位，也不打算養活太多閒人。」〔註138〕

綜上所述，雖然漢武帝獨尊儒術之後，儒家學說成為官方意識，對居喪等孝行也積極提倡，但是漢王朝的制度設計源自「霸道」，不可能允許大臣既離職又保有祿位，這就又抑制了高官的居喪。顯然，漢朝的制度與意識形態之間存在著矛盾。正因這一矛盾，才使得終兩漢之世，大臣居喪「迄無定制」。若想打破大臣居喪與保有祿位的矛盾，只有摒棄「霸道」理念下的君臣關係，這有待於新的社會勢力和新的社會制度去解決。

（二）選官制度對居喪的推動

由於兩漢官制中還未產生「跟人走」的品位序列，長吏以下低級官員本身只是處於入仕的初始階段，服喪結束後，抹平原有資歷重新入仕，對其影響並不大，但郡守以上高級官員離職再仕後的安排則比較棘手。所以，朝廷在面臨官員，尤其是高級官員居喪期滿再仕問題時也就難以處理。如此一來，兩漢的官員管理制度便在客觀上抑制了居喪。不過，兩漢的選官制度卻又逐漸朝著鼓勵居喪的方向發展。

西漢建立之初，並無系統的入仕方式，「徵辟」無有定制，「任子」、「納貲」盛行。董仲舒曾對西漢初的選官之制有過系統批判：

> 夫長吏多出於郎中、中郎，吏二千石子弟選郎吏，又以富貲，未必賢也。且古所謂功者，以任官稱職為差，非謂積日累久也。故小材雖累日，不離於小官；賢材雖未久，不害為輔佐。是以有司竭力盡知，務治其業而以赴功。今則不然。累日以取貴，積久以致官，是以廉恥貿亂，賢不肖渾淆，未得其真。臣愚以為使諸列侯、郡守、二千石各擇其吏民之賢者，歲貢各二人以給宿衛，且以觀大臣之能；所貢賢者有賞，所貢不肖者有罰。夫如是，諸侯、吏二千石皆盡心於求賢，天下之士可得而官使也。遍得天下之賢人，則三王之盛易為，而堯舜之名可及也。毋以日月為功，實試賢能為上，量材而授官，錄德而定位，則廉恥殊路，賢不肖異處矣。〔註139〕

長吏選自郎官，而郎官多來自「任子」與「納貲」，這兩類人都「未必賢也」，這是董仲舒對漢初選官體制的主要不滿。在他看來，不賢之人的本質是無法

〔註138〕閻步克：《品味與職位：秦漢魏晉南北朝官階制度研究》，第 211 頁。
〔註139〕《漢書》卷五六《董仲舒傳》，第 2512～2513 頁。

通過時間的推移而改變的，而不賢之人通過積累日月達到高位，會造成混淆賢與不肖的後果。因而，董仲舒主張選拔賢能之士，其方式就是由郡國訪求吏民中間的賢人貢之於朝，只有這樣才能達到天下大治。

可見，「賢」是董仲舒選官理論的核心。顯然，「賢」並不是僅指才能，而是對人整體品質的泛指。那麼，在董仲舒看來，什麼是人最重要的品質呢？答案正是「孝」。《春秋繁露‧立元神》中提到：

> 何謂本？曰：天地人，萬物之本也。天生之，地養之，人成之。天生之以孝悌，地養之以衣食，人成之以禮樂，三者相爲手足，合以成體，不可一無也。無孝悌則亡其所以生，無衣食則亡其所以養，無禮樂，則亡其所以成也。三者皆亡，則民如麋鹿，各從其欲，家自爲俗。父不能使子，君不能使臣，雖有城郭，名曰虛邑。如此，其君枕塊而僵，莫之危而自危，莫之喪而自亡，是謂自然之罰。自然之罰至，襄襲石室，分障險阻，猶不能逃之也。明主賢君，必於其信，是故肅慎三本，郊祀致敬，共事祖禰，舉顯孝悌，表異孝行，所以奉天本也。〔註140〕

如果說孔子論孝多從人情著手的話，董仲舒則將「孝」昇華到宇宙觀的高度，視作天生之性。如果沒有「孝」，人就會失去之所以爲人之本性，與禽獸沒有區別了，因而人君應該表彰孝行，這同時也是在「奉天本」。既然孝是人之根本，那麼在「孝」的方面能做到極致之人，自然也是至賢之人。他說：「人受命於天，有善善惡惡之性，可養而不可改，可豫而不可去，若形體之可肥臞而不可得革也。是故雖有至賢，能爲君親含容其惡，不能爲君親令無惡。書曰：『厥辟去厥祇』，事親亦然，皆忠孝之極也，非至賢安能如是。」〔註141〕

董仲舒關於選賢與崇孝的理論，加之漢武帝以儒術爲標榜的政治改革，促成了西漢選官制度的變化，察舉制應運而生。

察舉制度是自漢武帝之後，兩漢最重要的選官制度。而察舉制中最重要的科目，無疑是察舉孝廉。「漢世諸科，雖以賢良方正爲至重，而得人之盛，則莫如孝廉，斯以後世之所不能及。」〔註142〕漢武帝元光元年，「冬十一月，

〔註140〕蘇輿撰，鍾哲點校：《春秋繁露義證》卷六《立元神》，北京：中華書局，1992年，第168～169頁。

〔註141〕蘇輿撰，鍾哲點校：《春秋繁露義證》卷一《玉杯》，第34頁。

〔註142〕（宋）徐天麟：《東漢會要》卷二十六《孝廉》，上海：上海古籍出版社，1978年，第391頁。

初令郡國舉孝廉各一人」，一般被看作歲舉孝廉的開始，顏師古解釋「孝廉」的意義爲，「孝，謂善事父母者。廉，謂清潔廉有廉隅者」。〔註143〕「孝」，正式成爲一項選官的標準。不僅如此，除了郡國歲舉孝廉之外，兩漢朝廷還不斷臨時發佈詔令，要求中外官員尋找「至孝」之人。「其令郡國舉孝悌、有行義聞於鄉里者各一人。」〔註144〕「舉賢良方正、有道術、達於政化、能直言極諫之士各一人，及至孝與眾卓異者，並遣詣公車，朕將親覽焉。」〔註145〕「詔大將軍、公、卿、郡、國舉至孝、篤行之士各一人。」〔註146〕「寔字子眞，一名臺，字元始。少沉靜，好典籍。父卒，隱居墓側。服竟，三公並辟，皆不就。桓帝初，詔公卿郡國舉至孝獨行之士。寔以郡舉，徵詣公車，病不對策，除爲郎。」〔註147〕

　　這項制度的推行，從朝廷主觀意圖看，是要選賢臣於孝子之中。但另一方面，無疑起到了促使士人積極行孝的作用。從士人角度，當然可能眞有天生純孝之人，並不爲迎合入仕條件而行孝，但也不乏爲求入仕而行孝之人。總之，從朝廷到士人，功利性也好，發自內心也罷，都在追求「孝」。孝子因居喪之孝行而被薦舉的例子很多，如「涉父死，讓還南陽賻送，行喪冢廬三年，繇是顯名京師。禮畢，扶風謁請爲議曹，衣冠慕之輻輳。爲大司徒史丹舉能治劇，爲谷口令，時年二十餘。谷口聞其名，不言而治。」〔註148〕又如，「（鮑昂）有孝義節行。初，德被病數年，昂俯伏左右，衣不緩帶；及處喪，毀瘠三年，抱負乃行；服闋，遂潛於墓次，不關時務。舉孝廉，辟公府，連徵不至，卒於家。」〔註149〕又如「江革……鄉里稱之曰『江巨孝』……及母終，至性殆滅，嘗寢伏冢廬，服竟，不忍除。郡守遣丞掾釋服，因請以爲吏。永平初，舉孝廉爲郎，補楚太僕。」〔註150〕還有「（黃瓊）初以父任爲太子舍人，辭病不就。遭父憂，服闋，五府俱辟，連年不應。永建中，公卿多薦瓊者，於是與會稽賀純、廣漢楊厚俱公車徵。」〔註151〕

〔註143〕《漢書》卷六《武帝紀》，第160頁。
〔註144〕《漢書》卷八《宣帝紀》，第250頁。
〔註145〕《後漢書》卷五《安帝紀》，第217頁。
〔註146〕《後漢書》卷七《桓帝紀》，第289頁。
〔註147〕《後漢書》卷五二《崔駰附孫崔寔傳》，第1725頁。
〔註148〕《漢書》卷九二《游俠・原涉傳》，第3714頁。
〔註149〕《後漢書》卷二九《鮑昂傳》，第1023頁。
〔註150〕《後漢書》卷三九《江革傳》，第1302頁。
〔註151〕《後漢書》卷六一《黃瓊傳》，第2032頁。

　　士人如果沒有什麼門路可以直接接觸到郡國守相一類官員的話，只有做出超乎尋常的孝行才有可能在鄉里知名，並引起高官的注意。「汝南有王琳巨尉者，年十餘歲喪父母。因遭大亂，百姓奔逃，唯琳兄弟獨守冢廬，號泣不絕。弟季，出遇赤眉，將爲所哺，琳自縛，請先季死，賊矜而放遣，由是顯名鄉邑。後辟司徒府，薦士而退。」〔註152〕王琳的行爲可謂孝、悌之至，並藉此得到司徒府辟召，雖不屬察舉，但也是因孝而受提拔。

　　也有表演孝行過度而弄巧成拙的，「民有趙宣葬親而不閉埏隧，因居其中，行服二十餘年，鄉邑稱孝，州郡數禮請之。郡內以薦蕃，蕃與相見，問及妻子，而宣五子皆服中所生。蕃大怒曰：『聖人制禮，賢者俯就，不肖企及。且祭不欲數，以其易黷故也。況乃寢宿冢藏，而孕育其中，誑時惑眾，誣污鬼神乎？』遂致其罪。」〔註153〕此例雖是假孝，但恰從反面說明朝廷制度對孝行的推動力。

　　總之，察舉孝廉之制確立爲漢朝的主要選官制度，推動了基層官員或想入仕之人去居喪行孝。黃留珠先生曾提到：兩漢三百餘年察舉孝廉的總數達到「七十餘萬。」〔註154〕可以想見，其對居喪的推動力有多麼巨大。其實，從深層次來看，無論舉孝廉還是官員積極居喪，均是表面現象，兩漢朝廷逐漸接受儒術爲正統的意識形態，才是這二者的眞正基礎。

　　朝廷制度在選官環節，越來越強調孝行，客觀上起到推動居喪的作用。但是在官員進入仕途後的管理環節，仍然不能給與居喪的高級官員以方便。這表明，兩漢的選官制度和官員管理制度存在指導思想上的脫節。這種脫節從根本上講，也是源於兩漢制度的「霸道」本質，而正是由於這種脫節，造成了不同等級、不同類型官員在居喪時的不同心態與選擇。

三、秦漢不同類型官員對居喪的選擇與心態

　　前面兩節著重對居喪政策及相關制度做了論述，下面側重考察在此背景之下的實際居喪與出仕情況。趙翼在對兩漢大臣居喪情況做了整體考察後指出：

　　　　終漢之世，行喪不行喪迄無定制。惟其有不服喪之制，而士大

〔註152〕《後漢書》卷三九《趙孝傳》，第 1300 頁。
〔註153〕《後漢書》卷六六《陳蕃傳》，第 2159～2160 頁。
〔註154〕黃留珠：《秦漢仕進制度》，西安：西北大學出版社，1985 年，第 106 頁。

夫有獨行已見持服三年者，遂以之得名。〔註155〕

認爲正是因爲朝廷對居喪沒有制度規定，反而造就了一批特立獨行的有德之士。這個概括有一定道理，終兩漢之世，一直沒有形成附麗於人的品位秩序，造成高級官員離職居喪後難以保留原有的祿位，因而朝廷不強制高官服喪。高官在權衡得失後，大多也是選擇不服喪。西漢後期，薛宣所言「三年服少能行之者」，〔註156〕反映了服喪在高官心中的眞實地位。在這個背景下，依然堅持服喪三年，確實需要「獨行已見」。不過，單純地將那些堅持居喪的官員形容爲特立獨行或者道德高尚，也有將問題簡單化之嫌。如武帝時的公孫弘「養後母孝謹，後母卒，服喪三年。」〔註157〕看似屬於不爲功利而行三年服之例，其實觀其行爲，多屬逢迎善變，甚至還曾被汲黯當面指責爲「齊人多詐而無情」。〔註158〕可見，其道德並沒有多麼高尚。聯繫當時的政治環境，恰處於黃老政治向獨尊儒術的過渡時期，公孫弘「習文法吏事，緣飾以儒術」〔註159〕的風格，正符合漢武帝的心意。因而，他的居喪遠非拋捨祿位的高尚之舉，反而是善於逢迎的表現。

根據前文考察可以發現，儘管官員管理制度爲居喪後再仕造成阻礙，但是畢竟朝廷已經逐漸認同了三年之喪的合理性，而且在選拔初入仕官員時，在標準上傾向孝德，這又起到了推動居喪的作用。所以說，兩漢制度對居喪出仕問題上存在矛盾之處。還有，朝廷對不同等級的官員居喪有不同規定，催生了各類官員在面對居喪與出仕時不同的選擇與心態，以上這些內容都不是「獨行已見」所能概括的。下文將逐一予以分析。

（一）王、侯的居喪

以往制度史在談及兩漢居喪與出仕問題時，目光多集中在官僚身上，而忽視了兩漢的世襲貴族。「兩漢一直實行皇帝諸子封王、功臣封侯的制度」，〔註160〕在地方行政體制上也是郡國並行制。雖然景帝朝的武力平亂使諸侯王力量受到嚴重打擊，武帝朝的「推恩令」又使其權力削弱，大國分化爲若

〔註155〕 （清）趙翼：《陔餘叢考》卷十六《漢時大臣不服父母喪》，第306頁。
〔註156〕 《漢書》卷八三《薛宣傳》，第3394頁。
〔註157〕 《漢書》卷五八《公孫弘傳》，第2619頁。
〔註158〕 《漢書》卷五八《公孫弘傳》，第2619頁。
〔註159〕 《漢書》卷五八《公孫弘傳》，第2618頁。
〔註160〕 白鋼主編，孟祥才撰：《中國政治制度通史（秦漢卷）》，北京：人民出版社，1991年，第247頁。

干小國，但是也催生了爲數更多的侯國。「使諸侯王封君得推私恩分子弟戶邑，錫號尊建百有餘國。」〔註161〕在實際權力上，雖然景帝之後的諸侯王並不實際治事，「景帝中五年令諸侯王不得復治國」，〔註162〕但是王、侯的世襲地位還是不變。「高帝始平天下，建諸侯，爲帝者太祖。諸侯王列侯始受國者，亦皆爲其國祖。子孫繼嗣，世世不絕，天下之大義也。」〔註163〕

　　總之，終兩漢之世，眾多的王、侯一直存在，並形成官僚體制以外的一個類似先秦貴族的群體。這個群體在政治上的地位雖然呈持續降低的態勢，但因其擁有世襲的身份，就不會遇到其他高級官僚所面臨的居喪之後再仕的問題。所以，這個群體在居喪與出仕問題上是有其特色的。

　　首先，喪禮對這個群體的意義有些類似宗法制下的貴族。《漢書・景帝紀》載：

> 令諸侯王薨、列侯初封及之國，大鴻臚奏諡、誄、策。列侯薨及諸侯太傅初除之官，大行奏諡、誄、策。王薨，遣光祿大夫弔襚祠贈，視喪事，因立嗣子。列侯薨，遣太中大夫弔祠，視喪事，因立嗣。〔註164〕

可見，諸侯王、列侯的喪禮同時也是朝廷確立嗣王、嗣侯合法地位的場合，這與普通官僚喪禮的單純禮儀屬性有著極大的差別。除此之外，諸侯王遵行喪禮還有其特別的考慮。《後漢書・東海王劉強傳》載：

> 立二十三年薨，子孝王臻嗣。永建二年，封臻二弟敏、儉爲鄉侯。臻及弟蒸鄉侯儉並有篤行，母卒，皆吐血毀皆。至服練紅，兄弟追念初喪父，幼小，哀禮有闕，因復重行喪制。……國相籍褒具以狀聞，順帝美之，制詔大將軍、三公、大鴻臚曰：「東海王臻以近蕃之尊，少襲王爵，膺受多福，未知艱難，而能克己率禮，孝敬自然，事親盡愛，送終竭哀，降儀從士，寢苫三年。和睦兄弟，恤養孤弱，至孝純備，仁義兼弘，朕甚嘉焉。夫勸善屬俗，爲國所先。……《詩》云：『永世克孝，念茲皇祖。』今增臻封五千户，儉五百户，光啓土宇，以酬厥德。」〔註165〕

〔註161〕《史記》卷六○《三王世家》，第2107頁。
〔註162〕《漢書》卷一九上《百官公卿表上》，第741頁。
〔註163〕《漢書》卷四《文帝紀》，第111頁。
〔註164〕《漢書》卷五《景帝紀》，第145頁。
〔註165〕《後漢書》卷四二《東海王劉強傳》，第1426頁。

第一代東海王是光武帝之子劉強，本爲皇太子，後在政治上失勢，自請廢除太子之位出就封國，受到光武帝的優禮。後來，其子劉政繼承王位，但是由於「淫欲薄行」，〔註166〕致使封地被削減。但第三代東海王劉肅「性謙儉，循恭王法度。永初中，以西羌未平，上錢二千萬。元初中，復上縑萬匹，以助國費，鄧太后下詔褒納焉。」〔註167〕至劉臻是第四代，極爲尊崇孝道，不僅爲母服喪盡禮，更是重新爲亡父行服。也正是因爲劉臻兄弟遵行孝道，所以才受到皇帝的褒獎。

　　兩漢對諸侯王的一貫態度都是抑制與削弱的，或者通過推恩子弟使封國變小，或者因罪削減封地，而且剝奪其實際治理王國的權力。因而，作爲諸侯王，雖然有顯赫的世襲地位，但是並不能在政治上一展身手，可供其表現的餘地很小。在這個背景下，諸侯王只能無所作爲，只求能夠保有封地已屬不易，更何況增加封戶了。從四代東海王的情況來看，基本均無實際政治建樹，但劉強主動讓出太子之位博得了光武帝的肯定；劉政貪圖逸樂受到削縣懲罰；劉肅爲人謹慎，又出資助國，受到褒獎；劉臻更是通過孝行而達到增封戶數的獎勵。可見，在此背景下，諸侯王在道德上，尤其是孝德上成爲表率，是一種博取政治資本的重要手段。

　　類似的情況還有桓帝時對濟北王的褒獎。「濟北王次以幼年守藩，躬履孝道，父沒哀慟，焦毀過禮，草廬土席，衰杖在身，頭不枇沐，體生瘡腫。諒闇已來二十八月，自諸國有憂，未之聞也，朝廷甚嘉焉。……今增次封五千戶，廣其土宇，以慰孝子惻隱之勞。」〔註168〕劉次居喪二十八個月，已超出三年之服二十七個月的期限，而且哀毀過禮以至形體損傷，藉此也博得了增戶封的獎賞。還有「延熹四年，桓帝立河間孝王子（恭爲）參戶亭侯博爲任城王，以奉其祀。博有孝行，喪母服制如禮，增封三千戶。」〔註169〕

　　作爲皇帝之子的諸侯王，雖然地位高，但是基本處在實際行政體制之外。相比之下，列侯就是現實行政體制中重要的成員了。閻步克先生提出漢代祿秩附麗於職位，但也指出「在二十等爵縮水貶值的過程中，列侯和關內侯多少幸免於難……在官員因故去職或免職之時，身居列侯者仍可用『就國』、『就

〔註166〕《後漢書》卷四二《東海王劉強傳》，第 1425 頁。
〔註167〕《後漢書》卷四二《東海王劉強傳》，第 1425 頁。
〔註168〕《後漢書》卷五五《濟北王劉壽傳》，第 1807 頁。
〔註169〕《後漢書》卷四二《東平憲王蒼傳》，第 1444 頁。

封』等方式來維持身份」。〔註170〕因而，有列侯身份的官員在服喪上也比較積極。「子永嗣。少時，耆酒多過失，年且三十，乃折節修行，以父任爲侍中中郎將、長水校尉。定國死，居喪如禮，孝行聞，由是以列侯爲散騎光祿勳，至御史大夫。」〔註171〕「子儵嗣⋯⋯樊氏侯者凡五國⋯⋯儵字長魚，謹約有父風。事後母至孝，及母卒，哀思過禮，毀病不自支，世祖常遣中黃門朝暮送饘粥。饘，糜也。服闋，就侍中丁恭受《公羊嚴氏春秋》。」〔註172〕「明年春，遣使者持節拜俊右車騎將軍，振旅還京師，以爲光祿大夫，增邑五千，更封錢塘侯，加位特進。以母喪去官，起家，復爲將作大匠，轉少府、太僕。」〔註173〕以上諸例均是列侯居喪，他們有著世襲身份的保障，居喪非但不會影響其地位，反而能博來孝名，是有利無弊的。

（二）初入仕途者的居喪

一般高級官員很少居喪，是因爲無法保留其原有祿位。王侯積極居喪，是因爲有著世襲的身份爲後盾，居喪並不會對身份造成影響，反而還可能通過居喪來博取更大的利益。初入仕者與高官、王侯身份不同，因而自有另一番心態。

初入仕者地位低，所面臨的首要問題是通過入仕取得生活所需的基本供養，然後才是居喪與出仕的問題。對他們而言，入仕得俸而養親是第一位的孝德。《後漢書》中有一段對孝德與出仕關係的精闢分析：

> 孔子曰：「夫孝莫大於嚴父，嚴父莫大於配天，則周公其人也。」
> 子路曰：「傷哉貧也！生無以養，死無以葬。」子曰：「啜菽飲水，孝也。」夫鐘鼓非樂云之本，而器不可去；三牲非致孝之主，而養不可廢。存器而忘本，樂之遁也；調器以和聲，樂之成也。崇養以傷行，孝之累也；脩己以致祿，養之大也。故言能大養，則周公之祀，致四海之祭；言以義養，則仲由之菽，甘於東鄰之牲。夫患水菽之薄，干祿以求養者，是以恥祿親也。存誠以盡行，孝積而祿厚者，此能以義養也。〔註174〕

〔註170〕 閻步克：《品味與職位：秦漢魏晉南北朝官階制度研究》，第117頁。
〔註171〕 《漢書》卷七一《于定國附子永嗣傳》，第3046頁。
〔註172〕 《後漢書》卷三二《樊宏傳附子儵傳》，第1122頁。
〔註173〕 《後漢書》卷七一《朱俊傳》，第2310頁。
〔註174〕 《後漢書》卷三九《劉趙淳于江劉周趙列傳》，第1293頁。

可見，孝最關鍵的不是物質的奉養。「言孝子者，以和顏悅色爲難也，非謂三牲而已。」〔註175〕只要有孝心，即使飲食粗淡，也可以稱之爲孝。其次，需要注意物質的取得必須合乎義，如果以不義的手段取得物質，那麼則是「崇養以傷行，孝之累也」。再次，如果嫌俸祿微薄而鑽營求取，那就屬於「以恥祿親」，也是不可取的。所以，士人調和孝與出仕的理想狀態是：修行自身的品德，積極出仕，並取得應得的俸祿以奉養雙親。《後漢書》卷三九載：

> 中興，盧江毛義少節，家貧，以孝行稱。南陽人張奉慕其名，
> 往候之。坐定而府檄適至，以義守令，義奉檄而入，喜動顏色。奉
> 者，志尚士也，心賤之，自恨來，固辭而去。及義母死，去官行服。
> 數辟公府，爲縣令，進退必以禮。後舉賢良，公車徵，遂不至。張
> 奉歎曰：「賢者固不可測。往日之喜，乃爲親屈也。斯蓋所謂『家貧
> 親老，不擇官而仕』者也。」建初中，章帝下詔褒寵義，賜穀千斛，
> 常以八月長吏問起居，加賜羊酒。壽終於家。〔註176〕

毛義在母親在世之時，積極入仕，甚至爲得到升遷而喜形於色，爲此還受到了別人的鄙薄。他不顧嘲諷而屈身入仕，只是爲了取得俸祿以奉養母親罷了。在母親死後，他依禮行服，不虧孝名。這個例子中的毛義，是《後漢書》所舉出的孝德、出仕、居喪的典型，既合理地追求俸祿以奉親，又不貪戀祿位而去官居喪，因而得到皇帝嘉獎。

典型畢竟不是常態，對於大部分普通入仕者來說，需要有現實的好處，才會有居喪的動力。《後漢書・劉茂傳》載：

> 劉茂字子衛，太原晉陽人也。少孤，獨侍母居。家貧，以筋力
> 致養，孝行著於鄉里。及長，能習《禮經》，教授常數百人。哀帝時，
> 察孝廉，再遷五原屬國侯，遭母憂去官。服竟後爲沮陽令。〔註177〕

這是西漢末年的一個例子。劉茂因爲孝行知名，並獲得仕宦機會，在服喪前擔任「屬國侯」。屬國，指內附的北方民族部落。「凡言屬國者，存其國號而屬漢朝，故曰屬國。」〔註178〕「屬國侯」，是屬國所置官吏。「置都尉、丞、候、千人。」〔註179〕作爲最高長官的都尉之級別相當於郡，「每屬國置都尉一

〔註175〕《後漢書》卷三九《劉趙淳于江劉周趙列傳》，第 1294 頁。
〔註176〕《後漢書》卷三九《劉趙淳于江劉周趙列傳》，第 1294 頁。
〔註177〕《後漢書》卷八一《獨行・劉茂傳》，第 2671 頁。
〔註178〕《漢書》卷六《武帝紀》，第 177 頁。
〔註179〕《漢書》卷一九上《百官公卿表上》，第 735 頁。

人，比二千石」，〔註180〕「唯邊郡往往置都尉及屬國都尉，稍有分縣，治民比郡」。〔註181〕那麼，作爲都尉下屬的「屬國侯」，級別大致應相當於縣。劉茂離開屬國侯的職位而去服喪，完畢之後又順利地擔任了沮陽令，不僅級別相當，而且相當於調回內地任職，職位反而有所上升。可見，居喪並沒有什麼壞處。《後漢書・韋彪傳》載：

> （韋彪）孝行純至，父母卒，哀毀三年，不出廬寢。服竟，羸脊骨立異形，醫療數年乃起。好學洽聞，雅稱儒宗。建武末，舉孝廉，除郎中，以病免，復歸教授。安貧樂道，恬於進趣，三輔諸儒莫不慕仰之。顯宗聞彪名，永平六年，召拜謁者，賜以車馬衣服，三遷魏郡太守。〔註182〕

這個例子中的韋彪也是孝行純至的士人，居喪期間哀痛無比，乃至服喪期滿後仍需要幾年的時間身體才能恢復。正是因爲有如此特異的居喪舉動，才使得他名聲大起，成爲「三輔諸儒莫不慕仰之」的人物，最後引起明宗皇帝的注意，很快就成爲郡守一級的高官。還有和帝時的周磐「和帝初，拜謁者，除任城長，遷陽夏、重合令，頻歷三城，皆有惠政。後思母，棄官還鄉里。及母歿，哀至幾於毀滅，服終，遂廬於冢側。教授門徒常千人。公府三辟，皆以有道特徵。」〔註183〕雖然周磐並沒有繼續出仕，但不可否認的是，「哀至幾於毀滅」的行爲也爲他帶來了更進一步入仕的聲譽和機會。

以上所舉都是孝名遠揚的孝子，對於並無顯著孝名的一般官員，居喪相當於照章行事。從前面的論述可以知道，自東漢安帝起，居喪已是基層官員必須執行的，因而基層官員居喪是在遵循朝廷的制度。另一方面，在他們看來，居喪也是進一步求仕的基礎。

（三）脫離體制的居喪行爲

上文論述了幾種不同類型官員的居喪心態。高官爲保祿位而不願居喪；王侯有身份保障而積極居喪；低級官員除了遵循規定外，還有可能通過居喪獲得名望，並獲得進一步仕宦的機會，因而也積極居喪。幾種情況雖然各異，但是有一個共同點，即，均是在漢朝制度的框架之內，根據自身利益而做出

〔註180〕《後漢書》志第二十八《百官五》，第3621頁。
〔註181〕《後漢書》志第二十八《百官五》，第3621頁。
〔註182〕《後漢書》卷二六《韋彪傳》，第917頁。
〔註183〕《後漢書》卷三九《周磐傳》，第1311頁。

選擇。還有一種類型的居喪與以上皆不同，是尋求突破既有制度框架而進行的居喪。《後漢書·袁紹傳》載：

> 紹少爲郎，除濮陽長，遭母憂去官。三年禮竟，追感幼孤，又行父服。服闋，徙居洛陽。紹有姿貌威容，愛士養名。既累世臺司，賓客所歸，加傾心折節，莫不爭赴其庭，士無貴賤，與之抗禮，輜軿柴轂，填接街陌。內官皆惡之。中常侍趙忠言於省內曰：「袁本初坐作聲價，好養死士，不知此兒終欲何作。」叔父太傅隗聞而呼紹，以忠言責之，紹終不改。〔註184〕

袁紹在擔任「濮陽長」時，遭母喪去官。直觀看去，袁紹的居喪行爲還是符合東漢安帝以後對於低級官員的居喪規定的。然而，袁紹在居喪結束後並沒有出仕，而是感慨幼時未能爲父服喪盡禮，於是又重新爲父服喪三年，離開官位的時間長達六年，絲毫不以官位爲念。這種因爲幼時服喪有缺，成年後又追服的例子曾在東海王居喪中出現過，〔註185〕但東海王是光武帝的直系後裔、且是身處王位的高級貴族，更何況，那其實是諸侯王在沒有其他政治活動空間的情況下，借居喪博取政治資本的手段，身份和所處環境與袁紹均無可比性。在袁紹看來，居喪的意義似乎遠超過「濮陽長」一類的職位。還有，袁紹在爲父又服喪三年後，仍然沒有尋求出仕，而是「服闋，徙居洛陽」，這就更不符合普通的剛入仕官員急於仕進的心態了。總之，袁紹居喪前的職位雖只是「長吏」一級，但其居喪行爲與前文所述普通低級官員明顯格格不入。

理解袁紹的居喪行爲，需要從其出身入手。「袁紹汝南汝陽人，司徒湯之孫。父成，五官中郎將。」〔註186〕「高祖父安爲漢司徒，自安以下，四世居三公位，由是勢傾天下。」〔註187〕袁紹有著深厚的政治背景，並不只是一個普通的低級官員。這裡需要特別指出的是，史料中提到，袁紹「愛士養名」，說明年輕的袁紹雖然不重視「濮陽長」一類的職位，但其實還有兩項內容爲其所重，一是「士」，一是「名」。從這個角度去看，便可以理解袁紹的行爲了。他不急於出仕，但結交賓客，養死士，就是在「愛士」。折節下士是一種

〔註184〕《後漢書》卷七四上《袁紹傳》，第2373頁。
〔註185〕《後漢書》卷四二《東海王劉強傳》：「兄弟追念初喪父，幼小，哀禮有闕，因復重行喪制。」，第1426頁。
〔註186〕《後漢書》卷七四上《袁紹傳》，第2373頁。
〔註187〕《三國志》卷六《魏書·袁紹傳》，第188頁。

「名」，爲父母服喪的孝行同樣也是一種「養名」的方法。「士」與「名」這兩個內容對袁紹來說是比官職更重要的政治資本。

雖然後來袁紹依然通過應大將軍府辟召而入仕，但其政治基礎其實是通過「愛士養名」來實現的。袁紹在與董卓決裂後，「懸節於上東門，而奔冀州」，〔註188〕實際上放棄了朝廷的官位。董卓的幕僚對於出奔後已無朝廷官位的袁紹，依然很忌憚，「袁氏樹恩四世，門生故吏遍於天下，若收豪傑以聚徒眾，英雄因之而起，則山東非公之有也」。〔註189〕

袁紹身爲低級官員，但是毫不顧忌官位的得失，而且在已經失去了朝廷官位後，仍然有號召豪傑、席捲山東的能力，這顯然不是一個普通官員借助東漢已有政治體制可以實現的。這只能說明，東漢末的政治體制已經不能容納袁紹這樣的政治勢力。同樣，東漢基於現有官位體系而制定的種種居喪規範，對於袁紹而言也不值一提。袁紹的居喪是建立自身名望的方式之一，而不是在順應朝廷制度，對名望的追求已遠遠重於遵循朝廷制度，甚至可以說是對既有制度的衝擊和破壞。袁紹的例子並非個案，而是反映了東漢末政治環境與社會環境皆有大的變化。

大臣居喪問題之所以在東漢後期持續形成討論，有其政治鬥爭的背景。和帝和熹鄧皇后於永元十四年冬被立爲皇后，此後長期掌握政權，先後立殤帝、安帝，長期臨朝聽政。她重視孝道，母新野君薨後「太后自侍疾病，至乎終盡，憂哀毀損，事加於常。」〔註190〕也正是她在安帝元初年間主持頒佈了要求長吏居喪的詔書。同樣是她力排眾議批准了劉愷的建議，允許大臣居喪。不過「（建光元年）三月癸巳，皇太后鄧氏崩。」鄧太后死後，安帝得以親政，立刻剷除鄧氏外戚，清除鄧后政治影響力，「（建光元年）五月庚辰，特進鄧騭及度遼將軍鄧遵，並以譖自殺。」〔註191〕此後不久在宦官的反對之下，（建光元年冬十一月）「庚子，復斷大臣二千石以上服三年喪。」〔註192〕值得注意的是，隨著鄧氏失勢，極力主張允許高官居喪的劉愷也被罷斥，「（延光二年）冬十月辛未，太尉劉愷罷。」〔註193〕

〔註188〕《後漢書》卷七四上《袁紹傳》，第 2374 頁。
〔註189〕《後漢書》卷七四上《袁紹傳》，第 2375 頁。
〔註190〕《後漢書》卷一〇上《和熹鄧皇后》，第 424 頁。
〔註191〕《後漢書》卷五《安帝紀》，第 232 頁、233 頁。
〔註192〕《後漢書》卷五《安帝紀》，第 234 頁。
〔註193〕《後漢書》卷五《安帝紀》，第 237 頁。

可以看出，在安帝時期這次是否允許大臣居喪的政爭中，統治者中隱然形成了以鄧氏太后及外戚爲一方，而宦官爲另一方的兩個陣營。鄧太后主張允許大臣居喪，而宦官的態度則是「不便之」。〔註194〕這次鬥爭的最終結果，是隨著鄧太后死，鄧氏外戚被鎮壓，支持大臣居喪之人被罷斥，允許大臣居喪的政策被廢止。

東漢安帝之後權力更替頻繁，經歷了安帝鄭皇后及鄭氏外戚短暫秉政之後，順帝梁皇后及梁氏外戚長期秉政，沖帝、質帝、桓帝皆其所立。順烈梁皇后「和平元年春，歸政於帝，太后寢疾遂篤，乃御輦幸宣德殿，見宮省官屬及諸梁兄弟。……後二日而崩。在位十九年，年四十五。合葬憲陵。」〔註195〕「桓帝懿獻梁皇后諱女瑩，順烈皇后之女弟也。……建和元年六月，始入掖庭；八月，立爲皇后。……時太后秉政，而梁冀專朝，故後獨得寵幸，自下莫得進見。後藉姊兄陰勢，恣極奢靡，宮幄彫麗，服御珍華，巧飾制度，兼倍前世。及皇太后崩，恩愛稍衰。后既無子，潛懷怨忌，每宮人孕育，鮮得全者。帝雖迫畏梁冀，不敢譴怒，然見御轉稀。至延熹二年，后以憂恚崩。在位十三年，葬懿陵。其歲，誅梁冀，廢懿陵爲貴人冢焉。」〔註196〕懿獻梁皇后死後不久，梁氏外戚遭到清算，「大將軍梁冀謀爲亂。八月丁丑，帝御前殿，詔司隸校尉張彪將兵圍冀第，收大將軍印綬，冀與妻皆自殺。衛尉梁淑、河南尹梁胤、屯騎校尉梁讓、越騎校尉梁忠、長水校尉梁戟等，及中外宗親數十人，皆伏誅。」〔註197〕

桓帝永興二年恰處於梁冀主政之時，此時所頒佈的詔令，必然是出於梁冀之意。以包括孝德在內的道德爲標榜，借居喪問題佔據意識形態制高點，博取聲望，爭取士大夫支持，是外戚增強自身勢力的方法之一。《後漢書·梁商傳》載：「商自以戚屬居大位，每存謙柔，虛己進賢，辟漢陽巨覽、上黨陳龜爲掾屬，李固、周舉爲從事中郎，於是京師翕然，稱爲良輔，帝委重焉。每有飢饉，輒載租穀於城門，賑與貧餒，不宣己惠。檢御門族，未曾以權盛干法。而性愼弱無威斷，頗溺於內豎。以小黃門曹節等用事於中，遂遣子冀、不疑與爲交友，然宦者忌商寵任，反欲陷之。」〔註198〕在《梁商傳》的敘述

〔註194〕《後漢書》卷四六《陳寵傳附子陳忠傳》，第1561頁。
〔註195〕《後漢書》卷一〇下《順烈梁皇后》，第440頁。
〔註196〕《後漢書》卷一〇下《懿獻梁皇后》，第443～444頁。
〔註197〕《後漢書》卷七《桓帝紀》，第305頁。
〔註198〕《後漢書》卷三四《梁統傳附梁商傳》，第1175頁。

中，梁商雖居高位但能夠節制己欲並舉用當時名士，是宦官嫌忌的對象。

又如竇氏外戚竇武，《後漢書・竇武傳》載其：「在位多辟名士，清身疾惡，禮賂不通，妻子衣食裁充足而已。是時羌蠻寇難，歲儉民饑，武得兩宮賞賜，悉散與太學諸生，及載肴糧於路，匃施貧民。」〔註199〕

儘管權勢薰天的外戚也有與士大夫的矛盾，如梁冀，「太后（順烈梁皇后）夙夜勤勞，推心杖賢，委任太尉李固等，拔用忠良，務崇節儉。其貪叨罪慝，多見誅廢。分兵討伐，群寇消夷。故海內肅然，宗廟以寧。而兄大將軍冀鴆殺質帝，專權暴濫，忌害忠良，數以邪說疑誤太后，遂立桓帝而誅李固。太后又溺於宦官，多所封寵，以此天下失望。」〔註200〕

東漢末年的政治焦點是士大夫與宦官的矛盾。在對待大臣居喪問題的態度上，宦者也與士大夫形成對抗。因而至少在安帝、桓帝兩朝議大臣居喪問題上，外戚與士大夫在面對宦官勢力時是結為一體的。

宦官與士大夫的矛盾其實是漢代體制性矛盾積累已久的爆發。陳寅恪先生在論及魏晉統治者社會階層時指出「服膺儒教的豪族的出現，在東漢時代，是一個較為普遍的現象」。〔註201〕東漢逐漸出現的這個信仰儒家學說，植根於地方豪族，與秦漢帝國體制格格不入的階層，其代表正是袁紹這樣的人物。

適逢此時執掌中央政權的為宦官。如前述，兩漢對於長期居喪，尤其是高官的居喪，並無定制，總的態度並不支持。因而，至少從居喪政策來看，漢家制度最後的維護者竟是宦官集團。這也預示著兩漢的制度已經走到了盡頭，隨著新社會勢力的出現及掌握政權，必然會形成新的政治制度，居喪制度也不例外。

第三節　「哀毀不仕」——魏晉南北朝的居喪與出仕

無論在個人情感上，還是在國家制度上，居喪與出仕間均存在著內在的矛盾。禮制中的「喪不貳事」與「金革之事無辟」兩個原則，較好地調和了二者的關係，是一種折衷。這種折衷原則有其形成的外部因素，即宗法制與分封制。秦漢王朝在顛覆原有制度的基礎上建立了精密的官僚制國家，舊有

〔註199〕《後漢書》卷六九《竇武傳》，第 2239 頁。
〔註200〕《後漢書》卷一○下《順烈梁皇后》，第 440 頁。
〔註201〕陳寅恪：《魏晉南北朝史講演錄》第一篇《魏晉統治者的社會階級》，黃山書社，1987 年，第 3 頁。

的居喪與出仕的關係不復存在，大臣「喪不貳事」的權利隨之被剝奪，這從一個側面顯示了秦漢王朝「較大的君主專制程度和較小的官僚貴族化程度」。〔註202〕雖然兩漢時期的官員管理制度不利於官員居喪，但是選官的標準越來越以孝德爲重，且儒家學說逐漸成爲官方意識形態。因而，在官員居喪與出仕的問題上，無論是制度內部，還是制度與意識形態之間，都存在著矛盾之處。

　　魏晉南北朝時期，世家大族作爲主要的政治勢力，對制度影響極大，在居喪與出仕問題上，逐漸形成了不同於兩漢時期的新格局。下文將圍繞朝廷居喪政策演變、居喪相關制度以及該制度下的居喪情況等方面，考察魏晉南北朝時期的居喪與出仕。

一、「終喪」與「奪情起復」——魏晉南北朝的居喪與喪中出仕制度

　　在魏晉南北朝時期，儘管兩漢制度已經不合時宜，但它畢竟開創了官僚制國家的組織形式。因而，在官僚體制沒有發生根本性轉變的情況下，後世對兩漢制度的改變只能說是漸進式的。從居喪制度來看，亦是如此。《晉書‧禮志》就曾指出：

　　　　五禮之別，二曰凶。自天子至於庶人，身體髮膚，受之父母，其理既均，其情亦等，生則養，死則哀，故曰三年之喪，天下之達禮者也。漢禮，天子崩，自不豫至於登遐及葬，喪紀之制，與夫三代變易。魏晉以來，大體同漢。然自漢文革喪禮之制，後代遵之，無復三年之禮。及魏武臨終，遺令「天下尚未安定，未得遵古。百官當臨殿中者，十五舉音，葬畢便除。其將兵屯戍者，不得離部」。魏武以正月庚子崩，辛丑即殯，是月丁卯葬，是爲不踰月也。〔註203〕

曹操遺令中說道：「天下尚未安定，未得遵古也。葬畢，皆除服。其將兵屯戍者，皆不得離屯部。有司各率乃職。斂以時服，無藏金玉珍寶。」〔註204〕蜀漢先主劉備遺詔及諸葛亮所奉行亦爲短喪，「百僚發哀，滿三日除服，到葬期復如禮；其郡國太守、相、都尉、縣令長，三日便除服。臣亮親受敕戒，震

〔註202〕閻步克：《品味與職位：秦漢魏晉南北朝官階制度研究》，第220頁。閻先生此語是在評價漢代俸祿制度，但居喪也屬於大臣的權利、待遇之一，因而，這個評語對兩漢大臣居喪制度也是適用的。
〔註203〕《晉書》卷二〇《禮志中》，第613頁。
〔註204〕《三國志》卷一《魏書‧武帝操紀》，第53頁。

畏神靈，不敢有違。臣請宣下奉行。」〔註205〕吳主孫權也對三年之喪加以限制。〔註206〕這一時期之所以提倡短喪政策，一方面是由於政治、軍事鬥爭激烈，無暇居喪；另一方面也因為在漢末戰亂中，漢室正統仍有一定的號召力。所以，各政權最初都標榜匡扶漢室，即便是在漢魏禪代之後，也往往視自身為漢朝正統的繼承者，自然在制度上也會有所延續。

（一）兩晉南朝的終喪之制

要承認三年之喪的合法性，最根本的措施是從皇帝之喪開始。至西晉政權建立後，才真正開始從最高統治階層改變漢文帝時的短喪之制。《晉書·禮志中》記載：

> （晉）文帝之崩，國內服三日。武帝亦遵漢魏之典，既葬除喪，然猶深衣素冠，降席撤膳。〔註207〕

司馬昭死於魏元帝咸熙二年，「八月辛卯，文帝崩，太子嗣相國、晉王位。下令寬刑宥罪，撫眾息役，國內行服三日。」〔註208〕司馬炎在處理喪事上仍遵循漢代的短喪之制，封國之內服喪三日除服，司馬炎本人也於既葬之禮後便釋去斬衰之服。不過，需要特別指出的是，司馬炎在除去斬衰之服後，並沒有馬上恢復到常服，而是「深衣素冠，降席撤膳」，也就是說，在服飾上和飲食上都部分地保持了服喪的狀態。儘管有眾多大臣勸阻，但他最後依然「以此禮終三年。後居太后之喪亦如之」。〔註209〕此時的司馬炎雖然還不是皇帝身份，但是幾個月後，他便受魏禪，建立了晉朝。顯然，在三年服喪的大部分時間裏，他是以皇帝的身份服喪的。皇帝服喪三年有著制度上的諸多不便，比如：皇帝事務繁忙，居喪之禮有礙政務；皇帝身著喪服而臣下卻早已除喪，顯得不倫不類。因而，皇帝服喪難以推廣延續，司馬炎此舉多少有些故作姿態。不過，這個例子卻也表明，漢文帝所立並通行兩漢四百年的短喪制度，權威性已經大大減低，以皇帝之身躬行三年之喪，則成為新的典範。〔註210〕

〔註205〕《三國志》卷三二《蜀書·先主備傳》，第891頁。
〔註206〕《三國志》卷四七《吳書·吳主權傳》，第1141頁。
〔註207〕《晉書》卷二〇《禮志中》，第613頁。
〔註208〕《晉書》卷三《武帝紀》，第49頁。
〔註209〕《晉書》卷二〇《禮志中》，第614～615頁。
〔註210〕其他的還有，「晉惠帝永康元年，愍懷太子薨，帝依禮服長子三年，群臣服齊衰期。」（《宋書》卷一五《禮志二》，第393頁。）「東晉康帝建元元年正月晦，成恭杜皇后周忌，有司奏，至尊週年應改服。詔曰：『君親，名教之重也，

儘管皇帝躬行喪服無法形成常制，但也表明，最高統治階層從認識上已開始傾向於居喪。司馬炎在自身行三年喪的同時又下詔：

　　（泰始元年冬十二月乙亥）諸將吏遭三年喪者，遣寧終喪。百姓復其徭役。〔註211〕

《通典》中也記載了這條詔書，而且內容更為豐富：

　　晉武帝泰始元年詔：「諸將吏二千石已下遭三年喪者，聽歸終寧。庶人復除徭役。」〔註212〕

東漢安帝以後，長吏以下必須居喪的制度已經形成，但還是不允許祿秩為二千石及以上的官員居喪。晉武帝泰始元年和三年的詔書，朝廷允許官員居喪，元年詔書對遭喪官員的身份仍有所限制，標准由東漢時的「長吏以下」上升到「二千石以下」了。

西晉很快就突破了這一界限。《晉書・武帝紀》記載：「（泰始三年）三月戊寅，初令二千石得終三年喪。」「（泰始三年）冬十月，聽士卒遭父母喪者，非在疆場，皆得奔赴。」〔註213〕二千石級別的官員也可終喪。普通士卒也可以在不緊急的情況下離職奔喪。而且很快終喪政策又有所放寬。

《晉書・禮志中》記載：

　　太康七年，大鴻臚鄭默母喪，既葬，當依舊攝職，固陳不起，於是始制大臣得終喪三年。然元康中，陳準、傅成之徒，猶以權奪，不得終禮，自茲已往，以為成比也。〔註214〕

《晉書・武帝紀》也記載：

　　（太康七年十二月）始制大臣聽終喪三年。〔註215〕

<hr>

權制出於近代耳。』於是素服如舊。」（《通典》卷八十《凶禮二・總論喪期》，第2165頁。）「安帝隆安四年，太后李氏崩。帝服齊縗三年。」（《通典》卷八十《凶禮二・總論喪期》，第2166頁。）「永初三年，武帝崩，蕭太后制三年之服。」（《通典》卷八十《凶禮二・總論喪期》，第2166頁。）「後周武帝母叱奴太后崩，帝居倚廬，朝夕供一溢米。群臣表請，累旬乃止。及葬，帝袒跣陵所，行三年之制，五服內並依禮，斯近古無儔。」（《通典》卷八十《凶禮二・總論喪期》，第2169頁。）

〔註211〕《晉書》卷三《武帝紀》，第53頁。
〔註212〕《通典》卷八十《凶禮二・總論喪期》，第2159頁。
〔註213〕《晉書》卷三《武帝紀》，第55頁、56頁。
〔註214〕《晉書》卷二〇《禮志中》，第634頁。
〔註215〕《晉書》卷三《武帝紀》，第77頁。

大鴻臚是九卿之一，漢代已屬中二千石的官員，晉武帝又曾「增九卿禮秩」，〔註216〕鄭默的身份無疑遠超出「二千石」官員居喪的界限。若依照舊例，二千石以上官員不得離職居喪。然而，在鄭默的堅持下，朝廷還是放寬了已有限制，「始制大臣得終喪三年」。

　　在經過泰始元年、泰始三年、太康七年的數次規定之後，西晉有關大臣遭喪後離職居喪的制度終於定型。史料顯示，當時官員離職居喪的制度也的確真正落實了。比如，《晉書‧嵇紹傳》記載：

> （嵇紹）累遷汝陰太守。……轉豫章內史，以母憂，不之官。
> 服闋，拜徐州刺史。時石崇爲都督，性雖驕暴，而紹將之以道，崇
> 甚親敬之。後以長子喪去職。〔註217〕

在遭母喪之前，嵇紹已經擔任了「汝陰太守」，且正要轉爲「豫章內史」。「郡皆置太守，河南郡京師所在，則曰尹。諸王國以內史掌太守之任。」〔註218〕可見，郡守一級的官員已經可以依照制度離職服喪了。服滿之後，嵇紹擔任了徐州刺史，但後來又在此任上離職居喪。這表明，比郡守級別更高的官員〔註219〕也可以離職居喪。不過，值得注意的是，晉武帝《泰始元年詔》允許離職終喪的規定，以「三年喪」爲限制條件，而《儀禮》斬衰三年之喪的規定也包含「父爲長子」〔註220〕居喪。嵇紹第二次離職正是爲長子居喪，看來，西晉「三年喪」的標準是嚴格遵循禮制而行的。

　　自晉武帝躬行喪服以後，東晉、南朝皇室長期服喪的現象逐漸增多。比如：「晉惠帝永康元年，愍懷太子薨，帝依禮服長子三年，群臣服齊衰期。」〔註221〕「晉康帝建元元年正月晦，成恭杜皇后周忌。有司奏：『至尊期年應改服。』詔曰：『君親，名教之重也。權制出於近代耳。』於是素服如舊。非漢、魏之典。」〔註222〕「晉孝武太元二十一年，孝武帝崩，李太后制三年之制。」〔註223〕「宋武帝永初三年，武帝崩，蕭太后制三年之服。」〔註224〕皇室尚且

〔註216〕《晉書》卷三《武帝紀》，第 74 頁。
〔註217〕《晉書》卷八九《忠義‧嵇紹傳》，第 2298 頁。
〔註218〕《晉書》卷二四《職官志》，第 746 頁。
〔註219〕刺史的祿秩和郡守相似，但是地位更高。
〔註220〕（清）阮元校刻：《儀禮注疏》卷二十九《喪服》，第 156 頁下。
〔註221〕《宋書》卷一五《禮志二》，第 393 頁。
〔註222〕《宋書》卷一五《禮志二》，第 394 頁。
〔註223〕《宋書》卷一五《禮志二》，第 393 頁。
〔註224〕《宋書》卷一五《禮志二》，第 393 頁。

服喪，官員遭喪後離職居喪自然也漸成定制。因而，在三年終喪已成定制的背景下，東晉、南朝討論喪制的重點也從要不要服喪轉向對喪期進行細緻規定。漢代以後，關於喪期期限一直存在兩種說法：鄭玄主張喪期為二十七個月，王肅則主張二十五個月。東晉、南朝論者對鄭、王二說一直取捨不定，實際施行上也時有轉變，具體情形前文已有介紹，此處不再贅論。

總之，漢文帝短喪之制經過三國時期的短暫延續後，在西晉初就被打破。以晉武帝躬行喪服為代表的一系列皇室居喪行為，打破了漢代以來的短喪傳統。漢代大臣居喪之制的缺陷，即高官不能離職居喪問題也得以解決，離職居喪遂成定制。此後雖也有爭論，但只是有關服喪具體期限的說法不定，即，是依鄭說二十七個月，還是據王說二十五個月罷了。

（二）十六國、北朝的終喪之制

十六國、北朝的情況與東晉、南朝有所不同，這主要體現在，官員離職居喪之制的制定過程較為曲折。究其緣由，首先在於文化上的差異。官員離職居喪，從社會層面看是對宗族秩序的維護，從精神層面來說是孝德的體現。然而，不管是社會組織還是文化，游牧民族都與漢族大相徑庭。「漢使或言曰：『匈奴俗賤老。』……中行說曰：『匈奴明以戰攻為事，其老弱不能鬥，故以其肥美飲食壯健者，蓋以自為守衛，如此父子各得久相保，何以言匈奴輕老也？』」〔註225〕對於漢使輕蔑匈奴的言語，中行說曾從生活習俗的角度予以辯駁。這既表明漢式宗法倫理不適用於游牧部落所處的嚴酷環境，也反映出「賤老」風俗在游牧民族是客觀存在的事實。在這種社會和文化背景下，游牧部落的首領不可能一開始就那麼容易接受漢式的離職居喪，因此，十六國、北朝政權對魏晉制度有一個逐漸吸納、消化的過程。不過，十六國政權大都更迭頻繁，難以持久地進行制度建設，也是居喪制度無法建立的另一重要原因。

後秦姚興是少有的漢文化修養較高的十六國統治者，史載：「及鎮長安，甚有威惠。與其中舍人梁喜、洗馬范勖等講論經籍，不以兵難廢業，時人咸化之。」〔註226〕他在居喪問題上捨棄漢魏制度，而追尋古禮，「興母虵氏死，興哀毀過禮，不親庶政。群臣議請依漢魏故事，既葬即吉。興尚書郎李嵩上疏曰：『三王異制，五帝殊禮。孝治天下，先王之高事也，宜遵聖性，以光道

〔註225〕《史記》卷一一○《匈奴列傳》，第 2899 頁。
〔註226〕《晉書》卷一一七《姚興載記上》，第 2975 頁。

訓。既葬之後，應素服臨朝，率先天下，仁孝之舉也。』尹緯駁曰：『帝王喪制，漢魏爲準。嵩矯常越禮，愆於軌度，請付有司，以專擅論。既葬即吉，乞依前議。』興曰：「嵩忠臣孝子，有何咎乎？尹僕射棄先王之典，而欲遵漢魏之權制，豈所望於朝賢哉！其一依嵩議。」〔註227〕

正是在這種大環境影響下，才會出現一些尊崇孝德之人。「給事黃門侍郎古成詵、中書侍郎王尙、尙書郎馬岱等，以文章雅正，參管機密。詵風韻秀舉，確然不群，每以天下是非爲己任。時京兆韋高慕阮籍之爲人，居母喪，彈琴飲酒。詵聞而泣曰：『吾當私刃斬之，以崇風教。』遂持劍求高。高懼，逃匿，終身不敢見詵。」〔註228〕

考慮到姚興本人如此重視孝德，並營造了一個崇孝的社會風氣，因而其下詔允許將帥遭喪奔赴也就不奇怪了。《晉書‧姚興載記上》載：「興下書，將帥遭大喪，非在疆場險要之所，皆聽奔赴，及期，乃從王役。臨戎遭喪，聽假百日。若身爲邊將，家有大變，交代未至，敢輒去者，以擅去官罪罪之。」〔註229〕考慮到當時緊迫的軍事形勢，這已經是很寬鬆的居喪政策了。武將之外的文官應該更加可以依禮居喪。

北魏建立初期，軍政事務緊迫的局面下，系統的居喪制度也難以建立。《魏書》記載：「魏自太祖至於武泰帝，及太皇太后、皇太后、皇后崩，悉依漢魏既葬公除。」〔註230〕究其原因，正如李彪對孝文帝所言：「聖魏之初，撥亂返正，未遑建終喪之制。」〔註231〕而到了孝文帝時期，北魏政治較爲穩定，有利於進行大規模的漢化改革。在爲馮太后居喪時，孝文帝曾打算終喪三年，只是在群臣勸阻下才勉強釋服。他說：「朕遠遵古式，欲終三年之禮。百辟群官，據金冊顧命，將奪朕心，從先朝之制。」〔註232〕正因如此，太和二十年二月，孝文帝頒佈了終喪之詔，也允許大臣行三年之喪：

> 壬寅，詔自非金革，聽終三年喪。〔註233〕

除了「金革之事」的特殊情況，大臣行三年之喪成爲定制。這不僅符合禮制對

〔註227〕《晉書》卷一一七《姚興載記上》，第2977～2978頁。
〔註228〕《晉書》卷一一七《姚興載記上》，第2979頁。
〔註229〕《晉書》卷一一七《姚興載記上》，第2981頁。
〔註230〕《魏書》卷一〇八之三《禮志三》，第2777頁。
〔註231〕《魏書》卷六二《李彪傳》，第1389頁。
〔註232〕《魏書》卷七下《孝文帝紀》，第167頁。
〔註233〕《魏書》卷七下《孝文帝紀》，第179頁。

大臣居喪的規定，也是北魏制度吸納儒家禮制的一個重要表現。不僅如此，朝廷對孝道的尊崇也在這個時期達到了一個高峰，孝文帝甚至親自爲大臣講解喪服之義。史載：「帝親爲群臣講喪服於清徽堂。」〔註234〕在此背景下，北魏不僅允許終喪，而且對服喪違禮的糾治也相當嚴格。孝文帝之子宣武帝時期，曾發生過偏將軍乙龍虎服喪違制案，就是很好的例證。《魏書・禮志四》中記載：

> 延昌二年春，偏將軍乙龍虎喪父，給假二十七月，而虎並數閏月，詣府求上。領軍元珍上言：「案違制律，居三年之喪而冒哀求仕，五歲刑。龍虎未盡二十七月而請宿衛，依律結刑五歲。」三公郎中崔鴻駁曰：「三年之喪，二十五月大祥。諸儒或言祥月下旬而禫，或言二十七月。各有其義，未知何者會聖人之旨。龍虎居喪已二十六月，若依王、杜之義，便是過禫即吉之月。如其依鄭玄二十七月，禫中復可以從御職事。《禮》云：『祥之日鼓素琴。』然則大祥之後，喪事終矣。既可以從御職事，求上何爲不可？若如府判，禫中鼓琴，復有罪乎？求之經律，理實未允。」〔註235〕

乙龍虎解職居父喪，因喪期中遇到閏月，而致使原本二十七個月的喪期變爲二十六個月。又因他自以爲喪期已滿而求出仕，所以引出一番「居喪是否數閏」之爭。〔註236〕這個部分前文已有敘述，此處不贅論。不過，這裡需要特別指出的是，「案違制律，居三年之喪，而冒哀求仕，五歲刑」一句表明，當時在《魏律》中已有關於服喪違禮的規定。

首先，在服喪期內求仕，屬於違背行政規定，適用於《違制律》的懲罰範圍。《唐律》規定：「《職制律》者，起自於晉，名爲《違制律》。爰至高齊，此名不改。隋開皇改爲《職制律》。」〔註237〕

從刑罰上來看，「五歲刑」是這個時期徒刑中最重的一等。沈家本先生指出：「漢末已有五歲刑矣。何年所定，無可考。晉以後並承用之。」〔註238〕從魏晉南北朝的用例來看，「五歲刑」應屬刑罰中的重刑。東晉時，有人犯死罪，其子欲代父而死，得到朝廷嘉獎而寬減其罪，「可特聽減廣死罪爲五歲

〔註234〕《魏書》卷七下《孝文帝紀》，第182頁。
〔註235〕《魏書》卷一○八之四《禮志四》，第2796頁。
〔註236〕《魏書》卷一○八之四《禮志四》，第2796～2799頁。
〔註237〕《唐律疏議》卷九《職制》，第182頁。
〔註238〕（清）沈家本撰，鄧經元、駢宇騫點校：《歷代刑法考》刑制總考二，北京：中華書局，1985年，第22頁。

刑」。〔註239〕此例中，「五歲刑」似爲僅次於死刑的刑罰。正因如此，「五歲刑」也成爲赦免制度中的一個界限。「夏四月，大旱。癸酉，大赦五歲刑以下。」〔註240〕「見囚五歲刑以下不連臺者，皆原遣。」〔註241〕「辛未，降死罪囚一等，五歲刑已下皆原之。」〔註242〕「降死罪及流罪一等，其五歲刑已下，並宥之。」〔註243〕這些史料顯示，朝廷大赦時，除了極重的刑罰，一般的罪行均有可能被赦免，「五歲刑」恰是赦罪等級的分水嶺。可見，其乃較重之罰，用以懲治喪中求仕行爲，反映了北魏對居喪的重視。

最後，從罪名上來看，出現了「冒哀求仕」之名。史料所載「三年之喪，而冒哀求仕」，指本應服喪三年，而未服滿便即求仕，則科此罪。這裡特別需要說明的是，在崔鴻的爭取下，「龍虎罪亦不合刑，匆匆之失，宜科鞭五十」，〔註244〕並沒有被處以「冒哀求仕」五歲刑的懲罰。崔鴻的意見得以採用，理由是龍虎服喪已滿二十六個月，過了大祥之祭，因而不應科罪。由此可以推斷，當時的「冒哀求仕」罪，是泛指「三年之喪」中求仕，並未對大祥前後求仕做出嚴格區分。〔註245〕事實上，因禮制無定，這一時期關於禫制的時間也有爭論，這就不可能以祥、禫之制爲依據來區分刑罰。值得一提的是，北魏的這次爭論點出了大祥前後求仕的不同意義，可將其視爲《唐律疏議》將「釋服求仕」與「冒哀求仕」分而科罪的先聲。

孝文帝以後，崇孝終喪成爲北朝定制。孝文帝雖欲親行三年服而未果，但在北朝，也開啓了一個皇帝行喪的新時代，北周武帝就是躬行喪服的代表。《周書·武帝紀上》記載：

> 皇太后叱奴氏崩。帝居倚盧，朝夕共一溢米。群臣表請，累旬乃止。……公卿上表，固請俯就權制，過葬即吉。帝不許，引古禮答之，群臣乃止。於是遂申三年之制，五服之內，亦令依禮。〔註246〕

〔註239〕《晉書》卷七五《范堅傳》，第 1989 頁。
〔註240〕《晉書》卷九《孝武帝紀》，第 230 頁。
〔註241〕《南齊書》卷二二《豫章文獻王傳》，北京：中華書局，1972 年，第 407 頁。
〔註242〕《北史》卷九《世宗明皇帝紀》，第 335 頁。
〔註243〕《北史》卷一〇《高祖武皇帝紀》，第 356～357 頁。
〔註244〕《魏書》卷一〇八之四《禮志四》，第 2799 頁。
〔註245〕《唐律》「冒哀求仕」專指服滿二十五月而未滿二十七月，即大祥之後，禫制之前的求仕之罪。二十五個月之中求仕爲「釋服從吉」。刑罰上，冒哀求仕輕，釋服求仕重。見《唐律疏議》卷十《職制》，第 206～207 頁。
〔註246〕《周書》卷五《武帝紀上》，第 84 頁。

對於如此孝行，《通典》對其的評價是「斯近古無儔」。〔註247〕主要原因在於，儘管孝文帝早已頒佈了終喪之詔，但由於北魏後期政局不穩，之後的東魏、西魏、北周、北齊又戰亂不休，改朝換代頻繁。在此背景下，終喪之制難以落實。北周武帝除自身行孝外，在政局穩定後，還於宣政元年重申終喪之制。《周書·武帝紀下》記載：

> 夏四月壬子，初令遭父母喪者，聽終制。〔註248〕

「初令」之意表明，該詔令應該僅指在北周一朝初次頒佈，並非整個北朝。

（三）「禍酷薦臻」──遭喪後的「奪情起復」之制

通過上文對魏晉南北朝終喪之制發展過程的簡單考察，可以看出，無論南朝還是北朝，允許官員離職居喪的思想都占主流，且對居喪違禮的懲罰也很嚴厲。但是，在特殊情況下，一方面或因職位重要，或因軍政事務急需，朝廷要求遭喪官員留任或出仕；另一方面受禮制牽絆，官員遭喪後又不可以主動停止服喪，這為朝廷用人帶來諸多不便。因而，隨著終喪之制逐漸固定下來，又產了朝廷命令遭喪大臣釋服視事的奪情、起復之制。

對於「起復」的意義，宋人趙昇指出：

> 已解官持服而朝廷特再擢用者，名曰起復。〔註249〕

不過，各個時代對起復的用法較為混亂，易混淆的概念又有「奪情」。清人趙翼在對史料中「起復」的用例及其與「奪情」的關係進行總結時指出：

> 俗以滿服後補官為起復，此甚非也。《霏雪錄》云：「起復者，喪制未終而奪情起視事。」。……今以服闋為起復，誤矣。又趙昇《朝野類要》云：「已解官持服，而朝廷特擢用者，名起復」，即奪情也。〔註250〕

趙翼所言之「俗」和「今」，均代表明、清時人的看法，也就是說，明清時以服喪期滿補官為起復。但他在考察了唐、宋、元起復的實例之後，又進一步指出，直到「元時亦尚不以服闋為起復也」。〔註251〕由此可知，趙翼的觀點是，元代之前的起復與奪情是一回事，都是官員執行朝廷命令，在服喪期間視事。

〔註247〕《通典》卷八十《凶禮二·總論喪期》，第2169頁。
〔註248〕《周書》卷六《武帝紀下》，第106頁。
〔註249〕（宋）趙昇著，王瑞來點校：《朝野類要》卷三《差除·起復》，北京：中華書局，2007年，第70頁。
〔註250〕（清）趙翼：《陔餘叢考》卷二十七《起復》，第561頁。
〔註251〕（清）趙翼：《陔餘叢考》卷二十七《起復》，第562頁。

不過，無論趙翼還是趙昇，主要討論的都是唐宋以後的起復之制。下面將依據兩漢魏晉南北朝的起復事例，對「奪情」、「起復」做一個源頭上的梳理。

漢代已有禮請居喪大臣出任官的先例。（趙憙）「（永平）八年，代虞延行太尉事，居府如眞。後遭母憂，上疏乞身行喪禮，顯宗不許，遣使者爲釋服。」〔註252〕「（耿恭）母先卒，及還，追行喪制，有詔使五官中郎將齎牛酒釋服。」〔註253〕和帝時，張酺「及父卒，既葬，詔遣使齎牛酒爲釋服。」〔註254〕「永寧中，順帝立爲皇太子，以爲爲太子少傅，月餘，遷太傅，以母憂自乞，聽以大夫行喪。逾年，詔使者賜牛酒，奪服。」〔註255〕這些事例已基本具備奪情起復之制的基本內容。首先，從身份上來看，事例中出現的都是地位較高的官員，〔註256〕並且也是皇帝倚重、親信之人。其次，這些身居高位的官員在遭喪之後，均向朝廷請求居喪，但服喪時間有長有短，其中桓焉時間最長，達一年，趙憙最短，尙未離職便被命令釋服。總體而言，都體現出爲國事而奪居喪之情的意義。

然而，兩漢時期，終喪之制尙未固定下來，且主流的思想是不允許高級官員離職居喪的。在高官居喪不被允許的制度環境下，朝廷明知官員遭喪卻仍令視事，也是理所當然的。對於官員來說，居喪行爲只是出於習慣和道德上的必須，並不是由於制度規定。朝廷在令官員釋服時，一般要「賜牛酒」，這也不是定制，只是一種寬慰官員哀慟之情的儀式而已。總之，由於兩漢時期無居喪之制，所以釋服也提升不到「制度」的層面，充其量只是一種君臣禮遇罷了。眞正的奪情起復制度，是和終喪制度相伴而產生的。

「奪情」的用法較爲寬泛，廣義上來說，就是泛指對情感的傷害或抑制。史載魏孝文帝要營建新的殿宇，但感念舊殿爲先帝所造，有些不捨，「此殿乃高宗所製，爰歷顯祖，逮朕沖年，受位於此。但事來奪情，將有改制，仰惟疇昔，惟深悲感」。〔註257〕孝文帝將毀壞舊殿與傷害先帝感情相類比，儘管改建新殿是大勢所趨，但也可將之比作「奪情」的行爲。此外還有「父仇明不

〔註252〕《後漢書》卷二六《趙憙傳》，第 915 頁。
〔註253〕《後漢書》卷一九《耿恭傳》，第 723 頁。
〔註254〕《後漢書》卷四五《張酺傳》，第 1532～1533 頁。
〔註255〕《後漢書》卷三七《桓焉傳》，第 1257 頁。
〔註256〕趙憙、張酺在遭喪前均爲太尉；桓焉爲太傅；耿恭稍低，也是比二千石的騎都尉。
〔註257〕《魏書》卷二七《穆崇傳》，第 669 頁。

同戴天日，而爲國不可許復仇，此自以法奪情。」〔註258〕爲遵國法而不私復仇，是對個人情感的抑制，也屬「奪情」。

從狹義上來說，「奪情」指的是減殺喪親帶來的悲痛之情。「夫聖人制卒哭之禮，授練之變，皆奪情以漸」〔註259〕已經明白地指出，喪禮中各項變除喪服的儀節，其實就是在逐步控制悲痛之情，也就是「奪情」。因而，居喪期間起而視事的情況下所使用的「奪情」，也是從抑制情感的角度來說的。薛濬描述了自己在居喪被起後的情感，「何圖精誠無感，禍酷薦臻，兄弟俱被奪情，苫廬靡申哀訴。是用扣心泣血，隕氣摧魂者也。」〔註260〕朝廷在命令姚察釋服視事的詔書，也從情感方面入手，「雖在哀疚，宜奪情禮」。〔註261〕

與「奪情」有所不同的是，「起復」則更多從官職方面著眼。東晉卞壺「遭繼母憂，既葬，起復舊職，累辭不就。」〔註262〕南齊崔慧景「出爲持節、督司州軍事、冠軍將軍、司州刺史。母喪，詔起復本任。」〔註263〕南陳侯安都「父文捍，爲始興內史，卒於官。世祖徵安都還京師，爲發喪。尋起復本官。」〔註264〕北魏孝文帝時期的尉子羽「以父憂去職。又起復本官，詔襲爵，加平南將軍。」〔註265〕宣武帝時期的于忠「父憂去職。未幾，起復本官。」〔註266〕孝明帝時期的朱瑞「丁父憂，去官。詔起復任，除青州大中正。」〔註267〕同爲孝明帝時期的辛雄「以母憂去任。卒哭，右僕射元欽奏雄起復爲郎。」〔註268〕孝莊帝時期的李業興「遭憂解任，尋起復本官。」〔註269〕北魏末期的樊子鵠「詔前御史中尉樊子鵠起復本官。」〔註270〕同爲北魏末期的泉企「尋以母憂去職。縣中父老復表請殷勤，詔許之。起復本任。」〔註271〕東魏時期的

〔註258〕《宋書》卷六四《鄭鮮之傳》，第 1692 頁。
〔註259〕《魏書》卷一○八之三《禮志三》，第 2781 頁。
〔註260〕《隋書》卷七二《孝義・薛濬傳》，第 1664 頁。
〔註261〕《陳書》卷二七《姚察傳》，第 352 頁。
〔註262〕《晉書》卷七○《卞壺傳》，第 1867 頁。
〔註263〕《南齊書》卷五一《崔慧景傳》，第 873 頁。
〔註264〕《陳書》卷八《侯安都傳》，第 146 頁。
〔註265〕《魏書》卷五○《尉元附子尉羽傳》，第 1116 頁。
〔註266〕《魏書》卷三一《于栗磾附孫于忠傳》，第 741 頁。
〔註267〕《魏書》卷八○《朱瑞傳》，第 1769 頁。
〔註268〕《魏書》卷七七《辛雄傳》，第 1693 頁。
〔註269〕《魏書》卷八四《李業興傳》，第 1862 頁。
〔註270〕《魏書》卷一一《出帝平陽王紀》，第 282 頁。
〔註271〕《周書》卷四四《泉企傳》，第 785 頁。

高岳「高祖深以憂之，每日遣人勞勉。尋起復本任。」〔註272〕北齊武成帝高湛時期的和士開「帝又遣以犢車迎士開入內，帝見，親自握手，愴惻下泣，曉喻良久，然後遣還，並諸弟四人並起復本官。」〔註273〕北齊後主高緯時期的斛律羨「丁父憂去官，與兄光並被起復任，還鎮燕薊。」〔註274〕北齊後主時期的胡長粲「丁母憂，給假馳驛奔喪。尋有詔，起復前任。」〔註275〕北周劉亮「周文嗟其至性，每憂惜之。起復本官。」〔註276〕北周尉遲綱「綱去職。尋起復本官。」〔註277〕北周梁昕「二年，以母喪去職。尋起復本任。」〔註278〕

以上諸多事例顯示，「起復」著重強調復職的意義。從「起復」實施的時機來看，則多為「既葬」後起復、「尋起復」、「未幾」起復，基本上都是遭喪後不久便起復。也正因起復與離職之間相隔時日不久，朝廷仍然還為居喪官員保留著原來的職位，所以上文所舉起復事例，以恢復「舊職」、「本任」、「本官」、「前任」的情況為多。只有孝明帝時期辛雄的起復，史料並未明言恢復原職，只是說「起復為郎」。考其本傳「神龜中，除尚書駕部郎中，轉三公郎。其年，沙汰郎官，唯雄與羊深等八人見留，餘悉罷遣。」〔註279〕可知，辛雄也是官復原職。

儘管「奪情」之意傾向於奪「情禮」，「起復」之意側重於「復」官職，但實際做法都是讓官員提早結束居喪而出仕。因而，兩個概念在使用中亦有聯用的情況。周、隋之際的李德林「尋丁母艱去職，……朝廷嘉之。才滿百日，奪情起復」〔註280〕就表明了這一點。

奪情起復是朝廷調和居喪與出仕的一種手段，但在以居喪為榮的風氣下，這非但不是一個令士人滿意的制度，甚至士人還將遭到奪情視為慘禍。隋初薛濬事母至孝，但遭母喪後很快受到起復，雖曾請求終制，但未被許可，最後「不勝喪，病且卒」。〔註281〕其遺書中曾感歎：

〔註272〕《北齊書》卷一三《清河王高岳傳》，北京：中華書局，1972年，第174頁。
〔註273〕《北齊書》卷五〇《和士開傳》，第687頁。
〔註274〕《北齊書》卷一七《斛律金附子斛律羨傳》，第227頁。
〔註275〕《北史》卷八〇《胡國珍附從曾孫胡長粲傳》，第2690頁。
〔註276〕《北史》卷六五《劉亮傳》，第2305頁。
〔註277〕《周書》卷二〇《尉遲綱傳》，第340頁。
〔註278〕《周書》卷三九《梁昕傳》，第695～696頁。
〔註279〕《魏書》卷七七《辛雄傳》，第1691頁。
〔註280〕《隋書》卷四二《李德林傳》，第1195頁。
〔註281〕《隋書》卷七二《薛濬傳》，第1664頁。

　　　　雖官非聞達，而祿喜逮親，庶保期頤，得終色養。何圖精誠無

　　感，禍酷薦臻，兄弟俱被奪情，苫廬靡申哀訴。是用扣心泣血，隕

　　氣摧魂者也。既而創巨釁深，不勝荼毒，啟手啟足，幸及全歸。使

　　夫死而有知，得從先人於地下矣，豈非至願哉。〔註282〕

這份遺書淋漓盡致地表現了薛濬遭喪被起後的痛苦心情，「禍酷薦臻」一語正
是將遭喪和被起復相提並論，視作接連到來的災禍。哀毀致死雖很極端，但
代表了南北朝士族對終喪與奪情的看法，即在終喪和起復二者的選擇上，更
傾向於終喪。

二、「哀毀過禮」——制度保障下的居喪

　　通過上文的考察可知，魏晉南北朝對居喪與出仕的規定不同於兩漢。主
要體現在逐步打破兩漢對官員，尤其是對高官終喪的限制，允許所有官員離
職居喪，解決了兩漢居喪規範中存在的制度與意識形態相背離的問題。在終
喪成為定制的基礎上，對服喪違禮行為的懲罰制度也進一步改善。兩晉南朝
時更多地體現為「清議」。而發生在北朝的乙龍虎案可以反映出，「冒哀求仕」
已經入律，而且懲罰相當嚴厲。在終喪之制日趨穩固的同時，「奪情起復」之
制也隨之出現，兩者相互配合，為朝廷維持正常的政務運作提供了必要保障。

　　「終喪」與「奪情」之制並舉，魏晉南北朝居喪與出仕制度的核心內容，
其精神與兩漢「霸道」政治下的居喪政策迥異，使居喪與出仕的關係回歸到
禮制中「喪不貳事」、「金革之事無辟」的安排。雖然朝廷對「終喪」與「奪
情」的制度規定僅僅寥寥數言，但其背後需要一系列的制度支撐，下面就對
相關的制度加以考察。

（一）服闋復官——官員居喪期滿後的安排

　　如前文所述，對終喪制度影響最大的就是如何安排離職居喪的官員，以
及官員服喪期滿後的職務安排。「奪情起復」恢復原職，固然是結束居喪的一
種辦法，但受「奪情」的官員，或職位重要、或為君主親信，並不普遍，大
部分遭喪官員還是能夠服滿喪期的。因而，如何為居喪期滿的官員安排職位，
仍是朝廷首要面對的一個問題。《晉書》對江統居喪前後官位記載頗詳，可以
藉以分析西晉官員居喪期滿後的安排。《晉書·江統傳》載：

轉太子洗馬，⋯⋯後爲博士、尚書郎，參大司馬、齊王同軍事。同驕荒將敗，統切諫，文多不載。遷廷尉正，每州郡疑獄，斷處從輕。成都王穎請爲記室，多所箴諫。申論陸雲兄弟，辭甚切至。以母憂去職。服闋，爲司徒左長史。東海王越爲兗州牧，以統爲別駕，委以州事。〔註283〕

太子洗馬屬東宮官系統，「洗馬，八人，⋯⋯秩比六百石」，〔註284〕在晉官品中屬第七品。〔註285〕博士屬學校系統，秩品爲第六品。〔註286〕「咸寧四年，武帝初立國子學，定置國子祭酒、博士各一人，助教十五人，以教生徒。博士皆取履行清淳，通明典義者，若散騎常侍、中書侍郎、太子中庶子以上，乃得召試。」〔註287〕江統正是按照慣例從太子中庶子升任博士。不久，江統又任「尚書郎」，東漢以後尚書省地位日重，逐漸成爲主要的政務執行機關，「尚書郎」的秩品雖也是第六品，〔註288〕但地位要更重要。此後又擔任齊王冏參軍，「二品將軍諸大將軍特進都督中護軍長史、司馬」爲第六品，〔註289〕參軍稍低於長史、司馬，秩品也應稍低。再之後又擔任「廷尉正」，秩品也爲第六品。〔註290〕又任成都王穎記室。這是江統遭母喪之前的仕宦經歷，秩品基本穩定在六品，雖然在二王軍府時的秩品可能稍低，但無論齊王還是成都王均是有實力的藩王，江統爲其幕僚實際地位並不低。

　　江統在爲母居喪前雖然仕途順利，但均屬於祿秩幾百石的低級官員。如果按照漢制，低級官員居喪之後需要重新入仕，因而再入仕時官位均低於居喪之前。可是江統在服喪期滿後，被授予「司徒左長史」之職，公府長史爲第六品，〔註291〕「諸公及開府位從公者⋯⋯置長史一人，秩一千石」。〔註292〕可見，服喪並沒有影響到他的官品和祿秩。類似的例子還有東晉末期的孔琳之。《宋書・孔琳之傳》載：

〔註283〕《晉書》卷五六《江統傳》，第1535～1538頁。
〔註284〕《宋書》卷四〇《百官志下》，第1254頁。
〔註285〕《通典》卷三七《職官・秩品》，第1005頁。
〔註286〕《通典》卷三七《職官・秩品》，第1004頁。
〔註287〕《晉書》卷二四《職官志》，第736頁。
〔註288〕《通典》卷三七《職官・秩品》，第1004頁。
〔註289〕《通典》卷三七《職官・秩品》，第1004頁。
〔註290〕《通典》卷三七《職官・秩品》，第1004～1005頁。
〔註291〕《通典》卷三七《職官・秩品》，第1004頁。
〔註292〕《晉書》卷二四《職官志》，第726頁。

> 遷楚臺員外散騎侍郎。遭母憂，去職。服闋，除司徒左西掾，
> 以父致仕自解。時司馬休之爲會稽内史、後將軍，仍以琳之爲長史。
> 父憂，去官。服闋，補太尉主簿，尚書左丞，揚州治中從事史，所
> 居著績。〔註293〕

孔琳之遭母喪之前爲「楚臺員外散騎侍郎」，「楚臺」是桓玄所設，「玄建楚
臺，以補黃門侍郎」。〔註294〕從南梁十八班分等來看，「員外散騎侍郎」爲
三班，「司徒左西掾」爲八班，〔註295〕後者遠高於前者，可見母喪之後官位
反而有所上升。他在遭父喪之前爲司馬休之「長史」，「郡國相、内史丞、長
史」爲第八品。〔註296〕爲父服喪期滿後爲「太尉主簿」，不久擔任的「尚書
左丞」，爲第六品。〔註297〕兩次居喪都沒有影響到他的仕途，反而略有升遷。
還有南朝宋時期的沈懷文。《宋書·沈懷文傳》載：

> 少好玄理，善爲文章，嘗爲楚昭王二妃詩，見稱於世。初州辟
> 從事，轉西曹，江夏王義恭司空行參軍，隨府轉司徒參軍事，東閣
> 祭酒。丁父憂，新安郡送故豐厚，奉終禮畢，餘悉班之親戚，一無
> 所留。太祖聞而嘉之，賜奴婢六人。服闋，除尚書殿中郎。〔註298〕

在居父喪前，爲「東閣祭酒」，爲王府屬官。「江左以來，諸公置長史、倉曹
掾、戶曹屬、東西閣祭酒各一人。」〔註299〕服闋後，爲「尚書殿中郎」。史
料中未明言二者等級，但從一些官員的正常遷轉序列上能看出二者的高下。
「（周確）解褐梁太學博士、司徒祭酒、晉安王主簿。高祖受禪，除尚書殿
中郎。」〔註300〕可見，「尚書殿中郎」要高於公府祭酒。

　　江統、孔琳之和沈懷文在居喪前後的品級都較低，高官的例子有東晉末
南朝宋初的張茂度。《宋書·張茂度傳》載：

> 茂度，郡上計吏，主簿，功曹，州命從事史，並不就。除琅邪
> 王衛軍參軍，員外散騎侍郎，尚書度支郎，父憂不拜。服闋，爲何

〔註293〕《宋書》卷五六《孔琳之傳》，第1561頁。
〔註294〕《宋書》卷五二《謝景仁傳》，第1493頁。
〔註295〕《通典》卷三七《職官·秩品》，第1011～1012頁。
〔註296〕《通典》卷三七《職官·秩品》，第1005～1006頁。
〔註297〕《通典》卷三七《職官·秩品》，第1004頁。
〔註298〕《宋書》卷八二《沈懷文傳》，第2102頁。
〔註299〕《宋書》卷三九《百官志上》，第1222頁。
〔註300〕《陳書》卷二四《周弘正附周確傳》，第311頁。

> 無忌鎮南參軍。頃之，出補晉安太守。……高祖北伐關、洛，復任留州事。出爲使持節、督廣交二州諸軍事、建武將軍、平越中郎將、廣州刺史。綏靜百越，嶺外安之。以疾求還，復爲道憐司馬。丁繼母憂，服闋，除廷尉，轉尚書吏部郎。〔註301〕

張茂度從郡吏開始，逐步成爲王府參軍，「員外散騎侍郎」應是王府參軍的加官。後爲尚書郎，但遭父喪未就職。爲父服喪結束後，他擔任「何無忌鎮南參軍」。何無忌是劉裕重組北府軍團的元勳，「以興復之功，封安成郡開國公，食邑三千戶，增督司州之弘農揚州之松滋，加散騎侍郎，進鎮南將軍。」〔註302〕張茂度居喪期滿後在新朝顯貴處爲參軍，實際地位應略勝於之前的「琅邪王衛軍參軍」。其後，他經歷了晉安太守，在遭母喪前官爲「使持節、督廣交二州諸軍事、建武將軍、平越中郎將、廣州刺史」。〔註303〕東晉交、廣二州爲一都督區，由刺史兼任，諸將軍號應爲加官。「持節都督」官品爲第二品。〔註304〕在爲母服喪期滿後，出任廷尉，「魏晉宋齊梁陳俱第三品」。〔註305〕可見，張茂度兩次服喪期滿再仕時，均能擔任與之前品位相類的職位。高官居喪期滿復職的例子，還有南朝宋的何尚之。「太祖即位，出爲臨川內史，入爲黃門侍郎，尚書吏部郎，左衛將軍，父憂去職。服闋，復爲左衛，領太子中庶子。」〔註306〕「復爲左衛」清楚地表明了居喪對其職位沒有影響。

北朝的終喪之制形成較晚，但從具體事例來看，居喪期滿的官員也都能恢復到等級相應的官位上。如北魏的賈思伯，《魏書・賈思伯傳》載其：

> 爲河內太守，不拜。尋除鴻臚少卿，以母憂免。服闋，徵爲滎陽太守，有政績。遷征虜將軍、南青州刺史。初，思伯與弟思同師事北海陰鳳授業，無資酬之，鳳遂質其衣物。及思伯之部，送縑百匹遺鳳，因具車馬迎之，鳳慚不往。時人稱歎焉。尋以父憂免。後除征虜將軍、光祿少卿，仍拜左將軍、兗州刺史。〔註307〕

〔註301〕《宋書》卷五三《張茂度傳》，第1509～1510頁。
〔註302〕《晉書》卷八五《何無忌傳》，第2215～2216頁。
〔註303〕《宋書》卷五三《張茂度傳》，第1510頁。
〔註304〕《通典》卷三七《職官・秩品》，第1003頁。
〔註305〕《唐六典》卷一八《大理寺》，第501～502頁。
〔註306〕《宋書》卷六六《何尚之傳》，第1733頁。
〔註307〕《魏書》卷七二《賈思伯傳》，第1613頁。

鴻臚少卿爲第四品，「上郡太守」也爲第四品。〔註308〕可見，賈思伯居母喪前後官品一致。在遭父喪之前，擔任「征虜將軍、南青州刺史」，其後擔任「征虜將軍、光祿少卿，仍拜左將軍、兗州刺史」。「征虜將軍」、「左將軍」均應爲加官，前者從三品，後者爲第三品。〔註309〕可見，終喪之後加官有所上升。從實際職務來看，州的等級不同品級也不同，上、中、下州刺史分別爲三品、從三品、四品。〔註310〕從規模上看，南青州「領郡三，縣九，戶一萬五千二十四，口四萬五千三百二十二。」〔註311〕兗州「領郡六，縣三十一，戶八萬八千三十二，口二十六萬六千七百九十一。」〔註312〕居喪後最初任光祿少卿，爲正四品。〔註313〕由於不知道南青州的級別，無法與光祿少卿比較，估計級別相等，但顯然，居喪後不久所任的兗州刺史要比南青州刺史級別高很多。可見，賈思伯兩次居喪期滿後均能保持原有官品乃至有所上升。

再如北周令狐熙，《隋書・令狐熙傳》載其：

> 起家以通經爲吏部上士，尋授都督、輔國將軍，轉夏官府都上士，俱有能名。以母憂去職，殆不勝喪。其父戒之曰：「大孝在於安親，義不絕嗣。吾今見存，汝又隻立，何得過爾毀頓，貽吾憂也！」熙自是稍加饘粥。服闋，除小駕部，復丁父憂，非杖不起，人有聞其哭聲，莫不爲之下泣。河陰之役，詔令墨縗從事，還授職方下大夫，襲爵彭陽縣公，邑二千一百戶。及武帝平齊，以留守功，增邑六百戶。進位儀同，歷司勳、吏部二曹中大夫，甚有當時之譽。
> 〔註314〕

北周官品中，「夏官府都上士」應爲正三命，夏官小駕部爲正四命。〔註315〕可見，令狐熙居母喪前後秩品還有所上升。居父喪被奪情起復後，擔任「下大夫」也爲正四命，〔註316〕與居喪前相同。

東漢時期已經要求低級官員居喪，只是由於官位難以安排，仍禁止高級

〔註308〕《通典》卷三八《職官・秩品》，第 1038 頁。
〔註309〕《通典》卷三八《職官・秩品》，第 1038 頁。
〔註310〕《通典》卷三八《職官・秩品》，第 1038 頁。
〔註311〕《魏書》卷一○六中《地形志中》，第 2549 頁。
〔註312〕《魏書》卷一○六中《地形志中》，第 2519 頁。
〔註313〕《通典》卷三八《職官・秩品》，第 1038 頁。
〔註314〕《隋書》卷五六《令狐熙傳》，第 1385 頁。
〔註315〕《通典》卷三九《職官・秩品》，第 1067～1068 頁。
〔註316〕《通典》卷三九《職官・秩品》，第 1067 頁。

官員居喪。通過以上例證可以看出，這個時期居喪，無論是江統還是張茂度，所處的政治環境都是極爲動盪的，前者處於西晉八王之亂中，後者正值晉宋交替。在這種激盪的政治環境中，還能保持居喪前後的官位相對穩定，一方面是因爲政府的居喪政策調整，官員去官居喪是遵循制度規定，另一方面是因爲朝廷在官員管理上逐步實現了官員任官「資格管理的品位化」〔註317〕。閻步克先生指出「這樣，人員結構贏得了一個擴張的空間，將出現人員結構大於職位結構的情況，出現一批『有階無職』的人員，」〔註318〕「品位化的資格管理，對官員個人的任官權利，以及身份及利益，是一個更大的保障。」〔註319〕

正因爲有了新的官員管理方式，使得官員可以優遊於居喪與仕宦之間。居喪期滿官員的復職有了保障，即便在南北朝戰亂不定的歲月裏，居喪官員還是能夠有秩序地「官復原品」。不過，單純的品位化管理並不足以支撐南北朝官員居喪的踴躍程度，還與當時的門閥制度分不開。

（二）「人品」與「官品」──士族居喪的保障

服喪期滿再仕時可以恢復原來的等級，只是保證了居喪官員的基本利益。但如果耗費幾年的時間居喪，最後只落得官復原品，對官員居喪積極性的刺激還是不太大，這就難以解釋南北朝時期官員熱衷居喪的原因。因此，還需要從這個時期獨特的門閥制度中尋找原因。祝總斌先生指出，門閥制度「最主要的特徵在於按門第高下選拔與任用官吏；至於士族免徭役，婚姻論門第，『士庶之際，實自天隔』等特徵，都是由前者逐漸派生的。」〔註320〕下面就從太原王氏的一支，王湛家族，來簡要分析按門第選官制度對官員居喪有何影響。《晉書‧王湛傳》載：

> 王湛，字處沖，司徒渾之弟也。少有識度。身長七尺八寸，龍顙大鼻，少言語。初有隱德，人莫能知，兄弟宗族皆以爲癡，其父昶獨異焉。遭父喪，居於墓次。服闋，闔門守靜，不交當世，沖素

〔註317〕閻步克：《中國古代官階制度引論》，北京：北京大學出版社，2010 年，第 92～95 頁。

〔註318〕閻步克：《中國古代官階制度引論》，第 95 頁。

〔註319〕閻步克：《中國古代官階制度引論》，第 95 頁。

〔註320〕祝總斌：《門閥制度》，白壽彝主編：《中國通史》，第七冊，上海：上海人民出版社，2004 年，第 557 頁。

簡淡，器量隤然，有公輔之望。……武帝亦以湛爲癡，每見濟，輒調之曰：「卿家癡叔死未？」濟常無以答。及是，帝又問如初，濟曰：「臣叔殊不癡。」因稱其美。帝曰：「誰比？」濟曰：「山濤以下，魏舒以上。」時人謂湛上方山濤不足，下比魏舒有餘。湛聞曰：「欲處我於季孟之間乎？」湛少仕歷秦王文學、太子洗馬、尚書郎、太子中庶子，出爲汝南內史。〔註321〕

王湛家族自曹魏以來一直顯赫，其父王昶仕至曹魏司空，〔註322〕兄王渾仕晉至司徒，〔註323〕王氏是魏晉時期的高門。曹魏時九品中正制已建立，最初選人的標準就是「德」、「才」，雖也出現了依照父祖身份來定品的現象，但尚無定制。西晉最大的變化就是武帝時期的「二品繫資」〔註324〕之制，即正式增加「資」，爲評定中正品第的標準，這就造成高門地位的循環。「只有據有較高官位的人及其子弟，可以獲得人品二品；只有人品二品才具有銓選和升遷較高官位的資格；而有了較高官位，又可以繼續獲得人品二品。」〔註325〕這裡面的「人品」，是祝總斌先生對繫於個人的中正品第的稱呼，與官品相對。就「人品」與官品的對應來講，「人品三品、四品例用官品都在六品和六品以下，則人品二品以上例用一般自當在五品至一品。」〔註326〕王湛的仕宦經歷正是循著這個軌道前進的，晉官品中「太子洗馬」爲第七品，「尚書郎」爲第六品，「太子中庶子」、「郡國太守、相、內史」均爲第五品。〔註327〕然而，細數他的經歷，都只是憑藉有「隱德」、「簡淡」，而且「不交當世」，就被認爲「有公輔之望」。可見，他升至五品之官的過程中，憑藉的並非德才或政績，其名望和地位主要來自家世。既然只需憑藉家世便可以穩步升遷至五品以上之官，那麼，居喪、廬墓非但不會對仕途造成影響，反而會促進其「隱德」和名望。

王湛之子王承的仕宦道路也是如此。

> 承，字安期。清虛寡欲，無所修尚。言理辯物，但明其指要而

〔註321〕《晉書》卷七五《王湛傳》，第 1959～1960 頁。

〔註322〕《三國志》卷二七《王昶傳》，第 750 頁。

〔註323〕《晉書》卷四二《王渾傳》，第 1204 頁。

〔註324〕祝總斌：《門閥制度》，白壽彝主編：《中國通史》，第七冊，第 560 頁。

〔註325〕祝總斌：《門閥制度》，白壽彝主編：《中國通史》，第七冊，第 562 頁。

〔註326〕祝總斌：《門閥制度》，白壽彝主編：《中國通史》，第七冊，第 564 頁。

〔註327〕《通典》卷三七《職官·秩品》，第 1004～1005 頁。

不飾文辭，有識者服其約而能通。弱冠知名。太尉王衍雅貴異之，
比南陽樂廣焉。永寧初，爲驃騎參軍。值天下將亂，乃避難南下。
遷司空從事中郎。……及至建鄴，爲元帝鎮東府從事中郎，甚見優
禮。承少有重譽，而推誠接物，盡弘恕之理，故眾咸親愛焉。渡江
名臣王導、衛玠、周顗、庾亮之徒皆出其下，爲中興第一。年四十
六卒，朝野痛惜之。自昶至承，世有高名，論者以爲祖不及孫，孫
不及父。子述嗣。〔註328〕

王承「弱冠知名」，經過「驃騎參軍」過渡，很快成爲「司空從事中郎」。過
江後，東晉元帝「甚見優禮」，辟爲「鎮東府從事中郎」，顯然有拉攏高門支
持之意。「公府長史、司馬、從事中郎」，皆爲第六品。〔註329〕雖然因兩晉之
際局勢動亂，又兼之早卒，未升至五品以上，但能夠看出家世對他的影響。

　　王湛生活在魏、西晉時期，王承生活在兩晉之交。這個時期對人品的評
定雖有「二品繫資」之制爲依據，但是也並不排除德、才的標準。「庶人仕進
之路還不算很窄。」〔註330〕但是，到了東晉時期，門第越來越成爲唯一標準。
這從王承之子王述的經歷可以看出。《晉書・王湛附王述傳》載：

　　述，字懷祖。少孤，事母以孝聞。安貧守約，不求聞達。性沉
靜，每坐客馳辨，異端競起，而述處之恬如也。少襲父爵。年三十，
尚未知名，人或謂之癡。司徒王導以門地辟爲中兵屬。既見，無他
言，惟問以江東米價。述但張目不答。導曰：「王掾不癡，人何言癡
也？」嘗見導每發言，一坐莫不贊美，述正色曰：「人非堯舜，何得
每事盡善！」導改容謝之。謂庾亮曰：「懷祖清貞簡貴，不減祖父，
但曠淡微不及耳。」……述出補臨海太守，遷建威將軍、會稽內史。
蒞政清肅，終日無事。母憂去職。服闋，代殷浩爲揚州刺史，加征
虜將軍。〔註331〕

王述自幼除了「事母以孝聞」之外，並沒有什麼令人稱道的才華，以至得到
「癡」的評價。他被王導「以門地辟爲中兵屬」，直言其得官完全緣自門第。
這裡「中兵屬」應爲司徒掾屬，他在府中深受王導尊敬。不久出任臨海太守，
爲第五品；後任建威將軍、會稽內史，內史雖也是第五品，但加官建威將軍

〔註328〕《晉書》卷七五《王湛附王承傳》，第1960～1961頁。
〔註329〕《通典》卷三七《職官・秩品》，第1004頁。
〔註330〕祝總斌：《門閥制度》，白壽彝主編：《中國通史》，第七冊，第572頁。
〔註331〕《晉書》卷七五《王湛附王述傳》，第1962～1963頁。

爲第四品；後任刺史加征虜將軍，「州刺史領兵者」雖爲第四品，但加官征虜將軍爲第三品。〔註332〕王述門第既高，官位又高，但儘管身居高位，他卻「蒞政清肅，終日無事」。可見，士族高門升遷完全不在才能、政績等因素。正因爲官品主要與人品掛鉤，丁憂去職並不會影響其固有的人品等第，所以對仕途升遷並沒有任何妨礙，反而更襯托出「清貞簡貴」的特點。其子王坦之在父祖幾代的名望積累之下，更是名重朝野。《晉書・王坦之傳》載：

> 坦之，字文度。弱冠與郗超俱有重名，時人爲之語曰：「盛德絕倫郗嘉賓，江東獨步王文度。」嘉賓，超小字也。僕射江虨領選，將擬爲尚書郎。坦之聞曰：「自過江來，尚書郎正用第二人，何得以此見擬！」虨遂止。簡文帝爲撫軍將軍，辟爲掾。累遷參軍、從事中郎，仍爲司馬，加散騎常侍。出爲大司馬桓溫長史。尋以父憂去職。服闋，徵拜侍中，襲父爵。〔註333〕

王坦之年方弱冠便「俱有重名」，顯然主要來自家世的名望。在選官上，朝廷擬讓其擔任尚書郎，這是第六品之官，但是政務煩巨的尚書省顯然不是這些高門子弟的首選。「尚書郎正用第二人」，說明只有第二等士族才會擔任此類官制。最後，他選擇走僚屬一途，在居喪前擔任公府司馬加散騎常侍。司馬本是第六品官，但是散騎常侍爲第三品。〔註334〕在爲父服喪期滿之後，又拜爲侍中，更是官品第三品。

　　東晉南朝的門閥制度對北朝也有影響。魏孝文帝曾指出「自近代已來，高卑出身，恒有常分」，當時政治的局面也是「以貴承貴，以賤襲賤。」〔註335〕雖然孝文帝有靈活選拔人才的願望，「若有高明卓爾、才具俊出者，朕亦不拘此例」，〔註336〕但實際選官的情況仍是士庶有別。「朝廷每選舉人士，則校其一婚一宦，以爲陞降，何其密也。」〔註337〕祝總斌先生指出，「宦」指官之清濁，「婚」指門第相對。〔註338〕這表明魏孝文帝改革後接受了士庶有分、選官依據門第的制度。

〔註332〕《通典》卷三七《職官・秩品》，第1003～1004頁。
〔註333〕《晉書》卷七五《王湛附王坦之傳》，第1964～1965頁。
〔註334〕《通典》卷三七《職官・秩品》，第1003頁。
〔註335〕《魏書》卷六〇《韓麒麟傳》，第1343頁。
〔註336〕《魏書》卷六〇《韓麒麟傳》，第1344頁。
〔註337〕《魏書》卷六〇《韓麒麟傳》，第1341頁。
〔註338〕祝總斌：《門閥制度》，白壽彝主編《中國通史》，第七冊，第574頁。

　　而且門閥士族子弟獲得官方身份早，仕途升遷極快。《北齊書・袁聿修傳》載：「袁聿修，字叔德，陳郡陽夏人。魏中書令翻之子也，出後叔父躍。七歲遭喪，居處禮度，有若成人。九歲，州辟主簿。性深沉有鑒識，清淨寡欲，與物無競，深爲尚書崔休所知賞。魏太昌中，釋褐太保開府西閤祭酒。年十八，領本州中正。尋兼尚書度支郎，仍歷五兵左民郎中。」〔註339〕

　　如果居喪哀毀，更能增加名望，促進升遷。《北齊書・王昕傳》載「昕體素甚肥，遭喪後，遂終身羸瘠。楊愔重其德業，以爲人之師表。遷秘書監。」〔註340〕

　　而且南北朝時期選舉制度簡易，入仕途徑較多，方便居喪者重返仕途。《北齊書・魏蘭根傳》載：「魏蘭根，鉅鹿下曲陽人也。父伯成，魏太山太守。蘭根身長八尺，儀貌奇偉，汎覽群書，誦《左氏傳》、《周易》，機警有識悟。起家北海王國侍郎，歷定州長流參軍。丁母憂，居喪有孝稱。將葬常山郡境。先有董卓祠。祠有柏樹。蘭根以卓凶逆無道，不應遺祠至今，乃伐柏以爲槨材。人或勸之不伐，蘭根盡取之，了無疑懼。遭父喪，廬於墓側，負土成墳，憂毀殆於滅性。後爲司空、司徒二府記室參軍，轉夏州平北府長史，入爲司徒掾，出除本郡太守，並有當官之能。」〔註341〕可見只要孝名稱於當世，則不乏出仕門徑。

　　總之，對於官員來說，其門第高下已經決定了其最終仕宦的高低，高門子弟長期反覆居喪也不會影響升遷；寒族之人即使勤於政事也很難提高其最終官品，倒不如通過居喪博取名望。這種官品決定於「人品」、「人品」又決定於門第的制度，極大地刺激了官員的居喪。因而究其根本，這個時期眾多的「哀毀」現象，只是門閥制度的一個表徵罷了。

第四節　穩定化與法制化──唐代的居喪與出仕

　　魏晉南北朝的終喪與奪情制度，很大程度上是對禮制中「喪不貳事」、「金革之事無辟」等原則的回歸。在這個時期，朝廷極爲尊重大臣的居喪意願，大臣也「哀毀」成風。究其原因，主要在於朝廷在選官、升遷等制度上優容士族，士族也通過居喪來構建自身名望。

<hr>

〔註339〕《北齊書》卷四二《袁聿修傳》，第 564 頁。
〔註340〕《北齊書》卷三一《王昕傳》，第 416 頁。
〔註341〕《北齊書》卷二三《魏蘭根傳》，第 329 頁。

　　不過，這種居喪重於出仕的關係，是以門閥政治為背景的。隨著門閥制度逐漸淡出歷史舞臺，尤其是選官、考課制度日益規範化、細密化，唐朝決定官員仕途的主要因素逐漸由名望家世轉換為科舉功名。在新的制度框架下，官員離職居喪非但不能為其帶來實惠，反而會影響升遷，使居喪與出仕的關係形成了新局面。

　　因而，從唐代開始，權衡「居喪」與「出仕」的天平又開始向「出仕」一方傾斜，「奪情起復」逐漸成為遭喪官員追求的目標。不過，經過魏晉南北朝的洗禮，終喪之制已經深深嵌入到王朝政治體制之中，這就造成了一種尷尬局面：即秦漢制度不許居喪時，許多官員反而懇請居喪；唐代制度和法律都已要求居喪了，官員卻又以起復為榮，官員的居喪意願和朝廷的居喪制度總是呈倒掛狀態。

　　正因唐代官員的居喪意願逐漸呈現與朝廷終喪制度相背離的趨勢，所以無法僅僅依靠官員自身的積極性去維護終喪之制。這個時期的終喪之制變為主要依靠朝廷法律和制度來維護，居喪與出仕制度呈現穩定化、法制化的時代特色。

一、依輕重解官──唐代的遭喪解官之制

　　北朝自孝文帝詔許終喪之後，雖歷代承襲此制，但是自北魏後期直至隋統一前，政局一直動盪，終喪政策自然難以持續。一般說來，新王朝穩定後才會重新頒佈終喪之制。隋代史料中尚未發現有終喪之制的記載，但有「期喪已下不解官」〔註342〕的說法，表明「期喪」以上才可以解官終喪，這就提示了更多有關終喪之制的細節。只有遭遇重於「期喪」之喪時，官員才可以離職終喪；遇到輕於「期喪」的喪事，雖有一些服制、禮儀上的特殊待遇，〔註343〕但不能離職。奪情起復與離職相對應，不離職自然沒有奪情之說。

　　隋唐之際的戰亂無疑使得終喪之制暫時停止，直至唐高祖武德二年，才又重申終喪之制，《新唐書》記載：「二月乙酉⋯⋯令文武官終喪。」〔註344〕對於武德二年的終喪之制，〔註345〕其他史料也有不同記載。《通典》記載的只是「制

〔註342〕《隋書》卷八《禮儀志》，第157頁。
〔註343〕《隋書》卷八《禮儀志》，第157頁。
〔註344〕《新唐書》卷一《高祖本紀》，第8頁。
〔註345〕本文前後之「終喪之制」中的「制」主要用作「制度」之意，但有時也泛指朝廷頒佈的「制書」，如此處「武德二年終喪之制」。「制書」本為「詔書」，

曰：『文官遭父母喪，聽去職。』」〔註346〕《舊唐書》所記內容與《通典》相同，但是將頒制時間繫於「春正月乙卯」。〔註347〕《唐會要》所記制書內容與通典相同，但又指出了頒制時間是「九月」。〔註348〕不過，史料對頒佈時間的幾種說法不同並無大礙，很可能是因多次頒佈所致。但究竟是「文武官」還是僅有「文官」，就會影響實質內容了。從武德二年時的政治局勢看，唐雖佔有關中之地，盤踞隴西的薛舉、薛仁杲已被擊敗，李密也已勢敗來降，但是王世充仍佔據關東之地，竇建德也雄踞河北，北部還有依附於突厥的劉武周，後三者皆是李唐勁敵。因而，這個時期頒佈的終喪之制，更多是王朝建立後寬赦天下、優待群臣的一種姿態。〔註349〕實際上，以這個時候的緊張形勢，文官終喪尚難以做到，更不用說武官了。《新唐書》所記如果不是傳抄失誤，便是在二月規定允許文武官均可居喪之後，很快便又糾正爲武官不可居喪了。只有在逐步平定這些政治勢力後，才會有穩定的終喪之制出現。《舊唐書・高祖紀》載：

> （武德七年）夏四月庚子，大赦天下，頒行新律令。以天下大
> 定，詔遭父母喪者聽終制。〔註350〕

武德三年至四年，李世民相繼擊敗劉武周、竇建德，迫降王世充，佔據山東之地。武德五年至六年，竇建德、劉黑闥先後伏誅，河北平定。在擊敗主要敵人之後頒佈的終喪之制，才有可能成爲定制。

經過了開國時期的動蕩，終喪之制漸趨穩定，才有可能進一步確定離職居喪制度的細節。與隋代的規定一樣，唐代遭喪解官也是有條件的。「齊衰心喪以上奪情從職」，〔註351〕說明遭遇「齊衰心喪」以上之喪才有「奪情」之說。奪情對應著離職，可知，官員遭遇齊衰以上之喪，才可以離職居喪。在喪服輕重成爲解官居喪標準的情況下，此問題的焦點也由喪服輕重的爭論取代是否終喪的爭論。唐代在喪服問題上的爭論最明顯地體現在，子爲不同之「母」服喪。《舊唐書・禮儀志七》載：

爲武則天時期避諱其「曌」而改（參見《唐六典》卷九《中書省集賢院史館匭使》，第274頁）。本文著重於居喪政策內容辨析，因而對制、詔之稱呼不做細分，籠統稱呼爲「終喪之制」，主要指制度，有時也指詔書。

〔註346〕《通典》卷七二《嘉禮十七・王侯在喪襲爵議》，第1982頁。
〔註347〕《舊唐書》卷一《高祖本紀》，第8頁。
〔註348〕《唐會要》卷三八《服紀下・奪情》，第805頁。
〔註349〕與終喪之制一同頒佈的，往往還有大赦、禁殺之制。
〔註350〕《舊唐書》卷一《高祖紀》，第15頁。
〔註351〕《新唐書》卷四六《百官志》，第1194頁。

　　龍朔二年八月，所司奏：「司文正卿蕭嗣業，嫡繼母改嫁身亡，
　　請申心制。據令，繼母改嫁及爲長子，並不解官。」既而有敕：「雖云
　　嫡母，終是繼母，據禮緣情，須有定制。付所司議定奏聞。」〔註352〕

可見，高宗龍朔二年之前，令有明文，改嫁之繼母身亡，並不解官。不過，
當時皇帝下敕，要求重新討論是否爲繼母之服解官。最後討論的結果是，絕
大部分官員支持不解官。《舊唐書・禮儀志七》載：

　　依集文武官九品以上議。得司衛正卿房仁裕等七百三十六人
　　議，請一依司禮狀，嗣業不解官。得右金吾衛將軍薛孤吳仁等二十
　　六人議，請解嗣業官，不同司禮狀者。母非所生，出嫁義絕，仍令
　　解職，有紊緣情。杖期解官，不甄妻服，三年齊斬，謬曰心喪。庶
　　子爲母緦麻，漏其中制。此並令文疏舛，理難因襲。依房仁裕等議，
　　總加修附，垂之不朽。其禮及律疏有相關涉者，亦請準此改正。嗣
　　業既非嫡母改醮，不合解官。詔從之。〔註353〕

大部分官員認爲，繼母本來就是沒有血緣關係的親屬，父死改嫁之後更加「義
絕」，如果還要爲改嫁了的繼母解官服喪，於情於理都說不過去，因而不須解
職。此事於情理都容易判斷，而且前有成文之令，應該很好處理。可是高宗
仍然掀起一番爭論，似乎別有深意。聯繫龍朔二年之前數年的政局，最大的
變動就是「永徽六年，廢王皇后而立武宸妃爲皇后」。〔註354〕隨著武后之立，
極力反對武則天爲后的褚遂良遭貶；不久之後的顯慶四年，長孫無忌也被流
放。武則天崛起的過程，伴隨著與舊統治集團的激烈鬥爭。這次爭論的核心，
意在改變改嫁繼母的服制，籠統看來，意在提高「母」的地位，不能不使人
聯想到即將主政的武則天在這次爭論背後的作用。這次爭論以絕大多數官員
主張維持原服制告終，似乎也反映了此時武氏尚未全面控制政局。如果對這
次爭論中武則天的作用只是推測的話，不久之後，武則天就站到前臺，公開
提高「母」之服制了。《舊唐書・禮儀志七》載：

　　上元元年，天后上表曰：「至如父在爲母服止一期，雖心喪三
　　年，服由尊降。竊謂子之於母，慈愛特深，非母不生，非母不育。
　　推燥居濕，咽苦吐甘，生養勞瘁，恩斯極矣！所以禽獸之情，猶知

〔註352〕《舊唐書》卷二七《禮儀志七》，第 1021～1022 頁。
〔註353〕《舊唐書》卷二七《禮儀志七》，第 1022～1023 頁。
〔註354〕《舊唐書》卷六《則天皇后本紀》，第 115 頁。

其母，三年在懷，理宜崇報。若父在爲母服止一期，尊父之敬雖周，報母之慈有闕。且齊斬之制，足爲差減，更令周以一期，恐傷人子之志。今請父在爲母終三年之服。」高宗下詔，依議行焉。〔註355〕

按照傳統禮制規定，爲父服斬衰三年，〔註356〕父死後可以爲母服齊衰三年，〔註357〕父在只能爲母服齊衰杖期，〔註358〕這些安排是在凸顯父之尊崇地位。武則天建議提高母之喪服等級，是要借助改變喪服之禮來提高母之地位。此時的武則天已經掌握朝政大權，「上元元年，進號天后」。〔註359〕「高宗稱天皇，武后亦稱天后。后素多智計，兼涉文史。帝自顯慶已後，多苦風疾，百司表奏，皆委天后詳決。自此內輔國政數十年，威勢與帝無異，當時稱爲『二聖』。」〔註360〕此舉明顯有著提高其掌權合法性的用意。武則天之後，中宗韋后也曾企圖借喪服之禮爲自己掌權造勢。《舊唐書・中宗紀》載：

（神龍元年五月丙申）皇后表請天下士庶爲出母爲三年服。〔註361〕

韋后此舉正是在模仿武則天，「於是昭容以武氏事動后。即表增出母服；……制皆許之。」〔註362〕可見，武則天只是從喪服上將母之服制提高了一小步，即便按照父在爲母服齊衰杖期，也已經重於期喪，可以解官，所以此次改變喪服實際對是否解官居喪並無影響。可是，韋后則更進一步提議爲「出母」服喪三年。「出母」，指母被父休出。禮制規定「爲父後者，爲出母無服」，〔註363〕即便是不爲父後之子也只能「禮，爲出母期。」〔註364〕嫡子爲出母無服，庶子期服，均不屬解官之列。武則天和韋后提高母之服制，直接目的雖是爲其掌權營造氛圍，但也間接影響了官員的居喪解官之制。

二后基於政治地位而提出的服制改革，也會隨政治變動而變動。玄宗即位後，再一次掀起對母之服制的討論。《新唐書・盧履冰傳》載：

〔註355〕《舊唐書》卷二七《禮儀志七》，第 1023 頁。
〔註356〕（清）阮元校刻：《儀禮注疏》卷二十九《喪服》，第 156 頁下。
〔註357〕（清）阮元校刻：《儀禮注疏》卷三十《喪服》，第 159 頁中。
〔註358〕（清）阮元校刻：《儀禮注疏》卷三十《喪服》，第 160 頁中。
〔註359〕《新唐書》卷七六《后妃上・則天武皇后》，第 3477 頁。
〔註360〕《舊唐書》卷六《則天皇后紀》，第 115 頁。
〔註361〕《舊唐書》卷七《中宗紀》，第 139 頁。
〔註362〕《新唐書》卷七六《后妃上・則天武皇后》，第 3487 頁。
〔註363〕（清）阮元校刻：《禮記正義》卷三十三《喪服小記》，第 267 頁上。
〔註364〕（清）阮元校刻：《禮記正義》卷六《檀弓上》，第 46 頁中。

　　盧履冰，……建言：「古者父在爲母朞，徹靈而心喪。武后始請同父三年，非是，請如禮便。」玄宗疑之，……下百官議。刑部郎中田再思曰：「會禮之家比聚訟。循古不必是，而行今未必非。父在爲母三年，高宗實行之，著令已久。何必乖先帝之旨，闕人子之情，愛一朞服於其親，使與伯叔母、姑姊妹同？……」履冰因言：「上元中，父在爲母三年，后雖請，未用也，逮垂拱始行之。至有祖父母在而子孫婦沒，行服再朞，不可謂宜。禮，女子無專道，故曰『家無二尊』。父在爲母服朞，統一尊也。今不正其失，恐後世復有婦奪夫之敗，不可不察。」書留未下。履冰即極陳：「父在爲母立几筵者一朞，心喪者再朞，父必三年而後娶，以達子之志。夫聖人豈蔑情於所生？固有意於天下。昔武后陰儲篡謀，豫自光崇，升朞齋，抗斬衰，俄而乘陵唐家，以啓釁階。孝和僅得反正，韋氏復出，鴆殺天子，幾亡宗社。故臣將以正夫婦之綱，非特母子間也。議者或言：『降母服，非《詩》所謂罔極者，而又與伯叔母、姑姊妹等。且齊、斬已有陞降，則歲月不容異也。』此迂生鄙儒，未習先王之旨，安足議夫禮哉？罔極者，春秋祭祀，以時思之，君子有終身之憂之謂，何限一朞，二朞服哉？聖人之於禮，必建中制，使賢不肖共成文理而後釋，彼伯叔、姑姊，烏有筵杖之制、三年心喪乎？母齋父斬，不易之道也。」左散騎常侍元行沖議曰：「古緣情制服：女天父，妻天夫，斬衰三年，情禮俱盡者，因心立極也。妻喪杖朞，情禮俱殺者，遠嫌疑，尊乾道也。爲嫡子三年斬衰而不去官，尊祖重嫡，崇其禮，殺其情也。孝莫大於嚴父，故父在爲母免官，齋而朞，心喪三年，情已申而禮殺也，自堯、舜、周公、孔子所同。而令捨尊厭之重，虧嚴父之義，謂之禮，可乎？……」帝弗報。是時言喪服，各以所見奮，交口紛騰。七年，乃下詔：「服紀一用古制。」自是人間父在爲母服，或期而禫，禫而釋，心喪三年。或朞而禫，終三年。或齋衰三年。〔註365〕

盧履冰除了反對武氏所制母之喪服外，對武則天時期的一些祥瑞也大加批判。〔註366〕應該屬於武則天統治時期利益受損的群體。還有「本族出於後魏」

〔註365〕《新唐書》卷二〇〇《儒學下‧盧履冰傳》，第 5698～5699 頁。
〔註366〕《舊唐書》卷二四《禮儀志四》，第 925 頁。

－179－

〔註367〕的元行沖，在此問題上也持反對武后的態度。但是，唐玄宗的舉措較為慎重，經過反覆考慮，遷延兩年之久，才下詔「一用古制」。不過，這可能只是在玄宗即位之初，安撫武韋時代受害群體的一時之事。「（開元）二十年，中書令蕭嵩與學士改修定五禮，又議請依上元敕，父在為母齊請三年為定。及頒禮，乃一依行焉。」〔註368〕

《大唐開元禮》是對這個問題的總結之作，肯定了父在為母服齊衰三年。〔註369〕但是，出嫁之繼母的服制仍然維持較低的程度，受其養育則服齊衰杖周，不受其養育則不服。〔註370〕韋后所提之「出母」也不是三年，而是服「齊衰杖周」，如果為父後的話則不服。〔註371〕這裡面體現的原則，首先是血緣，然後是養育。天寶年間又繼續強調出嫁母之服，「至天寶六載正月赦文：『五服之紀，所宜企及，三年之數，以報免懷。齊繐之紀，雖存出母之制，顧復之慕，何伸孝子之心。其出嫁之母，宜終服三年。』」〔註372〕這應該指的是親生之母出嫁後之服，而且「三年」似乎應指心喪之制。

《大唐開元禮》的內容也體現在解官制度上，這可以從已恢復的唐令中看出：

　　五乙【開元七年】　諸喪，斬衰三年，齊衰三年，齊衰杖期。為人後者，為其父母並解官（勳官不解），申其心喪。諸軍校尉以下、衛士防人以上，及親勳翊衛備身，假給一百日。父卒母嫁及出妻之子為父後者，雖不服，亦申心喪。其繼母改嫁及父為長子、夫為妻，並不解官，假同齊衰。〔註373〕

　　五丙【開元二十五年】　諸喪，斬衰三年、齊衰三年者，並解官；齊衰杖周及為人後者為其父母，若庶子為後，為其母，亦解官，申其心喪。父卒母嫁及出妻之子為父後者，雖不服，亦申心喪（皆為生己者）。若嫡、繼、慈、養改嫁，或歸宗三年以上斷絕者，及父

〔註367〕《舊唐書》卷一○二《元行沖傳》，第3177頁。
〔註368〕《舊唐書》卷二七《禮儀志七》，第1031頁。
〔註369〕《大唐開元禮》卷一百三十二《凶禮・五服制度》，第621頁上。
〔註370〕《大唐開元禮》卷一百三十二《凶禮・五服制度》，第622頁上。
〔註371〕《大唐開元禮》卷一百三十二《凶禮・五服制度》，第622頁上。
〔註372〕《通典》卷八九《凶禮十一・五服年月降殺之二》，第2452頁。
〔註373〕〔日〕仁井田陞著：《唐令拾遺》假寧令第二十九，栗勁、霍存福、王占通、郭延德譯，第671頁。

為長子、夫為妻,並不解官,假同齊衰周。〔註374〕

前文已對令文內容做過具體分析,此處不再贅述。該令文與《大唐開元禮》相關禮制相符,世代相近,說明只有在服制確定後,才能形成比較穩定的遭喪解官制度。

由此可見,與魏晉南北朝相比,唐代對解官居喪的限制明顯增多。此外,與南北朝時期出現的種種哀毀現象不同,唐代的解官制度完全依照服制輕重來設定。即便對於「母」之喪,除計較其「出」、「嫁」、「嫡」、「繼」、「慈」、「養」等區別,還要考慮「子」是否為父後,更不用說為較遠親屬之喪而解官了。唐制將可以解官的喪事種類限制在為至親,這是對大臣離職居喪的一種限制和規範。

二、「風教頹紊,起復為榮」——唐代的「奪情起復」

終喪之制固定下來之後,為保持行政效率,奪情起復之制隨之產生。在改朝換代的戰爭過程中,遇喪大臣一般會被「奪情」,這正反映了「金革之事無辟」的原則。唐初也是如此。《通典》記載:

> 大唐武德二年正月,尚書左丞崔善為奏曰:「欲求忠臣,必於孝子。比為時多金革,頗遵墨縗之義,丁憂之士,例從起復,無識之輩,不復戚容。如不糾劾,恐傷風俗。」制曰:「文官遭父母喪,聽去職。」〔註375〕

關於武德二年終喪之制,前文已有論述。但這段史料值得注意之處是,在起復之後,有「不復戚容」的現象。有的官員絲毫不以起復為意,在起復任職期間毫無悲痛之情。雖然朝廷制書中使用「聽去職」的正面表述,但考慮到個別官員對居喪的漠視之情,「聽」與其解釋為「允許」,不如解釋為「要求」、「強制」更貼切。實際上,隨著武德七年終喪之制的頒佈,《武德律》也一同頒佈。考慮到北魏律中已存在「冒哀求仕」之條,《武德律》中也應有對不居喪的懲罰。這些官員雖被斥為「無識之輩」,但這種視「出仕」重於「居喪」的傾向卻逐漸成為主要趨勢。《舊唐書·歐陽通傳》記載:

> 少孤,母徐氏教其父書。每遺通錢,紿云:「質汝父書跡之直。」

〔註374〕〔日〕仁井田陞著:《唐令拾遺》假寧令第二十九,栗勁、霍存福、王占通、郭延德譯,第673頁。

〔註375〕《通典》卷七二《嘉禮十七·王侯在喪襲爵議》,第1982頁。

通慕名甚銳，晝夜精力無倦，遂亞於詢。儀鳳中，累遷中書舍人。丁母憂，居喪過禮。起復本官，每入朝，必徒跣至皇城門外。值宿在省，則席地藉稾。非公事不言，亦未嘗啓齒。歸家必衣縗絰，號慟無恒。自武德已來，起復後而能哀戚合禮者，無與通比。〔註 376〕

唐高宗時期，擔任中書舍人的歐陽通，起復之後堅持「徒跣」入朝、「席地藉稾」、「非公事不言」、「歸家必衣縗絰」，這是符合喪禮要求的做法。不過，與南北朝時期動輒「哀毀」致死的現象相比，在「哀戚」的程度上還有明顯距離。這已經是「自武德已來，起復後而能哀戚合禮者，無與通比」的至孝之人了，可以推測，當時大部分起復官員的「哀戚」程度並不高。遭喪後並不怎麼哀痛，只反映在感情上，表現在制度上就是官員在對「終喪」與「起復」二者的選擇上更加希望被「起復」。朝廷面對官員踴躍「起復」，不得不有所舉措，借助制度規定來維護居喪之倫理。《唐會要‧服紀下》載：

> 長安三年正月二十六日敕：「三年之喪，自非從軍更籍者，不得輒奏請起復。」〔註 377〕

這則材料反映出，武則天晚期，唐代起復之制有兩個傾向。首先，朝廷並不抑制武官起復；其次，武官之外的官吏不能隨便請求起復。「起復」的資格儼然成為一種「稀缺資源」，能夠被朝廷起復的官員自然引以為榮。

《舊唐書‧張說傳》載：

> 景龍中，（張說）丁母憂去職，起復授黃門侍郎，累表固辭，言甚切至，優詔方許之。是時風教頹紊，多以起復為榮，而說固節懇辭，竟終其喪制，大為識者所稱。〔註 378〕

張說最後懇請終喪，但這不是普遍現象，當時的情形是「風教頹紊，多以起復為榮」。以起復為榮的心態說明，居喪在大部分官員心中的地位已大大降低。多數官員不再主動追求終喪，只是被動地遵循國家終喪制度罷了，遭喪後尋求起復成為首選。起復既然是「稀缺資源」，官員又大多尋求起復，那麼君主也自然也將「起復」用作酬賞大臣的方式。《全唐文》卷二百八十九載：

> 伏奉昨二十日恩命，授臣弟九皋殿中丞，九章太子司議郎。臣私門積釁，殃罰如昨，日月逾邁，禮及外除。弟九皋等加以常才，

〔註 376〕《舊唐書》卷一八九上《歐陽詢附子通傳》，第 4947 頁。
〔註 377〕《唐會要》卷三十八《服紀下》，第 806 頁。
〔註 378〕《舊唐書》卷九七《張說傳》，第 3051 頁。

比服哀疚，瞻望未遠，縞練猶存，非常之恩，一朝總集，慚惶哽咽，

周識言次，不知微命餘生，何以上報大造？載悲載懼，五情飛越，

不勝感戴，戰慄之至。〔註379〕

張九齡是開元名臣，深得玄宗賞識和重用，丁母憂後被奪情起復，「遷中書侍郎，以母喪解，毀不勝哀，有紫芝產坐側，白鳩、白雀巢家樹。是歲，奪哀拜中書侍郎、同中書門下平章事。固辭，不許。」〔註380〕張九齡起復的同時，他的兩位弟弟九皋、九章也被起復授官，這正是玄宗愛屋及烏，推起復之恩於其二弟的獎勵措施，因而張九齡上書謝恩。雖然張九齡本身至孝，推辭說二弟為「常才」，意在不肯讓二弟起復，但這種君主借「起復」來優寵大臣的行為，已經足以說明時人看待「終喪」與「起復」的一般心態。

在官吏紛紛要求起復的情況下，朝廷首先繼續貫徹武官奪情而文官一般不奪情的政策。《唐會要·服紀下·奪情》記載：

廣德二年二月二十一日，敕：「三年之喪，謂之達禮，自非金革，不可從權。其文官自今以後，並許終制，一切不得輒有奏聞。」

〔註381〕

「從權」指奪情起復，這是代宗再次強調文官不可奏請奪情，一概終喪三年。在發佈這道敕文之前不久，「（寶應元年十月）丁酉，偽恒州節度使張忠志以趙、定、深、恒、易五州歸順，以忠志檢校禮部尚書、恒州刺史，充成德軍節度使，賜姓名曰李寶臣。於是河北州郡悉平。賊范陽尹李懷仙斬史朝義首來獻，請降。」〔註382〕時值安史之亂剛剛結束，朝廷頒佈終喪之制有其用意。既是為了改變戰亂期間居喪「從權」的政策，也是以此作為天下太平、一切制度回歸正常的標誌。不過，所有文官一概不許奪情，無疑是矯枉過正。何況安史之亂雖平，吐蕃的威脅卻日益嚴重，且對藩鎮的戰爭也時有發生，政務依然煩巨。因而，禁止所有文官奏請奪情，只能說是代宗一時之制，區別對待文官的奪情起復才是合理的安排。《唐會要·服紀下·奪情》記載：

大中五年八月，宰臣奏：「伏以通喪三年，臣庶一致，金革無避，軍旅從權。近日諸使及諸道，多奏請與人吏職掌官並進奏官等

〔註379〕（清）董誥：《全唐文》卷二百八十九《謝兩弟授官狀》，北京：中華書局，1983年，第2937頁下。

〔註380〕《新唐書》卷一二六《張九齡傳》，第4428頁。

〔註381〕《唐會要》卷三十八《服紀下·奪情》，第806頁。

〔註382〕《舊唐書》卷一一《代宗本紀》，第270～271頁。

起復。因循既久，訛弊轉深，非惟大啓倖門，實亦頗紊朝典。臣等
商量，自今以後，除特敕及翰林並軍職外，其諸司諸使人吏職掌官
並諸道進奏官，並不在更請起復授官限。其間或要藉驅使官，任準
舊例，舉追署職，令句當公事。待服闋日，即依前奏官。」從之。
〔註383〕

宣宗時期是唐代中後期一段少有的較爲安定的時期，長期的外患吐蕃已經衰
落，牛李黨爭以牛黨獲勝而結束，藩鎮局面也較爲穩定，因而有餘暇來改革
奪情起復之制。上面這則史料中涉及不同官吏的奪情起復之制，其中，「諸使」
應指中央諸使職；「諸道」應指中唐以後形成的，州以上的地方行政區劃，「諸
使」、「諸道」概括了中央和地方。「人吏」，就是吏。「吏，謂流外官以下。」
〔註384〕「伏以公卿百僚，不同人吏。」〔註385〕「吏者，謂官長所署，則今胥
吏耳，非公卿百僚之例。」〔註386〕「職掌官」，推測應是指中央各部門分掌事
務的判官或主典，或諸道的幕府職官。「進奏官」，是進奏院的主官，〔註387〕
由幕府職官中選派，「諸道進奏官等，舊例多是本道差文武職掌官充」。〔註388〕
「人吏」、「職掌官」，實際上是中央與地方各級官府的實際辦事人員，他們分
佈範圍廣，但是級別不高、數量多，遭喪後難以逐個奏請奪情。因而，規定
此類官員不享受奪情的待遇，只能終喪，如確有需要，也可以「追署職」。

　　通過上面的考察可以看出，唐朝官員對終喪的態度並不積極，而是想方
設法奏請起復，甚至以受到朝廷起復爲榮，相比南北朝時期視奪情爲「禍」
的態度有了很大轉變。在此趨勢下，朝廷也將「奪情起復」視作對官員的優
待和賞賜，需要設立制度抑制官員的奪情請求，這也與南北朝的情況相反。
之所以形成此種局面，主要原因在於，作爲終喪之制重要支柱的門閥制度已
經衰落，士族在仕宦上的特權也隨之漸漸消失。

　　當然唐代也不乏居喪哀毀之人，典型如《舊唐書·韋陟傳》所載：「陟字
殷卿，代爲關中著姓，人物衣冠，弈世榮盛，安石晚有子，及爲并州司馬，
始生陟及斌，俱少聰敏，頗異常童。陟自幼風標整峻，獨立不群，安石尤愛

〔註383〕《唐會要》卷三十八《服紀下·奪情》，第808頁。
〔註384〕《唐律疏議》卷一《名例》，第15頁。
〔註385〕《通典》卷八一《凶禮三·諸侯及公卿大夫爲天子服議》，第2207頁。
〔註386〕《舊唐書》卷一一九《崔祐甫傳》，第3439頁。
〔註387〕張國剛：《唐代藩鎮研究》，北京：中國人民大學出版社，2010年，第121頁。
〔註388〕《唐會要》卷七十九《諸使下·諸使雜錄下》，第1709頁。

之。神龍二年，安石爲中書令，陟始十歲，拜溫王府東閤祭酒，加朝散大夫，累遷秘書太常丞，有文彩，善隸書，辭人、秀士已遊其門矣。開元初，丁父憂，居喪過禮。自此杜門不出八年，與弟斌相勸勵，探討典墳，不捨晝夜，文華當代，俱有盛名。於時才名之士王維、崔顥、盧象等，常與陟唱和遊處。廣平宋公見陟歎曰：『盛德遺範，盡在是矣。』歷洛陽令，轉吏部郎中。張九齡一代辭宗，爲中書令，引陟爲中書舍人，與孫逖、梁涉對掌文誥，時人以爲美談。」〔註389〕只是這種行爲恐怕已非時代主流。在日趨嚴格的選舉、考課、遷轉制度下，官員個人的資歷、能力和政績越來越成爲決定官員最終地位的重要因素。因而，對於普通官員而言，離職居喪三年顯得並不划算。史書中用「風教頹紊」來形容此時的風氣，其實這只是表象，更深一層的社會變遷與制度演變才是其根源。

　　無論「哀毀」還是「起復爲榮」，均是特定制度下的外在表現。「起復爲榮」時代的官員群體，並不比「禍酷薦臻」時代缺乏多少道德，只不過是缺乏更有力的居喪的保障罷了。

三、「冒哀求仕」──唐律對居喪求仕的規定

　　在「哀毀」盛行的時代，大部分官員都積極爭取三年乃至更長的喪期，就連奪情起復之制都視之爲「禍」，更不用說居喪求仕了。北魏時期的乙龍虎案，反映的不是官員急於出仕，而是因爲當時「禮俗無定」，對居喪數閏的理解有爭議。在此背景下，居喪求仕之罪的用武之地實在不多。相反，在以「起復爲榮」風氣盛行的時代，加之並非每個遭喪官員都能遂其所願，受到起復，必然會產生一些企圖規避居喪的官員。因而，法律的作用便凸顯出來。

　　《唐律疏議》對居喪求仕最直接的規定是「冒哀求仕」條，其內容分散於各卷。《名例律》規定：

　　　　在父母喪，……冒哀求仕；

　　　　【疏】議曰：「冒哀求仕」，謂父母喪，禫制未除及在心喪內者。

　　　　併合免所居之一官，並不合計閏。〔註390〕

《職制律》規定：

　　　　冒哀求仕者：徒一年。

〔註389〕《舊唐書》卷九二《韋安石傳附韋陟傳》，第2958頁。
〔註390〕《唐律疏議》卷三《名例》，第57頁。

　　　　「及冒哀求仕者」，謂父母之喪，二十五月大祥後，未滿二十
七月，而預選求仕：……各合處徒一年。注云「謂父母喪，禫制未
除」，但父母之喪，法合二十七月，二十五月內是正喪，若釋服求仕，
即當「不孝」，合徒三年；其二十五月外，二十七月內，是「禫制未
除」，此中求仕，名爲「冒哀」，合徒一年；若釋去禫服而求仕，自
從「釋服從吉」之法。「及在心喪內者」，謂妾子及出妻之子，合降
其服，皆二十五月內爲心喪。〔註391〕

可見，「冒哀求仕」罪的基本內容是「在父母喪……冒哀求仕」，指在爲父母
服喪的過程中「預選求仕」。「禫制未除及在心喪內者」又對「父母喪」做了
詳細界定。

　　首先來看「禫制未除」這一條件。其內涵，《職制律》中已經做了清楚的
解釋。在居喪求仕行爲所發生的時間上，《唐律》中的「冒哀求仕」已經與北
魏乙龍虎案時的「冒哀求仕」有了區別。在乙龍虎案中，籠統地將服喪未滿
二十七個月都歸作「冒哀求仕」，而《唐律》則做了更細緻的劃分。《唐律》
將二十五個月之內視爲「正喪」，在此時段內求仕屬於「釋服求仕」，性質屬
於「十惡」中的「不孝」；自第二十六個月至第二十七月的時間段內求仕才屬
於「冒哀求仕」，且不屬於「十惡」。從懲罰措施來看，「冒哀求仕」明顯輕於
「釋服求仕」。由此可見，根據服喪的不同進程，法律對喪中出仕的懲罰也做
出相應的調整，而之所以視第二十五月爲節點，是與「大祥」、「禫祭」相聯
繫的。《儀禮・士虞禮》記載：

　　　　期而小祥，曰：「薦此常事」；又期而大祥，曰：「薦此祥事。」
　　中月而禫。〔註392〕

居喪至第二十五個月進行「大祥」祭，這是重要的變除喪服之祭。「祥，主人
之除也。」〔註393〕可見，大祥之後，連喪主都可以基本除去喪服了。但大祥
之後還沒有徹底恢復常服，需要等到禫祭之後才完全除服。然而，東漢至南
北朝，經學家對「中月而禫」的理解不盡相同，鄭玄主張間隔一個月再禫祭，
王肅主張禫祭與大祥同月，三年之喪期也分別爲二十七個月和二十五個月。
上文指出，兩晉南北朝在對鄭、王二說的採用上時有反覆。無論從人情上，

〔註391〕《唐律疏議》卷十《職制》，第206～207頁。
〔註392〕（清）阮元校刻：《儀禮注疏》卷四三《士虞禮》，第1176頁中。
〔註393〕（清）阮元校刻：《禮記正義》卷四二《雜記下》，第1561頁下。

還是經典依據上，兩種喪服期限都各有道理。因而，唐代官方禮典的三年之喪雖採用鄭玄二十七月之說，但是在懲罰居喪求仕時又區分了「釋服求仕」與「冒哀求仕」的不同性質，這相當於部分承認了二十五月說的合理性。這是唐代禮、法總結前代的結晶，也對鄭、王二說的一種折衷。

對「冒哀求仕」中「父母喪」的另一個界定是「心喪」。《唐律疏議》對「心喪」的界定是「妾子及出妻之子」。妾子便是庶子，指庶子為親生之母心喪。「漢魏以來，通用士禮。庶子父在，為所生周，心喪三年。」〔註394〕

《大唐開元禮》記載心喪之制為：

> 其父卒母嫁，出妻之子為母，及為祖後，祖在為祖母，雖周除，
> 仍心喪三年。〔註395〕

《新唐書》中所記心喪之制與《大唐開元禮》相同。〔註396〕可以看出，有「父卒母嫁」、「出妻之子為母」兩種情況。子為母本來是「齊衰三年」之服，〔註397〕但由於家庭的譜系是以父系計算，改嫁之母和被出之母已與原來家庭脫離關係，所以「子」為「母」服喪要降服。不過，因母子間的血緣關係並不隨「改嫁」、「出」而改變，所以「子」雖「周除」，即服滿一年後便除去喪服，但仍要「心喪」。

《開元禮》和《新唐書》所總結的應為開元後的制度，歷史上，唐代的心喪之制曾有過反覆。唐初，父在世則只為母服齊衰期；武則天時期，逐漸改為父在為母服三年；玄宗時，又重議父在為母之服。「古者父在為母期，徹靈而心喪。武后始請同父三年，非是，請如禮便。」〔註398〕雖然開元七年規定「服紀一用古制」，〔註399〕但是「自是人間父在為母服，或期而禫，禫而釋，心喪三年。或期而禫，終三年。或齊衰三年」。〔註400〕可見，有唐一代，父在為母之服非但前後不一，開元定制後也並不確定。

不過，心喪的概念不易界定，僅《唐律疏議》中就涉及到「子」、「妾子」、「出母」諸多概念，本來已經很複雜，而這些概念重合疊加後則更為複雜。

〔註394〕《通典》卷九四《士為所生母服議》，第 2546 頁。
〔註395〕《大唐開元禮》卷一百三十二《凶禮·五服制度》，第 623 頁。
〔註396〕《新唐書》卷二〇《禮樂志十》，第 444 頁。
〔註397〕《大唐開元禮》卷一百三十二《凶禮·五服制度》，第 621 頁上。
〔註398〕《新唐書》卷二〇〇《儒學下·盧履冰傳》，第 5698 頁。
〔註399〕《新唐書》卷二〇〇《儒學下·盧履冰傳》，第 5699 頁。
〔註400〕《新唐書》卷二〇〇《儒學下·盧履冰傳》，第 5699 頁。

比如，史料中就未提及「妾」被出後，其子該如何服。還有庶子爲嫡母，庶子爲被出嫡母，就更不要說加上「父在」、「父卒」、「爲祖後」、「不爲祖後」等情況了。因而，律文所定應只是一個原則，具體實施還在於法官的臨時掌握。

由於心喪只著喪服一年多，其祥、禫之制爲「十三月大祥，十五月禫，踰月除，復常」，〔註401〕所以，心喪的「冒哀求仕」是不以喪服爲標準的，凡是在二十五個月內求仕的均屬於「冒哀求仕」。

居喪期間求仕，根據居喪時間長短，有不同的懲罰標準。居喪二十五個月之內求仕，或者二十六至二十七月釋去禫服而求仕的，均屬於釋服從吉的懲罰範圍，這在前文已有敘述。其餘的情況，均爲「冒哀求仕」的處罰範圍，分行政處罰「免所居之一官」和刑事處罰「徒一年。由於本章所論「冒哀求仕」和下一章所論「冒榮居官」，在《唐律》中被歸入同一條文，處罰也相同，此處未免重複，因而俱於下章討論。

小　結

本章主要探討禮、制、法對服喪期間求官的規定。禮制有關居喪期間出仕的原則是「喪不二事」和「金革之事無辟」，即服喪期間除金革之事外不能處理其他事務。這與封建時代的分封、宗法制相匹配，但同時也反映出君恩與私喪之間的矛盾，因而並不適合皇權至上的官僚體制。宗法制崩潰後，個人地位全部繫於官位，服喪的意義減弱，開始出現爲求官而不服喪的現象。秦漢王朝對服喪並無強制規定，對離職官員的利益保障也不完善，相應地採用短喪之制。這也體現出秦漢法律「重生不重死」的傾向，以及王朝制度的「霸道」本色。

魏晉南北朝時期，短喪傳統被逐漸打破，形成了穩定的終喪之制。原因在於，南北朝士人地位源於門閥等第和個人名望，他們對孝德極爲看重，同時借助重視服喪來維持宗族內部秩序。在「舉哀」、「居喪」等問題上，多數士人都能按禮制居喪，甚至超出三年的期限，「哀毀」等孝義之舉屢見不鮮。因爲，在「人品」繫於「官品」的時代，士族居喪非但不會影響其仕途和最終官品，反而可能增加其聲譽。另一方面，居喪期間求仕，被視爲違背行政

〔註401〕《大唐開元禮》卷一百三十二《凶禮・五服制度》，第 623 頁上。

規定的行為，要受到嚴厲的懲罰。「冒哀求仕」的罪名出現，原則上處以「五歲刑」的重刑。為了保障朝廷事務的正常運行，奪情起復之制伴隨終喪之制而生，然而，在「居喪為榮」風氣盛行的情況下，官員將奪情起復視為與遭喪接連而來的「災禍」，更傾向於終喪。究其原因，一方面有著門閥社會注重道德品評的文化因素，更重要的是朝廷為終喪官員的復職安排提供了強有力的保障。多數居喪官員都能官復原位，甚至還有升遷的可能性，且門第越高越是如此。在門第決定官品的時代，居喪並不影響官員復職。

唐代，在門閥士族衰落和選官、考課制度逐步完善的雙重背景下，「家禮」漸讓位於「國法」。主要體現在：這一時期的終喪之制主要依靠穩定、規範的官員管理制度和律令條例加以保障，反而是官員自身終喪的意願減低。這是因為，朝廷對官員遭喪解官的限制明顯增加，以服制輕重作為解官居喪的硬性指標；更為重要的是，官位與政績掛鈎的選官、考課制度，使起復成為朝廷重用和獎勵官員的手段，遭喪官員以被起復為榮，不再執著於終喪之制。唐朝在從正面規範喪制的同時，也對違反制度規定的行為予以懲處，這不僅限於行政處罰，更體現為王朝律法對「冒哀求仕」罪的定名與懲罰。《唐律疏議》在性質不同的律文中均有對「冒哀求仕」罪的規定，顯示了唐律對這一違制的詳細界定，以及懲罰措施的細化程度。比如，服喪二十五月之內求仕，應定為「釋服求仕」罪，第二十六月至第二十七月內求仕，才歸入「冒哀求仕」罪，前者屬於「十惡」中的「不孝」，後者則不在此列。之所以有兩種不同的規定，唐朝官方禮典對前代禮學探討的尊重，更顯示出唐代禮、制、法在規範居喪上的全面、成熟之處。

綜上所述，歷代對居喪行為的規範，呈現出一個逐漸遞進的**趨勢**，其中既有禮、法之間的博弈，又體現為政治秩序對禮、法、制的干預和影響。因而，君臣關係、國家事務與私人喪事之間的矛盾，貫穿於居喪求仕罪形成、演變的始終，而禮逐漸融入國家法律、制度的過程，其實也在不斷調和這兩對矛盾，形成一個相對穩定、折衷的局面。

第三章 「冒榮居官」〔註1〕罪研究

　　中國社會對人名的避諱有著悠久的傳統。「家諱」，也稱「私諱」，〔註2〕是人名避諱中的一種，是子孫對先輩名字的避諱，反映了家族、家庭內後輩對尊長的尊敬。家諱原本是家庭內部按輩分劃分尊卑的倫理秩序，但這種家庭之內的倫理秩序在家庭之外的場合亦有所體現。《唐律》規定，在任官之際，所任官名與家諱不能重合，否則免一官，這便是「冒榮居官」法。「冒榮居官」法規定了官員在公共政治場合避家諱的方式，是家內倫理秩序在朝廷律令中的體現，這反映了律令對儒家倫理的吸收，是「中華法系」「以禮入律」過程的成果之一。

　　以往有關避諱的研究，對由任官避家諱而產生的「冒榮居官」法也多有提及。清代周廣業《經史避名彙考》是避諱史料的集成；陳垣《史諱舉例》是現代避諱學的開端，彙集了豐富的材料。〔註3〕朱瑞熙《宋代的避諱習俗》一文，是有代表性的斷代避諱研究，對宋代避諱制度做了全面總結。〔註4〕已

〔註1〕 「冒榮居官」一詞，最早出現在《宋刑統》卷十《職制律·匿哀門》（第 163 ～165 頁）的解釋中。在《唐律疏議》卷十《職制》中，「諸府號、官稱犯父祖名，而冒榮居之」（第 206 頁），是針對任官避家諱的法條，因而本文在提到此法條時，有時也以「冒榮居之」爲名。但相比之下，「冒榮居官」較「冒榮居之」更能完整、簡潔地概括了法律對任官避家諱的規定，考慮到這一點，本篇選擇「冒榮居官」一詞爲題。

〔註2〕 對於子孫避諱祖先名字的行爲，主要有「家諱」、「私諱」兩種說法，而這兩種說法所使用的語境又稍有不同，其中，「家諱」的用法較爲寬泛，「私諱」則一般是對應「公諱」而言的。

〔註3〕 周廣業：《經史避名彙考》，北京：北京圖書館出版社，1999 年；陳垣：《史諱舉例》，上海：上海書店，1997 年。

〔註4〕 朱瑞熙：《宋代的避諱習俗》，《上海師範大學學報》1988 年第 4 期。還有一些優秀著作對避諱進行了總體研究。如，范志新：《避諱學》，臺北：學生書局，

有研究重點還在挖掘歷朝帝王名諱在校勘學上的意義，少有學者系統討論避
諱行為的來龍去脈，〔註5〕且多把君諱與家諱的發展趨勢合併研究，實際上，
君諱與家諱的發展過程並不同步。〔註6〕而對「冒榮居官」法形成過程的專門
研究更是相對缺乏。因此，下面將從禮中避家諱原則入手，考察「冒榮居官」
法的形成與演變過程，庶幾對理解此問題有所裨益。

第一節　漢唐間避諱之禮的若干原則

　　關於人名敬避的起源，虞萬里先生指出其源於「遙遠的珍名心理」；「原
始民族懼怕巫術的原始避名心理」；「周人繼承殷商的諱名習俗，經過損益，
納入禮制」。〔註7〕由於時代遠隔，由遠古巫術而產生的避名心理逐漸被忘卻，
禮制中的規定成為後世任官避家諱的直接理論依據。《禮記》中記有「名終將
諱」、「卒哭乃諱」、「不諱嫌名，二名不偏諱」、「君所無私諱」等原則。漢、
晉學者也通過對《禮記》、《左傳》中一些記載的詮釋來試圖證明這些原則確
曾行用於古時。從鄭玄、王肅到孔穎達，大體代表了漢唐間對避諱問題的官

2006 年；王新華：《避諱研究》，濟南：齊魯書社，2007；王建：《中國古
代避諱史》，貴陽：貴州人民出版社，2002 年。更多相關著作參見陰小寶：《唐
代避諱研究》第一章《緒論・唐代避諱研究概況》，陝西師範大學碩士學位論
文，2008 年，第 1～2 頁。
〔註5〕虞萬里先生有多篇雄文探討避諱起源及避諱之禮。虞萬里：《商周稱謂與中國
古代避諱起源》，收入上海社會科學院《傳統中國研究集刊》編輯委員會編：
《傳統中國研究集刊》（第一輯），上海人民出版社，2006 年。虞萬里：《先秦
諱禮析論》，《文史》第 49 輯，中華書局，1999 年 12 月。虞萬里：《先秦名字、
爵號、諡號、廟號與避諱論略》，收入氏著：《榆枋齋學術論集》，江蘇古籍出
版社，2001 年，293～317 頁。
〔註6〕陳垣先生有些意識到「公諱」與「私諱」發展不同步的問題，並曾指出：「唐
時避諱之法令本寬，而避諱之風尚甚盛」（《史諱舉例》，第 107 頁），「法令寬」
實際是指對君主之名避諱較為鬆弛，《唐律疏議》規定君主的二名、嫌名皆不
避；（見《唐律疏議》卷十《職制》第 201 頁）「避諱之風」實際是指，社會
上普遍盛行避家諱，避家諱時，避二名、嫌名的風氣又很盛。但陳先生未能
對「公諱」、「私諱」分別加以考察。他在提到宋代避諱時，指出：「宋人避諱
之例最嚴」，（《史諱舉例》，第 112 頁）這實際是指對宋帝名諱的避諱極繁瑣，
避君主嫌名達到五十餘字，但宋朝法律對官員任官避家諱限制很多，多數情
況下不許避家諱，所以實際的情況是，宋人「公諱」最嚴，而「私諱」受限。
〔註7〕虞萬里：《商周稱謂與中國古代避諱起源》，收入上海社會科學院《傳統中國
研究集刊》編輯委員會編：《傳統中國研究集刊》（第一輯），上海人民出版社，
2006 年，第 110 頁。

方看法。這種各取所需的解釋，確實影響著避家諱的實踐。

避諱觀念與孝觀念明確結合，「孝子聞名心瞿」與「君所無私諱」相對，構成了推動官僚社會下任官避家諱的基本矛盾。

一、避諱的原則

禮中所規定避諱的原則主要有四：名，終將諱；卒哭乃諱；舍故而諱新；不諱嫌名、二名。下面先分別加以簡要敘述。

1、名，終將諱——避諱導致的制名原則

《禮記注疏》卷二記載：

名子者不以國，不以日月，不以隱疾，不以山川。〔註8〕

鄭玄解釋爲「此在常語之中，爲後難諱也。」

《左傳》卷六記載：

九月。丁卯。子同生。……公問名於申繻。對曰。……不以國。不以官。不以山川。不以隱疾。不以畜牲。不以器幣。周人以諱事神。名。終將諱之。〔註9〕

這段傳文列舉了當時貴族制名之原則。因爲「名。終將諱之」，所以制名首先要考慮的是所起之名的今後是否方便避諱問題。杜預解釋「名。終將諱之」爲：

君父之名，固非臣子所斥然；禮既卒哭，以木鐸徇曰：「舍故而諱新」，謂舍親盡之祖而諱新死者，故言「以諱事神，名，終將諱之」。自父至高祖，皆不敢斥言。〔註10〕

注文從「以諱事神」的角度來解釋「名。終將諱之」。孔穎達進一步解釋爲：「自殷以往，未有諱法。諱始於周，周人尊神之故，爲之諱名，以此諱法，敬事明神，故言周人以諱事神。子生三月，爲之立名，終久必將諱之，故須豫有所辟，爲下諸廢張本也。終將諱之，謂死後乃諱之。」〔註11〕在他們看來，人終有一死而爲鬼神，要避諱其名。

傳文繼續指出不遵循以上原則的後果，即：

故以國則廢名。以官則廢職。以山川則廢主。以畜牲則廢祀。

〔註8〕 （清）阮元校刻：《禮記正義》卷二《曲禮上》，第 1241 頁下。
〔註9〕 （清）阮元校刻：《春秋左傳正義》卷六，桓公六年，第 1750 頁下～1751 頁上。
〔註10〕 （清）阮元校刻：《春秋左傳正義》卷六，桓公六年，第 1751 頁中。
〔註11〕 （清）阮元校刻：《春秋左傳正義》卷六，桓公六年，第 1751 頁中。

以器幣則廢禮。晉以僖侯廢司徒。宋以武公廢司空。先君獻武廢二
山。是以大物不可以命。〔註12〕

孔穎達進一步解釋「以國則廢名」：「國名受之天子，不可輒易。若以國爲名，
終卒之後則廢名不諱；若未卒之前，誤以本國爲名，則改其所名。晉之先君
唐叔封唐，變父稱晉。若國不可易而晉得改者，蓋王命使改之。」〔註13〕因
而如以「國」、「官」、「山川」、「畜牲」、「器幣」爲名，其人亡故後，或因國
名不可廢而無法避諱，或者因諱其名而「廢職」「廢主」「廢祀」「廢禮」。

《大戴禮記・保傅》中也提到：「然後卜名，上無取於天，下無取於墜，
中無取於名山通谷，無拂於鄉俗，是故君子名難知而易諱也；此所以養恩之
道。」〔註14〕

2、卒哭乃諱──避名的開始

《禮記・曲禮》中記載：

> 卒哭乃諱。

鄭玄注爲：

> 敬鬼神之名也。諱，辟也。生者不相辟名。衛侯名惡，大夫有
> 名惡，君臣同名，《春秋》不非。〔註15〕

孔穎達在解釋《左傳》所記衛侯惡之事時指出：是其未爲之諱，故得與君同
名。但言及於君，則不斥君名耳。既言生已不斥，死復爲之加諱，欲表爲諱
之節，故言然以形之。〔註16〕

《禮記・檀弓》中記載：

> 卒哭而諱，生事畢而鬼事始已。〔註17〕

東漢末學者盧植解釋爲：「喪朝夕奠，尙生事之。虞而立尸，卒哭諱新，是爲
以生道事之畢矣，復以鬼道始事之也。已者，辭也。一說生事畢，從生至死
也。鬼事始已者，從死至卒哭也。」〔註18〕孔穎達解釋爲：「『卒哭而諱』者，

〔註12〕　（清）阮元校刻：《春秋左傳正義》卷六，桓公六年，第 1751 頁下。
〔註13〕　（清）阮元校刻：《春秋左傳正義》卷六，桓公六年，第 1751 頁下。
〔註14〕　（清）王聘珍撰；王文錦點校：《大戴禮記解詁》卷三《保傅》，中華書局，
　　　　　1983 年，第 60 頁。
〔註15〕　（清）阮元校刻：《禮記正義》卷三《曲禮上》，第 1251 頁上。
〔註16〕　（清）阮元校刻：《春秋左傳正義》卷六，桓公六年，第 1751 頁中。
〔註17〕　（清）阮元校刻：《禮記正義》卷十《檀弓下》，第 1313 頁上。
〔註18〕　《通典》卷一〇四《卒哭後諱及七廟諱字議》，第 2726 頁。

『諱』謂神名也。古者生不相諱，卒哭之前，猶生事之，故不諱。至卒哭，乃有神諱也。『生事畢而鬼事始已』者，並解所以虞立尸、卒哭而爲神諱義也。既虞卒哭、則生事畢，鬼神之義方爲始也。」〔註19〕

《禮記・雜記》中也記載：「卒哭而諱。」鄭玄注爲：「自此而鬼神事之，尊而諱其名。」孔穎達進一步解釋爲：「『卒哭而諱』者，謂卒哭之前，猶以生禮事之。卒哭之後，去生漸遠，以鬼道事之，故諱其名。」〔註20〕

3、舍故而諱新——避諱之代際

由於代際傳承是無窮盡的，後世子孫無法一一避諱，只能避諱有限祖先的名諱，這就是《禮記・檀弓》中記載的：

> 既卒哭，宰夫執木鐸以命於宮曰：「舍故而諱新。」

鄭玄解釋「故，爲高祖之父當遷者也。」孔穎達進一步解釋：「『高祖之父』，謂孝子高祖之父也。於死者高祖也，卒哭猶未遷，故云「當遷」也。至小祥乃遷毀也。」〔註21〕

所避名諱祖先的遠近是按照身份來安排的，貴者避諱祖先悠遠，卑者僅避一到兩代。《禮記・曲禮》中記載：

> 逮事父母，則諱王父母，不逮事父母，則不諱王父母。

鄭玄注爲：「謂幼孤不及識父母，恩不至於祖名。孝子聞名心瞿，諱之由心，此謂庶人。適士以上，廟事祖，雖不逮事父母，猶諱祖。」孔穎達進一步解釋爲：「『適士已上，廟事祖』者，《祭法》云適士二廟，祖之與禰各一廟，其中士下士亦廟事祖，但祖、禰共廟，則《既夕禮》一廟是也。」〔註22〕孔穎達還提到：「以其立廟事之，無容不爲之諱也。天子諸侯立親廟四，故高祖以下皆爲諱，親盡乃舍之。」〔註23〕

司馬光曾簡要總結唐代以前家廟制度：「先王之制，自天子至於官師皆有廟。君子將營宮室，宗廟爲先，居室爲後。及秦非笑聖人，蕩滅典禮，務尊君卑臣，於是天子之外，無敢營宗廟者。漢室公卿貴人，多建祠堂於墓所，在都邑則鮮矣。魏、晉以降，漸復廟制，其後，遂著於令，以官品爲所祀世數之差。唐侍中王矽不立私廟，爲執法所糾，太宗命有司爲之營構以恥之，

〔註19〕　（清）阮元校刻：《禮記正義》卷十《檀弓下》，第 1313 頁上。
〔註20〕　（清）阮元校刻：《禮記正義》卷四二《雜記下》，第 1564 頁上。
〔註21〕　（清）阮元校刻：《禮記正義》卷十《檀弓下》，第 1313 頁上。
〔註22〕　（清）阮元校刻：《禮記正義》卷三《曲禮上》，第 1251 頁上～1251 頁中。
〔註23〕　（清）阮元校刻：《春秋左傳正義》卷六，桓公六年，1751 頁中。

是以唐室貴臣皆有廟，及五代蕩析，士民求生，有所未遑，禮頹教佟，廟制遂絕。」〔註24〕

具體的廟數之爭是漢唐間禮制發展中爭議不斷的大問題，〔註25〕但「舍故而諱新」這個原則是歷朝爭論中所一貫遵循的。

4、不諱嫌名、二名

《禮記·曲禮》中記載：

> 禮，不諱嫌名，二名不偏諱。

鄭玄注為：「為其難辟也。嫌名，謂音聲相近，若禹與雨、丘與區也。偏，謂二名不一一諱也。孔子之母名徵在，言在不稱徵，言徵不稱在。」孔穎達進一步解釋「嫌名」：「今謂禹與雨音同而義異，丘與區音異而義同，此二者各有嫌疑，禹與雨有同音嫌疑，丘與區有同義嫌疑，如此者不諱。若其音異義異，全是無嫌，不涉諱限，必其音同義同，乃始諱也。」〔註26〕

禮中除了除了規定有以上各種避諱的原則外，還規定了祖先名諱的記錄方式。《大戴禮記·保傳》中提到：「不知日月之時節，不知先王之諱與大國之忌，不知風雨雷電之眚，凡此其屬太史之任也。〔註27〕《左傳》注中提到：「服虔云：諸侯皆有太史」〔註28〕

對於以上禮中所記繁瑣避諱之禮及事例，時代久遠，不止今日難窺其真實全貌。漢末學者也多有懷疑。裴松之注《張昭傳》云：「汝南主簿應劭議宜為舊君諱，論者皆互有異同，事在風俗通。……『（張昭論曰）周穆王諱滿，至定王時有王孫滿者，其為大夫，是臣協君也。又屬王諱胡，及莊王之子名胡，其比眾多……今應劭雖上尊舊君之名，而下無所斷齊，猶歸之疑雲。』」〔註29〕

至於如何看待傳文中所舉事例，典型如《國語》卷十五記載：

〔註24〕 （宋）司馬光：李之亮箋注：《司馬溫公集編年箋》注卷七九《碑誌五·文潞公先廟碑》，巴蜀書社，2009 年，第六冊第 20～21 頁。

〔註25〕 可參見李衡眉：《唐朝廟制及其昭穆次序述評》，《人文雜誌》，1993 年第 3 期；朱溢：《唐宋時期太廟廟數的變遷》，《中華文史論叢》，2010 年第 2 期；周善策：《國家禮儀與權力結構：試論唐朝前半期陵廟禮之發展》，《歷史研究》，2010 年第 5 期。

〔註26〕 （清）阮元校刻：《禮記正義》卷三《曲禮上》，第 1251 頁中。

〔註27〕 （清）王聘珍撰：王文錦點校：《大戴禮記解詁》卷三《保傳》，第 58 頁。

〔註28〕 （清）阮元校刻：《春秋左傳正義》卷五八，哀公六年，第 2161 頁下。

〔註29〕 《三國志》卷五二《張昭傳》，第 1220 頁。

　　　　范獻子聘於魯，問具山、敖山，魯人以其鄉對。獻子曰：「不為具、敖乎？」對曰：「先君獻、武之諱也。」獻子歸，徧戒其所知曰：「人不可以不學，吾適魯而名其二諱為笑焉，唯不學也。人之有學也，猶木之有枝葉也。木有枝葉，猶庇蔭人，而況君子之學乎？」
〔註30〕

針對「廢二山」之事，唐柳宗元已質疑：「諸侯之諱，國有數十焉，尚不行於其國，他國之大夫名之，無慚焉可也。魯有大夫公孫敖，魯之君臣莫罪而更也，又何鄙野之不云具敖？」〔註31〕可見唐人已經懷疑即便有這些記載，也不一定代表春秋時期有嚴格如此的避諱制度。

　　顧炎武曾據「卒哭而諱」原則來分析唐朝諱例，《日知錄》卷二三提到：「文宗開成中，刻石經，……文宗見為天子，依古卒哭乃諱，鄭氏曲禮注曰，生者不相避名。故御名亦不缺。〔註32〕錢大昕則質疑：「許叔重《說文》於安帝名亦稱『上諱』。即以唐諱言之，章懷太子注《後漢書》，於『治』字皆改異；明皇時，楊隆禮改名崇禮；憲宗時，陸淳改名質，曷嘗有生不諱之令乎！文宗本名涵，及即位，改名昂。既有改名，則舊名固在不諱之條。『九經』無『昂』字，設有之，亦必缺筆也。亭林偶未檢唐史本紀，以意揣度，遂有此失。」〔註33〕可見，作為避諱開始的時間原則。「卒哭而諱」僅是禮文中的原則性規定而已，後代據各自情況自有習尚。

　　儘管如此，不能否認上述這些避諱原則和經典事例是後世討論避諱問題時的正當性來源和理論基礎。如關於「二名」，李世民在玄武門之變後，頒佈的詔令：「依禮，二名不偏諱。近代已來，兩字兼避，廢闕已多，率意而行，有違經典。其官號、人名、公私文籍，有『世民』兩字不連續者，並不須諱。」
〔註34〕

〔註30〕徐元誥撰：王樹民、沈長雲點校：《國語集解》卷一五《晉語九》，第 445～446 頁。

〔註31〕（唐）柳宗元著，廖瑩中編著：《柳河東集》卷四十五《非國語下》，第 784 頁。

〔註32〕（清）顧炎武著；陳垣校注：《日知錄校注》卷二三《已祧不諱》，安徽大學出版社，2007 年，第 1287 頁

〔註33〕（清）錢大昕撰；呂友仁點校：《潛研堂集》卷三〇《跋金石文字》，上海古籍出版社，1989 年，第 538 頁。

〔註34〕《舊唐書》卷二《太宗紀上》，第 29～30 頁。

二、避家諱的場合

《禮記・曲禮上》中對避家諱場合的限制有著詳細規定：

> 君所無私諱，大夫之所有公諱。《詩》、《書》不諱，臨文不諱。
> 廟中不諱。夫人之諱，雖質君之前，臣不諱也。婦諱不出門，大功、
> 小功不諱。入竟而問禁，入國而問俗，入門而問諱。〔註35〕

禮所規定的避家諱的場合中最重要的是：

> 君所無私諱，大夫之所有公諱。〔註36〕

按鄭玄的解釋這句話有兩層意思，按照避諱施行的場所來說，首先是：

> 君所無私諱，謂臣言於君前不避家諱，尊無二。〔註37〕

「君所」與「君前」意義較為寬泛，最直接的解釋為「君主面前」，也可以理解為上書君主。又因為「入境而問禁，入國而問俗，入門而問諱」，〔註38〕即在對方影響範圍之內都要注意對方的家諱，所以，「君所」也可以理解君主的場所。在君主的場所中，不避家諱，原因是為了突出君主的尊嚴。

在先秦「封邦建國」的體制下，與「君所」相對應的是「大夫之所」。鄭玄接著解釋：「大夫之所有公諱，避君諱也。」〔註39〕在大夫的場所，仍然要避「公諱」。君與「大夫」都有著迴避自身家諱的要求，可是有如此的差別，原因在於：「嚴陵方氏曰：『公所無私諱，則私之尊不伸於公故也；私所有公諱，則公之尊無往而不伸故也。』」〔註40〕

尊者除了「君」外，還有祖先，即「廟中不諱」。鄭玄解釋說：「為有事於高祖，則不諱曾祖以下，尊無二也。於下則諱上。」〔註41〕在高祖之前，曾祖以下皆名，反之在曾祖之廟中則要諱高祖名。

順著尊君父之義，《禮記・曲禮上》中記載：

> 父前子名，君前臣名。

鄭玄注云：「對至尊，無大小，皆相名。」〔註42〕孔穎達進一步舉例解釋：

〔註35〕　（清）阮元校刻：《禮記正義》卷三《曲禮上》，第 1251 頁上。
〔註36〕　（清）阮元校刻：《禮記正義》卷三《曲禮上》，第 1251 頁上。
〔註37〕　（清）阮元校刻：《禮記正義》卷三《曲禮上》，鄭玄注文，第 1251 頁上。
〔註38〕　（清）阮元校刻：《禮記正義》卷三《曲禮上》，第 1251 頁上。
〔註39〕　（清）阮元校刻：《禮記正義》卷三《曲禮上》，鄭玄注文，第 1251 頁上。
〔註40〕　（宋）衛湜：《禮記集說》卷八《君所無私諱條》，《景印文淵閣四庫全書》，
　　　　　117 冊，第 173 頁下。
〔註41〕　（清）阮元校刻：《禮記正義》卷三《曲禮上》，第 1251 頁上。
〔註42〕　（清）阮元校刻：《禮記正義》卷二《曲禮上》，第 1241 頁上。

「『君前臣名』者，成十六年鄢陵之戰，公陷於淖，欒書欲載晉侯，鍼曰：
『書退。』鍼是書之子，對晉侯而稱書，是於君前臣名其父也。」〔註43〕
《公羊傳》中也曾提到：「糾者何？公子糾也。何以不稱公子？君前臣名也。」
〔註44〕

《春秋左傳注疏》卷第二十六所記載一次對話生動地反映了「君前臣名」
之禮：

> 公曰：「能樂乎？」對曰：「先父之職官也，敢有二事？」使與
> 之琴，操南音。公曰：「君王何如？」對曰：「非小人之所得知也。」
> 固問之，對曰：「其爲大子也，師、保奉之，以朝於嬰齊而夕於側也。
> 不知其他。」公語范文子。文子曰：「楚囚，君子也。言稱先職，不
> 背本也；樂操土風，不忘舊也；稱大子，抑無私也；名其二卿，尊
> 君也。不背本，仁也；不忘舊，信也；無私，忠也；尊君，敏也。
> 仁以接事，信以守之，忠以成之，敏以行之，事雖大，必濟。君盍
> 歸之，使合晉、楚之成？」公從之，重爲之禮，使歸求成。正義指
> 出：《禮》，君前臣名字，則貴於名，此道二卿之名，不言字，是尊
> 晉君也。〔註45〕

這是一段楚人鍾儀與晉君對話，「嬰齊」爲令尹子重，「側」爲司馬子反。鍾
儀在晉君面前提到楚國大臣時，皆名之，以此來表示對晉君的尊重。由於他
在對話中謹守禮節，不卑不亢，被評價爲「仁以接事，信以守之，忠以成之，
敏以行之，事雖大，必濟」，因而被釋放回楚國，擔任促成兩國和好的使者。

在封邦建國體制下，存在不同級別的貴族，在士與大夫之間，也存在著
身份貴賤之別，《禮記・玉藻》中記載了「君」、「大夫」、「士」之間在不同交
往場合時的避諱原則：

> 士於君所言大夫，沒矣，則稱諡若字，名士。與大夫言，名士，
> 字大夫。於大夫所，有公諱，無私諱。〔註46〕

鄭玄解釋爲：「君所，大夫存亦名。」「公諱，若言語所辟先君之名。」〔註47〕

〔註43〕 （清）阮元校刻：《禮記正義》卷二《曲禮上》，第1241頁上。
〔註44〕 （清）阮元校刻：《春秋公羊傳注疏》卷七，莊公九年，第2230頁。
〔註45〕 （清）阮元校刻：《春秋左傳正義》卷二六，成公九年，第1905頁下～1906
　　　　頁上。
〔註46〕 （清）阮元校刻：《禮記正義》卷三〇《玉藻》，第1482頁中。
〔註47〕 （清）阮元校刻：《禮記正義》卷三〇《玉藻》，第1482頁中。

孔穎達進一步解釋：「『有公諱無私諱』者，謂士及大夫言，但諱君家，不自私諱父母也。崔氏云：『謂伯叔之諱耳。若至親則不得言。』庾云：『謂士與大夫言，有音字同己祖禰名字，皆不得諱，辟敬大夫，故不重敬。』」可見，對於最低級貴族的士來說，即便在大夫之所，自己的家諱也要被抑制。不過值得注意的是孔穎達所徵引的崔氏之注文，認為在大夫之所士只是不能避伯叔之諱，而可避至親之諱。這種解釋是南北朝時期士族自尊家諱在經學上的反映。

關於婦女之名避諱的場合，主要有著「夫人之諱，雖質君之前，臣不諱也。」以及「婦諱不出門」兩條原則。鄭玄解釋為：「臣於夫人之家，恩遠也。」孔穎達解釋「婦諱不出門」為：「門謂婦宮門。婦家之諱，但於婦宮中不言耳。若於宮外，則不諱也。故臣對君不諱也。」〔註48〕

三、家諱與孝的聯繫

孝的概念起源很早，但將避家諱與孝聯繫起來應是較晚的觀念。《論語‧為政》中記載：

> 孟懿子問孝。子曰：「無違。」樊遲御，子告之曰：「孟孫問孝於我，我對曰，無違。」樊遲曰：「何謂也？」子曰：「生，事之以禮。死，葬之以禮，祭之以禮。」

> 子游問孝。子曰：「今之孝者，是謂能養。至於犬馬，皆能有養。不敬，何以別乎？」〔註49〕

在孔子的觀念中，「葬之以禮」、「祭之以禮」是孝的重要組成部分。而「名終將諱」、「卒哭而諱」、「不諱嫌名、二名」、「廟中不諱」等避諱原則正是依禮安葬、依禮祭祀過程中的重要環節。只不過孔子並沒有提到為何「葬之以禮」、「祭之以禮」便為「孝」，只是要求依禮而行。這正如葛兆光先生所指出的：「儒者一流並不十分注意其社會秩序理論的依據，即秩序是不需言說的、天然合理的、無可懷疑的道德來源和價值基礎，他們只是把倫理、道德作為一種現成的、肯定的價值（觀念）和行為（儀式）。」〔註50〕

《孟子‧盡心下》中記載：

〔註48〕 （清）阮元校刻：《禮記正義》卷三《曲禮上》，第 1251 頁中。
〔註49〕 （清）阮元校刻：《論語注疏》卷二《為政》，第 2462 頁上。
〔註50〕 葛兆光：《中國思想史》第一卷《七世紀前中國的知識、思想與信仰世界》，復旦大學出版社，1998 年，第 256 頁。

　　曾晳嗜羊棗，而曾子不忍食羊棗。公孫丑問曰：「膾炙與羊棗
孰美？」孟子曰：「膾炙哉！」公孫丑曰：「然則曾子何爲食膾炙而
不食羊棗？」曰：「膾炙所同也，羊棗所獨也。諱名不諱姓，姓所同
也，名所獨也。」〔註51〕

　　由其父特殊獨有的嗜好，就會聯想起父親，因而哀傷而不忍食。這裡直
接以「諱名不諱姓」爲比喻，疏文解釋爲：「譬如君父之名，不諱其姓者，以
其姓爲族之所同，名爲君父之所獨，故諱之也。」〔註52〕反過來，名也是父
所獨有，聞名則會思念亡父。

　　孟子在思想上的一大貢獻就是將儒家學說的基石置於人的天性之中。孟
子曰：「人皆有不忍人之心，先王有不忍人之心，斯有不忍人之政矣。以不忍
人之心，行不忍人之政，治天下可運之掌上。所以謂人皆有不忍人之心者，
今人乍見孺子將入於井，皆有怵惕惻隱之心，非所以內交於孺子之父母也，
非所以要譽於鄉黨朋友也，非惡其聲而然也。由是觀之，無惻隱之心，非人
也；無羞惡之心，非人也；無辭讓之心，非人也；無是非之心，非人也。惻
隱之心，仁之端也；羞惡之心，義之端也；辭讓之心，禮之端也；是非之心，
智之端也。人之有是四端也，猶其有四體也。有是四端，而自謂不能者，自
賊者也。謂其君不能者，賊其君者也。凡有四端於我者，知皆擴而充之矣。
若火之始然，泉之始達。苟能充之，足以保四海；苟不充之，不足以事父母。」
〔註53〕孟子這種重視天性人心的學說將行爲的原因導源於心理情感。

　　《禮記‧祭義》中在提到祭祀時也將感情因素提了出來，並置於決定性
位置：「文王之祭也，事死者如事生，思死者如不欲生。忌日必哀，稱諱如見
親，祀之忠也。」鄭玄注爲：「思死者如不欲生，言思親之深也。」孔穎達進
一步解釋爲：「言文王思念死者，意欲臨之而死，如似不復欲生。」〔註54〕

　　《禮記‧雜記》中也提到了孝子聞親諱後的應有情感：「免喪之外，行於
道路，見似目瞿，聞名心瞿，弔死而問疾，顏色戚容，必有以異於人也。如
此而後可以服三年之喪，其餘則直道而行之是也。」鄭玄注爲：「惻隱之心能
如是，則其餘齊衰以下直道而行，盡自得也。似，謂容貌似其父母也。名，

〔註51〕　（清）阮元校刻：《孟子注疏》卷一四下《盡心下》，第 2779 頁。
〔註52〕　（清）阮元校刻：《孟子注疏》卷一四下《盡心下》，第 2779 頁。
〔註53〕　（清）阮元校刻：《孟子注疏》卷三下《公孫丑上》，第 2690 頁下～2691 頁上。
〔註54〕　（清）阮元校刻：《禮記正義》卷四七《祭義》，第 1593 頁上、中。

與親同。」〔註55〕

鄭玄在解釋爲什麼「逮事父母，則諱王父母。不逮事父母，則不諱王父母。」時，也將「諱」與「孝」明確聯繫起來。即：

> 孝子聞名心瞿，諱之由心。〔註56〕

孔穎達順著這個思路繼續解釋：「孝子聞名心瞿，祖是父之所諱，則子不敢言。既已終不言，若父母已亡，而己言便心瞿憶父母，故諱之也。」〔註57〕家諱成了「孝」的一種外在表現。

君主和臣下都有避祖先名諱的要求，不過「君所無私諱」的觀念表明，政治制度上的君臣之別必須凌駕於臣下個人家族之內的輩分尊卑之上。爲了顯示君主獨尊的地位，君主之家諱在任何場合都要避，而臣下的家諱卻不能延伸到公共政治場合，也就是說，臣之「孝」在「君所」必須有所抑制。照此說法，任官之時即便官名與家諱衝突，臣下也不能迴避。因此，「孝子之心」與「公之尊」就形成了一對矛盾，成爲影響任官避家諱發展的主要因素，二者間此消彼長的過程，同時也是任官避家諱演變的過程。

第二節　任官避家諱的開端與泛濫

秦漢帝國所建立的社會秩序、政治秩序與儒者的憧憬多有不符。至少從避諱之禮來看，兩漢時期有限的避諱制度，更多體現的是「君之尊」。儘管漢末鄭玄在避諱理論上提出了「孝子聞名心瞿」觀念，是漢末社會中尊崇家諱趨勢的反映，但總的來看，兩漢時期大臣在任官之際避家諱的意願與行爲均不多見。

魏晉南北朝時期，避家諱正是信仰儒家名教之世家大族表現其「孝子之心」的絕佳機會。因而自西晉開始出現形形色色的任官之際迴避家諱情形。帝王之諱在這一時期也更加尊崇，北朝胡族統治者也受此風氣薰染，這除了「君之尊」原則的影響外，也是受整個崇尚家諱社會文化的影響。只是由於世家大族的強勢，加之這一時期政權易主頻繁，帝王家諱獨尊地位下降，反而是高門士族之家諱在「君所」得以迴避。

〔註55〕　（清）阮元校刻：《禮記正義》卷四二《雜記下》，第1561頁。

〔註56〕　（清）阮元校刻：《禮記正義》卷三《曲禮上》，鄭玄注文，第1251頁上。

〔註57〕　（清）阮元校刻：《禮記正義》卷三《曲禮上》，第1251頁上。

一、秦漢時期避諱的最初實踐

（一）觸諱有罪與易帝諱──兩漢帝諱之制

漢代文獻中有關避諱的資料匱乏，而且多是後人推斷，漢人極少討論名諱問題。不過，一些間接材料中仍透露出一點漢代的避諱習俗，《漢書・匈奴傳》在敘述匈奴習俗時提到：

> 自君王以下咸食畜肉，衣其皮革，被旃裘。壯者食肥美，老者
> 飲食其餘。貴壯健，賤老弱。父死，妻其後母；兄弟死，皆取其妻
> 妻之。其俗有名不諱而無字。〔註58〕

從漢朝的角度來看，匈奴習俗中與漢人觀念明顯相悖的習俗和道德最容易引起注意並被記錄下來。在避諱方面，匈奴「有名不諱而無字」，即不避諱人名，也沒有「字」來代替「名」的習慣。這反映漢朝人是普遍避諱人名的，在人際交往中「字」會代替「名」來作爲對方的稱呼。

《容齋隨筆》卷十四中提到：「漢法觸諱者有罪」，〔註59〕洪邁所指「觸諱」指觸犯帝諱。《漢書・宣帝紀》載：

> 聞古天子之名，難知而易諱也。今百姓多上書觸諱以犯罪者，
> 朕甚憐之。其更諱詢。諸觸諱在令前者，赦之。〔註60〕

宣帝爲「孝武皇帝曾孫病已」〔註61〕，此令目的是將自己之名改爲不太常用的字，以便臣下迴避。可見漢朝制度，在世君主之名便須避諱，這與禮中「卒哭而諱」「臨文不諱」的原則是相違背的。

不僅上書犯諱有罪，《漢書・蒯通傳》載：「蒯通，范陽人也，本與武帝同諱。」〔註62〕這至少說明在班固的時代，學者認爲臣子之名如同帝諱，則不可直言，而應爲之改異。

《漢書・昭帝紀》載「帝姊鄂邑公主，益湯沐邑，爲長公主，共養省中」。伏儼注中提到：「蔡邕云本爲禁中，門閤有禁，非侍御之臣不得妄入。行道豹尾中亦爲禁中。孝元皇后父名禁，避之，故曰省中。」〔註63〕如蔡邕之說可靠，則西漢後期避帝諱的制度已延伸到外戚之家諱。考慮到元、成二帝時期

〔註58〕《漢書》卷九四上《匈奴傳上》，第3743頁。
〔註59〕（宋）洪邁：《容齋隨筆》卷十四《李陵詩》，中華書局，2005年，第186頁。
〔註60〕《漢書》卷八《宣帝紀》，第256頁。
〔註61〕《漢書》卷八《宣帝紀》，第238頁。
〔註62〕《漢書》卷四五《蒯通傳》，第2159頁。
〔註63〕《漢書》卷七《昭帝紀》，第218頁。

王氏外戚之權勢薰天，「元後父及兄弟皆以元、成世封侯，居位輔政，家凡九侯、五大司馬」，加之王莽「受禮經，師事沛郡陳參，勤身博學，被服如儒生」，〔註64〕避王氏外戚家諱而改「禁」為「省」也是可能的。如否，則至少反映了東漢末學者不以此事為非的避諱觀念。

《晉書·賀循傳》中追述了一則避諱事例：「賀循，字彥先，會稽山陰人也。其先慶普，漢世傳《禮》，世所謂慶氏學。族高祖純，博學有重名，漢安帝時為侍中，避安帝父諱，改為賀氏。」〔註65〕

漢代避諱之制儘管不合禮文規定，但也逐漸在吸收一些禮中的制名原則。西漢末，二名問題成為統治者的關注點，《漢書·平帝紀》載元始二年詔：

> 皇帝二名，通於器物，孟康曰：「平帝本名箕子，更名曰衎。箕，用器也，故云通於器物。」今更名，合於古制。使太師光奉太牢告祠高廟。」〔註66〕

王莽甚至將此制推向四夷，《漢書·匈奴傳下》：「時，莽奏令中國不得有二名，因使使者以風單于，宜上書慕化，為一名，漢必加厚賞。單于從之，上書言：『幸得備藩臣，竊樂太平聖製，臣故名囊知牙斯，今謹更名曰知。』莽大說，白太后，遣使者答諭，厚賞賜焉。」〔註67〕

王莽禁二名的目的更多還是為了恢復古制。到了東漢時期，《白虎通》中也討論了「譏二名」問題：「《春秋》譏二名何？所以譏者乃謂其無常者也，若乍為名，祿甫元言武庚名。」〔註68〕清儒陳立指出：「《白虎通》說春秋，盡本《公羊》」〔註69〕。《公羊傳》「譏二名」下何休注明確指出避諱與二名的關係：

> 為其難諱也。一字為名，令難言而易諱，所以長臣子之敬，不逼下也。〔註70〕

何休注指出君主以一字為名，君主之名不易被冒犯，增加威嚴，臣下也相對減輕了避君諱之壓力。東漢學者開始認同公羊之學，隱然表明當時觀念中，

〔註64〕 《漢書》卷九九上《王莽傳上》，第4039頁。

〔註65〕 《晉書》卷六八《賀循傳》，第1824頁。

〔註66〕 《漢書》卷一二《平帝紀》，第352頁。

〔註67〕 《漢書》卷九四下《匈奴傳下》，第3819頁。

〔註68〕 （清）陳立傳；吳則虞點校：《白虎通疏證》卷九《姓名》，第411頁。

〔註69〕 （清）陳立傳；吳則虞點校：《白虎通疏證》卷九《姓名》，第411頁。

〔註70〕 （清）阮元校刻：《春秋公羊注疏》卷第二十六，定公六年，第2339頁下。

對君諱已經不是無條件的避諱，而是應對君諱有所節制。

還有一些關於漢代避諱的事例，大都是後人的判斷，可能只體現了漢末人士之理解。如：避漢文帝之諱，「荀悅曰：『諱恒之字曰常。』」〔註71〕避昭帝之諱，「張晏曰：『昭帝也。後但名弗，以二名難諱故。』」〔註72〕避文帝諱而改地名，「張晏曰：『恒山在西，避文帝諱，故改曰常山。』」〔註73〕《漢書》中避光武帝之諱而改秀才爲茂才，「應劭曰：『舊言秀才，避光武諱稱茂才。」〔註74〕

關於漢代皇帝之諱還有一則生動的事例。《漢書・陳遵傳》載：「陳遵字孟公，杜陵人也。祖父遂，字長子，宣帝微時與有故，相隨博弈，數負進。及宣帝即位，用遂，稍遷至太原太守，乃賜遂璽書曰：『制詔太原太守：官尊祿厚，可以償博進矣。妻君寧時在旁，知狀。』師古曰：『史皇孫名進，而此詔不諱之，蓋史家追書，故有其字耳。君寧，遂妻名也。云妻知負博之狀者，著舊恩之深也。』遂於是辭謝，因曰：『事在元平元年赦令前。』其見厚如此。元帝時，徵遂爲京兆尹，至廷尉。」〔註75〕史皇孫爲宣帝之父，名「進」，顏師古不解宣帝詔書爲何不諱「進」字，只能推測原因爲「史家追書」，是否如此，今天已經很難做出判斷了。

漢代避諱之制簡陋，對於後世推斷之漢代避諱應謹慎對待。學者有時對此是有冷靜認識的。如《漢書・地理志下》中所記西漢魯國所屬蕃縣時，顏師古指出：「白袤云陳蕃之子爲魯相，國人爲諱，改曰皮。此說非也。郡縣之名，土俗各有別稱，不必皆依本字。」〔註76〕

（二）不敢諱於尊者之前──兩漢官員的避家諱

漢代尚未發現因家諱與官名相同而辭官的現象，但也實際存在一些屬於在「君所」避家諱的行爲。比如，司馬遷在修《史記》時，對其父名「談」的避諱。《史記・平原君傳》中提到「邯鄲傳舍吏子李同」，《正義》解釋爲「名談，太史公諱改也。」〔註77〕《報任安書》中也有：同子參乘，爰絲變色：

〔註71〕《漢書》卷四《文帝紀》，第 105 頁。
〔註72〕《漢書》卷六《武帝紀》，第 212 頁。
〔註73〕《漢書》卷二八上《地理志上》，第 1576 頁。
〔註74〕《漢書》卷六《武帝紀》，第 198 頁。
〔註75〕《漢書》卷九二《陳遵傳》，第 3709 頁。
〔註76〕《漢書》卷二八下《地理志下》，第 1637 頁。
〔註77〕《史記》卷七六《平原君傳》，第 2369 頁。

蘇林曰：「趙談也。與遷父同諱，故曰同子。」〔註78〕

類似的還有，班固撰《漢書》時，對「彪」字的避諱。《漢書‧敘傳》：「叔皮唯聖人之道然後盡心焉。張晏曰：『固不欲言父諱，舉其字耳。』」〔註79〕

《史記》與《漢書》雖是私撰，但修史行為與朝廷有著緊密聯繫，況且二人均是在擔任朝廷官職時，利用官方資料修史，也應屬於「君所」影響範圍內，但有私諱夾雜其間。況且禮中有「臨文不諱」之原則。可見兩漢官員之避家諱也沒有完全按照禮文行事。

漢人著書立說時，文中迴避自身家諱的例子還有《淮南子》。高誘《淮南子敘》提到作者劉安在著書時：「以父諱長，故其所著，諸「長」字皆曰「脩」。〔註80〕

漢代官員避家諱之例證極少，可能和當時對家諱的看法有關。《白虎通》卷九記載了當時關於避諱的討論：

> 不以日月山川為名者，少賤卑己之稱也。臣子當諱，為物示通，故避之也。《禮》曰：「二名不偏諱，逮事父母則諱王父母，不逮事父母則不諱王父母也。君前不諱，詩書不諱，臨文不諱，郊廟中不諱。」又曰：「君前臣名，父前子名」謂大夫名卿、弟名兄也。明不諱於尊者之前也。太古之世所不諱者何？尚質也，故臣子不言其君父之名。故《禮記》曰：「朝日上質不諱，正天名也。」〔註81〕

這段討論反映了漢代官員對待君諱與自身家諱的一種態度。「不以日月山川為名」與《曲禮》規定類似，但據「名，終將諱」的原則，國君之名也不宜「以日月山川為名」，而《白虎通》單方面強調「臣子當諱」。似乎有著強調「君之尊」的意圖。

更值得注意的是《白虎通》對「君前臣名，父前子名」的解釋，「不敢諱於尊者之前」。儘管也含有父前子不諱之意，但僅從君臣之間來看，更加宣示了維護君主權威的避諱原則。任何削弱君主權威的行為，包括在其面前避家諱，都是不允許的。

這種思維之下，家諱只能被限制於家內場合或自身的著述，在公共政治場合迴避自身家諱的現象不可能出現。

〔註78〕 《漢書》卷六二《司馬遷傳》，第 2727 頁。
〔註79〕 《漢書》卷一〇〇上《敘傳上》，第 4207 頁。
〔註80〕 何寧撰：《淮南子集釋‧高誘敘》，中華書局，1998 年，第 6 頁。
〔註81〕 （清）陳立傳；吳則虞點校：《白虎通疏證》卷九《姓名》，第 412～413 頁。

二、「君臣同諡非嫌」與「以字行」──魏晉南北朝之帝諱

　　魏晉禪代同時也是統治階級的交替，掌握政權的世家大族對制度有著全方位的革新。從避諱領域看，脫離了漢帝國體制束縛的大臣家諱，在這一時期得到了極大發展。這個時期帝諱的尊崇不能僅從「君之尊」角度來解釋，同時也是受到門閥士族所帶動的整個社會的家諱文化所影響。

　　這個時期皇帝之諱仍然尊崇。如西晉因司馬師諱而改官名，《晉書・職官志》：「晉初以景帝諱故，又採《周官》官名，置太宰以代太師之任，秩增三司，與太傅太保皆為上公，論道經邦，燮理陰陽，無其人則闕。」「及愍懷建官，乃置六傅，三太、三少，以景帝諱師，故改太師為太保，通省尚書事，詹事文書關由六傅。」「王置師、友、文學各一人，景帝諱，故改師為傅。」〔註82〕又如宋順帝名「準」，《宋書・百官志上》載：「平准令，一人。丞一人。掌染。秦官也，漢因之。漢隸司農，不知何世隸少府。宋順帝即位，避帝諱，改曰染署。」〔註83〕

　　《宋書・州郡志》中記載了許多因帝、后諱而改地名的例子：「愍帝即位，避帝諱，改為建康。」〔註84〕「鄳令，漢舊縣，屬魏郡。江左避愍帝諱，改曰臨漳。」〔註85〕「廣陽令，漢舊縣曰陵陽，子明得仙於此縣山，故以為名。晉成帝杜皇后諱「陵」，咸康四年更名。」〔註86〕「本曰富春。孫權黃武四年，以為東安郡，七年，省。晉簡文鄭太后諱「春」，孝武改曰富陽。」〔註87〕

　　關於避皇后之諱，《晉書・虞預傳》載：「虞預字叔寧，徵士喜之弟也。本名茂，犯明穆皇后母諱，故改焉。」〔註88〕《南齊書・禮志上》載：「其有人名地名犯太常府君及帝后諱者，皆改。宣帝諱同。二名不偏諱，所以改承明門為北掖，以榜有「之」字與「承」竝。東宮承華門亦改為宣華云。」〔註89〕

　　但是這個時期大臣對帝諱已經不是無條件的迴避了，而是會引用經典據理力爭。如西晉孫毓強調帝諱應遵循「舍故而諱新」原則：「晉孫毓七廟諱

〔註82〕　《晉書》卷二四《職官志》，第725頁；742頁；743頁。
〔註83〕　《宋書》卷三九《百官志上》，第1232頁。
〔註84〕　《宋書》卷三五《州郡志一》，第1029頁。
〔註85〕　《宋書》卷三六《州郡志二》，第1103頁。
〔註86〕　《宋書》卷三五《州郡志一》，1035頁。
〔註87〕　《宋書》卷三五《州郡志一》，第1032頁。
〔註88〕　《晉書》卷八二《虞預傳》，第2143頁。
〔註89〕　《南齊書》卷九《禮志上》，第148頁。

字議：乙丑詔書班下尊諱，唯從宣皇帝以來；京兆府君以上，皆不別著。按
禮，士立二廟，則諱王父以下，天子諸侯皆諱群祖，親盡廟遷，乃舍故而諱
新。」〔註90〕西晉初關於上書觸犯帝諱的討論：「晉博士孔晁上書犯帝諱，
後自上又觸諱，而引詩書不諱，臨文不諱。有司奏以慢論。詔曰：『晁自理，
頃所稱引，雖不與今相值，然情有所由，其特原之。』」〔註91〕惠帝元康年間
也下詔修改西晉初年的相關規定，規定在公文上書時所引用經傳中與帝諱衝
突之字不再避諱：「束皙不得避諱議云：元康七年詔書稱，咸寧元年詔下尊
諱，風伯雨師，皆為詁訓。又公官文書吏人上事，稱引經書者，復多迴避，
使大義不明。諸經傳咸言天神星宿，帝王稱號，皆不得變易本文，但省事言
語，臨時訓避而已。」〔註92〕關於皇后之諱的討論：「晉武泰始二年，有司
奏，故事皇后諱與帝諱俱下。詔曰，禮內諱不出宮，近代諱之也。」〔註93〕
所謂「故事」應是指漢魏制度，西晉初據「婦諱不出門」之禮得出「內諱不
出宮」之說，停避后諱。還有東晉關於帝所生之諱的討論「都官曹奏，以吳
興郡上事有『春』字，犯會稽鄭太妃諱，下制書推之。王彪之謂：『今皇太
后臨朝，奏事詣太后，為故應復犯會稽太妃諱不？』都官郎傅讓、尚書王劭
議，並謂不應復諱。」〔註94〕

這些辯論涉及上書、祭祀等場合，大都以限制君諱為結果。更值得注意
的是這個時期臣名與君名相同時，帝諱所受到的限制。兩晉對君臣之諡號是
否可以相同有過討論，《晉書・禮志》載：

> 太康八年十月，太常上諡故太常平陵男郭奕為景侯。有司
> 云：「晉受命以來，祖宗號諡群下未有同者，故郭奕為景，與景皇同，
> 不可聽，宜諡曰穆。」王濟、羊璞等並云：「夫無窮之祚，名諡不一，
> 若皆相避，於制難全。如悉不避，復非推崇事尊之禮。宜依諱名之
> 義，但及七廟祖宗而已，不及遷毀之廟。」成粲、武茂、劉訥並云：
> 「同諡非嫌。號諡者，國之大典，所以屬時作教，經天人之遠旨也。
> 固雖君父，義有所不隆，及在臣子，或以行顯。故能使上下邁德，
> 周有殆荒。臣願聖世同符堯舜，行周同諡之禮，舍漢魏近制相避之

〔註90〕　《通典》卷一〇四《卒哭後諱及七廟諱字議》，第 2726 頁。
〔註91〕　《通典》卷一〇四《上書犯帝諱及帝所生諱議》，第 2728 頁。
〔註92〕　《通典》卷一〇四《卒哭後諱及七廟諱字議》，第 2727 頁。
〔註93〕　《南齊書》卷九《禮志上》，第 148 頁。
〔註94〕　《通典》卷一〇四《上書犯帝諱及帝所生諱議》，第 2728 頁。

議。」又引周公父子同諡曰文。武帝詔曰：「非言君臣不可同，正以
奕諡景不相當耳，宜諡曰簡。」及太元四年，侍中王欣之表君臣不
嫌同諡，尚書奏以欣之言爲然。詔可。〔註95〕

這次討論中，在王濟、羊璞等人看來，避君諡問題是和避君諱問題相比擬的。
從「宜依諱名之義，但及七廟祖宗而已，不及遷毀之廟」，從中可知西晉避帝
諱之制遵循了「舍故而諱新」原則。「遷毀之廟」可以不避諱。這無疑是對君
諱的一種限制。

　　尤其值得注意的是成粲、武茂、劉訥所提出的觀點：「同諡非嫌……固雖
君父，義有所不隆，及在臣子，或以行顯。」公然提出在議諡一事上，君臣
平等的地位。摒棄「漢魏近制相避之議」，即秦漢王朝所建立的帝王獨尊之制；
而希望「聖世同符堯舜」，即恢復儒者理想化的秩序。討論的結果是皇帝之尊
也不得不承認：「非言君臣不可同」。

　　對於君臣同諡是否相避的討論，東晉孝武帝「太元四年，侍中王欣之表
君臣不嫌同諡，尚書奏以欣之言爲然。詔可。」更從制度上加以肯定。

　　兩晉避帝諡問題的討論反映出這個時期「君之尊」已經相對削弱。而大
臣「以字行」而避君名的方式更是直接在帝諱問題上反映了這個趨勢。

　　如大臣名犯帝諱，充分地體現「君之尊」的方式應該是改名。如《梁書·
太宗簡皇后王氏傳》：「（太宗簡皇后王氏）父騫，字思寂，本名玄成，與齊
高帝偏諱同，故改焉。以公子起家員外郎，遷太子洗馬，襲封南昌縣公，出
爲義興太守。還爲驃騎諮議，累遷黃門郎，司徒右長史。性凝簡，不狎當世。
嘗從容謂諸子曰：『吾家門戶，所謂素族，自可隨流平進，不須苟求也。』」
〔註96〕又如《南齊書·蕭景先傳》所記：「景先本名道先，乃改避上諱。」
〔註97〕

　　以太原王氏之高門，仍避帝諱而改名，可見即便在南北朝時期，「君之尊」
仍是歷史之主流。但我們需要注意的是歷史長河中皇帝威權之下的，個別時
間段內，世家大族所體現出的自尊之浪花。

　　《穀梁傳》曰：

　　　　鄉曰衛齊侯，今曰衛侯惡，此何爲君臣同名也？君子不奪人

〔註95〕《晉書》卷二〇《禮志中》，第 643～644 頁。
〔註96〕《梁書》卷七《太宗簡皇后王氏傳附父王騫傳》，第 158～159 頁。
〔註97〕《南齊書》卷三八《蕭景先傳》，第 662 頁。

名，不奪人親之所名，重其所以來也，王父名子也。〔註98〕

《穀梁傳》在這件事中強調「君子不奪人名」。東晉孝武帝時范甯解釋爲：「不奪人名，謂親之所名，明臣雖欲改，君不當聽也。君不聽臣易名者，欲使重父命也。父受命名於王父，王父卒，則聽王父之命名之。」〔註99〕對於同一件事，東漢末鄭玄則解釋爲：「敬鬼神之名也。生者不相辟名，衛侯名惡，大夫有石惡，君臣同名，《春秋》不非。」〔註100〕只是提到生不相避。唐孔疏也強調「然則此君卒哭之後，臣當辟其諱。」〔註101〕鄭注、孔疏皆只是強調生不相避，卒哭避諱。范甯所處的東晉正是門閥政治最興盛之時代，君主權威不振。鄭、范、孔三家之說其實是時代政治格局的反映。

在「君子不奪人名」的文化背景下，並不改變名字，而是將「名」藏而不用，「以字行」成爲避君主諱的一種常用方式。

《宋書·王懿傳》載王懿與其兄王睿在北方時先後仕於後趙、前秦，後南逃東晉。避晉帝諱而以字行。「晉太元末，徙居彭城。兄弟名犯晉宣、元二帝諱，並以字稱。〔註102〕

《宋書·謝景仁傳》：「謝景仁，陳郡陽夏人，衛將軍晦從叔父也。名與高祖同諱，故稱字。」〔註103〕

《宋書·張茂度傳》：「張茂度，吳郡吳人，張良後也。名與高帝諱同，故稱字。」〔註104〕

《宋書·孔季恭傳》：「孔靖字季恭，會稽山陰人也。名與高祖祖諱同，故稱字。」〔註105〕

《北齊書·趙彥深傳》：「趙彥深，自云南陽宛人，漢太傅熹之後。高祖父難，爲清河太守，有惠政，遂家焉，清河後改爲平原，故爲平原人也。本名隱，避齊廟諱，改以字行。」〔註106〕

〔註98〕阮元校刻：《春秋穀梁注疏》卷十七，昭公七年，中華書局，1980年，第2434頁下。
〔註99〕阮元校刻：《春秋穀梁注疏》卷十七，昭公七年，中華書局，1980年，第2434頁下。
〔註100〕阮元校刻：《禮記正義》卷三《曲禮上》，第1251頁上。
〔註101〕阮元校刻：《春秋左傳正義》卷四四，昭公七年，第2047頁中。
〔註102〕《宋書》卷四六《王懿傳》，第1391頁。
〔註103〕《宋書》卷五二《謝景仁傳》，第1493頁。
〔註104〕《宋書》卷五三《張茂度傳》，第1509頁。
〔註105〕《宋書》卷五四《孔季恭傳》，第1531頁。
〔註106〕《北齊書》卷三八《趙彥深傳》，第505頁。

作為迴避帝諱與保持原有名字「重其所以來」的一種妥協方式，在維持「君之尊」的基礎上，較大限度地尊重了大臣，這是魏晉南北朝時期君臣關係有別於兩漢的表現。

三、魏晉南北朝的任官避家諱

魏晉南北朝時期官員在任官之際避家諱呈現出紛繁複雜的情況。究其原因，最重要的一點無非是，支持任官避家諱的因素遠遠超過了反對的因素。也就是說，大臣的「孝子之心」逐漸與君主的「公之尊」匹敵，這符合當時門閥士族政治地位較強勢的實際情況。在門閥士族地位崇高的社會背景下，君主在避諱上的優勢也被打破。《世說新語・排調》載：

> 晉文帝與二陳共車，過喚鍾會同載，即駛車委去。比出，已遠。
> 既至，因嘲之曰：「與人期行，何以遲遲？望卿遙遙不至。」會答曰：
> 「矯然懿實，何必同群？」帝復問會：「皋繇何如人？」答曰：「上
> 不及堯舜，下不逮周、孔，亦一時之懿士。」二陳，騫與泰也。會
> 父名繇，故以「遙遙」戲之。騫父矯，宣帝諱懿，泰父群，祖父寔，
> 故以此酬之。〔註107〕

鍾會之父名繇，司馬昭語帶雙關，對之加以嘲諷。而鍾會則當面給予反駁，言語直斥司馬昭家諱。當時司馬氏已掌握政權，而名門望族即使在他面前，尚且自尊家諱，在這種風氣之下，官員任官時提出種種要求來避家諱自然也是可以理解的。

（一）魏晉南北朝避家諱的風氣

避家諱已經成為孝行的表現，是評判人才能的重要標準，同時也呈現出濫避家諱的風氣。

尊重家諱的程度已經成為衡量孝行的重要標準，因而史載聞諱則泣之人不少，《晉書・齊王攸傳》記載：「至性過人，有觸其諱者，輒泫然流涕。雖武帝亦敬憚之，每引之同處，必擇言而後發。」〔註108〕

重視家諱，聞之哭泣的例子還有《梁書・劉訏傳》：「劉訏字彥度，平原人也。父靈真，齊武昌太守。訏幼稱純孝，數歲，父母繼卒，訏居喪，哭泣

〔註107〕余嘉錫撰：《世說新語箋疏》卷下之下《排調》，第780頁。
〔註108〕《晉書》卷三八《齊王攸傳》，第1135頁。

孺慕，幾至滅性，赴弔者莫不傷焉。後爲伯父所養，事伯母及昆姊，孝友篤
至，爲宗族所稱。自傷早孤，人有誤觸其諱者，未嘗不感結流涕。長兄絜爲
之娉妻，剋日成婚，訏聞而逃匿，事息乃還。本州刺史張稷辟爲主簿，不就，
主者檄召，訏乃掛檄於樹而逃。」〔註109〕

　　《南史‧謝超宗傳》載其聞諱後立即「徒跣」而走：「鳳子超宗。隨父鳳
嶺南，元嘉末得還。與慧休道人來往。好學，有文辭，盛得名譽。選補新安
王子鸞國常侍。王母殷淑儀卒，超宗作誄奏之，帝大嗟賞，謂謝莊曰：『超宗
殊有鳳毛，靈運復出。』時右衛將軍劉道隆在御坐，出候超宗曰：『聞君有異
物，可見乎？』超宗曰：『懸磬之室，復有異物邪？』道隆武人無識，正觸其
父名，曰：『且侍宴，至尊說君有鳳毛。』超宗徒跣還內。道隆謂檢覓毛，至
闇，待不得，乃去。〔註110〕

　　謝超宗並不反感皇帝提到「鳳毛」，一則因爲此乃稱贊人子孫才似父輩的
習語，二則謝超宗並未因尊家諱而不顧及「君之尊」，嚴格秉承「君所無私諱」
的原則。這從《南史‧謝朏傳》中一則記載也能看出：「宋明帝嘗敕朏與謝鳳
子超宗從鳳莊門入。二人俱至，超宗曰：『君命不可以不往。』乃趨而入。朏
曰：『君處臣以禮。』遂退不入。時人兩稱之，以比王尊、王陽。」〔註111〕
謝朏父名「莊」，因而以「君處臣以禮」爲理由拒絕入宮。謝朏言下之意，在
君所，君主未能照顧到臣下家諱是無禮的。謝朏與謝超宗均得到輿論稱贊，
至少說明這個時期在避家諱問題上「孝子之心」與「君之尊」是可以相抗衡
的。

　　正是因爲對家諱的重視，言談話語之間，才會以家諱作爲攻擊對方之辭，
《北齊書‧徐之才傳》載：「之才聰辯強識，有兼人之敏，尤好劇談體語，公
私言聚，多相嘲戲。……李諧於廣坐，因稱其父名，曰：『卿嗜熊白生否？』
之才曰：『平平耳。』又曰：『卿此言於理平否？』諧遽出避之，道逢其甥高
德正。德正曰：『舅顏色何不悅？』諧告之故。德正經造坐席，連索熊白。之
才謂坐者曰：『箇人諱底？』。眾莫知。之才曰：『生不爲人所知，死不爲人所
諱，此何足問？』」〔註112〕

〔註109〕《梁書》卷五一《處士‧劉訏傳》，第747頁。
〔註110〕《南史》卷一九《謝靈運傳附孫謝超宗傳》，第542頁。
〔註111〕《南史》卷二○《謝弘微傳附孫謝朏傳》，第558頁。
〔註112〕《北齊書》卷三三《徐之才傳》，第447頁。

　　徐之才之父名雄，李諧父名平，二人以有意犯對方家諱的方式互相攻訐。李諧外甥高德正因其舅受辱，而故意索要熊白，犯徐之才家諱。徐之才不知高德正家諱，無法借觸諱來反擊，於是索性諷刺高德正之祖先名望不高，甚至不值得觸其諱來攻訐。

　　避家諱已經普遍被認同，沉澱爲可以不知緣由而遵從的文化。一些不瞭解避家諱之禮的無文化之武人也尊崇家諱。《北齊書・杜弼傳》載：「相府法曹辛子炎諮事，云須取署，子炎讀『署』爲『樹』，高祖大怒曰：『小人都不知避人家諱！』杖之於前。弼進曰：『《禮》，二名不偏諱，孔子言『徵』不言在言『在』不言『徵』。子炎之罪，理或可恕。『高祖罵之曰：『眼看人瞋，乃復牽經引《禮》！』叱令出去。弼行十步許，呼還，子炎亦蒙釋宥。〔註 113〕高歡之父名「樹生」，〔註 114〕辛子炎讀「署」爲「樹」，因而觸怒高歡。高氏此時尚未代魏，但高歡已經是實際的統治者，因而這個例子也反映出北朝後期不循禮法而避君主之諱的情況，反映出「君之尊」強勢的一面。

　　百姓尊重有德地方官時也會爲之避諱，《晉書・羊祜傳》載：「襄陽百姓於峴山祜平生遊憩之所建碑立廟，歲時饗祭焉。望其碑者莫不流涕，杜預因名爲墜淚碑。荊州人爲祜諱名，屋室皆以門爲稱，改戶曹爲辭曹焉。」〔註 115〕對於地方名士，也有類似的尊重。《晉書・劉兆傳》載：「嘗有人著韡騎驢至兆門外，曰：『吾欲見劉延世。』兆儒德道素，青州無稱其字者，門人大怒。」〔註 116〕

　　在如此尊重家諱的風氣下，對當代名士之家諱博聞強記是士族間交往的必備修養，善於避人家諱被看做是才能的表現。《梁書・徐勉傳》中載：「勉居選官，彝倫有序，既閑尺牘，兼善辭令，雖文案填積，坐客充滿，應對如流，手不停筆。又該綜百氏，皆爲避諱。」〔註 117〕又如《北齊書・孝昭帝紀》中提到高演之賢時提到：「聰敏過人，所與遊處，一知其家諱，終身未嘗誤犯。」〔註 118〕《新唐書・柳沖傳》中曾引柳芳論述：「晉太元中，散騎常侍河東賈弼撰《姓氏簿狀》，十八州百十六郡，合七百一十二篇，甄析士庶無所遺。宋王

〔註 113〕《北齊書》卷二四《杜弼傳》，第 347 頁。
〔註 114〕《魏書》卷三二《高湖傳附高樹生傳》，第 752 頁。
〔註 115〕《晉書》卷三四《羊祜傳》，第 1022 頁。
〔註 116〕《晉書》卷九一《儒林・劉兆傳》，第 2350 頁。
〔註 117〕《梁書》卷二五《徐勉傳》，第 378 頁。
〔註 118〕《北齊書》卷六《孝昭帝紀》，第 79 頁。

弘、劉湛好其書。弘每日對千客，可不犯一人諱。」〔註119〕

南北朝時期家諱已經發展到遠遠超出禮文的程度。顏之推曾發表過對當時避家諱行為的看法：

> 禮曰：「見似目瞿，聞名心瞿。」有所感觸，惻愴心眼，若在從容平常之地，幸須申其情耳。必不可避，亦當忍之，猶如伯叔、兄弟，酷類先人，可得終身腸斷，與之絕耶？又：「臨文不諱，廟中不諱，君所無私諱。」益知聞名，須有消息，不必期於顛沛而走也。梁世謝舉，甚有聲譽，聞諱必哭，為世所譏。又有臧逢世，臧嚴之子也，篤學修行，不墜門風；孝元經牧江州，遣往建昌督事，郡縣民庶，競修箋書，朝夕輻輳，几案盈積，書有稱「嚴寒」者，必對之流涕，不省取記，多廢公事，物情怨駭，竟以不辦而還。此並過事也。〔註120〕

一聽到家諱之字就會哭泣，或一見到有家諱之字的公文便不處理，這些都是超出常理的避諱行為。因而，顏之推認為，此乃非禮過當的行為。值得注意的是，他在肯定「君所無私諱」的前提下，認為避家諱是必要的，但需要有條件加以限制，即「若在從容平常之地，幸須申其情爾」。也就是說，在不妨礙公務和日常生活的前提下，是允許「申其情」而避家諱的。但是，若因避家諱而影響了公務和生活，就只能以「亦當忍之」的做法加以權衡。

（二）犯諱改官

在尊重家諱的氛圍中，官員任官之時，往往會因官名犯諱而改任。目前所見較早的關於官名與家諱衝突時如何處理的討論，起自西晉。《晉書・江統傳》載：

> 選司以統叔父春為宜春令，統因上疏曰：「故事，父祖與官職同名，皆得改選，而未有身與官職同名，不在改選之例。臣以為父祖改選者，蓋為臣子開地，不為父祖之身也。而身名所加，亦施於臣子。佐吏繫屬，朝夕從事，官位之號，發言所稱，若指實而語，則違經禮諱尊之義；若詭辭避回，則為廢官擅犯憲制。今以四海之廣，職位之眾，名號繁多，士人殷富，至使有受寵皇朝，出身宰牧，

〔註119〕《新唐書》卷一九九《柳沖傳》，第 5679 頁。

〔註120〕（北齊）顏之推撰，王利器集解：《顏氏家訓集解》卷二《風操》，北京：中華書局，1993 年，第 59 頁。

而令佐史不得表其官稱，子孫不得言其位號，所以上嚴君父，下爲
臣子，體例不通。若易私名以避官職，則違《春秋》不奪人親之義。
臣以爲身名與官職同者，宜與觸父祖名爲比，體例既全，於義爲弘。」
朝廷從之。〔註121〕

可以看出，此時的任官避家諱雖然沒有成爲法律條文，但「故事，父祖與官
職同名，皆得改選」表明，當所任官名與家諱相衝突時，「改選」已經成爲約
定俗成的解決辦法了。也就是說，這樣的做法並不是完全以《禮記》爲準則，
而是照顧到了官員任官避家諱的實際要求。

　　不過，這個「故事」只規定了「父祖與官職同名」時才可以迴避。而家
諱與官名衝突的形式多種多樣，在面臨複雜情況時，解決起來就比較困難了。
史料顯示，官員自身名字與官名相重，嚴格來講並非家諱，可經過江統的一
番闡釋之後，朝廷還是接受了他的提議，認定此種情況也屬於家諱。

　　類似的情況還有一些：

　　　　東晉康帝咸康八年，詔以王允之爲衛將軍、會稽內史，允之表
　　郡與祖會名同，乞改授。詔曰：「祖諱孰若君命之重邪！下八座詳之。」
　　給事黃門侍郎譙王無忌議以爲：「《春秋》之義，不以家事辭王事，
　　是上之行乎下也。夫君命之重，固不得崇其私。又國之典憲，亦無
　　以祖名辭命之制也。」〔註122〕

在這個例子中，與家諱相衝突的不是官職名而是任官處的地名，這就不在上述
「故事」規定的範圍內了。因此，朝廷又一次展開「祖諱孰若君命之重邪」的
討論，最終做出了不避家諱的決定，理由是「不以家事辭王事」。《春秋公羊傳》
主張：「不以家事辭王事，以王事辭家事，是上之行乎下也。」〔註123〕而在上
面所舉的例子中，君臣間的上下之別成爲處理這件事時考慮到的主要因素。

　　此外，材料中再次提到「國之典憲，亦無以祖名辭命之制也」，明確表明，
當時任官避家諱還未成爲正式的國家制度，只是不成文的「故事」罷了。也
正因如此，這個時期在任官避家諱的處理上沒有一定之規。

　　除了家諱與官名、地名相衝突，還有家諱與長官之名相衝突的情況：

　　　　晉右將軍王遐司馬劉曇，父名遐，曇求解職事。博士謝詮曰：

─────────────

〔註121〕　《晉書》卷五六《江統傳》，第1534～1535頁。
〔註122〕　《通典》卷一〇四《授官與本名同宜改及官位犯祖諱議》，第2734頁。
〔註123〕　（清）阮元校刻：《春秋公羊傳注疏》卷二十七，哀公三年，第152頁中。

「按禮，諸侯諱祖與父，大夫士並諱伯父母及姑。又父，子之所天，尊無以比，宜聽解職。」博士許幹議曰：「按禮，君子不奪人親，故《孝經》云『資父以事君而敬同』，是以爲尊長諱，爲親者諱。雲自列父與將軍同名，聖朝垂恩，不許雲解，可使換官。」〔註124〕

這則材料中講述的家諱與上級之名相衝突的例子，由於沒有成文法規，只能根據禮文展開討論。儘管議者大都讚同其避家諱，但解決辦法卻有所不同。有人主張聽其解職，但有人舉出「資父以事君而敬同」，並以此爲理由主張換官。考《孝經》：「資於事父以事母，而愛同；資於事父以事君，而敬同。資，取也。言愛，父與母同；敬，父與君同。」〔註125〕這就將事父與事君的原理等同起來，成爲任官避家諱的經典依據。

任官避家諱的合理性得以認定之後，隨之而來的問題是如何處理。如果因爲避家諱而失去官職，則對大臣來說沒有意義，還是相當於家諱與「公所」是相衝突的，只能選擇一端。只有「換官」才能眞正實現任官避家諱，即在「公所」避家諱。

綜上所述，可以看出，尊重官員的家諱和維護君命的尊嚴，是朝廷處理任官避家諱時主要考慮的兩個要素。但是，由於與任官避家諱相關的成文法令還未生成，朝廷每次應對官員避家諱的要求時，著重考慮哪種因素也具有隨機性。同類事件的處理結果不一致，也經常可見。比如：

太元十三年，召孔安國爲侍中。安國表以黃門郎王愉名犯私諱，不得連署，求解。有司議云：「名終諱之，有心所同，聞名心瞿，亦明前誥。而《禮》復云：『君所無私諱，大夫之所有公諱』，無私諱。又云：『詩書不諱，臨文不諱』。豈非公義奪私情，王制屈家禮哉！尚書安衆男臣先表中兵曹郎王祐名犯父諱，求解職，明詔爰發，聽許換曹，蓋是恩出制外耳。而頃者互相瞻式，源流既啓，莫知其極。夫皇朝禮大，百僚備職，編官列署，動相經涉。若以私諱，人遂其心，則移官易職，遷流莫已，既違典法，有虧政體。請一斷之。」從之。〔註126〕

〔註124〕《通典》卷一〇四《父諱與府主名同議》，第2733頁。
〔註125〕（清）阮元校刻：《孝經注疏》卷二《士章》，北京：中華書局，1980年，第10頁中。
〔註126〕《晉書》卷二〇《禮志中》，第645頁。

這則史料中包括兩個例子，都是因家諱與同僚名字相犯而要求解職的情況，但處理結果卻有所不同。王祐避家諱的要求得到允許，而孔安國則被拒絕，這反映了當時處理此類事件仍無統一標準。不過，這裡需要特別指出，孔安國的要求之所以被拒絕，固然有著「君所無私諱」的理論原因，但還有一個重要原因就是，一旦允許其避家諱，那就是「若以私諱，人遂其心，則移官易職，遷流莫已，既違典法，有虧政體」。因此，儘管有君臣間的避諱差別作爲理論依據，但維持正常的行政運作才是朝廷拒絕孔安國的要求所考慮的主要因素。

通過上面所舉相關記載可以看出，兩晉對任官避家諱的處理相對較爲隨意，並未完全依照《禮記》的規範來做。不僅如此，許多任官避家諱的實例還突破了「君前無私諱」的規定。朝廷雖曾有過「父祖與官職同名，皆得改選」的「故事」，但遠非成文制度或法令。面對官員避家諱的各種請求，朝廷也沒有固定的措施予以解決。

《晉書·王舒傳》載：「王舒，字處明，丞相導之從弟也。父會，侍御史。……時將徵蘇峻，司徒王導欲出舒爲外援，乃授撫軍將軍、會稽內史，秩中二千石。舒上疏辭以父名，朝議以字同音異，於禮無嫌。舒復陳音雖異而字同，求換他郡。於是改會字爲『鄶』。舒不得已而行。」〔註127〕此例中任命王舒爲會稽內史是爲防備蘇峻而作的戰略佈局。但如此大事，王舒竟以家諱爲名推辭，最後只得通過改會爲「鄶」來解決。當時家諱之重可見一斑。

因所任官名犯大臣私諱而改郡名的還有《梁書·張稷傳》所記：「張稷字公喬，吳郡人也。父永，宋右光祿大夫。稷所生母邁疾歷時，稷始年十一，夜不解衣而養，永異之。及母亡，毀瘠過人，杖而後起。性疏率，朗悟有才略，與族兄充、融、卷等具知名，時稱之曰：『充融卷稷，是爲四張。』起家著作佐郎，不拜。頻居父母憂，六載廬於墓側。服除，爲驃騎法曹行參軍，遷外兵參軍。……魏師退，稷還荊州，就拜黃門侍郎，復爲司馬、新興永寧二郡太守。郡犯私諱，改永寧爲長寧。」〔註128〕

《南齊書·文惠太子傳》記載了一則因犯家諱而不就職的例子：「文惠太子長懋字雲喬，世祖長子也。……轉祕書丞，以與宣帝諱同，不就，改除中書郎，遷黃門侍郎，未拜。昇明三年，太祖將受禪，世祖已還京師，以襄陽

〔註127〕《晉書》卷七六《王舒傳》，第 2000 頁。
〔註128〕《梁書》卷一六《張稷傳》，第 270～271 頁。

兵馬重鎮，不欲處他族，出太子爲持節、都督雍梁二州郢州之竟陵司州之隨郡軍事、左中郎將、寧蠻校尉、雍州刺史。」〔註129〕此例中文惠太子迴避家諱而不就職，固然因其處於宋齊禪代的前夜而有一些特殊，但也反映了當時任官避家諱的風氣。

《魏書·盧同傳》記載了一則所任官名犯大臣家諱而改官的例子：「盧同，字叔倫，范陽涿人，盧玄之族孫。父輔，字顯元，本州別駕。……延昌中，秦州民反。詔同兼通直常侍，持節慰諭之，多所降下。還轉尙書右丞，進號輔國將軍，以父諱不拜，改授龍驤。熙平初，轉左丞，加征虜將軍。」〔註130〕

《魏書·李延寔傳》中有一則因以官名犯祖諱而改官的記載：「李延寔，字禧。隴西人，尙書僕射沖之長子。性溫良，少爲太子舍人。世宗初，襲父爵清泉縣侯。累遷左將軍、光州刺史。莊帝即位，以元舅之尊，超授侍中、太保，封濮陽郡王。延寔以太保犯祖諱，又以王爵非庶姓所宜，抗表固辭。徙封濮陽郡公，改授太傅。」〔註131〕

（三）屬下避長官家諱

魏晉南北朝時期大臣在面對君權之時仍自尊家諱，在他們各自職權範圍內，更要求屬下避己家諱。

《晉書·王述傳》載：「（王述）母憂去職。服闋，代殷浩爲揚州刺史，加征虜將軍。初至，主簿請諱。報曰：『亡祖先君，名播海內，遠近所知；內諱不出門；餘無所諱。』」〔註132〕「主簿請諱」一語透露出當時下屬避長官家諱已經成爲慣例。王述爲人直率而自信，不爲虛禮，史載其「述每受職，不爲虛讓，其有所辭，必於不受。至是，子坦之諫，以爲故事應讓。述曰：『汝謂我不堪邪？』坦之曰：『非也。但克讓自美事耳。』述曰：『既云堪，何爲復讓！人言汝勝我，定不及也。』」〔註133〕因而他對待家諱也表現的很自信而豁達，且遵禮而行。

《南齊書·王僧虔傳》載：「王僧虔，琅邪臨沂人也。祖珣，晉司徒。伯父太保弘，宋元嘉世爲宰輔。賓客疑所諱，弘曰：『身家諱與蘇子高同。』」〔註134〕

〔註129〕《南齊書》卷二一《文惠太子傳》，第397頁。
〔註130〕《魏書》卷七六《盧同傳》，第1681頁。
〔註131〕《魏書》卷八三下《外戚傳下·李延寔傳》，第1837頁。
〔註132〕《晉書》卷七五《王湛傳附王述傳》，第1963頁。
〔註133〕《晉書》卷七五《王湛傳附王述傳》，第1963頁。
〔註134〕《南齊書》卷三三《王僧虔傳》，第591頁。

　　《宋書・邵陵殤王友傳》記載了當時屬下對長官之名的避諱：「邵陵殤王友字仲賢，明帝第七子也。後廢帝元徽二年，太尉、江州刺史桂陽王休範反誅，皇室寡弱，友年五歲，出爲使持節、督江州豫州之西陽新蔡晉熙三郡諸軍事、南中郎將、江州刺史，封邵陵王，食邑二千戶。府州文案及臣吏不諱有無之有。」〔註135〕不諱嫌名，行文不諱，這些行爲體現了對避諱之禮的尊重。將此細節書於史傳，應是對傳主的褒揚。

　　《南史・王亮傳》中有一則縣令屢犯郡守家諱而被調離的記載：「累遷晉陵太守，在職清公，有美政。時有晉陵令沈巑之性粗疏，好犯亮諱，亮不堪，遂啓代之。巑之怏怏，乃造坐云：『下官以犯諱被代，未知明府諱。若爲攸字，當作無骹尊傍犬？爲犬傍無骹尊？若是有心攸？無心攸？乞告示。』亮不履下牀跣而走，巑之撫掌大笑而去。」〔註136〕王亮父名攸，沈巑被代而心有不甘，最後一次拜訪王亮時，故意多次觸犯其家諱而泄憤。

　　一些鮮卑貴族也逐漸受漢化薰染，尊崇孝道，有了避上司家諱的覺悟。《魏書・臨淮王譚傳》中有一則避上司家諱而改名的記載：「（臨淮王譚）子提，襲。爲梁州刺史，以貪縱削除，加罰，徙配北鎮。久之，提子員外郎穎免冠請解所居官，代父邊戍，高祖不許。後詔提從駕南伐，至洛陽，參定遷都之議。……提子昌，字法顯。好文學，居父母喪，哀號孺慕，悲感行人。……或本名亮，字仕明，時侍中穆紹與或同署，避紹父諱，啓求改名。詔曰：『仕明風神運吐，常自以比荀文若，可名或，以取定體相倫之美。』或求復本封，詔許。復封臨淮，寄食相州魏郡。又長兼御史中尉，或以爲倫敘得之，不謝。領軍于忠忿，言之朝廷曰：『臨淮雖復風流可觀，而無骨鯁之操。中尉之任，恐非所堪。』遂去威儀，單車而還，朝流之歎息。累遷侍中、衛將軍、左光祿大夫、兼尚書左僕射，攝選。〔註137〕

　　穆紹之先爲北魏開國功臣，至穆紹之時已經接受漢文化，尤著於孝行，史載其「遭所生優免，居喪以孝聞」。〔註138〕穆紹父名亮，而元或「本名亮」。考慮到穆紹爲當時權臣。元或避穆紹父諱而改名正是投其所好。至於其目的，可能是和求復本族之舊封有關。

〔註135〕《宋書》卷九〇《明四王・邵陵殤王友傳》，第2238頁。
〔註136〕《南史》卷二三《王誕傳附王亮傳》，第623頁。
〔註137〕《魏書》卷一八《太武五王・臨淮王譚傳》，第419～420頁。
〔註138〕《魏書》卷二七《穆崇傳附穆紹傳》，第671頁。

　　《晉書・毛穆之傳》載：「穆之，字憲祖，小字武生，名犯王靖後諱，故行字，後又以桓溫母名憲，乃更稱小字。」〔註139〕毛穆之長期在桓溫麾下任職，史載：「桓溫代翼，復取爲參軍。從溫平蜀，以功賜次子都鄉侯。尋除揚威將軍、穎川太守，隨溫平洛，入關。」〔註140〕因而避桓溫家諱。

　　這種要求屬下避家諱的習氣，在權臣勢力膨脹到有問鼎之力時，家諱很容易轉化成類似於君諱的普遍避諱。桓溫父名彝，《宋書・州郡志四》中有一則避桓溫父嫌名而改郡名的記載：「平蠻太守，晉懷帝永嘉五年，寧州刺史王遜分牂牁、朱提、建寧立平夷郡，後避桓溫諱改。」〔註141〕又如《晉書・桓玄傳》載：「又發詔爲桓溫諱，有姓名同者一皆改之」〔註142〕這種避家諱已經轉化爲權勢的體現，而不僅是源自孝德之禮了。

　　顏之推對非禮避家諱行爲的批評，可被看成是主張一種有節制的避諱方法，實際上是對「孝子之心」與「公之尊」兩端的中和、平衡。也就是說，一方面部分地滿足了官員避家諱的要求，另一方面也要對其加以限制。不過，前提是，只有在加強了的「公之尊」可對以「孝子之心」爲名濫用家諱的局面加以限制時，這種平衡才不會被打破。然而，在魏晉南北朝的政治背景下，對門閥士族避家諱做出有效限制是不大可能的。

第三節　家諱入律與冒榮居官法的出現

　　顧炎武曾感慨晉唐間的君臣稱呼：「晉以下，人主於其臣，多不呼名。《南史》：『梁蔡撙爲吏部尚書侍中。武帝嘗設大臣餅。撙在坐，帝頻呼姓名，撙竟不答，食餅如故。帝覺其負氣，乃改喚蔡尚書，撙始放筯執笏曰：『爾。』帝曰：『卿向何聾，今何聰？』對曰：『臣預爲右戚，且職在納言，陛下不應以名垂喚。』帝有慚色。』……又南朝人如王敬宏、王仲德、王景文、謝景仁，北朝人如蕭世怡、李元操之輩，名犯帝諱，即以字行，不復更名。……其時堂陛之間，未甚闊絕，君臣而有朋友之義，後世所不能及矣。」〔註143〕

　　晉唐間的君臣關係雖令明清之際備受君權壓迫之士大夫羨慕，但這種

〔註139〕《晉書》卷八一《毛寶傳附毛穆之傳》，第2125頁。
〔註140〕《晉書》卷八一《毛寶傳附毛穆之傳》，第2125頁。
〔註141〕《宋書》卷三八《州郡志四》，第1184頁。
〔註142〕《晉書》卷九九《桓玄傳》，第2592頁。
〔註143〕《日知錄校注》卷二三《人主呼人臣字》，第1306頁。

「朋友之義」絕非帝王本意，而是受社會條件所制約。實際上，爲改變魏晉南北朝避家諱的無序狀態，唐初便開始從國家制度對之加以約束。

一、示寬而實嚴——唐、五代的皇帝之諱

《舊唐書》記載：

> （武德九年六月）己巳，令曰：「依禮，二名不偏諱。近代已來，兩字兼避，廢闕已多，率意而行，有違經典。其官號、人名、公私文籍，有『世民』兩字不連續者，並不須諱。〔註144〕

此令援引禮文放寬了對君主名的避諱，透露了唐初糾正前代「率意而行，有違經典」避諱行爲的意願。值得注意的是，此令發佈於玄武門之變後，可能有在政變後收攬人心的用意。

高宗時期，一系列舉措也顯示出依禮而行的意願。《舊唐書・高宗紀上》記載：「有司請改治書侍御史爲御史中丞，諸州治中爲司馬，別駕爲長史，治禮郎爲奉禮郎以避上名，以貞觀時不諱先帝二字，有司奏曰：『先帝二名，禮不偏諱。上既單名，臣子不合指斥。』上乃從之。」〔註145〕

由於太宗逝世，對於先祖的避諱，也依禮「舍故而諱新」。《唐會要》卷二三中記載：「永徽二年十月七日，尚書左僕射于志寧奏言：『依禮，舍故而諱新，故謂親盡之祖。今皇祖弘農府君。神主當遷，請依禮不諱。』從之。」〔註146〕

對於抄寫經典中的御名避諱，也頒佈詔書強調「臨文不諱」。《唐會要》卷二三中記載：「顯慶五年正月一日詔：『孔宣設教，正名爲首，戴聖貽範，嫌名不諱。比見抄寫古典，至於朕名，或缺其點畫，或隨便改換。恐六籍雅言，會意多爽，九流通義，指事全違，誠非立書之本。自今以後，繕寫舊典文字，並宜使成，不須隨義改易。』」〔註147〕

至武則天當政時期，大臣曲意逢迎迴避其家諱的事例較多。這可能是由政局動蕩而造成的。

則天父名士雙，孫處約之名音似則天父名中一字，因而改名，《舊唐書・孫處約傳》載：「尋避中宮諱，改名茂道。」〔註148〕類似的還有《舊唐書・韋

〔註144〕《舊唐書》卷二《太宗本紀上》，第29～30頁。
〔註145〕《舊唐書》卷四《高宗紀上》，第66～67頁。
〔註146〕《唐會要》卷二三《諱》，第527頁。
〔註147〕《唐會要》卷二三《諱》，第527頁。
〔註148〕《舊唐書》卷八一《孫處約傳》，第2758頁。

思謙傳》所載：「韋思謙，鄭州陽武人也。本名仁約，字思謙，以音類則天父諱，故稱字焉。〔註149〕

則天祖父名華，崔玄暐避武則天祖諱而改名，《舊唐書・崔玄暐傳》中載：「崔玄暐，博陵安平人也。父行謹，爲胡蘇令。本名曄，以字下體有則天祖諱，乃改爲玄暐。」〔註150〕但「曄」字只是偏旁相同，即便說是嫌名也很牽強，遠超出正常避諱。

避諱之禮的原則之一是「婦諱不出門」，而武后權盛之時卻須避其母之諱，《新唐書・魏元忠傳》載：「元忠始名眞宰，……避武后母諱，改今名。」〔註151〕

中宗皇后韋氏也曾權傾一時，《舊唐書・竇懷貞傳》載：「時韋庶人及安樂公主等干預朝政，懷貞每詔順委曲取容，改名從一，以避後父之諱，自是名稱日損。」〔註152〕

憲宗名純，《舊唐書・憲宗紀上》記載了因其嫌名而改地名，甚至改姓的情況：「（永貞元年十月）丁未，改桂州純化縣爲慕化縣，蒙州純義縣爲正義縣。」「（永貞元年十二月）壬寅，改淳州爲巒州，還淳縣爲清溪縣，淳風縣爲從化縣，姓淳于者改姓于。」〔註153〕

不論是武韋當政還是順憲之際，都屬於政治動蕩、帝位不穩的時段，往往會強調避諱來加強君主權威。一旦高層的政治鬥爭平靜一些，君主還是會表現出相對寬容的態度。《唐會要》卷二三記載：「會昌六年四月二十日敕：『中外官僚，有名與御名同者，及文字點畫相似，今後即任奏改。音韻文字，點畫不同，不在奏改之限。」〔註154〕武宗此敕明確表示除與御名相同之外，字形與御名相近的也要須避。而「音韻文字」、「點畫不同」則可以不避。在避諱的方式上，必須正式改名。按禮，音近、形似屬於嫌名，不應諱，但此詔仍要求避諱部分嫌名，嚴厲中蘊含剋制，反映了唐後期避帝諱之態度。

儘管皇帝在一些詔敕顯示出寬容的姿態，但現實情況是君主的嫌名、二名均須避諱。作爲來自異域的觀察者，圓仁《入唐求法巡禮行記》卷一中所

〔註149〕《舊唐書》卷八八《韋思謙傳》，第2861頁。
〔註150〕《舊唐書》卷九一《崔玄暐傳》，第2934頁。
〔註151〕《新唐書》卷一二二《魏元忠傳》，第4349頁。
〔註152〕《舊唐書》卷一八三《竇德玄附任竇懷貞傳》，第4724頁。
〔註153〕《舊唐書》卷一四《憲宗紀上》，第412頁；413頁。
〔註154〕《唐會要》卷二三《諱》，第528～529頁。

記唐朝帝諱更有客觀性：「又大唐國今帝諱昂即云名，先祖諱『純』淳，『訟』誦，『括』，『譽』豫預，『隆基』，『恒』，『湛』，『淵』，『虎』武，『世民』，音同者盡諱。此國諱諸字，於諸書狀中揔不著也。是西明寺僧宗睿法師之所示也。」
〔註155〕

　　後晉時代對避諱的一次討論中系統總結了唐代避君諱的規制，《舊五代史・晉高祖紀三》載：

　　　　（天福三年二月）辛丑，中書上言：「《禮經》云：『禮不諱嫌名，二名不偏諱。』注云：「嫌名，謂音聲相近，若禹與宇、邱與區也。二名不偏諱，謂孔子之母名徵在，言在不稱徵，言徵不稱在。』此古禮也。唐太宗二名並諱，玄宗二名亦同，人姓與國諱音聲相近是嫌名者，亦改姓氏，與古禮有異。廟諱平聲字，即不諱餘三聲；諱側聲，即不諱平聲字。所諱字正文及偏旁缺點，望依令式施行。」
　　　　詔曰：「朝廷之制，今古相沿，道在人弘，禮非天降。方開曆數，虔奉祖宗，雖踰孔子之文，未爽周公之訓。所為二名及嫌名事，宜依唐禮施行。」〔註156〕

這段議論首先指出，唐代避帝諱超出了古禮，普遍迴避嫌名。甚至因姓與帝諱音聲相近而改姓氏。「廟諱平聲字，即不諱餘三聲；諱側聲，即不諱平聲字。」這應是武宗敕文中提到的「音韻文字」之意。

　　唐初以來的一些事例也印證了後晉對唐朝帝諱的總結。《舊唐書・李勣傳》載：「本姓徐氏，名世勣，永徽中，以犯太宗諱，單名勣焉。〔註157〕皇室子孫也要避皇帝之嫌名。《舊唐書・懿德太子重潤傳》載：「懿德太子重潤，中宗長子也。本名重照，以避則天諱，故改焉。」〔註158〕

　　避君主嫌名時，音似是一個標準，《舊唐書・張仁願傳》載：「張仁願，華州下邽人也。本名仁亶，以音類睿宗諱改焉。」〔註159〕又如《新唐書・劉子玄》載：「名知幾，以玄宗諱嫌，故以字行。」〔註160〕

〔註155〕（日）圓仁著：白化文等校注：《入唐求法巡禮行記校注》卷一，花山文藝出版社，2007年，第65～66頁。
〔註156〕《舊五代史》卷七七《晉書三・高祖本紀三》，第1014頁。
〔註157〕《舊唐書》卷六七《李勣傳》，第2483頁。
〔註158〕《舊唐書》卷八六《懿德太子重潤傳》，2834頁。
〔註159〕《舊唐書》卷九三《張仁願傳》，第2981頁。
〔註160〕《新唐書》卷一三二《劉子玄傳》，第4519頁。

　　鄭茂休原名茂諶，與敬宗諱「湛」字形似而改名，這也是避嫌名的一種，《舊唐書·鄭茂休傳》：「茂諶避國諱改茂休。」〔註 161〕類似的還有《舊唐書·李回傳》所載：「李回字昭度，宗室郇王禕之後。父如仙。回本名躔，以避武宗廟諱。」〔註 162〕武宗本名「瀍」與李回本名「躔」形似又音近。

　　《唐會要》卷二十三：「開成元年十一月，中書舍人崔龜從奏：『前婺王府參軍宋昂，與御名同，十年不改。昨日參選，追驗正身，改更稍遲，殊戾敕旨，宜殿兩選。』」〔註 163〕「文宗諱昂，〔註 164〕李昂名犯文宗諱而未改。可見未能及時改名迴避御名，一旦被發現，會受到處罰。

　　雖然以法律的形式對君諱有著相關規定，但具體執行中還是以人們觀念中的避諱方式來進行。《唐律疏議》卷十記載：

> 諸上書若奏事，誤犯宗廟諱者，杖八十；口誤及餘文書誤犯者，笞五十。即為名字觸犯者，徒三年。若嫌名及二名偏犯者，不坐。
> 〔註 165〕

　　《新唐書·李磎傳》中記載了宣宗時期一次上書誤犯廟諱的爭論：

> 磎，字景望。大中末，擢進士，累遷戶部郎中，分司東都。劾奏內園使郝景全不法事，景全反摘磎奏犯順宗嫌名，坐奪俸。磎上言：「『因事告事，旁訟他人』者，咸通詔語也。禮，不諱嫌名；律，廟諱嫌名不坐。豈臣所引詔書而有司輒論奏？臣恐自今用格令者，委曲迴避，旁緣為姦也。」詔不奪俸。〔註 166〕

儘管律文中對上書犯廟諱有著明確的屆定，即「嫌名及二名偏犯者，不坐」，可是在郝景全揭發他「犯順宗嫌名」時，最初仍擬受到奪俸的處罰，在李磎援引了咸通年間詔書、禮文、律文之後，才未被處罰。可見在當時人一般觀念中，犯廟諱嫌名是應受到懲罰的。律文對廟諱寬鬆的屆定似乎不太受重視。

　　關於大臣避皇太子諱的問題，是南北朝以來的老問題，唐朝隨著政治風雲演變，對避太子諱問題有幾次討論。《舊唐書·王方慶傳》載：

> 是歲，正授太子左庶子，封石泉公，餘並如故，俸料同職事三

〔註 161〕《舊唐書》卷一五八《鄭餘慶傳附孫鄭茂休傳》，第 4168 頁。
〔註 162〕《舊唐書》卷一七三《李回傳》，第 4501 頁。
〔註 163〕《唐會要》卷二十三《諱》，第 528 頁。
〔註 164〕《舊唐書》卷十七上《文宗紀》，第 522 頁。
〔註 165〕《唐律疏議》卷十《職制律》，第 201 頁。
〔註 166〕《新唐書》卷一四六《李廊傳附李磎傳》，第 4746 頁。

品，兼侍皇太子讀書。方慶又上言：「謹按史籍所載，人臣與人主言
及上表，未有稱皇太子名者。當爲太子皇儲，其名尊重，不敢指斥，
所以不言。晉尚書僕射山濤啓事，稱皇太子而不言名。濤中朝名士，
必詳典故，其不稱名，應有憑准。朝官尚猶如此，宮臣諱則不疑。
今東宮殿及門名，皆有觸犯，臨事論啓，迴避甚難。孝敬皇帝爲太
子時，改弘教門爲崇教門；沛王爲皇太子，改崇賢館爲崇文館。皆
避名諱，以遵典禮。此即成例，足爲軌模。伏望天恩因循舊式，付
司改換。」制從之。〔註167〕

這次對避皇太子諱的爭論，發生在武則天統治末期，恢復李唐成爲政治演變
的人心所嚮，王方慶建議尊崇太子李顯之名諱，能起到在政治上提高其威望
的作用，有益於恢復李唐的政治走向。可能正是因爲他輔佐太子時的功勞，
「中宗即位，以宮僚之舊，追贈吏部尙書。」〔註168〕

　　這次討論由於有著武后末年政治角力的背景，所以王方慶這次尊崇太子
諱的行爲並未遭到非議。順憲之際的避皇太子諱問題則是另一種情形。

　　《舊唐書‧李藩傳》載：

時順宗冊廣陵王淳爲皇太子，兵部尚書王純請改名紹，時議非
之，皆云：「皇太子亦人臣也，東宮之臣改之宜也，非其屬而改之，
諂也。如純輩豈爲以禮事上耶！」藩謂人曰：「歷代故事，皆自不識
大體之臣而失之，因不可復正，無足怪也。」及太子即位，憲宗是
也。宰相改郡縣名以避上名，唯監察御史韋淳不改。既而有詔以陸
淳爲給事中，改名質；淳不得已改名貫之，議者嘉之。〔註169〕

　　《新唐書‧李藩傳》也記載：「憲宗爲皇太子，王紹避太子諱，始改名，時
議以爲諂。藩曰：『自古故事，由不識體之人敗之，不可復正，雖紹何誅？』」
〔註170〕《唐會要》卷二三記載：「韋貫之爲監察御史。名與東宮同。獨不請
改。既而下詔以陸淳爲給事中。改名質。充皇太子侍讀。貫之不得已。乃上
疏改其名。」〔註171〕

　　順憲之際的永貞內禪爲唐代宦官擅權、操縱廢立的典型事件。順宗任用

〔註167〕《舊唐書》卷八九《王方慶傳》，第2901頁。
〔註168〕《舊唐書》卷八九《王方慶傳》，第2901頁。
〔註169〕《舊唐書》卷一四八《李藩傳》，第3998～3999頁。
〔註170〕《新唐書》卷一六九《李藩傳》，第5151頁。
〔註171〕《唐會要》卷二三《諱》，第528頁。

王伾、王叔文、劉禹錫、柳宗元等人，謀削宦官、藩鎮之權，短時間內即遭失敗。順宗被迫讓位給太子。《舊唐書‧憲宗紀上》載：「順宗即位之年四月，冊爲皇太子。七月乙未，權勾當軍國政事。」〔註172〕這次強調避太子諱，可能有宦官集團意欲廢立而加強太子權威的因素。

王紹在這次避太子諱的事件中表現非常積極，可能和他個人在順宗繼位後在政治上受到壓制有關。《新唐書‧王紹傳》載：「順宗立，王叔文奪其權，拜兵部尙書，出爲東都留守。」〔註173〕

順憲之際的這次避太子諱爭端中，焦點在於非東宮官是否需要迴避，王紹非宮官卻主動要求迴避太子諱，被時議認爲是諂媚的表現。如果考慮到順憲之際南衙北司之爭，那麼王紹還有主動向宦官集團靠攏之嫌。

關於韋貫之，《舊唐書‧李藩傳》記爲「太子即位，憲宗是也。宰相改郡縣名以避上名，唯監察御史韋淳不改。」按此說，則韋貫之在憲宗繼位之後仍不肯避皇帝之諱，似不可能。《唐會要》載韋貫之所堅持的是非宮官不避太子諱，較爲合理。

從「東宮之臣改之宜也，非其屬而改之，諂也」可以看出，當時普遍的觀念是認同東宮官屬還是應該迴避太子之名的。這也與武后末年王方慶的主張略同。憲宗時期太子諱也維持這個原則，《舊唐書‧憲宗紀上》載「（元和五年）二月辛未朔。戊子，禮院奏東宮殿閣名及宮臣姓名，與太子名同者改之，其上臺官列、王官爵土無例輒改，從之。」〔註174〕

《唐會要》卷四也記載了元和五年這次關於太子諱的討論，並簡要回顧了唐代避太子諱的慣例：「元和五年二月，太常禮院奏：『百官避皇太子名諱，詳禮經，公卿大夫與太子同名無嫌。蓋尊統於上，太子同在臣子之列。國朝故事，東宮官號，並東宮殿及門名，與太子名同皆改，然無百官避東宮名者。德宗在春宮，處州舊名不改，並御史院同姓名者亦不改。伏以宮臣名及宮殿門名，並百官宗姓中，有與皇太子名同者，即干儀制，禮合迴避。臺官及王公爵土名號，推義比例，並無改文。』詔可。」〔註175〕

五代短祚之朝，在帝諱規定上也標榜遵禮而行。《舊五代史‧後唐明宗紀三》載：「有司上言：『莊宗祔廟，懿祖祧遷，準例舍故而諱新，懿祖例不

〔註172〕《舊唐書》卷一四《憲宗紀上》，第411頁。
〔註173〕《新唐書》卷一四九《王紹傳》，第4805頁。
〔註174〕《舊唐書》卷一四《憲宗紀上》，第430頁。
〔註175〕《唐會要》卷四《雜錄》，第52頁。

諱，忌日不行香。』從之。」〔註176〕

對於偏旁與御名相同問題，也表現出寬容的態度。《舊五代史·後唐明宗紀五》載：「詔應廟諱文字，只避正文，其偏旁文字，不用虧缺點畫。」〔註177〕

後唐末帝雖出身將門，《舊五代史·後唐末帝紀中》記載了他對帝諱的剋制態度：「（清泰二年五月）庚戌，中書奏：『準敕，凡廟諱但迴避正文，其偏旁文字不在減少點畫。今定州節度使楊檀、檀州、金壇等名，酌情制宜，並請改之。其表章文案偏旁字闕點畫，凡臣僚名涉偏旁，亦請改名。』詔曰：『偏旁文字，音韻懸殊，止避正呼，不宜全改。楊檀賜名光遠，餘依舊。』」〔註178〕

不過，五代對古禮中嫌名、二名等問題的態度和唐朝是一致的。後晉在回顧了唐朝避諱之制後認為古禮不足依奉，《舊五代史·後晉高祖紀三》載：「詔曰：『朝廷之制，今古相沿，道在人弘，禮非天降。方開曆數，虔奉祖宗，雖蹈孔子之文，未爽周公之訓。所為二名及嫌名事，宜依唐禮施行。』」〔註179〕

五代普遍的情況是君主之諱除依舊避諱嫌名、二名。如《新五代史·鄭遨》：「鄭遨，字雲叟，滑州白馬人也。唐明宗祖廟諱遨，故世行其字。」〔註180〕

要求臣下改姓而避君諱的例子也屢見不鮮。《舊五代史·梁太祖紀三》記載後梁因成汭之姓犯朱溫父諱而賜其周姓：「汭之本姓犯文穆皇帝廟諱，至是因追贈，以其系出周文，故賜姓周氏。」〔註181〕避帝諱而改姓的例子還有《舊五代史·後唐明宗紀五》中也記載：「（天成三年八月）詔凡有姓犯廟諱者，以本望為姓。」〔註182〕《舊五代史·後晉少帝紀二》注引《東都事略·陶穀傳》提到：「穀本姓唐，避晉祖諱改姓陶，蓋當時避諱及偏旁字及同音字也。」〔註183〕

《舊五代史·後晉少帝本紀一》中更是詳細記載了各種避帝諱的事項：

〔註176〕《舊五代史》卷三七《唐書一三·明宗本紀三》，第509頁。
〔註177〕《舊五代史》卷三九《唐書一五·明宗本紀五》，第534頁。
〔註178〕《舊五代史》卷四七《唐書二三·末帝本紀中》，第648頁。
〔註179〕《舊五代史》卷七七《晉書三·高祖本紀三》，第1014頁。
〔註180〕《新五代史》卷三四《鄭遨傳》，第370頁。
〔註181〕《舊五代史》卷三《梁書三太祖本紀三》，第56頁。
〔註182〕《舊五代史》卷三九《唐書一五·明宗本紀五》，第540頁。
〔註183〕《舊五代史》卷八二《晉書八·少帝本紀二》，第1081頁。

「秋七月癸未朔，百官素服臨於天清殿。戊子，詔應宮殿、州縣及官名、府號、人姓名，與先帝諱同音者改之。改西京明堂殿爲宣德殿，中書政事堂爲政事廳，堂後官房頭爲錄事，餘爲主事。」〔註184〕《舊五代史‧後晉少帝紀二》：「（天福八年七月）癸巳，改陝州甘棠驛爲通津驛，避廟諱也。」〔註185〕

　　總的來看，經過了唐、五代的發展，君主之諱呈現出逐漸嚴厲的趨勢，儘管屢有寬鬆帝諱的詔書降下，而且還有律文對避諱範圍的限定，但在現實中並不受重視。另一方面，大臣對於君諱也更加尊重，甚至有以避諱來諂媚的現象。

二、「冒榮居之」條與任官避家諱

　　《唐律疏議》「諸府號、官稱犯父祖名，而冒榮居之」條，是現存法典中最早全面規定任官避家諱的法條。首先來看《名例律》中對這項罪名的規定。

　　　諸府號、官稱犯父祖名，而冒榮居之……免所居官。謂免所居之一官。若兼帶勳官者，免其職事。即因冒榮遷任者，並追所冒告身。

　　　【疏】議曰：府號者，謂省、臺、府、寺之類。官稱者，謂尚書、將軍、卿、監之類。假有人父、祖名常，不得任太常官；父祖名卿，亦不合任卿職。若有受此任者，是謂「冒榮居之」。選司唯責三代官名，若犯高祖名者，非。

　　　注：謂免所居之一官。若兼帶勳官者，免其職事。

　　　【疏】議曰：稱免所居官者，職事、散官、衛官同階者，總爲一官。若有數官，先追高者；若帶勳官，免其職事；如無職事，即免勳官高者。

　　　注：即因冒榮遷任者，並追所冒告身。

　　　【疏】議曰：假有父祖名常，冒任太常之職，秩滿之後，遷任高官，事發論刑，先免所居高品，前得冒榮告身仍須追奪。〔註186〕

　　在《職制律》中也記錄有這項罪名。

〔註184〕《舊五代史》卷八一《晉書七‧少帝本紀一》，第 1068～1069 頁。
〔註185〕《舊五代史》卷八二《晉書八‧少帝本紀二》，第 1081 頁。
〔註186〕《唐律疏議》卷三《名例》第 56～58 頁。

諸府號、官稱犯父祖名，而冒榮居之，……徒一年。

【疏】議曰：府有正號，官有名稱。府號者，假若父名衛，不
得於諸衛任官；或祖名安，不得任長安縣職之類。官稱者，或父名
軍，不得作將軍；或祖名卿，不得居卿任之類。皆須自言，不得輒
受。〔註187〕

兩處記載內容相似，但性質不同。《職制律》的性質屬於行政法規，「冒
榮居之」是其中一條具體的罪名；《名例律》記載的內容只是《唐律》中的一
些原則，具體來說，就是以官抵罪在「冒榮居之」條中具體的實施原則。二
者一爲行政法，一爲「總則」，但是內容相似，互爲補充，都反映了《唐律疏
議》中有關任官避家諱問題的看法，對兩者可以通同考察。〔註188〕

首先，從罪名來看，「諸府號、官稱犯父祖名，而冒榮居之」的規定，
意在懲罰一些任官時不避家諱的官員。然而，如上文所述，兩晉以後，這一
問題的嚴重之處體現爲官員多濫避家諱，並不是「貪冒榮寵」求官而不顧家
諱。也就是說，《唐律疏議》之所以有這樣的規定，是希望通過立法的手段
對任官濫避家諱行爲加以約束，而糾正任官不避家諱的作用倒在其次了。律
法中列出相應的條目對「任官須避家諱」或者「任官不可避家諱」加以規定，
本應是解決此問題最直接的辦法，然而，《唐律疏議》卻沒有採取直接肯定
或否定的表述方法，只提到，如果「諸府號、官稱犯父祖名，而冒榮居之」，
則予以懲罰。事實上，唐律的主要目的還是在於，直指那些現實中數量很少
甚至並不存在的「冒榮」之徒。

推究《唐律疏議》中出現此種表述方法的原因，其中一條可能是因爲，
法律規定畢竟只是社會規範的「底線」，所以，《唐律》中並不直接出現認同
任官避家諱的文字，而是對任官不避家諱的官員予以懲罰，也相當於間接地
表達了對任官避家諱的肯定。

另一個原因，可能與任官避家諱本身所處的尷尬地位有關。避家諱的動
力本來是出於後人對祖先名諱的尊重，而在政治場合避家諱更是爲了在君主
面前維護個人的家族尊嚴。然而，這樣的做法勢必與君主的獨尊地位相牴觸，
君主爲了強調和維護其獨尊地位，也會刻意對官員在政治場合避家諱有所抑

〔註187〕《唐律疏議》卷十《職制》，第 206 頁。
〔註188〕在界定「冒榮居之」的內涵時，兩處內容相似，但在法律執行中，兩處記載
　　　　的地位不同，規定的處罰措施也不同，待後文詳述。

制。在這種情況下，制定相關法律其實是一個兩難的選擇。也就是說，如果公然提倡任官避家諱，則必然損害君主的獨尊地位；但是否定任官避家諱，又不符合儒家倫理。前代對這一問題的規定，都只做到了顧及其中某一方面，一直未能出現一個兩全的解決辦法。如「父祖與官職同名，皆得改選」，就是站在讚同任官避家諱的立場上，以損害君主尊嚴爲代價；而「君前無私諱」、「不以家事辭王事」，又完全站在君主的立場上，體現出以「公義奪私情，王制屈家禮」的原則。

「冒榮居之」這一罪名的出現，既照顧到君主的尊嚴，又維護了儒家倫理，是「君之尊」與「孝子之心」折衷的產物。有了這樣的規定，官員在接受朝廷官職時就需要首先考慮自身家諱，如果官名與家諱有衝突，則「皆須自言，不得輒受」，否則「若有受此任者，是名『冒榮居之』」。「榮」，意指君主賜予官員的名位，官員因對官位的貪婪而隱瞞家諱，視作欺瞞君主，這與君主強制其擔任與家諱相衝突的官職性質不同。在這個罪名的表述中，維護君主之尊與任官避家諱之間的矛盾被化解，官員的「冒榮」是罪名成立的唯一因素。「公之尊」與「孝子之心」的衝突不復存在，官員的德行是法律檢視的對象。

以上述方式來表述該罪名，兼顧了君主尊嚴與官員避家諱雙方面的要求，但絕不等同於對任官避家諱的完全肯定。任官避家諱的內涵有兩層：一是「家諱」，一是「官」，「官」須避免與「家諱」重合。魏晉南北朝任官避家諱的無序狀態主要表現在兩個方面：一方面是作爲避諱對象的家諱界限模糊，另一方面是對「任官」之「官」沒有具體規定。而《唐律疏議》中則對任官避家諱做出了較爲詳細的規定。

首先，從家諱的範圍來看，規定了避諱的內容是「父祖名」。這裡面包含兩層意思：第一，家諱的世代範圍是「父祖」，其中之「祖」並非專指祖父。「選司唯責三代官名，若犯高祖名者，非」，表明父、祖父、曾祖父皆在避諱範圍內，曾祖父以上的祖先之名不在任官避家諱的範圍內。這就從世代上限制了避家諱的範圍。

第二，家諱的實體內容是避父祖之「名」，字、小字不作爲任官時避家諱的內容，這就從內涵上限制了避家諱的範圍。魏晉南北朝以後，家諱的內涵已經發展得相當廣闊，從世代上來看，可以擴展到遠祖，〔註189〕從內容上來

〔註189〕可參見范志新：《避諱學》，第 70 頁。

看，盛行避字、避小字。〔註190〕而《唐律疏議》的規定則將其局限在一個較小的範圍內。

其次，針對「官」的內涵，《唐律疏議》將其界定為「府號、官稱」。「府號者，謂省、臺、府、寺之類。官稱者，尚書、將軍、卿、監之類。」在此範圍內，如與家諱相犯，才適用於「冒榮居官」法。經過這樣一番界定，類似西晉時「父諱與府主名同」的情況就不應迴避了。對於一些容易引起歧義的內容做了額外解釋：如「府號」和「官稱」。「官稱」與家諱相犯的情況容易理解，「官稱者，或父名軍，不得作將軍；或祖名卿，不得居卿任之類」。「府號」的問題則較為複雜，府即官署，但究竟是同一官署之內所有官員的家諱都不能與「府號」相衝，還是該府長官的家諱不能與府號相衝。《唐律疏議》中列舉的例子是「假有人父、祖名常，不得任太常官」。律文中還提到「府號者，假若父名衛，不得於諸衛任官」，從句意來看，應是「諸衛」之內所有官員的家諱皆不得與「衛」字相犯。「或祖名安，不得任長安縣職之類」，也是指長安縣所有官員。這樣看來，應是泛指同一官署下所有官員。

「冒榮居之」條與一般的刑律不同，其設立的主要目的是為了調節意識形態方面的矛盾。另外一個不同之處在於，官員對任官避家諱的積極性也似乎較高，很少有人會隱瞞自身家諱而「冒榮居之」。因而，《唐律》在處理此類問題時，重點不是制定執行和懲罰的措施，而是偏重於對內容的討論和解釋。

「冒榮居官」法是將倫理道德納入法律，不過道德所提倡的為高標準理想之行為，法律是懲戒的是行為之底線。一旦違反作為理想行為的道德，從史料來看，在制度上似乎並沒有形成嚴格的檢舉制度。《新唐書·李涵傳》載：「德宗嗣位，以涵和易無所繩舉，除太子少傅、山陵副使。以父諱徙光祿卿。」〔註191〕《舊唐書·李涵傳》記載此事更加詳細，更加反映出對任官避家諱行為的監督情況：

> 德宗即位，以涵和易，無剸割之才，除太子少傅，充山陵副使。涵判官殿中侍御史呂渭上言：「涵父名少康，今官名犯諱，恐乖禮典。」宰相崔祐甫奏曰：「若朝廷事有乖舛，群臣悉能如此，實太平之道。」除渭司門員外郎。尋有人言：「涵昔為宗正少卿，

〔註190〕可參見王新華：《避諱研究》，第78～80頁。
〔註191〕《新唐書》卷七八《永安王孝基傳附李涵傳》，第3517頁。

此時無言，今爲少傅，妄有奏議。」詔曰：「呂渭僭陳章奏，爲其
本使薄訴官名。朕以宋有司城之嫌，晉有詞曹之諱，歎其忠於所事，
亦謂確以上聞。乃加殊恩，俾膺厚賞。近聞所陳『少』字，往歲已
任少卿，昔是今非，周我何甚！豈得謬當朝典，更廁周行，宜佐遐
藩，用誡薄俗。可歙州司馬同正。」由是改涵爲檢校工部尚書、兼
光祿卿，仍充山陵副使。無幾，以右僕射致仕。興元元年九月卒，
追贈太子太保。〔註192〕

宰相崔祐甫「若朝廷事有乖舛，群臣悉能如此，實太平之道」的言論，充分
反映了「冒榮居官」法的道德特性。這也暗示了當時類似李涵任官犯家諱這
樣「乖舛」之事尚多，只是並非每一次都有人檢舉揭發。李涵任「宗正少卿」
時並無人檢舉，而當他「除太子少傅，充山陵副使」時卻遭到揭發，可能是
由於二官高下有別，「太子少傅」及「山陵副使」的顯赫地位爲其招來謗議。
這個事例從李涵角度來看，可以發現他避家諱的意識相較南北朝時期那些極
端避家諱的行爲已經有了很大轉變，即願意接受犯其家諱的官職。李涵並非
蔑視孝德之人，史載：「初平河朔，代宗以涵忠謹洽聞，遷左庶子、兼御史
中丞、河北宣慰使。會丁母憂，起復本官而行，每州縣郵驛，公事之外，未
嘗啓口，疏飯飲水，席地而息。使還，請罷官終喪制，代宗以其毀瘠，許之。」
〔註193〕從其哀母之喪而「毀瘠」可以看出他至孝一面。但他在丁母憂中仍
願意起復，也表現了他重視朝廷職務的一面。這和他對待任官避家諱的態度
是一樣的。涵爲李唐宗室，時論「涵簡素恭愼，有名宗室」，被譽爲「宗枝
之英」，〔註194〕如此家世背景，仍將官職至於家諱之上，更不用說眾多汲汲
仕進之徒了。

　　李涵雖未被懲罰，但仍改授光祿卿以避家諱，體現了任官避家諱的強制
力。《獨異志》中所記一則故事從反面體現了任官避家諱的硬性約束力，但也
反映了「孝子」的變通方式：「唐長慶、太和中，王初、王哲，俱中科名。其
父仲舒顯於時。二子初宦，不爲秘書省官，以家諱故也。既而私相議曰：『若
遵典禮避私諱，而吾昆弟不得爲中書舍人、中書侍郎、列部尚書。乃相與改
諱，只言仲字可矣。』又爲宣武軍掌書記。識者曰：『二子逆天忤神，不永。』

〔註192〕《舊唐書》卷一二六《李涵傳》，第3562頁。
〔註193〕《舊唐書》卷一二六《李涵傳》，第3561～3562頁。
〔註194〕《舊唐書》卷一二六《李涵傳》，第3561頁。

未幾相次殞謝。」〔註 195〕可見任官避家諱對官員的約束力是比較強的，只是這種約束力是由避家諱的社會風氣、士人所認同的禮文以及律法所共同構成的。唐代士人對嫌名、二名的避諱就反映了社會普遍崇尚家諱風氣的條件下，律法甚至並不構成主要約束力。

「冒榮居官」條中較爲全面地規定了任官避家諱的性質、內涵、違反後的刑罰及執行方法，但仍有一些任官避家諱中的常見情況未被收入其中，這主要涉及「二名」、「嫌名」的避諱。唐代士人延續南北朝以來避諱風氣，大多情況下對避家諱持積極態度，很少有冒榮而被糾之情況。史籍中涉及任官與避諱之時，對禮文的引用要遠超過引用此條律文。

儘管《禮記》中有「禮不諱嫌名，二名不偏諱」的記載，但唐代律文中不見此項規定與懲罰。〔註 196〕也正因如此，有些官員在任官避家諱時特別提出避嫌名、二名的請求，較明顯的體現在對嫌名的避諱上。

> 以中書舍人衛洙爲工部侍郎。尋改銀青光祿大夫、檢校禮部尚書，兼滑州刺史、御史大夫、駙馬都尉，充義成軍節度、鄭滑潁觀察處置等使。洙奏狀稱：「蒙恩除授滑州刺史，官號內一字與臣家諱音同，雖文字有殊，而聲韻難別，請改授閒官者。」敕曰：「嫌名不諱，著在禮文，成命已行，固難依允。」〔註 197〕

這個例子體現了朝廷據禮否定大臣避嫌名的請求。不過也有一些准許的情況。比如：

> 建中末，普王爲襄漢元帥，以復爲戶部尚書、統軍長史，以復父名衡，特詔避之，未行。〔註 198〕

「統軍長史」，實爲行軍長史。「蕭復爲晉王行軍長史，德宗以其父名衡，乃改爲統軍長史，則朝廷之上且爲臣子避嫌名矣。」〔註 199〕考《廣韻》，「衡」、「行」同爲戶庚切。〔註 200〕因行軍長史犯蕭復父嫌名，朝廷欲將此官名改爲

〔註 195〕（唐）李冗：《獨異志・補佚》，中華書局，1983 年，第 86 頁。
〔註 196〕《唐律疏議》中在提到對君主的避諱時曾規定，不諱嫌名、二名，但在對冒榮居官做規定時並未提到，一些著述據此而得出「唐制，不諱嫌名，二名不偏諱」的結論。（陳垣：《史諱舉例》，第 107 頁）如果是指君主之名諱，這個結論是言之有據的，但是君主之諱與士人避家諱的發展並不同步，似不能一概言之。
〔註 197〕《舊唐書》卷一九《懿宗本紀上》，第 651 頁。
〔註 198〕《舊唐書》卷一二五《蕭復傳》，第 3551 頁。
〔註 199〕趙翼：《陔餘叢考》卷三十一《嫌名》，第 669 頁。
〔註 200〕蔡夢麒：《廣韻校釋》，長沙：嶽麓書社，2007 年，第 395 頁。

統軍長史，雖然後來由於種種原因未能行用，但仍反映出唐朝禁止避嫌名的態度並不清晰。

《唐律疏議》中並未明確規定避嫌名，朝廷在此類問題上的態度也是時禁時許。從社會風尚的角度來看，當時避嫌名的風氣極爲盛行。

> 李賀字長吉，宗室鄭王之後。父名晉肅，以是不應進士，韓愈爲之作《諱辨》，賀竟不就試。〔註201〕

韓愈曾就此事撰文強烈批判當時濫避家諱的風氣，認爲是那些與李賀「爭名」之人故意曲解避家諱之意，以利於自身科舉中第。韓愈先引用律文辯解：「《律》曰：『二名不偏諱。』釋之者曰：謂若言『徵』不稱『在』，言『在』不稱『徵』是也。《律》曰：『不諱嫌名。』釋之者曰：謂若『禹』與『雨』、『丘』與『區』之類是也。今賀父名晉肅，賀舉進士，爲犯『二名律』乎？爲犯『嫌名律』乎？父名晉肅，子不得舉進士；若父名『仁』，子不得爲人乎？」然後又回顧了避諱的歷史與現實，加以論述：「周公作詩不諱；孔子不偏諱二名；《春秋》不譏不諱嫌名；康王釗之孫實爲昭王；曾參之父名晳，曾子不諱『昔』。周之時有騏期，漢之時有杜度，此其子宜如何諱？將諱其嫌，遂諱其姓乎？將不諱其嫌者乎？漢諱武帝名徹爲『通』，不聞又諱『車轍』之『轍』爲某字也；諱呂后名雉爲『野雞』，不聞又諱『治天下』之『治』爲某字也。今上章及詔不聞諱『滸』、『勢』、『秉』、『饑』也，惟宦官宮妾乃不敢言『諭』及『機』，以爲觸犯。士君子言語行事，宜何所法守也？今考之於經，質之於律，稽之以國家之典，賀舉進士爲可邪，爲不可邪？」〔註202〕

在從律、禮角度做了分析之後，韓愈諷刺道：「今世之士，不務行曾參、周公、孔子之行，而諱親之名則務勝於曾參、周公、孔子，亦見其惑也！」〔註203〕儘管韓愈的態度主要是反對諸如避嫌名等濫避家諱的行爲，不過也從側面反映了當時社會上這種行爲之盛行。

韓愈爲文論事的一些觀點在當時看來是有些激進的：「常以爲自魏、晉已還，爲文者多拘偶對，而經誥之指歸，遷、雄之氣格，不復振起矣。故愈所爲文，務反近體，抒意立言，自成一家新語。後學之士，取爲師法。當時作

〔註201〕《舊唐書》卷一三七《李賀傳》，第3772頁。

〔註202〕（唐）韓愈著，（宋）朱熹校：《朱文公校韓昌黎先生集》卷十二《諱辨》，四部叢刊本。

〔註203〕（唐）韓愈著，（宋）朱熹校：《朱文公校韓昌黎先生集》卷十二《諱辨》，四部叢刊本。

者甚眾，無以過之，故世稱『韓文』焉。然時有恃才肆意，亦有斳孔、孟之旨。」〔註204〕可以想見，韓愈對家諱的看法大概不會被當世所接受。因而儘管韓愈為之激辯，終究還是抵不過當時避諱的風氣，李賀最終沒有應舉。

可以想像，在普遍避嫌名的背景下，即使律文明令禁止任官避嫌名，恐怕也難以實施。圓仁在《入唐求法巡禮行記》中也記載了他觀察到的唐朝大臣日常交往中迴避嫌名：「廿六日，李相公隨軍游擊將軍沈弁來諮問，兼語相公諱四字：『府、吉、甫、雲』四字也。翁諱『雲』、父諱『吉甫』。」〔註205〕

雖沒有穩定的檢舉糾察制度，但由於士人避家諱風氣之盛，基本都能做到「冒榮居官」法所規定的「皆須自言，不得輒受」，很少有記載官員不尊家諱而引人糾彈。柳宗元的上書是少有的引用律文的例子：

> 右臣伏準《名例律》：諸官與父祖諱者同，不合冒榮居之。臣祖名察躬，今臣蒙恩授前件官，以幼年逮事王父，禮律之制，所不敢逾，臣不勝進退惶恐之至。謹詣光順門奉狀以聞，伏聽敕旨。貞元十九年閏十月日，承議郎新除監察御史臣柳宗元奏。
>
> 奉敕新除監察御史柳宗元，祖名察躬，準禮，二名不偏諱，不合辭讓。年月日檢校司空同中書門下平章事杜佑宣。〔註206〕

這則材料顯示，柳宗元正是根據律文的規定而主動上書。值得注意的是，《名例律》規定，對「冒榮居官」的刑罰是「免所居官」，而《職制律》是「徒一年」，對同一罪名有兩處規定，且處罰的方式不同。此處柳宗元援引了《名例律》而非《職制律》中的規定，是因為《唐律疏議》對除名、免官等刑罰有著特別的規定，如下：

> 其犯除、免者，罪雖輕，從例除、免；
>
> 【疏】議曰：假有五品以上職事及帶勳官，於監臨內盜絹一匹，本坐合杖八十，仍須準例除名；或受財六尺一尺而不枉法，本坐徒一年半，亦準例免官；或姦監臨內婢，合杖九十，亦準例免所居官。〔註207〕

〔註204〕《舊唐書》卷一六〇《韓愈傳》，第4203～4204頁。
〔註205〕（日）圓仁著；白化文等校注：《入唐求法巡禮行記校注》卷一，第38頁。
〔註206〕（唐）柳宗元著，廖瑩中編著：《柳河東集》卷三十九《讓監察御史狀》，上海：上海人民出版社，1974年，第624～625頁。
〔註207〕《唐律疏議》卷三《名例》，第64頁。

這條律文規定了犯除名、免官、免所居官罪時的處罰原則。從中可以看出，「除、免」之罪在處罰上的優先性與嚴重性。按《唐律》「五品以上，一官當徒二年。」〔註 208〕「杖八十」、「徒一年半」、「杖九十」皆是輕罪，不至於丟官，本可以贖銅抵罪，但是「監臨內盜絹」、「受財六尺而不枉法」、「姦監臨內婢」等罪除了被施以上述杖、徒刑外，還附帶受到除名、免官、免所居官的刑罰，這就不允許按照普通杖刑、徒刑來收贖了，而是執行除、免的懲罰。這項規定相當於在某些特定罪行上取消了官員贖銅的特權，一旦犯罪，直接除名、免官或免所居官，不允許收贖，這反映了法律對此類罪行的重點打擊。不僅如此，「冒榮居之」條還附帶「免所居官」的刑罰，也表明此類罪行屬於法律重點懲罰的對象。由此可見，雖然「徒一年」本可收贖，但因涉及到了冒榮居官，「免所居官」在所難免，這也是柳宗元上書中提到《名例律》而非《職制律》中規定的原因。

接下來需要討論的是，在「免所居官」後，是否還需要接受「徒一年」的懲罰。劉俊文先生指出，《名例律》中的「除名」、「免官」、「免所居官」乃是「從刑」，是要和「主刑」一起並罰的。在論及「除免」、「官當」、「贖刑」三者的關係時，他又進一步指出，「官人犯當除免之罪，即無條件除免之；但因除免而被虢奪之官，仍可用以當罪」。〔註 209〕具體到「冒榮居官」，該法條規定的刑罰，主刑為「徒一年」，從刑為「免所居官」，理應並罰。不過，由於所免的官按規定還可以用於「官當」，主刑「徒一年」似應併入到從刑「免所居官」中，這樣，「免所居官」應該是「冒榮居官」法的唯一刑罰，正因如此，柳宗元在援引法律條文時也直接引用的是《名例律》的規定。

很多例子中的官員在避家諱上是很主動，並執意堅持的，多不涉及律文。如《舊唐書・源乾曜傳》載：「（開元十七年秋）遷太子少師，以祖名師，固辭，乃拜太子少傅，封安陽郡公。」〔註 210〕又如《舊唐書・裴冑傳》載：（德宗時期）「尋徵為少府少監，除京兆少尹，以父名不拜，換國子司業。」〔註 211〕《新唐書・柳公綽傳》載其：「改禮部尚書，以祖諱換左丞。」〔註 212〕《新唐書・馮宿傳》：「馮宿字拱之，婺州東陽人。父子華，廬親墓，有靈芝、白兔，

〔註 208〕《唐律疏議》卷二《名例》，第 44 頁。
〔註 209〕劉俊文：《唐律疏義箋解》，第 247 頁。
〔註 210〕《舊唐書》卷九八《源乾曜傳》，第 3072 頁。
〔註 211〕《舊唐書》卷一二二《裴冑傳》，第 3507 頁。
〔註 212〕《新唐書》卷一六三《柳公綽傳》，第 5021 頁。

號『孝馮家』。宿，貞元中與弟定、從弟審寬並擢進士第⋯⋯進中書舍人，出華州刺史，避諱不拜，徙左散騎常侍、兼集賢殿學士。」〔註213〕《新唐書・蔣儼傳》載：「永隆二年，以老致仕。未幾，復召爲太僕卿，以父諱辭官，徙太子右衛副率。」〔註214〕

有時君主也會替臣下著想，任命其官職時會主動避其家諱。這意味著，避家諱成爲君主對臣子的恩典。而且在具體實施中，是否允許任官避家諱受政治因素的影響較大。

《奉天錄》中記載了一則生動的事例：

> 信宿，帝謂惟明曰：「朕心即終南之不移，卿志如寒松之不變。不惟吾答卿勤王，別有茅土報卿志義。」尋除渭北觀察，惟明受旨而色不暢。帝知之，謂惟明曰：「卿家有諱，所以受卿此任也。」惟明受詔赴任，續有詔旨謂惟明曰：「卿父成節，但諱『成』，不須諱『節』。」尋加渭北節度兼觀察處置等使。中使繼踵，其寵遇如此。〔註215〕

德宗皇帝考慮到大臣家諱而改授以不犯家諱之官，但論惟明爲吐蕃人，雖三代仕唐，但從論惟明「色不暢」一語，可以看出此時的他仍看重節度使職位明顯要重於家諱。皇帝將避家諱視作殊恩之一，論惟明卻並不十分理解。德宗下詔「卿父成節，但諱『成』，不須諱『節』」來解釋，最終仍授予其節度使之職。此例中任職是否避家諱，全在於皇帝之意願與解釋。

又如《舊唐書・蕭復傳》所載：「建中末，普王爲襄漢元帥，以復爲戶部尚書、統軍長史，以復父名衡，特詔避之，未行。扈駕奉天，拜吏部尚書、平章事。」〔註216〕此例中，皇帝對於所寵信的大臣，可以爲避其之父嫌名而改官名。

《通典・父諱與府主名同議》載：「賈曾除中書舍人，固辭，以父名忠，同音。議者以爲中書是曹司名，又與曾父音同字別，於禮無嫌。曾乃就職。」〔註217〕時議認爲中書乃曹司非官稱，加之嫌名不應諱，所以不用避家諱。此例似乎是在尊禮而行。但《新唐書・賈曾傳》對此事過程記載更爲詳細：

> 俄擢中書舍人，以父嫌名不拜，徙諫議大夫，知制誥。天子親

〔註213〕《新唐書》卷一七七《馮宿傳》，第5278頁。
〔註214〕《新唐書》卷一○○《蔣儼傳》，第3943頁。
〔註215〕（唐）趙元一撰；夏婧點校：《奉天錄》卷四，中華書局，2014年。
〔註216〕《新唐書》卷一二五《蕭復傳》，第3551頁。
〔註217〕《通典》卷一○四《父諱與府主名同議》，第2733頁。

> 郊，有司議不設皇地祇位，曾請合享天地如古制並從祀等坐。睿宗
> 詔宰相禮官議，皆如曾請。開元初，復拜中書舍人，曾固辭。議者
> 謂中書乃曹司，非官稱，嫌名在禮不諱，乃就職。與蘇晉同掌制誥，
> 皆以文辭稱，時號「蘇賈」。〔註218〕

可知賈曾兩次受命「中書舍人」，皆曾固辭，景雲中即獲改任，開元中經過議者一番對禮義、律文的討論最終就職。賈曾之所以一再被委以重任，而且開元中這次任命最終被接受，可能是因為他曾為玄宗為太子時的舊屬有關，《新唐書·賈曾傳》載：「曾少有名，景雲中，為吏部員外郎。玄宗為太子，遴選宮僚，以曾為舍人。」〔註219〕

通過這些事例，可以看出任官避家諱在現實執行中，受政治因素、君主意志等影響，有較大地不確定性。

《唐律疏議》中「冒榮居之」條的出現，開啟了任官避家諱法典化的時代。不過，唐代社會中崇尚家諱的風氣仍在，避諱之盛也不就難理解。所以任官避家諱還無法完全按照法令來實施。不過，同樣是尊崇家諱，唐代三百年間避諱風氣也逐漸有了較大地改變，而這種改變，將會造成避家諱行為的變質。

三、避諱風氣之變

家諱與孝相聯繫而形成的「孝子聞名而心瞿」觀念，以及士人對經典的認同，支撐與維繫著漢唐間形形色色的避家諱行為。甚至「君之尊」在有些時候也要對「孝子之心」做出讓步。維繫任官避家諱的經典論述在於「孝子之心」，而社會基礎是士人面對君主時的自尊。儘管唐代將任官避家諱行為制度化、法典化，但士人在君主之前的自尊卻越來越削弱了。這進一步導致官員避家諱時心理變化，即，避家諱之心弱於尊從制度之心。孝心衰而遵紀守法之心重。

作為士人間所共同崇尚的文化，避己家諱是孝心的反映。避他人家諱是個人修養的一種重要表現。一旦士大夫的避諱之心變化，避家諱行為不是源自於孝心，而是要靠制度、法律去維持的話，那麼任官避家諱也就脫離了初衷。

上文所引《獨異志》故事體現了僵化後的避家諱日漸成為一種外在的約束與慣例。避家諱由「極端主義」變為例行公事，甚至出現了規定應避家諱，

〔註218〕《新唐書》卷一一九《賈曾傳》，第 4298 頁。
〔註219〕《新唐書》卷一一九《賈曾傳》，第 4297 頁。

而「孝子」卻爲了顯官而想方設法不迴避的情況。《獨異志・補佚》載：

> 唐長慶、太和中，王初、王哲，俱中科名。其父仲舒顯於時。
> 二子初官，不爲祕書省官，以家諱故也。既而私相議曰：「若遵典禮
> 避私諱，而吾昆弟不得爲中書舍人、中書侍郎、列部尚書。乃相與
> 改諱，只言仲字可矣。」又爲宣武軍掌書記。識者曰：「二子逆天忤
> 神，不永。」未幾相次殞謝。」〔註220〕

王氏兄弟之父王仲舒雖負文學之才，但當時一些持重之士看來，王仲舒屬於
浮薄之人。《舊唐書・李藩傳》載：「王紹持權，邀藩一相見即用，終不就。
王仲舒、韋成季、呂洞輩爲郎官，朋黨輝赫，日會聚歌酒，慕藩名，強致同
會，藩不得已一至。仲舒輩好爲訛語俳戲，後召藩，堅不去，曰：『吾與仲舒
輩終日，不曉所與言何也。』後果敗。」〔註221〕

這則記載反映出王氏兄弟心中官位大於家諱的觀念。對於王氏兄弟的作
爲，不能簡單以時人「逆天忤神」的看法來評價。在官員不再能憑藉出身來
輕易獲得高官顯位的時代，將仕途放在首位，也無可厚非。反之，只有獲得
高官，才能更好地張大門戶，光宗耀祖。從這個角度看來，一定程度放棄迴
避家諱而獲得官職，與孝道又是不衝突的，是一些士人面對改變了的社會環
境與政治環境，而作的一種自我調整。

不過，文化相對政治與社會發展有滯後性，一些較早適應新體制的人，
往往被輿論所不齒。王氏兄弟應屬此例。唐末五代，作爲南北朝以來避諱文
化承載者的士族階層衰相更加明顯。嚴格地維持避家諱作爲一種舊時代的文
化，更加顯得與時代格格不入了。

五代之臣，出身低微者多，如歷仕諸朝之政治不倒翁馮道「世本田家」。
〔註222〕舊禮亡失殆盡，「（後唐明宗）詔岳選文學通知古今之士，共刪定之。
岳與太常博士段顒、田敏等增損其書，而其事出鄙俚，皆當時家人女子傳習
所見，往往轉失其本，然猶時有禮之遺制。其後亡失，愈不可究其本末，其
婚禮親迎，有女坐婿鞍合髻之說，尤爲不經。公卿之家，頗遵用之。至其久
也，又益訛謬可笑，其類甚多。」〔註223〕

〔註220〕 （唐）李冗：《獨異志・補佚》，中華書局，1983年，第86頁。
〔註221〕 《舊唐書》卷一四八《李藩傳》，第3998頁。
〔註222〕 《新五代史》卷五五《劉岳傳》，第632頁。
〔註223〕 《新五代史》卷五五《劉岳傳》，第632頁。

　　《新五代史‧劉昫傳》中記載了劉昫不習避諱之禮之事：「昫在相位，不習典故。初，明宗崩，太常卿崔居儉，以故事當為禮儀使，居儉辭以祖諱蟲。馮道改居儉秘書監，居儉怏怏失職。中書舍人李詳為居儉誥詞，有『聞名心懼』之語，昫輒易曰『有恥且格』。居儉訴曰：『名諱有令式，予何罪也？』當時聞者皆傳以為笑。」〔註224〕

　　「聞名心懼」是援引經典，而劉昫根據自己的認知改為「有恥且格」，說明即便劉昫認同任官避家諱之事，但也並不瞭解避家諱所依據的經典。只是將任官避家諱當做慣例執行。而且從崔居儉「怏怏失職」的態度和「名諱有令式，予何罪也？」的申訴可以看出舊族矜持家諱者，也只是迫於傳統與制度的無奈之舉。

　　從崔居儉個人的經歷也可看出舊的高門士族衰敗已甚。《新五代史‧崔居儉傳》載：「崔居儉，清河人也。祖蟲、父蕘，皆為唐名臣。居儉美文辭，風骨清秀，少舉進士。梁貞明中，為中書舍人、翰林學士、御史中丞。唐莊宗時，為刑部侍郎、太常卿。崔氏自後魏、隋、唐與盧、鄭皆為甲族，吉凶之事，各著家禮。至其後世子孫，專以門望自高，為世所嫉。明宗崩，居儉以故事為禮儀使，居儉以祖諱蟲，辭不受，宰相馮道即徙居儉為秘書監。居儉歷兵、吏部侍郎、尚書左丞、戶部尚書。晉天福四年卒，年七十，贈右僕射。居儉拙於為生，居顯官，衣常乏，死之日貧不能葬，聞者哀之。」〔註225〕作為清河崔氏的後裔，五代時期的崔氏子弟仍矜持門戶，維持其世代相傳的吉凶禮儀，不過「拙於為生」一語道出了這些衰落貴族的現實窘境。

　　《舊五代史‧崔協傳》也記錄了舊族之衰敗：「協即彥融之子也。幼有孝行，登進士第，釋褐為度支巡官、渭南尉，直史館，歷三署。入梁為左司郎中、萬年令、給事中，累官至兵部侍郎。與中書舍人崔居儉相遇於幕次，協厲聲而言曰：『崔蕘之子，何敢相見！』居儉亦報之。左降太子詹事，俄拜吏部侍郎。同光初，改御史中丞，憲司舉奏，多以文字錯誤，屢受責罰。協器宇宏爽，高談虛論，多不近理，時人以為虛有其表。天成初，遷禮部尚書、太常卿，因樞密使孔循保薦，拜平章事。〔註226〕崔協幼有孝行，善於高談闊論，指斥其所憎之人家諱。凡此種種，在南北朝史籍中屢見不鮮，皆合於士

〔註224〕《新五代史》卷五五《劉昫傳》，第626頁。
〔註225〕《新五代史》卷五五《崔居儉傳》，第635頁。
〔註226〕《舊五代史》卷五八《崔協傳》，第780頁。

族高門之行爲方式。但「文字錯誤」、「多不近理」、「虛有其表」又眞實透露出了這些舊式行爲方式的不合時宜。

五代短祚政權中除了這些點綴之用的末路貴族，將相更多的是起自草莽、異族。《新五代史・楊光遠傳》載：楊光遠字德明，其父曰阿噔啜，蓋沙陀部人也。光遠初名阿檀，爲唐莊宗騎將，從周德威戰契丹於新州，折其一臂，遂廢不用。久之，以爲幽州馬步軍都指揮使，戍瓦橋關。光遠爲人，病禿折臂，不通文字，然有辨智，長於吏事。明宗時爲媯、瀛、冀、易四州刺史，以治稱。……阿噔啜，初非姓氏，其後改名瑊而姓楊氏。光遠初名檀，清泰二年，有司言明宗廟諱犯偏傍者，皆易之，乃賜名光遠云。〔註227〕楊光遠爲沙陀武將，甚至其漢名都是比附而來，對於「君子不奪人名，不奪人親之所名」等經典更是不知所謂。父祖所賜之名對於楊光遠之屬的意義完全不同於那些世代簪纓之族。類似魏晉士族那樣限制帝諱，在君主面前自尊家諱的行爲，對五代時期這些顯貴來說是不可想像的。

避家諱一旦失去了「孝子之心」，蛻變成爲制度、規定、官場慣例，那麼也就失去了存在的基礎。失去了心理基礎的避諱，成爲有權勢者彰顯威權的手段。

《舊五代史・趙匡凝傳》載：「匡凝氣貌甚偉，好自修飾，每整衣冠，必使人持巨鑒前後照之。對客之際，烏巾上微覺有塵，即令侍妓持紅拂以去之。人有誤犯其家諱者，往往遭其櫝楚，其方嚴也如是。」〔註228〕孝子聞親之名或悲或怒，也只是由於對方誤觸家諱而引起自身的情感迸發。趙匡凝對誤犯其家諱之人施以櫝楚，反映的只是權威，而非孝心，同時也反映出被笞打者與之地位的懸殊。

《新五代史・石昂傳》：「石昂，青州臨淄人也。家有書數千卷，喜延四方之士，士無遠近，多就昂學問，食其門下者或累歲，昂未嘗有怠色。而昂不求仕進。節度使符習高其行，召以爲臨淄令。習入朝京師，監軍楊彥朗知留後事，昂以公事至府上謁，贊者以彥朗諱『石』，更其姓曰『右』。昂趨於庭，仰責彥朗曰：『內侍奈何以私害公？昂姓『石』，非『右』也。』彥朗大怒，拂衣起去，昂即趨出。解官還於家，語其子曰：『吾本不欲仕亂世，果爲刑人所辱，子孫其以我爲戒！』」〔註229〕

〔註227〕《新五代史》卷五一《楊光遠傳》，第587～590頁

〔註228〕《舊五代史》卷一七《梁書一七・・趙匡凝傳》，第234頁。

〔註229〕《新五代史》卷三四《石昂傳》，第371～372頁。

《新五代史・郭崇韜傳》中提到當朝宰相也要曲折地迴避權臣家諱來諂媚：「當崇韜用事，自宰相豆盧革、韋悅等皆傾附之。崇韜父諱弘，革等即因佗事，奏改弘文館爲崇文館。」〔註230〕

政治混亂，有權位者將避家諱視爲權勢表現，在下者則不惜一切鑽營，更不顧及自身家諱，《舊五代史・韋說傳》載：「又有王儉者，能以多岐取事，納賂於說，說以其名犯祖諱，遂改之爲「操」，擬官於近甸。」〔註231〕

在對於避家諱的看法上，中唐開始，就已經有一些有識之士，將自身名諱和家諱看淡，並不責怪誤觸家諱之人。這種行爲也被後人看作開明之舉。《因話錄・卷二・商部上》記載：「韓僕射皋爲京兆尹，韋相貫之以畿尉趄事。及韋公入相，僕射爲吏部尙書，每至中書，韋常異禮，以伸故吏之敬。又僕射爲尹時，久旱祈雨，縣官讀祝文，一心記公之家諱，及稱官銜畢，而誤呼先相公名，公但慘然，因命重讀，亦不之罪。在夏口，嘗病小瘡，令醫傅膏藥，藥不濡，公問之，醫云：『天寒膏硬。』公笑曰：『韓皋實是硬。』竟不以爲事，得大賢體矣。」〔註232〕韓皋對於誤犯其家諱之人不加罪，對於誤犯己名之人更是一笑了之，這樣的行爲在作者趙璘眼中已經被認爲是「大賢」。南北朝時期聞家諱動輒「流涕」、「徒跣而走」，均是在當時環境下遵禮的表現。在避家諱日漸繁瑣、嚴苛的背景下，韓皋只是「慘然」而不責怪誤犯其家諱之人，同樣也是通情達理，只是因爲不同社會環境下避諱之風氣改變而已。

類似的還有《因話錄・卷三・商部下》載：「崔相國群爲華州刺史。鄭縣陸鎭以名與崔公近諱音同，請假。崔視事後，遍問官屬，怪鎭不在列，左右以迴避對。公曰：『縣尉旨授官也，不可以刺史私避，而使之罷不治事。』召之令出。鎭因陳牒，請權改名瑱。公判準狀，仍戒之曰：「公庭可以從權，簿書則當仍舊，臺省中無陸瑱名也。」其知大體如此。」〔註233〕

《容齋續筆・唐人避諱》中體現了南宋人眼中唐、五代避諱中的乖謬之處。表明時過境遷，南宋人對濫避家諱風氣充滿了不解與鄙斥：「唐人避家諱甚嚴，固有出於禮律之外者。李賀應進士舉，忌之者斥其父名晉肅，以晉與進字同音，賀遂不敢試。韓文公作《諱辯》，論之至切，不能解眾惑也。《舊唐史》至謂韓公此文爲文章之紕繆者，則一時橫議可知矣。杜子美有《送李二

〔註230〕《新五代史》卷二四《唐臣傳第一二・郭崇韜傳》，第251頁。
〔註231〕《舊五代史》卷六七《韋說傳》，第886頁。
〔註232〕趙璘：《因話錄》卷二《商部上》，第76頁。
〔註233〕趙璘：《因話錄》卷三《商部下》，第88頁。

十九弟晉肅入蜀》詩，蓋其人云，裴德融諱『皋』，高鍇以禮部侍郎典貢舉，德融入試，鍇曰：『伊諱皋，向某下就試，與及第，困一生事。』後除屯田員外郎，與同除郎官一人，同參右丞盧簡求。到宅，盧先屈前一人入，前人啓云：『某與新除屯田裴員外同祗候。』盧使驅使官傳語曰：『員外是何人下及第？偶有事，不得奉見。』裴蒼遽出門去。觀此事，尤爲乖剌。鍇、簡求皆當世名流，而所見如此。《語林》載崔殷夢知舉，吏部尚書歸仁晦託弟仁澤，殷夢唯唯而已。無何，仁晦復詣託之，至於三四。殷夢斂色端笏，曰：『某見進表讓此官矣。』仁晦始悟己姓，殷夢諱也。按《宰相世系表》，其父名龜從，此又與高相類。且父名晉肅，子不得舉進士，父名皋，子不得於主司姓高下登科，父名龜從，子不列姓歸人於科籍，揆之禮律，果安在哉？後唐天成初，盧文紀爲工部尚書，新除郎中于鄴公參，文紀以父名嗣業，與同音，竟不見。鄴憂畏太過，一夕雉經於室。文紀坐謫石州司馬。此又可怪也。」〔註234〕

第四節　「冒榮居官」在宋代的發展

一、冒榮居官法在宋初的演變

　　北宋建立之初，無論社會狀況還是政治制度都是五代的接續。從法律方面來講，《宋刑統》固然是對《唐律疏議》的繼承，但《唐律疏議》更多是針對唐前期的社會狀況而定，是對魏晉南北朝以來立法成果的吸納和發揚。隨著唐中期以後的社會發展，法典仍在不斷修訂，唐宣宗時便出現了《大中刑律統類》，將「律」、「格」、「敕」綜合編排，並加以分門別類，形成了「刑統」這一新的法典形式。五代時期又有《同光刑律統類》和《顯德刑統》，這些都是《宋刑統》編定的直接淵源。因而，《宋刑統》實際是唐末五代宋初一段歷史時期內法律狀況的綜合反映。〔註235〕

〔註234〕洪邁：《容齋續筆》卷十一《唐人避諱》，第350～351頁。

〔註235〕關於刑統與律的關係問題，薛梅卿先生認爲，自商鞅改「法」爲「律」後，「律」便是對王朝主要法典的稱呼，只有宋代的主要法典以「刑統」爲名，但從《宋刑統》「一代大法」的地位來看，《宋刑統》便是宋朝的「律」。參見薛梅卿：《宋刑統研究》，北京：法律出版社，1997年，第33～34頁。戴建國先生在認同《宋刑統》基本法典地位的基礎上，從法律形式的角度，指出《宋刑統》內包含了唐後期至宋初的敕令格式及參詳條款，因而不完全等同於《唐律》。參見戴建國：《宋代刑法研究》，四川大學博士學位論文，2004年。兩位先生

　　《宋刑統》相關條文對「冒榮居官」所做的規定與唐律完全相同。〔註236〕
儘管隨著制度演變，冒榮居官法中的有些用語已不適用於宋朝的社會狀況，
比如，官制變化使「職事、散官、衛官」等詞意義的變化，〔註237〕「勳官」
在宋代的地位也在降低，〔註238〕但是，這些變化只是停留在形式上，法律對
任官避家諱既承認又限制的態度並未發生變化。所見只有在具體懲罰時「免
所居官」的「官」的名稱發生變化，但很容易比照處理。因而，出於對基本
法典的尊重，《宋刑統》編纂者原封保留了唐律用語。

　　不過，細讀《宋刑統》對任官避家諱的規定，就會發現，條文直接呈現
的內容之外還是會有一些細微的改變。主要體現在，《宋刑統》在格式上相較
《唐律疏議》有所變化。這與刑統體裁自身的編纂規範有關。

　　「刑律統類」的編纂特點就是將原來分散的條目分門別類。

　　　　　　唐律逐條為目，刑統分門立目，條本無差，目乃大異。〔註239〕

分類的本質是「按事物的性質劃分類別」。〔註240〕要把零散的法律條文歸納為
若干門，也就意味著同一門內的法條具有類似的性質，同時也意味著不同門
之間的性質必然有所差別。這就涉及到分門所依據的標準，而標準背後又隱
含著時人對相關問題的看法。

　　「冒榮居官」在兩書的《名例律》和《職制律》中分別都有記載。

　　《唐律疏議》的卷二、卷三為《名例律》，兩卷中「官當」、「除名」、「免官」、
「免所居官」、「除免官當敘法」、「以官當徒不盡」、「除免比徒」〔註241〕諸條，
都對官員犯罪後以官抵罪的情況加以規定，「冒榮居之」條就是「免所居官」罪

　　　　對此問題的觀察角度雖有不同，但都承認《宋刑統》作為基本法典的地位，
　　　　因此，雖然《宋刑統》與《唐律》性質、內容稍有差別，但作為唐宋兩朝基
　　　　本法典來進行比較研究是可行的。
〔註236〕條文內容與《唐律疏議》完全一樣，但是編排方式不同，而且出現了「冒榮
　　　　居官」一詞。
〔註237〕如，唐代後期職事官階官化，使職成為實職。入宋後，使職也逐漸階官化，
　　　　「判」、「知」等官成為實職。參見張國剛：《唐代官制》，第160頁。
〔註238〕龔延明先生指出，勳在北宋後期逐漸不可用於贖刑，徽宗時罷文武官帶勳，
　　　　到南宋，只有對蕃官、蕃兵有時授勳，見《宋代官製詞典》，北京：中華書局，
　　　　1997年，第39頁。
〔註239〕劉承幹：《宋重詳定刑統校勘記》，收入《宋刑統》附錄，北京：中華書局，
　　　　1984年，第513頁。
〔註240〕《漢語大詞典》，北京：漢語大詞典出版社，1988年，第590頁。
〔註241〕《唐律疏議》卷二《名例》，第44～66頁。

中的一條。而在《宋刑統・名例律》中，出現在《唐律疏議》中的這些罪名都被總結歸納入「以官當徒除名免官免所居官」〔註242〕門下。《宋刑統》將這些條目合併，目的只是將各種以官抵罪的情況化爲一門，並沒有特別的用意。

《唐律》卷十《職制律》中，「府號官稱犯父祖名」是對任官避家諱的規定。在《宋刑統》卷十《職制律》中，這條規定被合併到「匿哀」〔註243〕門下。「匿哀」門的出現，反映了宋代對避諱問題的立法思路相比唐代有了很大變化。

「匿哀」本來是指「匿哀不舉」，《唐律疏議》在解釋十惡中的「不義」一條時曾提到過。「而有匿哀不舉，居喪作樂，釋服從吉，改嫁忘憂，皆是背禮違義，故俱爲十惡。」〔註244〕且不只在《名例律》「十惡」中提到，《職制律》中也有對「諸聞父母若夫之喪，匿不舉哀者」〔註245〕之罪的規定。而在《宋刑統》中，「匿哀」的用法擴大，成爲統領一門的題目。

「匿哀」門中包含的條目有：「聽樂從吉」、「冒榮居官」、「委親之官」、「冒哀求仕」、「父母被囚禁作樂」。這些內容相當於《唐律疏議》中的「匿父母及夫等喪」、「府號官稱犯父祖名」〔註246〕兩條。單獨看「匿哀」門，會認爲這只是把與家庭、祖先有關的條目列爲一類，但《宋刑統》卷十《職制律》中還有一門，名爲「誤犯宗廟諱」，若將《唐律疏議》與《宋刑統》對「宗廟諱」的分類結合起來看，就會有新的發現。現將兩書中的相關條目列表如下：

	罪 名					
《唐律》	匿父母及夫等喪	府號官稱犯父祖名	上書奏事犯諱	上書奏事誤	事應奏不奏	事直代判署
罪名在《唐律》中位置	《職制律》卷十第七條	《職制律》卷十第八條	《職制律》卷十第一條	《職制律》卷十第二條	《職制律》卷十第三條	《職制律》卷十第四條
《宋刑統》	匿哀門		誤犯宗廟諱門			
罪名在《宋刑統》中位置	《職制律》第十卷第三門		《職制律》第十卷第一門			

〔註242〕《宋刑統》卷二《名例律・以官當徒除名免官免所居官》，第26～41頁。
〔註243〕《宋刑統》卷十《職制律・匿哀》，第163～165頁。
〔註244〕《唐律疏議》卷一《名例》，第12頁。
〔註245〕《唐律疏議》卷十《職制》，第204頁。
〔註246〕《唐律疏議》卷十《職制》，第204～206頁。

從上表所列，可以清楚看到，在《唐律疏議》中，這六條罪名並列於《職制律》中，而《宋刑統》則將其分別歸入兩個門類，其中與家庭有關的都歸入「匿哀」門，與公事有關的都歸入「誤犯宗廟諱」門。《宋刑統》將犯公諱與犯私諱截然劃分爲不同「門」表明，在宋代，「家諱」與「公諱」屬於不同性質的問題，這與《唐律疏議》一以貫之的思維有了微妙的差別。而這一差別的出現，是與公諱、私諱社會地位的變化相聯繫的。

唐代以前，門閥士族在門第上並不輸於皇室，唐太宗編《氏族志》是依靠強制政令來壓低山東士族的等第。然而，即便如此，在一百多年之後，唐文宗仍感慨「我家二百年天子，顧不及崔、盧耶？」〔註247〕如果說唐代的門閥士族在社會名望上還可以和皇室一較高下的話，那麼宋代皇室則絕對是獨尊的地位，沒有任何其他門第可以與之抗衡。〔註248〕此種背景下，如果說在《唐律疏議》中「家諱」還隱約可以匹敵「公諱」，那麼到了《宋刑統》中，則被完全劃歸爲兩種不同性質的問題。宋代對「私諱」、「公諱」的不同認識，必將導致不同的對待。

宋代公諱之嚴格是空前的，「本朝尙文之習大盛，故禮官討論，每欲其多，廟諱遂有五十字者。」〔註249〕《淳熙重修文書式》規定，避欽宗趙桓之「桓」字嫌名四十九字，避高宗趙構之「構」字嫌名五十五字。〔註250〕

對「公諱」的嚴密規範，並不代表「家諱」也可以得到同等待遇。對「家諱」的規範與限制，成爲有宋一代處理家諱問題的總綱。從「冒榮居官」法在宋代的發展變化情況，亦可以看到這一趨勢。

太宗雍熙年間的詔令，可以看作是宋初統治者較早對冒榮居官法進行修訂的文件：

> 雍熙二年六月二十八日，詔曰：「名終將諱，禮有舊章，子孫則難言，公家則不避。況二名之不偏，是六籍之正文；復不諱於嫌

〔註247〕《新唐書》卷一七二《杜兼附從弟羔傳》，第5206頁。

〔註248〕門當戶對、士庶不婚是門第的表現之一。唐代是「民間修婚姻不計官品，而上閥閱」，宋代則是「婚姻不問閥閱」，反映了「歷史的車輪已經邁過嚴格的門閥政治時期，進入了典型的官僚政治階段」。參見張邦煒：《試論宋代「婚姻不問閥閱」》，《歷史研究》1985年第6期。

〔註249〕（宋）洪邁撰，孔凡禮點校：《容齋三筆》卷十一《帝王諱名》，北京：中華書局，2005年，第553頁。

〔註250〕戴建國點校：《慶元條法事類》卷三《名諱》，哈爾濱：黑龍江人民出版社，2002年，第10頁。

名，悉存之於古典。如聞近日因其家諱，致忤物情。後內外臣僚三
代名字只得私諱，州府長吏不得令人於客次牓列；新授職官除三省、
御史臺五品、文班四品、武班三品以上許準式奏改，其餘不在請改
之限。」〔註251〕

與《唐律》和《宋刑統》中的冒榮居官法相比，這份詔書對任官避家諱有了
新的規定。從結構上看，其內容分爲兩個部分，第一部分從開頭直到「致忤
物情」是陳述部分，說明了處理任官避家諱問題的理論依據，並指出現存的
問題；之後直到結束是在陳述情況之後所做的規定。

第一部分的陳述內容，申明了避家諱的原則。首先，肯定了避家諱的合理
性，即「名終將諱，禮有舊章」。但話鋒隨即一轉，強調家諱只可以在私人場合
迴避，而不能用於公務場合，即「子孫則難言，公家則不避」。這也表明了詔書
中所持的基本態度，即家諱只在用於私人場合時是合理的。其次，二名不偏諱、
嫌名不諱，在《禮記》早已有明文規定，詔書再次重申了這一原則。

隨後，詔書進一步指出，當時避家諱已經超出規範，即「如聞近日因其
家諱，致忤物情」。詔書此處所錄只是節文，據《宋大詔令集》中收錄的同
一篇詔書可知。當時的情況是「聞州縣長吏，頗以私諱責人，甚無謂也！」
〔註252〕據此可以推斷，當時的主要問題是，州縣長吏濫用職權，要求下屬
迴避自身家諱。

詔書第二部分針對這一問題做出了規定，其內容也分爲兩層。首先，強
調「內外臣僚三代名字只得私諱，州府長吏不得令人於客次牓列。」其次，
規定「新授職官除三省、御史臺五品、文班四品、武班三品以上許準式奏改，
其餘不在請改之限。」兩項規定在本質上存在差別。長官要求僚屬、客人避
家諱，是將私諱的影響擴大化，在宋代「公諱」強、「私諱」弱的背景下，是
不被容忍的。不過，官員選擇不出任犯家諱的官職，是通過改變自己的官職
迴避家諱，只可能影響到自身官位高低，雖也對政府運作構成一定影響，但
基本不會牽連他人。這是「君所無私諱」與「孝子之心」互相妥協的結果，
與「以私諱責人」屬不同性質的問題，然而詔書卻一併加以禁止，只允許「文

〔註251〕《宋會要輯稿》儀制 13 之 19 至 20《群臣名諱》，北京：中華書局，1957 年。
　　　　《宋大詔令集》中也收錄了此份詔書，文字稍有異，但沒有重大差別，相比
　　　　之下，《宋會要》中的記載較爲詳細，故引《宋會要》。
〔註252〕《宋大詔令集》卷一百九十《政事四十三・約束州縣長吏不得出家諱詔》，北
　　　　京：中華書局，1962 年，第 697 頁。

班四品、武班三品」以上官員任官避家諱。考宋朝磨勘法，文官左右諫議大夫（從四品）以上，武職的橫行、正任以上是不繫磨勘由特旨授予的高品。這樣，只有極少的人才被允許任官避家諱。這條詔書在打擊私諱擴大化行爲的同時，也禁止中下級官員正常的任官避家諱。

詔書文字雖短，但明確指出二名不應諱，嫌名不應諱，彌補了《唐律疏議》、《宋刑統》中未對二名、嫌名做出明確規定的缺憾。但是，「公家」不避家諱的態度，以及剝奪大量中低級官員任官避家諱的權利，又是對唐代冒榮居官法所確定的任官避家諱原則的破壞。

不過，高官得避，卑官不避的雙重原則證明，這份詔書並沒有否定任官避家諱的原則，而是出於行政效率考慮才剝奪了大量中下層官員的這項權利。這與當時的社會背景有著密切的聯繫。

五代以來，避家諱的風氣可以說是走向了兩個極端，一個是高級官員的家諱受到很大的尊重，另一個是大部分普通官員的家諱被忽略。

五代時期地方節度使權重，朝廷對於重臣在自身轄境之內要求下屬避家諱也有所遷就。《冊府元龜·總錄部·名字》中記載：

> 郭彥夔爲青州孔目吏，以節度使霍彥威故，改名致雍。大（天）成中爲本道所薦至京，中書以舊名除官。邸使蘇仁裕陳狀，以爲不便。安重誨以聖旨，令中書奏曰：「伏以凡是人名皆繇父名，侍側者稱以榮左右，爲後者稱以奉烝嘗，犯廟諱須更，同御名亦改，降此以外迴避無聞。以《春秋》論之，衛侯名惡，大夫有齊惡；太宗朝有虞世南，君不聽臣易名，皆所以重人父之命。況郭彥夔長在青州，霍彥威有時移鎮，寧將私敬上瀆聖聰！若便允從，恐多援引，只宜如故工部郎史于鄴奏名是盧文紀私諱，倘許更名即不至尤違。其郭彥夔，請在本道宜令權稱致雍，在告敕內即須仍舊，誠爲至論，永作通規。」從之。〔註253〕

材料顯示，當時對公與私兩種情況做了區分。一是在節度使轄境之內「私敬」的情況，一是上書朝廷的情況。這裡，明顯是將上書朝廷視爲「公」，而節度使轄境之內則成爲「私」，因而在處理辦法上也有「在本道」與「告敕內」兩種情況的區別。節度使轄境儼然成爲「私」地，節度使本人的家諱也自然受到尊重。朝廷在這種不得已的情況下，也就只好維持一個最基本的底線了。

〔註253〕《冊府元龜》卷八百二十五《總錄部·名字》，第 9798 頁下～9799 頁上。

盧文紀避家諱不見于鄴致其自盡之事，在史籍中多有記載，《齊東野語・避諱》中記載：「後唐天成中，盧文紀為工部尚書，郎中于鄴，文紀以父名嗣業，與同音，竟不見。鄴憂畏太過，一夕，雉經而死。」〔註254〕《舊五代史・明宗紀五》中記載了更詳盡的原委：「（天成三年二月）癸未，工部尚書盧文紀貶石州司馬，員外安置。文紀私諱『業』，時新除于鄴為工部郎中，舊例，僚屬名與長官諱同，或改其任。文紀素與宰相崔協有隙，故中書未議改官。于鄴授官之後，文紀自請連假。鄴尋就位，及差延州官告使副未行，文紀參告，且言候鄴回日終請換曹，鄴其夕自經而死，故文紀貶官。」〔註255〕可見，朝廷對於下屬避長官家諱是有慣例的，只是因為宰相與盧文紀不協，才故意任命了一位姓名犯其家諱的下屬。于鄴陷入高層政爭，因而憂畏而死，並非僅僅因為避諱。

之所以要對「在本道」與「告勅內」加以分別，是在吸收了于鄴自盡的教訓之後想出的變通辦法。

不過，還要特別指出，五代時期的權臣避家諱與之前的門閥士族避家諱有所不同。首先，門閥士族避家諱是追求禮法的體現，而五代權臣則是盲目地傚仿。如前引霍彥威例，其人本是孤兒，為後梁將領霍存收養，歸順後唐以後曾被賜姓名李紹真，〔註256〕又多次改姓異名，何談家諱。五代權臣是通過避家諱來彰顯其權力，而門閥士族避家諱是維護其禮法門風。其次，門閥士族是一個社會階層，而且有繼承性，是一個家族持續地避家諱；而五代權臣則只是個別人物，隨著改朝換代時有更替，雖五代皆有權臣，但對個體家族來說，無法持續避家諱。

相對五代權臣濫避家諱的現象，五代普通文臣的地位較低，如後梁宰相敬翔就自稱「臣受國恩，僅將三紀，從微至著，皆先朝所遇，雖名宰相，實朱氏老奴耳。」〔註257〕直到後周仍有「安朝廷，定禍亂，直須長槍大劍，若『毛錐子』安足用哉？」〔註258〕的言論。在這樣的局面下，五代的普通官員不可能再提出任官避家諱的要求。

總之，五代宋初，門閥士族早已衰落，門閥士族社會中避家諱的風尚也

〔註254〕（宋）周密：《齊東野語》卷四《避諱》，北京：中華書局，1983年，第63頁。
〔註255〕《舊五代史》卷三九《唐書一五・明宗紀五》，第535頁。
〔註256〕《舊五代史》卷六四《霍彥威傳》，北京：中華書局，1976年，第851頁；《新五代史》卷四六《霍彥威傳》，北京：中華書局，1974年，第505頁。
〔註257〕《舊五代史》卷一八《敬翔傳》，第249頁。
〔註258〕《新五代史》卷三〇《漢臣傳》，第332頁。

不再盛行。在此背景下，能與「君之尊」相抗衡而避家諱的只有權臣、高官，但權臣避家諱早已不是「孝子之心」的反映，而是特權的體現了。這就可以理解，《雍熙二年詔》也在一定程度上反映了當時社會的實際情況。不過，這是亂世冒榮居官法的暫時倒退，隨著宋王朝的穩定，以及制度的完善和社會發展，冒榮居官法在宋代中期以後又有了新的發展。

二、宋代中期以後冒榮居官法的轉折與發展

宋初冒榮居官法一方面繼承了五代時期的特點，另一方面的不同之處在於，節度使的勢力已慢慢消除，在對待功臣宿將和地方節度使時，宋初不完全像五代一樣一味遷就，而是優待與限制相結合。所以，在執行任官避家諱過程中，有時允許、有時限制，而且標準不一。正如仁宗嘉祐六年賈黯所提到的：

> 至於國朝，雖雍熙中嘗下詔，凡除官內有家諱者，除三省、御史臺五品、文班四品以上許用式奏改，餘不在此制。然推尋國初迄於近年，或小官許改，或大官不從。雖二名、嫌名而有許避者，或正犯單諱而有不許者。〔註259〕

在對任官家避諱的混亂情況做出評價後，賈黯還舉例作為對其觀點的補充。現將這些例子整理，列於下面的表格中：

人　名	父祖名	官　位	是否應當避諱	是否二名偏諱	是否避嫌名	朝廷處理辦法
慕容延釗	父名章	同平章事	正犯其父單名，應諱	否	否	改官名
吳廷祚	父名璋	同平章事	嫌名不應諱	否	是	改官名
趙延進	父名暉	雲麾將軍	嫌名不應諱	否	是	改官
王溥	父名著	著作郎	正犯其父單名，應諱	否	否	改官
張子奭	父名宗禮	奉禮郎	二名不偏諱	是	否	改官
畢士安	父名父林	翰林學士	二名不應偏諱	是	否	未許避
韓億	父名保樞	樞密直學士	二名不應偏諱	是	否	未許避
王繼英	父名忠	推忠功臣	正犯其父單名，應諱	否	否	未許避
寇準	父名湘	襄州節度使	嫌名不應諱	否	是	未許避
劉筠	父名繼隆	龍圖閣學士	嫌名不應諱	否	是	未許避
楊偉	父名自牧	群牧使	二名不偏諱	是	否	未許避

〔註259〕《宋會要輯稿》儀制 13 之 20 至 21《群臣名諱》。

其中，王繼英「景德初，授樞密使」，〔註260〕位列執政，可是在被授予「推忠功臣」時正犯其家諱而不允許其辭避。這是高官家諱應避而不許避的例子。

張子奭父名宗禮，其官爲奉禮郎，只是與其父名中一字相犯，按禮，「二名不偏諱」，卻允許其改官避家諱。奉禮郎，只是正九品本官階，屬京官，這是官卑且不應避家諱而許避的例子。

吳廷祚父名璋，「同平章事」只是犯其父嫌名，按禮，「嫌名不諱」，但是朝廷仍爲其改官名以遷就其家諱。趙延進父名暉，「雲麾將軍」也是犯其父嫌名，但朝廷仍改授官以避其家諱。這些都是朝廷允許避諱二名、嫌名的例子。

針對宋初任官避家諱的無序狀態，賈黯提出「前後許與不許，繫之一時，蓋由未嘗稽詳禮律，立爲永制。請約雍熙詔書，自幾品官以上，每有除授，若犯父祖名諱，有奏陳者先下有司詳定。若於禮律當避者，聽改授之，餘不在避免之限。」〔註261〕

賈黯上書的本意是，請求在參考禮律規定的基礎上嚴格執行《雍熙詔書》中的規定。但在「詔太常禮院、大理寺同定奪」之後，認爲「父、祖之名，爲子孫者所不忍道。不繫官品之高下，並聽迴避」。〔註262〕於是發佈詔書：

凡府號、官稱犯父祖名而非嫌名及二名者，不以官品高下，並聽迴避。〔註263〕

現存嘉祐六年的這份詔書雖然很短，但是對《雍熙二年詔》做出了實質性的修改。

首先，《雍熙二年詔》將任官避家諱列爲高級官員的特權，而嘉祐六年詔書明確「不以官品高下，並聽迴避」。任官避家諱從少數人的特權重新變爲針對所有官員的一般規定，是這份詔令最大的意義。

其次，對於嫌名和二名的避諱問題，《唐律》中並未做出具體規定，《雍熙二年詔》中雖提到不應避嫌名、二名，但基本態度還是將其作爲「禮」的一部分，並未明確指出二名不偏諱、嫌名不諱的原則。嘉祐六年詔書雖將二名、嫌名排除在任官避家諱的範圍之外，但表述婉轉，並未直指二名、嫌名。

《嘉祐六年詔》是宋代法律對家諱的規定由簡單粗暴變爲細緻的轉折

〔註260〕《宋史》卷二六八《王繼英傳》，北京：中華書局，1977年，第9229頁。
〔註261〕《宋會要輯稿》儀制13之21《群臣名諱》。
〔註262〕《宋會要輯稿》儀制13之21《群臣名諱》。
〔註263〕《宋會要輯稿》儀制13之22《群臣名諱》。

點。不僅解決了此前律與詔令相矛盾的問題，統一了處理家諱問題的標準，還做了進一步的補充完善。宋代法律對家諱的規定由粗暴轉爲尊重，這與當時社會發展的情況是相吻合的。

任官避家諱問題在歷史上一直呈現爲「君之尊」與「孝子之心」博弈的結果，當君強臣弱時，君主就會壓抑大臣任官避家諱的要求，君弱臣強時大臣往往濫避家諱，冒榮居官法是兩者權衡妥協的結果。一旦失衡，冒榮居官法便得不到眞正的貫徹。五代、宋初權臣、高官濫避家諱，只是源於大臣個人的特權，並非像魏晉南北朝那樣形成了一個與皇權匹敵的門閥士族階層。所以，五代、宋初權臣、高官避家諱還不代表「君之尊」與「孝子之心」已回歸到平衡狀態。眞正恢復這一平衡狀態，是在士大夫群體形成之後，具體的推動力則是北宋士大夫的重建宗族運動。

余英時先生指出，「宋代皇帝尊士，前越漢、唐，後逾明、清」，這種現象不僅僅是因爲皇帝的個人好惡，而是由於宋初統治者爲壓抑驕兵悍將，尋求新的統治基礎而產生的。通過改革科舉、優寵進士的手段，宋王朝得到了士階層的認同。在這種情況下，士大夫有了很強的政治主體意識，才有了范仲淹「先天下之憂而憂，後天下之樂而樂」的名句，也才會產生文彥博「與士大夫治天下」的思想。〔註264〕有這樣一個與君權抗衡的階層存在，「君之尊」就無法過度壓抑臣下避家諱的要求了。

崛起的士大夫階層爲維護自身家族地位的延續，紛紛投入重建宗族的運動中、〔註265〕在宗譜、族田、宗族祭祀等宗族活動中，與家諱聯繫最緊密的就是編修宗譜。《通志·氏族略》載：

> 自隋唐而上，官有簿狀，家有譜系。官之選舉，必由於簿狀；家之婚姻，必由於譜系。歷代並有圖譜局，置郎令史以掌之，仍用博通古今之儒，知撰譜事。凡百官族姓之有家狀者則上之，官爲考定詳實，藏於秘閣，副在左戶。若私書有濫，則糾之以官籍，官籍不及，則稽之以私書，此近古之制，以繩天下，使貴有常尊，賤有等威者也。所以人尚譜系之學，家藏譜系之書。自五季以來，取士不問家世，婚姻不問閥閱，故其書散佚而其學不傳。〔註266〕

〔註264〕余英時：《朱熹的歷史世界》，北京：三聯書店，2004年，第199～230頁。
〔註265〕馮爾康等著：《中國宗族社會》，第165～169頁。
〔註266〕《通志》卷二十五《氏族略》，志四三九。

五代之前，世家大族皆有譜牒，以供選舉、聯姻之用。除此之外，因爲譜牒記載著各家世系姓名，爲了在交往中不犯他人家諱，譜學也成爲門閥士族時代社會交往的必備知識。顏之推就曾抱怨「今人避諱，更急於古。凡名子者，當爲孫地。吾親識中有諱襄、諱友、諱同、諱清、諱和、諱禹，交疏造次，一座百犯，聞者辛苦，無僇賴焉。」〔註267〕顏之推雖不勝其苦，但也有精於此道之人。《南史・王僧孺傳》載：

> 始晉太元中，員外散騎侍郎平陽賈弼篤好簿狀，乃廣集眾家，大搜群族，所撰十八州一百一十六郡，合七百一十二卷。凡諸大品，略無遺闕，藏在秘閣，副在左戶。及弼子太宰參軍匪之、匪之子長水校尉深世傳其業。太保王弘、領軍將軍劉湛並好其書。弘日對千客，不犯一人之諱。〔註268〕

可見，譜牒是助長社會避家諱風氣的推動力量。五代時期，士族衰落，譜學不傳，徹底打破了士族以家諱相矜的局面，以至出現幾代之後便不知道祖先名諱的情況。《宋會要輯稿・家諱》中提到：

> 翰林學士宋郊言：「臣鄉里耆舊言：遠叔祖有與臣同名者。雖昭穆已（遠），禮當迴避，今改名庠。」從之。〔註269〕

當時宋郊被人中傷，〔註270〕被迫改名。從其提出的改名理由爲「鄉里耆舊告知祖先名諱」，可知當時士人並不以不知遠祖名諱爲恥。這種情況與魏晉隋唐時期動輒追溯數代祖先的現象有了很大差別。

　　不過，宗族衰落的現象逐漸在發生改變，「宋仁宗後期是宗族制度發展史上的一段重要時期」。〔註271〕北宋最早開始編修族譜的士大夫，正是仁宗後期的歐陽修和蘇洵。隨著編修族譜的成爲普遍現象，也開始出現要求迴避遠代祖先名諱的例子。《續資治通鑑長編》卷二百九十一中記載：

> 庚申，權度支副使、太常丞、集賢殿修撰張琥，以避五世祖嫌名，乞改名璪，從之。〔註272〕

〔註267〕（北齊）顏之推撰，王利器集解：《顏氏家訓集解》卷二《風操》，第69頁。
〔註268〕《南史》卷五九《王僧孺傳》，第1462頁。
〔註269〕《宋會要輯稿》儀制13之24《家諱》。
〔註270〕「庠，初名郊。李淑恐其先己，以奇中之，言曰：『宋，受命之號；郊，交也。合姓名言之爲不祥。』」（《宋史》卷二八四《宋庠傳》，第9591頁。）
〔註271〕馮爾康等著：《中國宗族社會》，第190頁。
〔註272〕《續資治通鑑長編》卷二百九十一，神宗元豐元年八月庚申，北京：中華書局，1986年，第7123頁。

普通士人迴避五世遠祖嫌名的行爲已經遠超出禮的規範，《荀子・禮論》載：「有天下者事七世，有一國者事五世，有五乘之地者事三世，有三乘之地者事二世，持手而食者不得立宗廟。」〔註273〕可見宋代由於社會形態的變遷，相關的宗族形態、祭祀制度等等都有了新的發展趨勢。除了族譜對家諱的直接推動作用外，復興宗族所引發的尊祖敬宗的趨勢也間接影響了避祖先名諱的風氣。

北宋士大夫復興宗族的運動對恢復避家諱的風氣起到了極大的作用。儘管不按規定任官避家諱的現象仍時有發生，如《愧郯錄・李文簡奏稿》中所記：

> 韓絳除樞密副使，自言樞字與祖名下一字同，乞避免而不許，事在治平四年，蓋遵嘉祐之詔也。熙寧八年，宋敏求提舉萬壽觀，敏求父名綬，自言壽字犯父嫌名，詔改醴泉觀，則嘉祐之詔復不行矣。〔註274〕

但岳珂根據一兩個例子便得出「嘉祐之詔」行與不行的結論，是沒有通盤考察家諱發展的趨勢。與其他的官員管理制度不同，任官避家諱屬於意識形態問題，不可能完全一刀切，只有從趨勢上去把握才能認識到其本質。總體說來，宋代大臣雖不像魏晉士族那樣可以比肩皇權，但宋代皇帝也對士大夫有著基本的尊重，所以，作爲「君之尊」與「孝子之心」平衡結果的冒榮居官法，也能得到較好的貫徹。

此後，宋代對冒榮居官法的發展主要是填補以往空白，細化迴避家諱時的改任方式。

針對之前一些法律文獻沒有明文規定，卻是任官避家諱的常見問題的二名、嫌名等避諱問題，宋代法規通過詔令的形式，對其做出了明確規定。《宋會要輯稿・不諱》中記載：

> 史浩以少傅、保寧軍節度使、充醴泉觀使、衛國公除少師，以先臣師仲與今來官稱適同，乞避。吏部奏：「淳熙令：諸府號、官稱犯父祖嫌名及二名偏犯者皆不避，違詔大臣合降詔不允……可坐〔淳〕熙令令學士降詔。」〔註275〕

〔註273〕梁啓雄著：《荀子簡釋》第十九篇《禮論》，中華書局，1983年，第256～257頁。
〔註274〕（宋）岳珂：《愧郯錄》卷十《李文簡奏稿》，知不足齋叢書本。
〔註275〕《宋會要輯稿》儀制13之29《不諱》。

這表明，至少在南宋孝宗時期，嫌名不諱、二名不偏諱已更直接地呈現在法令中。其後不久編成的《慶元條法事類・避名稱令》中，再次強調了二名、嫌名的問題：

> 諸府號官稱犯父祖嫌名及二名偏犯者，皆不避。〔註276〕

還有一個較爲突出的問題是，官員要求下屬避自身家諱。《唐律》、《宋刑統》中並未涉及，只是在《雍熙二年詔》中提到過，而《慶元條法事類》對此也做出了明確規定：

> 諸命官不得令人避家諱。〔註277〕

除了塡補之前法令的空缺，宋代中期以後，主要還在任官避家諱的具體迴避方式上做了大量探索。

在迴避方式上，最初採取的是授予官品相同的本官階。這是因爲在元豐改制之前，文官相同官品下，本官階名目較多。如，尙書左右僕射皆爲從一品，兵、戶、刑、禮、工部尙書皆爲從二品，吏、兵、戶、刑、禮、工部侍郎皆爲從三品。這種情況下，如果應授官名犯家諱，還可以選擇同等級的其他官名，比如《宋會要輯稿・群臣名諱》中所記：

> 天聖中著作郎〔註278〕王溥父名著，奉禮郎張子奭父名宗禮，
> 以溥爲大理寺丞，子奭爲太祝。〔註279〕

著作佐郎與大理寺丞皆爲從八品，奉禮郎與太常寺太祝皆爲正九品，但元豐改制後，舊有本官階被統一的寄祿官取代。如，原爲從一品的尙書左右僕射，統一改爲特進；原爲從二品的兵、戶、刑、禮、工部尙書，統一改爲銀青光祿大夫；原爲從三品的吏、兵、戶、刑、禮、工部侍郎，統一改爲正議大夫。還有上例中的從八品著作佐郎與大理寺丞改爲宣德郎，正九品奉禮郎與太常寺太祝改爲承奉郎。這樣，一旦家諱與寄祿官名相犯，則無同品寄祿官可代替。再有，「官稱」內涵多樣，職事官、職名、爵、勳、功臣號等等，都沒有同等級可爲替補的官稱。

因而，「寄理」的方式成爲較爲普遍的解決方式。《朝野類要・陞轉・寄

〔註276〕戴建國點校：《慶元條法事類》卷三《避名稱》，第12頁。
〔註277〕戴建國點校：《慶元條法事類》卷三《避名稱》，第13頁。
〔註278〕按，著作佐郎與大理寺丞官品相同。考《宋會要輯稿》儀制13之26《辭官避諱》「王溥爲秘書省著作佐郎，言：『父名著，乞改授大理寺丞。』從之。」可知，此處「著作郎」應爲「著作佐郎」。
〔註279〕《宋會要輯稿》儀制13之20《群臣名諱》。

理》中記載：

> 當轉官，而官序之名犯家諱者，權止，且帶寄理二字，他年並
> 轉。〔註280〕

在寄理的執行上，最初可能還要逐一請旨，後來則改爲吏部直接辦理即可。《宋
會要輯稿‧群臣名諱》中記載：

> 乾道五年二月二十五日，詔：「吏部應文武臣轉官礙父、祖名
> 合行寄理人，具因依給公據理作付身，更不取旨給降。」〔註281〕

在轉官時，如該轉之官名與家諱相犯，則暫不轉且帶「寄理」二字，下次轉
官時可一併陞轉。不過，這只是對官場通行做法的一個簡單概括，並沒有著
於條文之內。

《愧郯錄‧階官避家諱》中記載：

> 律文有私諱冒榮之禁，故四銓之法遇磨勘階官之稱與其三代諱
> 相值者，許其自陳，授以次官，謂之寄理，遂以係之官稱之首。珂
> 按，國朝著令：「諸官稱避家諱者擬以次官。」元豐改官制，或有或
> 無，於是《元符令》又附益之云：「或授舊官」，歷考條令，初無以
> 二字入銜者。〔註282〕

材料中提到了兩處令文，首先是元豐官制改革之前的這條令文：

> 珂按，國朝著令：「諸官稱避家諱者擬以次官。」〔註283〕

按照岳珂記載的這條未著具體年代的令文，官稱犯家諱時應授以次官。

> 另一條是哲宗元符年間的令文，這裡只截取了有關官稱犯家諱的幾個文
字：

> 或授舊官。〔註284〕

綜合兩條令文來看，處理任官避家諱的正式方法是「授以次官」或「授舊官」。
除此之外，「條令」，也就是制度的正式規定中，沒有其他方式。關於寄理，
岳珂指出「歷考條令，初無以二字入銜者」，只是行政中的掌故罷了。因爲
「寄理」之官下次陞轉時可以一併陞轉，所以選司要將之與其他非「寄理」
的官員區分開來，因而在所授「次官」或「舊官」前加「寄理」二字，以示

〔註280〕（宋）趙升：《朝野類要》卷三《陞轉‧寄理》，第71頁。
〔註281〕《宋會要輯稿》儀制13之22《群臣名諱》。
〔註282〕（宋）岳珂：《愧郯錄》卷三《階官避家諱》，知不足齋叢書本。
〔註283〕（宋）岳珂：《愧郯錄》卷三《階官避家諱》，知不足齋叢書本。
〔註284〕（宋）岳珂：《愧郯錄》卷三《階官避家諱》，知不足齋叢書本。

區別。不過，「寄理」並非正式的成文制度，有些執著於名分的文人便不願如此。《宋會要輯稿・群臣名諱》中提到：

> 淳熙三年七月四日，禮部侍郎、兼同修國史、兼實錄院同修撰李燾言：「該轉中奉大夫，其中字犯父名。今官名有所避者往往於所授官上帶寄理字，其條貫並不該載。今臣止合帶舊官朝議大夫，更不帶寄理字。」吏部檢準令，諸官應稱避者擬以次官，即願仍舊官者聽。詔依，爲係侍從，仍特免帶寄理。〔註285〕

李燾父名中，〔註286〕中奉大夫正犯其父名諱，理應迴避。李燾原有寄祿官爲朝議大夫，該陞轉中奉大夫，但「中」字犯其父名，按照當時的慣例，需要以寄理的方式解決。李燾提出寄理的方法「條貫並不該載」，因而不願帶「寄理」二字。吏部在處理此事時援引令文，「檢準令，諸官應稱避者擬以次官，即願仍舊官者聽」，從其允許授以次官或舊官的內容看，這個令即便不是「元符令」也並未超出其內容，只是考慮到李燾係侍從官，乃是文臣極選，人數較少，因而給予特例免帶寄理。

　　雖然李燾以侍從官的身份免帶寄理，但從側面可以看出，大量非侍從官的中下級官員，若遇任官避家諱的情況，寄理還是最普遍的解決方法。即便是李燾的例子，在別人看來他避家諱的方法仍屬寄理。「公自奉議郎，年勞、賞典、積官朝議大夫，避父名遇遷秩寄理者三，於是轉通議大夫。」〔註287〕可見，寄理是當時人眼中通行的任官避家諱的解決辦法。

　　在迴避了犯諱官稱後，緊接著帶來的一個問題是，迴避後官員的待遇、等級究竟按照避諱前後哪個官的標準。《慶元條法事類》中的條文是目前所見對此最清楚的規定：

> 諸官稱有所避而授以次官或舊官者，惟序官從所授，餘依所避官法。〔註288〕

這條令文對「所授」與「所避」做了區分。「所避」，是指官員正常陞轉應授的官，因犯家諱而避，故名「所避」。「所授」，指在「諸官稱有所避而授以次官或舊官」，即迴避犯諱之官後被授予的官，可以是次官，也可以是舊官。

〔註285〕《宋會要輯稿》儀制 13 之 22《群臣名諱》。
〔註286〕《宋史》卷三八八《李燾傳》，第 11914 頁。
〔註287〕（宋）周必大：《文忠集》卷六十六《敷文閣學士李文簡公燾神道碑》，《景印文淵閣四庫全書》，1147 冊，臺北：臺灣商務印書館，1986 年，第 706 頁上。
〔註288〕戴建國點校：《慶元條法事類》卷三《避名稱》，第 12 頁。

　　區分「所授」與「所避」官之後，令文又分情況做了規定。「序官」，即按官位爲序，指官員地位高低。如「詔廣濟河都大催遣輦運官與本路通判以上序官，在提點刑獄下。」〔註289〕其用處主要是，劃分立班之序。〔註290〕因爲官名高低涉及朝會禮儀及官員相見的禮儀，雖然「所避」官稱較高，但官員實際擁有的是「所授」，爲達到禮儀上的名副其實，序官時以「所授」官爲標準。不過，爲了不給避家諱的官員造成太大損失，序官以外的，諸如俸祿，全都以「所避」官爲準。

小　結

　　任官避家諱的發展過程，是尊重官員避家諱與限制官員避家諱兩種趨勢共同作用的結果。禮中之規定是歷代學者討論避諱問題的正當性來源，但在實際操作上會借助對經典的解釋來爲現實服務。一方面，出於維護皇權的尊嚴，家諱被限制於私人場合；另一方面，爲了維護「孝」這一基本倫理，當家諱與官名發生衝突時，允許官員迴避。較早關於任官避家諱的討論發端於西晉，並逐漸興盛於南北朝時期。這個時期任官避家諱的特點是，缺乏一定之規，或雖有規定但不斷被打破，《禮記》中關於家諱的經典記載成爲討論的主要依據。更主要的是，這個時期門閥士族的勢力強大，成爲對抗皇權、推動任官避家諱盛行的力量。入唐以後，任官避家諱逐漸制度化，其表現便是《唐律》中「冒榮居之」條的出現。《唐律》「冒榮居之」條是在平衡尊重皇權與尊重大臣家諱兩種趨勢的前提下，使二者妥協的結果。通過巧妙的立法規避大臣避家諱與維護皇權尊嚴之間的矛盾，部分肯定了任官避家諱，但又對其做出了一些限制，使魏晉南北朝以來避家諱的無序狀態得以改觀。不過，門閥士族對唐朝社會的影響依然巨大，社會上濫避家諱的風氣依然濃厚，並非一紙律令就能禁止，《唐律疏議》「冒榮居之」條的執行也因此大打折扣。《宋刑統》雖然全盤繼承了《唐律疏議》的內容，但其在法典編纂方式上採取了新的分門別類的形式，將不同性質的法條歸入不同的「門」。《唐律疏議》中，「冒榮居之」條與「犯宗廟廟諱」並列編排，而《宋刑統》則

〔註289〕《續資治通鑑長編》卷二百九十八，神宗元豐二年五月丙申，北京：中華書局，1990年，第7252頁。
〔註290〕戴建國點校：《慶元條法事類》卷四《官品雜壓》，第17頁。

將其分置於不同門類，宗室廟諱列為「公」，大臣私諱列為「私」，這種編排形式反映了社會轉型的深層背景。唐代士族高門的門第可以比肩皇家，但經過唐末五代的戰亂後，這種情況則絕無可能出現。在將「公諱」與「私諱」分別定性之後，宋朝法律對兩者的態度也截然不同，對「公諱」的尊崇超越前代，但「私諱」卻備受限制。《雍熙二年詔》的頒佈表明，「冒榮居官」法在宋初並未真正實行，任官避家諱成為高官的特權，大部分官員的這項權利被剝奪。這是宋初制度簡陋的表現之一，更是門閥士族衰落後家諱之禮不振的反映。隨著宋朝制度漸趨完善，以及北宋中期重建宗族運動的影響，任官避家諱重新成為社會風尚。《嘉祐六年詔》就是對《雍熙二年詔》的修訂和對《唐律疏議》「冒榮居之」條的回歸。之後，「冒榮居官」法逐漸細化和完善，任官避家諱制度基本定形。

結　語

　　《唐律疏議》是中國古代法典編纂史之集大成者，具有承上啓下的意義。宋、明、清朝的刑法典，皆祖述《唐律》自不必論，從其源頭上看，成文法編纂的歷史，最遠雖可追溯到戰國時期的《法經》，但歷代法典條文的形成絕不只是對《法經》的簡單繼承，而是在漫長歷史時期內多種力量博弈的結果，是多個發展趨勢的折衷。

　　由於《唐律》之前的法典皆無完整保存，使得對《唐律》條文的溯源性研究僅局限於兩種方法。最直接的方法是，從歷代典籍中輯錄律條遺文，這方面的成果以程樹德先生的《九朝律考》爲代表。這種做法的特點是細緻入微，從細節之處瞭解歷代法典篇目沿革以及一些條文的前後變化，但缺點是受制於史料，不易收集某一罪名演變的完整歷程。尤其對於「匿哀」等罪之類的「偏僻」條文，更難以覓得蛛絲馬蹟。溯源研究的另一種方法是，分析那些對律條的產生、發展有影響的因素，既包括社會組織的變遷，又涵蓋制度的轉型。這就相當於將法律條文的演變和社會的變遷結合起來加以考察，雖難免有過於宏大之嫌，不過或許更能進一步深化對律條的認識與歷史詮釋。

　　由於材料限制，本書選擇了從社會背景入手，進行宏觀的溯源研究。在前三章的論述上，抓住了宗族形態變遷與國家制度演變兩大線索，分別考察了「匿哀」、「釋服從吉」、「冒哀求仕」、「冒榮居官」等行爲產生的背景，以及對這些行爲的規範從「禮」轉變爲「法」的過程。通過對「匿哀」等罪社會、制度背景的研究，除了呈現律條形成的複雜過程，還可以借助此問題對秦漢以後的「國法」與「家禮」關係做一點延伸的探討。

一、秦漢以後「國法」與「家禮」的「複合結構」

從秦帝國建立至清朝滅亡，「中華帝國」的統治形式一直是君主獨尊的皇權體制，其代替的是先秦天子——諸侯的統治模式，而兩種體制有著截然的區別。

首先來看天子——諸侯模式。在典型的西周封建制下，天子分封子弟為諸侯，諸侯亦在封地內分封各自的子弟，形成自天子至大夫、士的金字塔型分封體系。同時，分封的體制又與宗法制相表裏。維護這一統治模式的正是所謂「禮」、「樂」秩序。配合封建制而設的「禮」、「樂」秩序，既象徵著分封制下的政治秩序，即「國法」；又代表了宗法制下的宗族秩序，即「家禮」。因而，這一時期，「國法」與「家禮」相統一。

「國法」、「家禮」統一的秩序內，上至天子，下至士人，皆遵循同一套「禮」來行事，因而以此角度來看，這個時代的「禮」是上下相通的。以喪禮為例，「喪不貳事」、「金革之事無辟」，一方面允許臣下居喪期間「不貳事」，另一方面也要求在君主有征伐之事時，必須暫時抑制私喪而出仕。這裡的「臣」與「君」，不只是諸侯對天子而言，也指諸侯之臣對諸侯。又如，喪祭之禮中，喪主主喪、主祭的意義在於顯示繼承，其意義上到天子下至士人都是通用的。再比如，家諱避忌，「君所無私諱，大夫之所有公諱」中的「君」與「臣」也是相對的，天子對諸侯是君，諸侯對家臣也是君。總之，雖然在禮的儀節上存在等差，但天子、大夫、士，均遵循著同一套禮的原則，「國法」與「家禮」是統一的。

再有，通過宗法制相聯繫的天子與諸侯，二者之間的關係並不只是簡單的政務聯繫。天子與諸侯，或者諸侯與封國之內的家臣，除了政務之外，還有一層宗法關係。由於宗族秩序也適用於宗法制下的這種政治關係，無論天子還是各級封君，「舉哀」、「居喪」、「避諱」不單體現倫理道德，也為了顯示政治秩序。違反「禮」對「舉哀」、「居喪」、「避諱」等的規定，就相當於對既有政治秩序的破壞。

相比之下，秦漢以后皇帝統治體制下的「國法」與「家禮」之關係，則大不相同。儘管經過漢儒整理後的先秦之禮仍是朝廷承認的經典，「孝」仍然是官方支持的意識形態，但在宗法制崩潰之後，皇帝與非皇族的大臣之間已經沒有了「大宗」與「小宗」的關係，因而，作為宗族秩序的「家禮」已經無法涵蓋皇帝與大臣之間的關係。此種情形下，皇帝之「孝」與「禮」和大

臣之「孝」與「禮」大多是分開的。世襲的皇帝及皇族，依然遵循著類似於宗法制的宗族秩序，具體到喪禮就是，無論落葬前的儀式還是葬後祭祀，均由嗣君居於喪主地位，喪祭之禮顯示繼承的意義依然部分存留。

而流動的官僚群體則不同，他們已經不再有「世卿世祿」的地位，喪主之禮顯示繼承的意義也失去了依託，舉哀、居喪成為無關大局的虛儀。再加上皇帝與大臣之間的宗法關係已經消失，連接二者的就主要是政治秩序，即「國法」。在這種局面下，大臣所奉行的「家禮」也只是私家之禮，其對「國法」等政治範疇影響不大。因而，「匿哀」、「釋服從吉」、「冒哀求仕」等行為雖是對「家禮」的違背，但並不構成對「國法」的直接破壞。

總之，秦漢之後，政治秩序與宗族秩序相分離，「國法」也與「家禮」分離，「國法」行於政治領域，「家禮」分別行於皇帝之家與大臣之家。這就形成了「國法」與「家禮」的複合式二元結構。在此「複合結構」下，皇帝之「家禮」一定程度上與「國法」相重合；而官僚群體的私家之禮則與王朝的法律、制度構成一對矛盾，如，居喪便無法出仕。不過，隨著不同時期宗族形式以及君臣關係的不同，官僚群體逐漸將私家之「禮」融合進王朝的法律。具體到「匿哀」、「釋服從吉」、「避家諱」等問題上，就是將居喪、任官避家諱等權利法律化、制度化。

二、秦漢以後「國法」與「家禮」關係的調融與演進

對於身處家國之禮「複合結構」中的官僚群體而言，儘管法律與制度是其應遵循的主要準則，但他們還是竭力要將宗族秩序融入禮、法之中。只是隨著時代流轉，社會背景變遷，「國法」和「家禮」融合的具體形式有所不同而已。

秦朝的建立，可以說是以法家思想為指導的耕戰體制的勝利。舊有的封建制、宗法制被掃蕩的最為徹底，國家行政體制最大限度地摒棄了舊有宗法、分封秩序。漢承秦制，雖然從漢武帝開始就以儒家思想為主導，但終兩漢之世，仍不改「霸道」的制度本色。正因秦漢制度摒棄宗法、分封秩序及「霸道」，所以大臣居喪一直沒有定制。秦漢法律也顯示出「重生不重死」的傾向，對不舉哀、不居喪等行為並無明文規定。因而，無論在制度還是法律上，都顯示出對喪禮的漠視。與朝廷制度排斥宗族秩序的傾向相對應，秦漢時期的宗族形式也正處在轉型階段。經歷了春秋戰國「禮崩樂壞」的過程，西周以

來的宗法宗族制逐漸崩潰，社會組織的基本單位由宗族轉變為小家庭；士人的身份地位不再承續宗族之內的傳繼，而是與朝廷官位掛鉤。在此基礎上，就形成了一個相對脫離宗族而求仕的官僚群體，他們重官位而輕宗族，秦漢時期的官員管理制度針對的正是這個群體。不過，兩漢制度所依憑的「編戶齊民」狀態是不穩定的，經過長時間的孕育，新的宗族形式——豪族、世族逐漸產生。士人的出仕越來越依靠家世和門第，這就使士人對反映其宗族秩序的私家喪禮越來越重視，對漠視喪禮的朝廷制度越來越不看重，兩漢制度最終瓦解。

魏晉南北朝時期的宗族形式表現為門閥士族，他們幾乎壟斷了通向高位的仕途，門第決定了士人的最終地位。因而，這個時期，士人極其看重宗族之內的秩序。在「舉哀」、「居喪」等問題上，多數士人都能按禮制居喪，甚至超出三年的期限，而且「哀毀」的現象也屢見不鮮。「任官避家諱」問題也在這一時期開始出現，對於觸犯祖先名諱的官職，士人唯恐避之不及，且超出了禮制中「二名」不諱、「嫌名」不諱的界限，形成濫避家諱的局面。與門閥士族的興盛相對應，魏晉南北朝制度、法律已開始將宗族秩序吸納進來，不僅對大臣居喪有了明確規定，還對不居喪、居喪違禮等行為施以嚴厲懲罰。雖然也有相應的奪情之制，但官員大多視居喪重於出仕而不願被奪情。此外，制度對大臣避家諱的要求也盡量予以滿足。正是由於門閥士族的強勢地位，這個時期的「家禮」要重於「國法」。

隨著門閥士族的衰落，士家大族把持政治的社會基礎也開始瓦解。唐代，士族在一段時間內仍具有文化上的優勢地位，但已經不具備壟斷高位的能力了。隨著選官制度、考課制度的逐步完善，尤其是科舉制的出現，權衡「國法」與「家禮」的天平再次向「國法」一方傾斜。這主要體現在，士人身份不再取決於門第，官員的地位逐漸與朝廷官職掛鉤。再加上政治性的門閥士族衰落後，新的宗族形態還在繼續形成過程中，「家禮」對「國法」的優勢逐漸消失。在此基礎上，隋唐王朝對制度與法律中的宗族秩序做了新的調整，既矯正了南北朝時期「家禮」過盛的弊端，又在制度中適當地保留了宗族秩序的內容，形成了規範化、穩定化的局面。在喪禮問題上，不僅肯定了終喪之制，也有相應的奪情起復之制，亦有對不舉哀、居喪的懲罰之制。在任官避家諱問題上，肯定了官員避家諱的權利，但限制了「二名」、「嫌名」的避諱。總之，是對「國法」與「家禮」的折衷。

　　本書的主體內容下至唐代而止。不過，還可以順著這個思路對宋代以後的情況做出一些推測。北宋中期開始，興起了一波復興宗族的浪潮，在諸多經學家的理論探討和士大夫實踐的基礎上，逐漸形成了新的「敬宗收族」式的宗族組織。但這一輪宗族復興並沒有像門閥士族興起一樣，成爲「家禮」超越「國法」的推動力。首先是因爲，唐、宋士人功名的個體化促使士人對國家的依附超越宗族。再者，宋代以後的宗族之內也不完全是宗族秩序。主要體現在，族內身份不完全依照宗法秩序設定，族長早已不是宗法制下的宗子，官員在朝廷的官位高低也在很大程度上影響著宗族之內地位的高低。換句話說，朝廷的官位秩序變相滲透入宗族秩序之中。因而，唐宋以後「國法」與「家禮」的關係中，「國法」的重要性明顯呈上升趨勢，並一直被明、清沿用。

三、「家國同構」說反思

　　敍述至此，還可以從這個角度反思一下「家國同構」的問題。所謂「家國同構」，是對秦漢以來王朝統治體制的概括，其核心內涵主要有，將家族主義與皇帝爲中心的專制統治視作一體，將「忠」、「孝」視作一體，將「君臣」比擬爲「父子」等等。這種將宗族與專制主義聯繫起來的看法，緣於近代以來知識分子對中國社會的反思。新文化運動中，吳虞的《家族制度爲專制主義之根據論》〔註1〕一文，較早對中國社會血緣組織與專制主義的關係進行分析和考察。不僅如此，在二十世紀初，將宗族與專制主義聯繫起來看法被廣爲接受，〔註2〕且一直影響著有關傳統中國王朝統治形式的認識。不只有國內學者，日本學者在研究中國古代帝國的統治方式時，也提出了「家族國家觀」理論。〔註3〕

　　通過對「匿哀」等罪發展過程的考察，可以看出，「家國同構」在多個方面存有一定矛盾。

　　首先，在「匿哀」等罪的發展過程中，可以清晰看出「忠」與「孝」的矛盾。大臣如果居喪則爲遵守孝道準則，但是在居喪期間不能出仕爲君主服務，於「忠」有虧。如果不離職居喪，雖可滿足「忠」的要求，但又於孝德

〔註1〕　吳虞：《家族制度爲專制主義之根據論》，《新青年》1917年第2卷第6號。
〔註2〕　常建華：《二十世紀的中國宗族研究》，《歷史研究》1999年第5期。
〔註3〕　〔日〕尾形勇著：《中國古代的「家」與國家》，張鶴泉譯，北京：中華書局，2010年，第1～62頁。

有欠。禮制中折衷的辦法是,「喪不貳事」和「金革之事無辟」二原則相結合。秦漢王朝剝奪了官員「喪不貳事」的權利;魏晉南北朝又過於強調「不貳事」,而對「金革之事無辟」有所忽視;至隋唐,才調和各方,形成法律約束下的「喪不貳事」和「金革之事無辟」。

其次,將「君臣」比作「父子」並不十分準確。「君臣」為政治關係,「父子」為家內倫理。將「君臣」與「父子」相比附,其實是將政治秩序與宗法秩序相結合。在西周宗法制下,封建與宗法相結合,天子與同姓諸侯有同宗之宜,與異姓諸侯有甥舅之情,此時的政治秩序和宗法秩序是相融合的。在此背景下,「尊上」是與「恤下」相聯繫的。秦漢時期,政治秩序與宗法秩序相對分離,皇帝與一般的官僚截然分開,二者只以政治關係相維繫,片面強調「尊上」,而大臣的私喪、家諱不被尊重。魏晉南北朝時期,門閥士族爭取到了居喪與避家諱的權利,但又是以皇權大幅受挫為代價的,是為「恤下」而損「尊上」。隋唐時期才再次實現相對平衡的狀態。

最後,家族主義與皇權專制統治的趨向並不完全一致。家族主義除了子對父的服從之外,更主要的還包括子對父的繼承,因而家族主義以家族世襲為取向。皇權專制則要求一切名位出自皇權,最理想的社會狀態是職業官僚管理下的「編戶齊民」,而不能允許權力、名位的家族世襲傾向。皇權統治自我宣稱的「君臣父子」,只是片面地將「父子」秩序中的「服從」抽離出來,移為皇權所用,是將子對父的「孝」轉化為臣對君的「忠」,較為忽視父對子之「慈」,子對父之繼承等內容。只不過是片面強調宗族秩序中有利於皇權專制的內容罷了,並不能說明宗族秩序與皇權專制完全的同一性。

以上幾點矛盾,實際上均緣於秦漢之後「國法」與「家禮」的「複合結構」,與天子——諸侯體制下名副其實的「家天下」不同,秦漢以後,皇帝之「天下」與大臣之「私家」分屬於兩個體系。大臣之孝,更多只是孝於私家,而與皇權相矛盾。皇權想要融合「忠」與「孝」,就只有在「國法」之內吸收大臣私家之「禮」。這與其說是「家國同構」,不如說是在「國法」與「家禮」的「複合結構」下,大臣的私家傾向與皇帝的專制傾向二者的互相妥協。

參考文獻

一、歷史文獻

1. （唐）長孫無忌等撰，劉俊文點校：《唐律疏議》，北京：中華書局，1983年。

2. （宋）竇儀撰，吳翊如點校：《宋刑統》，北京：中華書局，1984年。

3. （宋）朱熹：《四書章句集注》，北京：中華書局，1983年。

4. （清）阮元校刻：《十三經注疏》，北京：中華書局，1980年。

5. （漢）班固：《白虎通德論》，上海：上海古籍出版社，影印本，1990年。

6. （漢）司馬遷：《史記》，北京：中華書局，1997年。

7. （漢）劉熙撰，（清）畢沅疏證、（清）王先謙補：《釋名疏證補》，於玉安、孫豫仁主編：《字典彙編》，北京：國際文化出版公司，影印清光緒二十一年刻本，1993年。

8. （元）馬端臨：《文獻通考》，北京：中華書局，1986年。

9. （清）顧炎武撰，（清）黃汝成集釋：《日知錄集釋》，上海：上海古籍出版社，1985年。

10. （漢）班固：《漢書》，北京：中華書局，1962年。

11. （北齊）魏收：《魏書》，北京：中華書局，1974年。

12. （梁）沈約：《宋書》，北京：中華書局，1974年。

13. （南朝宋）范曄：《後漢書》，北京：中華書局，1965年。

14. （清）趙翼：《陔餘叢考》，上海：商務印書館，1957年。

15. （晉）陳壽：《三國志》，北京：中華書局，1959年。

16. （唐）魏徵等輯：《群書治要》，四部叢刊初編本。

17. （漢）桑弘羊撰，王利器校注：《鹽鐵論校注》，北京：中華書局，1992年。

18. （漢）王符：《潛夫論》，上海：上海古籍出版社，1978年。

19. （元）馬端臨：《文獻通考》，北京：中華書局，1986年。

20. （唐）房玄齡等：《晉書》，北京：中華書局，1974年。

21. （唐）姚思廉：《陳書》，北京：中華書局，1972年。

22. （唐）李延壽：《南史》，北京：中華書局，1975年。

23. （唐）令狐德棻主編：《周書》，北京：中華書局，1971年。

24. （唐）李延壽：《北史》，北京：中華書局，1974年。

25. （唐）魏徵、令狐德棻：《隋書》，北京：中華書局，1973年。

26. （唐）杜佑：《通典》，北京：中華書局，1988年。

27. （唐）中敕撰：《大唐開元禮》，北京：民族出版社，2000年。

28. （唐）姚思廉：《梁書》，北京：中華書局，1973年。

29. （後晉）劉昫等：《舊唐書》，北京：中華書局，1975年。

30. （宋）司馬光：《資治通鑒》，北京：中華書局，1956年。

31. （宋）歐陽修、宋祁：《新唐書》，北京：中華書局，1975年。

32. （宋）王溥：《唐會要》，上海：上海古籍出版社，2006年。

33. （唐）李林甫等撰，陳仲夫點校：《唐六典》，北京：中華書局，1992年。

34. （宋）王欽若等編：《冊府元龜》，北京：中華書局，1960年。

35. （唐）白居易：《白氏六帖事類集》，北京：文物出版社，影印宋本，1987年。

36. （宋）衛湜：《禮記集説》，《景印文淵閣四庫全書》，117冊，臺北：臺灣商務印書館，1986年。

37. （宋）：張載著，章錫琛點校：《張載集》，北京：中華書局，1978年。

38. （宋）鄭樵：《通志》，北京：中華書局，1987年。

39. （漢）韓嬰撰，許維遹校釋：《韓詩外傳集釋》，北京：中華書局，1980年。

40. （清）王先慎撰，鍾哲點校：《韓非子集解》，北京：中華書局，1998年。

41. （清）孫星衍等輯，周天遊點校：《漢官六種》，北京：中華書局，1990年。

42. （清）嚴可均校輯：《全後漢文》，《全上古三代秦漢三國六朝文》，第二冊，上海：上海古籍出版社，2009年。

43. （宋）徐天麟：《東漢會要》，上海：上海古籍出版社，1978年。

44. （清）沈家本撰，鄧經元、駢宇騫點校：《歷代刑法考》，北京：中華書局，1985 年。

45. （梁）蕭子顯：《南齊書》，北京：中華書局，1972 年。

46. （宋）趙升撰，王瑞來點校：《朝野類要》，北京：中華書局，2007 年。

47. （唐）李百藥：《北齊書》，北京：中華書局，1972 年。

48. （清）董誥：《全唐文》，北京：中華書局，1983 年。

49. （北齊）顏之推撰，王利器集解：《顏氏家訓集解》，北京：中華書局，1993 年。

50. （唐）柳宗元，（宋）廖瑩中編注：《柳河東集》，上海：上海人民出版社，1974 年。

51. （唐）韓愈著，（宋）朱熹校：《朱文公校韓昌黎先生集》，四部叢刊初編本。

52. （宋）洪邁撰，孔凡禮點校：《容齋隨筆》，北京：中華書局，2005 年。

53. （清）徐松輯：《宋會要輯稿》，北京：中華書局，1957 年。

54. （宋）《宋大詔令集》，北京：中華書局，1962 年。

55. （宋）周密：《齊東野語》，北京：中華書局，1983 年。

56. （宋）薛居正等：《舊五代史》，北京：中華書局，1976 年。

57. （宋）歐陽修撰，（宋）徐無黨注：《新五代史》，北京：中華書局，1974 年。

58. （元）脫脫等：《宋史》，北京：中華書局，1977 年。

59. （宋）李燾：《續資治通鑒長編》，北京：中華書局，1919～1995 年。

60. （宋）岳珂：《愧郯錄》，知不足齋叢書本。

61. （宋）周必大：《文忠集》，《景印文淵閣四庫全書》，1147 冊，臺北：臺灣商務印書館，1986 年。

62. 余嘉錫撰：《世說新語箋疏》，北京：中華書局，1983 年。

63. 劉俊文撰：《唐律疏議箋解》，北京：中華書局，1996 年。

64. 蘇輿撰，鍾哲點校：《春秋繁露義證》，北京：中華書局，1992 年。

65. 程樹德：《九朝律考》，北京：中華書局，2003 年。

66. 十三經注疏整理委員會：《禮記正義》，北京：北京大學出版社，2000 年。

67. 連雲港市博物館等編：《尹灣漢墓簡牘》，北京：中華書局，1997 年。

68. 〔日〕仁井田陞：《唐令拾遺》，栗勁、霍存福、王占通等譯，長春：長春出版社，1989 年。

69. 天一閣博物館、中國社會科學院歷史研究所天聖令整理課題組校證：《天一閣藏明鈔本天聖令校證》，北京：中華書局，2006 年。

70. 睡虎地秦墓竹簡整理小組：《睡虎地秦墓竹簡》，北京：文物出版社，1990年。

71. 戴建國點校：《慶元條法事類》，楊一凡、田濤主編：《中國珍惜法律典籍續編》，第一冊，哈爾濱：黑龍江人民出版社，2002年。

二、今人論著

（一）專　著

1. 楊鴻烈：《中國法律發達史》，上海：上海書店，1984年。

2. 楊鴻烈：《中國法律思想史》，北京：中國政法大學出版社，2004年。

3. 陳顧遠：《中國法制史》，上海：上海書店，影印商務印書館本，1935年。

4. 瞿同祖：《中國法律與中國社會》，北京：中華書局，1981年。

5. 崔瑞德、魯惟一編：《劍橋大學秦漢史》，北京：中國社會科學出版社，1992年。

6. 崔永東：《簡帛文獻與古代法文化》，武漢：湖北教育出版社，2003年。

7. 郝鐵川：《中華法系研究》，上海：復旦大學出版社，1997年。

8. 范忠信、鄭定、詹學農：《情理法與中國人》（修訂版），北京：北京大學出版社，2011年。

9. 杜正勝：《編戶齊民──傳統政治社會結構的形成》，臺北：聯經出版事業公司，1990年。

10. 鄧奕琦：《北朝法制研究》，北京：中華書局，2005年。

11. 閻愛民：《漢晉家族研究》，上海：上海人民出版社，2005年。

12. 晁福林：《先秦民俗史》，上海：上海人民出版社，2001年。

13. 錢杭：《周代宗法制度史研究》，上海：學林出版社，1991年。

14. 彭林：《中國古代禮儀文明》，北京：中華書局，2004年。

15. 丁鼎：《〈儀禮喪服〉考論》，北京：社會科學文獻出版社，2003年。

16. 常建華：《宗族志》，上海：上海人民出版社，1998年。

17. 丁凌華：《中國喪服制度史》，上海：上海人民出版社，2000年。

18. 徐吉軍：《中國喪葬史》，南昌：江西高校出版社，1998年。

19. 邢鐵：《家產繼承史論》，昆明：雲南大學出版社，2000年。

20. 楊樹達：《漢代婚喪禮俗考》，上海：上海古籍出版社，2000年。

21. 彭浩、陳偉、〔日〕工藤元男主編：《二年律令與奏讞書：張家山二十七號漢墓出土法律文獻釋讀》，上海：上海古籍出版社，2007年。

22. 閻步克：《品位與職位：秦漢魏晉南北朝官階制度研究》，北京：中華書

局，2002 年。

23. 馮爾康等：《中國宗族社會》，杭州：浙江人民出版社，1994 年。

24. 〔日〕尾形勇：《中國古代的「家」與國家》，北京：中華書局，2010 年。

25. 唐長孺：《魏晉南北朝史論拾遺》，北京：中華書局，1983 年。

26. 周一良：《魏晉南北朝史論集續編》，北京：北京大學出版社，1991 年。

27. 陳寅恪：《隋唐制度淵源略論稿》，北京：三聯書店，2001 年。

28. 陳垣：《二十史朔閏表》，北京：古籍出版社，1956 年。

29. 陳寅恪：《唐代政治史述論稿》，北京：三聯書店，2001 年。

30. 張國剛：《唐代官制》，西安：三秦出版社，1987 年。

31. 杜文玉：《五代十國制度研究》，北京：人民出版社，2006 年。

32. 吳宗國：《唐代科舉制度》，瀋陽：遼寧大學出版社，1992 年。

33. 任爽：《唐代禮制研究》，長春：東北師範大學出版社，1999 年。

34. 周一良、趙和平：《唐五代書儀研究》，北京：中國社會科學出版社，1995 年。

35. 高明士：《中國中古政治的探索》，臺北：五南圖書出版公司，2006 年。

36. 甘懷眞：《唐代家廟禮制研究》，臺北：臺灣商務印書館，1991 年。

37. 陳戍國：《中國禮制史（隋唐五代卷)》，長沙：湖南教育出版社，1998 年。

38. 王承略：《鄭玄與今古文經學》，濟南：山東文藝出版社，2004 年。

39. 孫機：《中國古代輿服論叢（增訂本)》，北京：文物出版社，2001 年。

40. 倪正茂：《隋律研究》，北京：法律出版社，1987 年。

41. 倪正茂：《隋代法治考》，北京：社會科學文獻出版社，2009 年。

42. 劉俊文：《唐代法制研究》，臺北：文津出版社，1999 年。

43. 錢大群：《唐律與唐代法制考辨》，北京：社會科學文獻出版社，2009 年。

44. 王國維：《觀堂集林》，北京：中華書局，1959 年。

45. 瞿同祖：《中國封建社會》，上海：上海人民出版社，2005 年。

46. 許倬雲：《西周史》，北京：三聯書店，2001 年。

47. 錢宗範：《周代宗族制度研究》，桂林：廣西師範大學出版社，1989 年。

48. 馮天瑜：《「封建」考論》，武漢：武漢大學出版社，2006 年。

49. 侯志義：《采邑考》，西安：西北大學出版社，1989 年。

50. 楊鴻年：《漢魏制度叢考》，武漢：武漢大學出版社，2005 年。

51. 溫慧輝：《〈周禮秋官〉與周代法制研究》，北京：法律出版社，2008 年。

52. 范忠信：《中國法律傳統的基本精神》，濟南：山東人民出版社，2001 年。

53. 朱紹侯：《軍功爵制研究》，上海：上海人民出版社，1990 年。

54. 安作璋、熊鐵基：《秦漢官制史稿》，濟南：齊魯書社，2007 年。

55. 黃留珠：《秦漢仕進制度》，西安：西北大學出版社，1985 年。

56. 白鋼主編，孟祥才撰：《中國政治制度通史（秦漢卷）》，北京：人民出版社，1991 年。

57. 閻步克：《中國古代官階制度引論》，北京：北京大學出版社，2010 年。

58. 閻步克：《察舉制度變遷史稿》，瀋陽：遼寧大學出版社，1991 年。

59. 唐長孺：《魏晉南北朝隋唐史三論》，武漢：武漢大學出版社，1992 年。

60. 葉煒：《南北朝隋唐官吏分途研究》，北京：北京大學出版社，2009 年。

61. 白壽彝主編：《中國通史》，第七冊，上海：上海人民出版社，1995 年。

62. 張國剛：《唐代藩鎮研究》，北京：中國人民大學出版社，2010 年。

63. 周廣業：《經史避名彙考》，北京：北京圖書館出版社，1999。

64. 陳垣：《史諱舉例》，上海：上海書店出版社，1997 年。

65. 范志新：《避諱學》，臺北：學生書局，2006 年。

66. 王新華：《避諱研究》，濟南：齊魯書社，2007。

67. 王建：《中國古代避諱史》，貴陽：貴州人民出版社，2002 年。

68. 蔡夢麒：《廣韻校釋》，長沙：嶽麓書社，2007 年。

69. 薛梅卿：《宋刑統研究》，北京：法律出版社，1997 年。

70. 龔延明：《宋代官製詞典》，北京：中華書局，1997 年。

71. 劉承幹：《宋重詳定刑統校勘記》，《宋刑統》附錄，北京：中華書局，1984 年。

72. 余英時：《朱熹的歷史世界》，北京：三聯書店，2004 年。

（二）論　文

1. 孫家洲：《試論戰國、秦、漢時期立法指導思想的演變》，《杭州師院學報（社會科學版）》1986 年第 1 期。

2. 范忠信：《中華法系法家化駁議——〈中華法系研究〉之商榷》，《比較法研究》1998 年第 3 期。

3. 楊振紅：《從出土秦漢律看中國古代的「禮」、「法」觀念及其法律體現——中國古代法律之儒家化說商兌》，《中國史研究》2010 年第 4 期。

4. 馬小紅：《釋「禮不下庶人，刑不上大夫」》，楊一凡總主編，馬小紅卷主編：《中國法制史考證》，甲編，第一卷，北京：中國社會科學出版社，2003 年。

5. 戴炎輝：《唐律十惡之淵源》，《中國法制史論文集》，臺北：中國法制史

學會出版委員會，1981 年。

6. 〔日〕大庭脩：《漢律中「不道」的概念》，楊一凡總主編，〔日〕籾山明卷主編：《中國法制史考證》，丙編，第一卷，北京：中國社會科學出版社，2003 年。

7. 崔永東：《「不道」罪考辯》，楊一凡總主編，高旭晨卷主編：《中國法制史考證》，甲編，第三卷，北京：中國社會科學出版社，2003 年。

8. 侯欣一：《孝與漢代法制》，《法學研究》1998 年第 4 期。

9. 張功：《秦漢不孝罪考論》，《首都師大學報》2004 年第 5 期。

10. 劉敏：《從二年律令論漢代「孝親」的法律化》，《南開學報》2006 年第 2 期。

11. 徐世虹：《秦漢簡牘中不孝罪的訴訟》，《華東政法學院學院學報》2006 年第 3 期。

12. 賈麗英：《秦漢不孝罪考論》，《石家莊學院學報》2008 年第 1 期。

13. 張煥君：《〈喪服〉用杖制度考論》，《中國文化研究》2002 年春之卷。

14. 高婧聰、王利軍：《周代「庶子不祭」新證》，《中國歷史文物》2009 年第 3 期。

15. 張煥君：《從鄭玄、王肅的喪期之爭看經典與社會的互動》，《清華大學學報》2006 年第 6 期。

16. 劉靜夫：《潁川荀氏研究——魏晉南北朝士族門閥個案研究之一》，《西華師範大學學報》1987 年第 3 期。

17. 李俊方：《兩漢皇帝即位禮儀研究》，《史學月刊》2005 年第 2 期。

18. 吳麗娛：《〈顯慶禮〉與武則天》，杜文玉主編：《唐史論叢》，第十輯，西安：三秦出版社，2008 年。

19. 鄭顯文：《法律視野下的唐代假寧制度研究》，《南京大學法律評論》2008 年春秋合卷。

20. 廖伯源：《漢官休假雜考》，《中央研究院史語所集刊》1994 年第 65 本第 2 分。

21. 韓樹峰：《中古時期的「姪」與「兄子」、「弟子」》，《歷史研究》2010 年第 1 期。

22. 侯旭東：《中國古代人「名」的使用及其意義——尊卑、統屬與責任》，《歷史研究》2005 年第 5 期。

23. 侯旭東：《漢魏六朝父系意識的成長與「宗族」問題——從北朝百姓的聚居狀況談起》，《中國社會科學院歷史所學刊》，第三輯，北京：商務印書館，2004 年。

24. 朱溢：《隋唐禮制史研究的回顧和思考》，《史林》2011 年第 4 期。

25. 吳麗娛：《唐朝喪葬令與唐五代喪葬法式》，《文史》2007 年第 2 輯。

26. 吳麗娛：《從天聖令對唐令的修改看唐宋制度之變遷——喪葬令研讀筆記三篇》，榮新江主編：《唐研究》，第十二卷，北京：北京大學出版社，2006 年。

27. 吳麗娛：《關於唐〈喪葬令〉復原的再檢討》，《文史哲》2008 年第 4 期。

28. 吳麗娛：《關於貞觀禮的一些問題》，《中國史研究》2008 年第 2 期。

29. 吳麗娛：《對〈貞觀禮〉淵源問題的再分析——以貞觀凶禮和國恤爲中心》，《中國史研究》2010 年第 2 期。

30. 楊華：《論〈開元禮〉對鄭玄和王肅禮學的擇從》，《中國史研究》2003 年第 1 期。

31. 〔日〕金子修一等：《大唐元陵儀注概說》，《文史》2008 年第 4 輯。

32. 皮慶生：《唐宋時期五服制度入令過程試探——以喪葬令所附喪服年月爲中心》，榮新江主編：《唐研究》，第十四卷，北京：北京大學出版社，2008 年。

33. 史睿：《北周後期至唐初禮制的變遷與學術文化的統一》，榮新江主編：《唐研究》，第三卷，北京：北京大學出版社，1997 年。

34. 史睿：《〈顯慶禮〉所見唐代禮典與法典的關係》，高田時雄編：《唐代宗教文化與制度》，京都大學人文科學研究所，2007 年。

35. 樓勁：《宋初禮制沿革及其與唐制的關係——兼論「宋承唐制」說之興》，《中國史研究》2008 年第 2 期。

36. 趙瀾：《大唐開元禮初探——論唐代禮制的演化歷程》，《復旦學報》1994 年第 5 期。

37. 高明士：《隋唐教育法制與禮律的關係》，榮新江主編：《唐研究》，第四卷，北京：北京大學出版社，1998 年。

38. 高明士：《從律令制的演變看唐宋間的變革》，《臺大歷史學報》2003 年第 32 期。

39. 劉俊文：《唐律與禮的關係試析》，《北京大學學報》1983 年第 5 期。

40. 劉俊文：《唐律與禮的密切關係例述》，《北京大學學報》1984 年第 5 期。

41. 王宏治：《〈唐律疏議〉與經學的關係探究》，《法律文化研究》2008 年第 4 輯。

42. 李玉生：《唐令與禮關係析論》，《陝西師範大學學報》2007 年第 2 期。

43. 周東平：《隋〈開皇律〉十惡淵源新探》，《法學研究》2005 年第 4 期。

44. 陳新宇：《繼受與變革——以日本過渡刑律下「斷罪無正條」與「不應爲」的變化爲中心》，《清華法學》2008 年第 3 期。

45. 勞榦：《漢代察舉制度考》，《中央研究院史語所集刊》1948 年第 17 本。

46. 〔日〕紙屋正和:《前漢時期縣長吏的任用形態的變遷》,收入劉俊文主編:《日本中青年學者論中國史(上古秦漢卷)》,上海:上海古籍出版社,1995 年。

47. 〔日〕仁井田陞、牧野巽:《〈故唐律疏議〉製作年代考》,楊一凡總主編,崗野誠卷主編:《中國法制史考證》,丙編,第二卷,北京:中國社會科學出版社,2003 年。

48. 蒲堅:《〈唐律疏議〉製作年代考》,楊一凡總主編,楊一凡、尤韶華卷主編:《中國法制史考證》,甲編,第四卷,北京:中國社會科學出版社,2003 年。

49. 羅小紅:《再論唐代奪情起復製度》,《西北大學學報》2006 年第 3 期。

50. 張廣達:《論唐代的吏》,《北京大學學報》1989 年第 2 期。

51. 陳蘇鎮:《北周隋唐的散官與勳官》,《北京大學學報》1991 年第 2 期。

52. 張國剛:《唐代府兵淵源與番役》,《歷史研究》1989 年第 6 期。

53. 楊希義:《唐代君臣朝參制度初探》,杜文玉主編:《唐史論叢》,第十輯,西安:三秦出版社,2008 年。

54. 〔日〕金子修一:《唐代長安的朝賀之禮》,杜文玉主編:《唐史論叢》,第十一輯,西安:三秦出版社,2009 年。

55. 徐燕斌:《唐律「不應得為」罪新探》,《蘭州學刊》2008 年第 12 期。

56. 朱瑞熙:《宋代的避諱習俗》,《上海師範大學學報》1988 年第 4 期。

57. 張邦煒:《試論宋代「婚姻不問閥閱」》,《歷史研究》1985 年第 6 期。

學位論文

58. 張煥君:《魏晉南北朝喪服制度研究》,清華大學博士學位論文,2005 年。

59. 戴建國:《宋代刑法研究》,四川大學博士學位論文,2004 年。

60. 范志軍:《漢代喪禮研究》,鄭州大學博士學位論文,2006 年。

61. 于俊利:《唐代禮官與文學研究》,陝西師範大學博士學位論文,2009 年。

62. 鄭雅如:《唐代士人的孝道實踐及其體制化》,臺灣大學博士學位論文,2010 年。

63. 羅小紅:《唐代官員服紀制度(子為父母)及守喪實踐初探》,陝西師範大學碩士學位論文,2002 年。

後　記

　　有幸在花木蘭文化事業有限公司出版這本小書，我的心情是既興奮又忐忑。興奮是因爲博士論文得以付梓，對多年求學過程有個正式交待。況且以我的怠惰，若無此機緣，博士論文的修改出版尚不知要拖到何時。興奮之餘，更多的是忐忑。此稿即便經過了數月的增刪修改，內容仍不十分充實，一些當初寫作時的遺憾，這次修改仍未能完全彌補，乃至文中論證不充分甚至錯誤之處恐仍不少，以此狀態問世，實在有愧母校的培養和老師的教導。當然，本著文責自負的原則，首先要說明的是本書中的任何訛誤和缺陷都應由個人負責。

　　這本小書既然是學習過程的一個總結，那麼正好藉此機會可以對我求學生涯的作一份反思，權作後記。

　　自小我就不是一個聰明的孩子，即便在小學、初中就讀九年的那所簡陋的學校裏面，也不算「優等生」，基本上屬於「不慧甚矣」，諸科成績也大抵平庸，唯有語文、歷史二科是我的最愛，成績也算名列前茅，但由於歷史是「副科」，所以老師、家人也不以爲意。由於家裏並沒有多少像樣的書籍，課本之外，便是少年兒童出版社七九年出版的一冊薄薄的《戰國故事》。這本據《戰國策》簡編而成的兒童讀物帶我最初領略了「歷史」的魅力，不過也只是一般兒童對「故事」的普遍興趣而已。初中時有了世界歷史的課程，金字塔、兩河文明、中世紀、拿破崙，數十頁教材涵蓋綿亙數千載的史事，如此巨大的時間與空間歷程，如此磅礡的歷史演進，對我近乎無知的心靈之衝擊是無比巨大的，時至今日我仍然忘不了放學後端著向老師借來的（當時初一，本不該學世界歷史）課本，站在教學樓外一個垃圾桶旁讀完整本書的情景。

巨大的精神衝擊之後仍然是平淡的生活，那時雖已是九十年代末，但是「學好數理化，走遍天下都不怕」的說法還是植根於大部分學生心中，我也不例外，儘管從未敢想會以史爲業，高中分科時也幾乎是沒有思索便選擇了理科，但是仍然會抽出很多時間閱讀這些「副科」和課外書。由於我的「不慧」和分心，2000 年第一次高考並不理想，隨後來到襄樊一所學校就讀。在異鄉，每逢周末去市中心的新華書店閒逛成爲我最大的消遣，而且由於所學之業並非所喜，逐漸生出復讀文科的念頭，不過只是一閃即逝。捱到十一月，終於有一件事觸動我拋棄一切從頭開始，那就是在每周例行的逛書店過程中看到了當時的高中古代史教材，現在我仍然記得封面上印的是敦煌壁畫中的飛天形象。從書店回來，我打定決心重新來過。這時與第一次高考已經時隔數月，文科的系統知識也需要重新學習，最後經過七個月的復讀，我終於走進河北師範大學開始了正式的求學生涯。

河北師大雖是一所地方師範類大學，但是歷史學科也曾有過較爲輝煌的歷史，曾經擁有過以胡如雷先生爲代表的多位傑出史學家，正是這種環境的薰陶，使我逐漸產生了對中國古代史的濃厚興趣。不過，興趣和熱情是一方面，一旦面對浩瀚的史籍，該如何選擇專攻的方向又使我困惑。迷茫之際，大三時一門「社會經濟史」的選修課爲我開啓了新的方向，這種以理論視角切入，又融合紮實考證的史學研究深深吸引了我，同時也使我遇到了我的第一位導師——邢鐵老師。邢老師精於戶等制度與家產繼承的研究，前者屬於傳統的制度史範疇，後者與前者相關但又融彙了社會學的視角。作爲社會經濟史，歷史學的考證功底是不可少的，社會學理論起到的只是引導選題的作用，借助理論知識來發現問題。邢老師對我們的引導也正是這樣，兩者兼顧。理論方面，他指導我們閱讀經典書籍，正是在老師的指導下我才開始閱讀費孝通、潘光旦等社會學家的著作。實證方面，邢老師循序漸進地指導我們閱讀資料室的古籍，甚至手把手地教我們查閱《中國叢書綜錄》等工具書。只是那時的我興趣不定，沒能把握好讀理論與讀史料的關係，而且沉浸於理論的思考而不能自拔。那時老師常批評我「總是變，每回談話都是一套新的東西」，最後還是老師幫我選定了宗族史作爲碩士論文的主題。具體的學習之外，邢老師還十分注重培養學生的思維方式，直到今天，我考慮問題的方式仍然主要是在碩士階段形成的。因而，這篇博士論文的完成與邢老師的培養是分不開的。

　　通過碩士階段的學習，使我對歷史上的宗族問題有了一定的瞭解，宗族
形態在不同時代的演變不僅是社會結構的重要變化，也關係到王朝基層行政
制度的演變。在「唐宋變革」說風行學界的背景下，對唐宋社會變遷、家族
形態變化已有較多研究，但是對南宋以後的社會變遷研究則相對較少。因而
我有了以宗族爲中心探討宋元之間變化的想法，並因此而遇到了我的第二位
導師——李治安老師。李老師不僅在元史領域是公認的權威，而且對中國古
代政治制度史的發展線索也有獨到的看法，是國內較早關注「宋元明過渡」
說的學者，主張從南、北地域不同性質的社會關係入手，考察「北制」、「南
制」的博弈整合。所論既有對元及明前期制度變化的具體探討，也有「兩個
南北朝」這樣對宏觀歷史線索的概括。正在面臨考博選擇而彷徨無計的我立
刻被李老師的歷史視野所折服，因而產生了報考李老師博士研究生的念頭。

　　儘管在「元史」之外李老師還招收「政治制度史」方向的學生，但是由
「社會經濟」而「政治制度」的轉變仍嫌巨大，因而，在短暫的衝動過後是
反覆的猶豫，在我鼓足勇氣給老師寄出第一封信件之後，更是忐忑不安的等
待。然而，對於我的莽撞，李老師並沒有任何嫌棄，儘管當時身在國外，仍
然認眞地回覆了我的信件，並給了我進一步的指導。一位權威學者卻如此平
易近人，對一名莽撞學生的幼稚看法都能夠包容，這更加堅定了我報考的決
心。

　　來到南開之後，一扇更廣闊，更深邃的史學大門爲我打開，但是困難也
接踵而來。社會史與制度史研究範式的不同使我一時難以步入正軌，加之我
讀書較粗，思考問題也較爲空洞，因而在各方面均存在不小的問題，首當其
衝的就是選題。如何在我過去宗族問題的基礎上選定一個和制度史相關的題
目在最初半年一直困擾著我。李老師在指導選題上採取的是結合學生舊有積
累和特長而逐漸引導的方法。針對我的情況，除基本史料外，老師著重強調
讓我精讀《名公書判清明集》，後來回想，老師之所以讓我精讀這部容納了很
多宗族糾紛的判例集，可能正是意在將我舊有的宗族史的積累與制度史中的
法律制度相結合的一種引導。後來我之所以走向宗族與法律相結合的道路，
正是和老師的循循善誘分不開的。

　　大方向定了之後，如何切入又面臨著重重的困難。由經濟、財產關係爲
角度切入是研究家族法的主要取向，在此領域日本學者已有幾代人的開拓，
積累甚豐，海峽兩岸學者日漸增多的研究成果也將此問題推向新的高度。因

而，繼續沿著「財產」這個角度來論述宗族、家族之內的法律問題有著不小的困難。而解決這個問題的辦法，只有通過更加仔細的讀書，這就不得不提李老師對我們讀書的指導了。李老師儘管平常事務繁忙，但仍堅持每周上課，課堂上主要的內容之一就是精讀史料，每次講讀，主講同學均是事先詳細準備，而老師則是隨堂評點、糾正。老師對基本史料的這種熟悉程度實際上正是對治學方法的一種言傳身教。在熟悉基本史料的基礎上，從中發現問題，尋找關鍵史料，以小見大，逐層深入，這樣才能寫出有創見的文章並真正解決一些問題，而不能從別人的著作中再二道販賣，這正是老師時常追憶的楊志玖先生提倡研讀史料「辦工廠」的意義。我起初並不適應這種講讀方式，輪到自己讀史料時往往大而化之，究其原因，一方面是遲鈍，一方面是懶惰，直到第三、四年才開始體會到「辦工廠」的好處，這篇近二十萬字論文的主線最初正是發端於對《宋會要》中幾則簡單記載的深入挖掘和思考。儘管我這篇論文遠稱不上史料紮實（當然那完全歸咎於我的懈怠）但其最終能夠完成是與老師幾年如一日的言傳身教分不開的。

學習之外，老師在各方面均為學生考慮，小到日常生活，大到工作前程，老師無一不費心勞力，古人將「親」與「師」並列，我想正是李師之謂。所謂大恩不言謝，我想只有今後更加努力，才不負老師的教誨。

十年求學路上對我教誨、幫助的老師、朋友還有很多，在此難以一一併致謝忱，但每個人對我的幫助都會謹記於心。

最後，如果說這部小書算是我的一個小小成績的話，那麼我想把它獻給我的家人，尤其是母親，她的支持是我完成學業的最大動力，沒有他們我不可能走到今天。家人永遠是我奮鬥的動力和失意時的港灣。

倪　彬
2017 年 4 月 10 日於石家莊